# 21世纪应用心理学书系
# 编委会

主　编　梁宝勇

编　委（以姓氏笔画为序）

　　　　王　栋　　乐国安　　孙绍强　　吉　峰

　　　　汪新建　　李　强　　李　磊　　洪　炜

　　　　姚树桥　　唐卫海　　梁宝勇　　潘　芳

教育部人文社会科学重点研究基地成果
21世纪应用心理学书系　梁宝勇 主编

# 学校心理学

李伟健　主编

南开大学出版社
天　津

图书在版编目(CIP)数据

学校心理学 / 李伟健著. —天津：南开大学出版社，
2006.1(2019.8 重印)

(21 世纪应用心理学书系 / 梁宝勇主编)
ISBN 978-7-310-02411-7

Ⅰ.学… Ⅱ.李… Ⅲ.教育心理学 Ⅳ.G44

中国版本图书馆 CIP 数据核字(2005)第 113972 号

## 版权所有　侵权必究

南开大学出版社出版发行
出版人：刘运峰
地址：天津市南开区卫津路 94 号　邮政编码：300071
营销部电话：(022)23508339　23500755
营销部传真：(022)23508542　邮购部电话：(022)23502200
\*
唐山鼎瑞印刷有限公司印刷
全国各地新华书店经销
\*
2006 年 1 月第 1 版　2019 年 8 月第 4 次印刷
880×1230 毫米　32 开本　12.125 印张　343 千字
定价：28.00 元

如遇图书印装质量问题，请与本社营销部联系调换，电话：(022)23507125

# 总　序

在人类的发展进程中，21世纪是一个以知识经济为特色的发展时代。在这个时代中，创造新知识和应用知识的能力是影响一个民族、一个国家前途和命运的重要的决定因素。一个没有创新能力、不能有效地应用科学技术为人类造福的民族，难以屹立于世界先进民族之林。

自实行改革开放的基本方针以来，随着我国社会和经济的飞速发展，包括心理科学在内的我国科学事业也获得了长足的进步。作为一门科学的学科体系，心理学横跨自然科学、人文和社会科学，同人的各项活动息息相关。

心理科学是一门庞大的知识体系，包含数十个分支学科。如果采用两分法对心理科学分门别类，则可以将整个心理科学分为基础心理学和应用心理学。基础心理学担负着创造新的心理学知识的使命，包括发现新的心理学规律、探索新的方法和技术等。应用心理学则不同，它主要涉及对心理学理论、知识和技术的应用，即将基础心理学的研究成果应用到人类活动的各个领域，以便根据人心理活动的规律安排各种工作、学习和生活，从而最大程度地发挥人的功能作用，与此同时保证和提高人的生活质量和健康水平。目前，可以毫不夸张地说，应用心理学的影响已经遍及人类生活的各个领域。仅仅在高技术领域，心理学的理论、知识与方法便已经成为人工智能、模式识别和虚拟现实等的重要基础。在我国，心理学理论和知识已经被广泛应用到教育、医学、工商业、军事、司法和航空航天等领域，并正在发挥其独特的作用。

中国心理学在最近20多年来获得了较快的发展，心理科学在我国社会转型时期正在发挥越来越大的作用。但从整体上来看，同西方发达国家比较，中国心理科学尚不够发达，无论基础心理学科还是应用心理学科，都存在较大的差距。面对知识经济时代所带来的发展机遇和挑战，中国心理学必须制定符合国情的发展策略迎头赶超。我们认为，目前阶段中国心理学界应当在适当加强基础心理学研究的同时，加大心理学的应用研究和实践活动的力度。目前我国从事应用心理学研究和实践的心理学工作者太少，远不能适应我国社会经济发展的要求。因此，我们应当保留少数精干力量从事基础研究，而将大多数人力和物力投入到应用领域，为我国社会和经济的发展贡献我们的力量。我们选择编写一套应用心理学书籍，其初衷也正在此，即为促进我国应用心理学科的发展做点实际的工作。

最近几十年间，科学的发展和技术的进步已经在世界范围内极大地改善了人们的生活和工作条件。世界上大多数人已经逐渐从繁重的体力劳动、饥饿和由许多疾病所造成的困苦中解脱出来，人们的预期寿命正在不断地延长。然而科学技术的进步、生活和工作条件的改善，并不一定会带来幸福生活和健康。一些调查表明，伴随着现代社会的迅速发展和物质生活条件的优裕，人们对于生活的满意程度不仅没有提高，反而有所下降。另一些调查发现，严重威胁人类健康、造成成千上万人死亡的疾病种类已经发生变化，同不良生活方式和心理因素密切有关的心身疾病（psychosomatic disease）或称作心理生理疾病（psychophysiological disease），例如动脉硬化性心脏病、脑血管病和恶性肿瘤等，在人类疾病谱和死亡原因排位中都居于前列。另一方面，大量调查证实，近年来精神疾病的患病率明显升高，正在成为当今最为突出的一个健康问题，造成大量的公共卫生资源的消耗和劳动力的损失。上述这些情况似乎令人不可思议。然而，只要我们看一看当今社会发生的诸种变化，我们就不难理解，为什么科学技术的进步和物质生活条件的巨大改善却没有成比例地给人们带来高质量的生活。

著名的诺贝尔奖获得者 DuBois 对于人们当今的生活境况有非常贴切的描述。他写到："现代人已经……不太需要去对抗饥寒交迫的窘境和其他有伤身体的危险，但是他们必须对付排得满满的日程表、（繁忙的）交通、噪声、拥挤、竞争和其他人为的紧张情境。"正是这些体现当代社会特点的变化，不断造成人们心理压力的增大以及适应和应对的困难。一个人适应生活、应对挑战的能力总是有限度的。当外界环境的变化太大或过于急剧以至超过一个人的适应和应对能力的时候，他的身心健康就难以保持。

目前，我国已经进入一个十分重要的发展阶段。社会转型时期所发生的许多变化，一方面改善了我们的生活，为我们提供了更多的发展机遇和选择，使我们对未来充满信心和希望；但另一方面，新旧观念的剧烈对抗、激烈的竞争、价值取向的多元化以及社会上发生的许多负性事件，也会剧烈地冲击人们的精神世界，造成心理矛盾、冲突、挫折和应激，心理问题和情绪困扰乃至心理障碍或精神疾病也随之增多，现代社会的所谓"文明病"（例如高血压、冠心病和糖尿病）正在困扰着许多人。另一方面，人民生活水平的提高导致心理保健意识的增强，人们不再满足于身体无病，还要求心情舒畅地生活、学习和工作，以实现自己的潜能，为国家为人民作出自己的一份贡献。

这些情况给我们提出了新的问题，任何有责任心的应用心理学家都不可能无所作为。应用心理学包含十分广泛的领域，我们必须根据目前中国社会的急迫需要来确定我们的选题范围。正是基于这个考虑，我们决定不仅要编写一套应用心理学书籍，而且要特别围绕着健康和疾病问题来确定书目。

《21世纪应用心理学书系》由12部专著组成，它们是医学心理学、临床心理学、健康心理学、心理评估、咨询心理学、心理卫生学、变态心理学、犯罪心理学、学校心理学、运动心理学、教育心理学和管理心理学。

在本书系的编写过程中，作者们始终坚持科学性和实用性、理论和实践相统一的原则，充分体现本书系的应用性质；在内容组织上，不仅介绍本学科领域经典的理论观点和方法，而且要涵盖本领域最新、最具权威性的资料，力求反映国内外研究的新成果、新见解、新经验和新方法；在撰写体例上，力图按照心理学著作国内外通用的规范，做到概念准确、简明，条理分明，理论观点明确，论据充分；坚持百家争鸣、百花齐放的方针，对于某些有争议的观点和看法，要适当地作出评介，而不是以一家之言作为结论。本书系中，有一些书所代表的学科之间在内容上是有交叉或重叠的。为了适当地照顾各门学科体系的完整性，我们在这些书中保留了这些部分交叉或重叠的内容，但每一本书都有自己的、不同于其他书的侧重点，正是这些侧重点体现了各书所代表的不同学科的特色。

　　本书系的作者绝大多数是目前正活跃在应用心理学教学、科研和实践工作第一线的中青年专家，他们来自于北京大学、南开大学、中南大学、山东大学和吉林大学等十余所高等院校。他们大多数是心理学博士和教授，具有丰富的科学研究、教学和临床工作经验。本书系汇集了集体的智慧，是大家精诚合作的结果。虽然大家已经尽心尽力、力求完善，但由于时间和学识水平有限，书中难免缺陷乃至错误之处，我们欢迎读者批评指正。

　　本书系的编写得到了教育部社会科学委员、国务院学位委员会心理学科评议组成员和召集人沈德立教授的关心和指导，并被作为教育部人文社会科学重点研究基地成果出版。在此，我们向沈德立教授表达我们由衷的感谢和敬意。在本书系的编写过程中，我们参考和引用了国内外大量的研究资料，不能一一提及，谨表达我们的谢意。此刻，我们也要感谢南开大学出版社的领导和本书系的策划编辑莫建来博士及诸位责任编辑，没有他们的远见卓识和精心的工作，就没有本书系的顺利出版。

梁宝勇　　谨识

二零零五年元月十五日于天津

# 目 录

## 第一章 学校心理学：职业与科学 …………………………………1
- 第一节 学校心理学的定义 ………………………………………1
- 第二节 学校心理学的历史与现状 ………………………………5
- 第三节 学校心理学与相关学科的关系 …………………………15
- 第四节 学校心理学在基础教育改革中的作用 …………………20
- 第五节 作为职业的学校心理学：学校心理学家的角色 ………25
- 第六节 作为科学的学校心理学：学校心理学的研究方法 ……30

## 第二章 学校心理学的发展观与系统观 …………………………37
- 第一节 学校心理学的发展观 ……………………………………38
- 第二节 学校心理学的系统观 ……………………………………44
- 第三节 学校心理学的新途径——发展观与系统观的整合 ……55

## 第三章 学习理论与应用 ……………………………………………58
- 第一节 人本主义学习理论与应用 ………………………………59
- 第二节 信息加工理论与应用 ……………………………………64
- 第三节 建构主义学习理论与应用 ………………………………73
- 第四节 多元智能理论与应用 ……………………………………81
- 第五节 动机理论与应用 …………………………………………87

## 第四章　学校心理教育评估 ………………………………………… 96

第一节　学校心理教育评估的定义及原则 …………………………… 96
第二节　学校心理教育评估的常用方法 ……………………………… 101
第三节　学校心理教育评估的常用智力测验 ………………………… 108
第四节　学校心理教育评估的常用适应性行为测验 ………………… 125
第五节　学校心理教育评估的常用行为问题测验 …………………… 134

## 第五章　学校心理卫生与咨询 …………………………………… 144

第一节　学校心理卫生与心理辅导 …………………………………… 144
第二节　精神分析的心理咨询技术 …………………………………… 152
第三节　认知疗法的心理咨询技术 …………………………………… 162
第四节　来访者中心疗法的心理咨询技术 …………………………… 172
第五节　后现代主义的心理咨询技术 ………………………………… 181
第六节　学校心理辅导活动课的设计与组织 ………………………… 196

## 第六章　学校中的行为分析与干预 ……………………………… 206

第一节　行为主义的理论与观点 ……………………………………… 206
第二节　行为与行为改变的测量 ……………………………………… 211
第三节　学校中常用的行为矫正技术 ………………………………… 221
第四节　认知行为疗法 ………………………………………………… 229
第五节　系统脱敏法 …………………………………………………… 233

## 第七章　学生心理、行为问题与干预 …………………………… 239

第一节　学习障碍及其矫正 …………………………………………… 239
第二节　学生的情绪与人格障碍及矫治 ……………………………… 249
第三节　学生的行为问题及矫治 ……………………………………… 264
第四节　学生的社会技能缺陷及其训练 ……………………………… 272

## 第八章　学校中的生涯辅导 ………………………………280
### 第一节　生涯辅导概述 …………………………………280
### 第二节　各级学校中的生涯辅导 ………………………297

## 第九章　学校组织中的学校心理学家 ……………………322
### 第一节　人本主义的学校管理 …………………………324
### 第二节　教师工作动机 …………………………………327
### 第三节　学校组织的领导与文化 ………………………334
### 第四节　维护教师心理健康的学校心理学家 …………341

# 第一章　学校心理学：职业与科学

学校心理学既是一门科学，又是一种职业。本章着重讨论学校心理学的定义，学校心理学的历史与现状，学校心理学与相关学科的关系，学校心理学在基础教育教学改革中的作用，以及学校心理学家的职业角色和学校心理学的研究方法。通过本章，读者将会对学校心理学这门学科和职业有一个大致的了解。

## 第一节　学校心理学的定义

什么是学校心理学（School Psychology）？有人认为"学校心理学是应用心理测量、心理咨询、心理治疗和其他心理学知识解决学生的心理健康问题和教育工作者面对的心理问题，促进学生和教师对学校生活的适应的心理应用分支"[1]。将学校心理学视为运用心理学知识促进师生对学校生活的适应的应用心理学分支之一，可以说是心理学知识在学校的应用。这可能是许多人初次对"学校心理学"的理解。有人认为学校心理学的实质是"一门关于在学校教育领域中如何开展心理辅导与咨询的学问"[2]。将学校心理学视为在学校场合进行的心理辅导和咨询的学问，可以说是心理辅导与咨询在学校的应用。什么

---

[1] 刘翔平. 学校心理学——学生心理教育评估与干预. 北京：世界图书出版公司北京公司，1996：2

[2] 徐光兴. 学校心理学——心理辅导与咨询. 上海：华东师范大学出版社，2000：1

是学校心理学，这在国际学校心理学界至今还没有统一的界定，面对歧说，有人索性就采取不争论的态度，转而分析学校心理学的性质、任务和对象。①

要给学校心理学下个确切和公认的定义，可能是件困难的事情。不过，我们也许可以从学校心理学的服务对象和任务入手，来界定学校心理学的含义。

## 一、学校心理学的服务对象

有人认为学校心理学的对象主要是身心有缺陷的儿童青少年和学习有困难的儿童青少年。学校心理学家，大部分在中小学工作。换句话说，学校心理学家的工作重点主要放在5~18岁"问题"儿童青少年或学生的身上。②这是根据国内外以往的学校心理学的实践情况所得出的。不过，随着社会的发展，学校心理学的对象也在不断扩展。

我国在《中小学心理健康教育指导纲要》中提出心理健康教育必须坚持"面向全体学生"的基本原则。作为实施心理健康教育的基础和主体，学校心理学需要扩大自己服务的对象。此外，当前我国正处于转型期，整个社会越来越开放和自由，社会变化的速度和前进的步伐也越来越快。大学生们有更多的选择、自由的同时，也必然承担着各种价值观、人生观等相互冲撞的心理冲击，在为社会的变化、发展兴奋的同时，也必然要承受更大的心理压力。随着高校的扩招，接受高等教育的人数激增，出现心理障碍或问题的大学生的绝对人数也必然随之上升。

为适应我国经济、社会的飞速发展，我们需要改变观念，以更宽广的胸怀来审视和理解学校心理学，扩大学校心理学的服务对象：既为中小学生服务，也为大学生服务；既为"问题"学生服务，也为正常学生服务。

---

① 林崇德，辛涛，邹泓. 学校心理学. 北京：人民教育出版社，2000：4
② 林崇德，辛涛，邹泓. 同上

## 二、学校心理学的任务

有人认为学校心理学的主要任务是在中小学进行心理预防和心理卫生、心理咨询、诊断性评价、行为矫正、学习指导和职业指导等工作。①

心理预防,即预防学生在校期间可能出现的各种心理行为问题。在心理卫生方面,要引导学生情感良性发展,根据学生气质、性格和能力方面的特点,因材施教,充分发挥他们的潜能。学校开展心理咨询与辅导,主要对象是学生,特别是那些"问题"儿童青少年和"学习"处境不利儿童青少年,其次是家长和教师。开展学校心理咨询与辅导,是帮助学生学会解决心理发展中的各种疑难问题,克服各种心理障碍。诊断性评价,是指根据一定的理论和标准,使用心理学的方法和工具,对学生个体的心理状态、行为异常或障碍以及学生的成长环境进行描述、分析、归类、鉴别、评估的过程。行为矫正涉及对学生行为的分析和矫正,通过识别环境和某一特定行为之间的相互作用关系,分析学生该行为产生的原因,从而实施某些程序和方法,来帮助其改变行为。学习指导,是指帮助学生实现教育目标,以教材为媒介所进行的各种活动,包括学习内容的安排,学习方法的辅导,学习成绩的评估及其反馈等。职业指导,即对学生如何选择适当的职业加以指导。它主要通过心理测量等手段,对学生的能力、性格、体力、家庭、经历等进行全面的考察,并向学生提供职业信息,指导学生选择合适的职业。

教育部《中小学心理健康教育指导纲要》中指出,心理健康教育的主要内容包括:普及心理健康基本知识,树立心理健康意识,了解简单的心理调节方法,认识心理异常现象,以及初步掌握心理保健常识,其重点是学会学习、人际交往、升学择业以及生活和社会适应等方面的常识。心理健康教育是学校心理学的重要任务。教育部《中小

---

① 林崇德,辛涛,邹泓. 学校心理学. 北京:人民教育出版社,2000:5

学心理健康教育指导纲要》所提出的心理健康教育任务，为我国当前学校心理学指明了工作方向。

## 三、学校心理学概念的界定

学校心理学萌芽于 1896 年，以 Lightner.Witmer 在宾西法尼亚大学建立心理诊所为标志。他认为一般的教学方式对儿童的某些问题不起作用，强调利用心理学知识来解决这些问题，尤其是与教育有关的问题。1932 年，学校心理学在美国成为正式的教育专业用语，但却直到 20 世纪 70 年代才得以确立和迅速发展。[①] 学校心理学首先是作为一个职业而非一门专业发展起来的，职业实践是学校心理学的基本特征，也是推动其发展、壮大和被社会接受的基本动力。

从学校心理学的发展上，我们可以看出，学校心理学最初是作为一种临床心理学的形式出现的。此外，学校心理学的职业化和应用性十分明显。这与临床心理学、心理咨询十分相似，再加上临床心理学和心理咨询的一些方法和手段也常在学校心理学中运用，因此学校心理学常被认为是临床心理学或心理咨询的一种表现形式。但随着学校心理学的发展，学校心理学的有关理论不断发展，从业者人数不断增加，各种专业杂志和期刊纷纷出版发行，各种正式或非正式的组织纷纷建立起来，学校心理学最终成为一门独立的心理学分支学科。

综上所述，我们认为学校心理学是一门运用心理学知识和手段，面向全体在校学生开展服务的心理学分支学科。具体来说，学校心理学的服务对象不仅包括中小学生，也包括高校学生；不仅面向有心理障碍或问题的学生，也面向正常的学生。学校心理学的任务不仅包括对有问题的学生进行心理评估、咨询和辅导等，还包括普及心理学知识、进行心理健康教育等更积极的预防性举措。

---

① 徐光兴. 学校心理学——心理辅导与咨询. 上海：华东师范大学出版社，2000：1

## 第二节 学校心理学的历史与现状

学校心理学的发展历程大致可以分为萌芽、产生、发展和繁荣等阶段。由于"学校心理学从其产生到发展,理论中心一直在美国"[①],在此介绍学校心理学的历史与现状,基本上是指美国学校心理学的发展情况。在某种意义上来说,美国学校心理学的过去,可能就是我国学校心理学的现在;美国学校心理学的现状,可能就是我国学校心理学的将来。因此,借鉴美国学校心理学发展的得失,既可以为我国学校心理学发展提供一个参照,也有利于我国学校心理学的快速、健康发展。

### 一、学校心理学的萌芽期(1890~1920年)

学校心理学的萌芽,与社会的发展密切相关。随着社会的发展,义务教育、心理测验、特殊教育、心理健康和心理卫生等运动出现与兴起,是学校心理学的萌芽的直接动力。

义务教育是学校心理学服务背后的一种决定性的力量,它直接影响着对儿童的研究和临床心理学的发展。随着义务教育的普及,教育规模、范围都迅速扩大,出现学习问题和心理问题的学生的人数不断增加。在这种背景下,各种各样的心理测验应用于学校,对儿童智力和行为等问题进行分析和诊断。这些测验为学校心理学的产生提供了有力的工具。随着社会的发展,人们不再把智力落后的儿童当作是无法教育的对象,而是对他们的智能和受教育权利进行科学、客观的评估,并努力制定一套行之有效的方法帮助这些儿童。其中一个重要的问题就是要用可靠的测验方法来鉴别那些智力落后的孩子,以便将他们分到特殊班级中进行特殊的教育。这样,社会各界开始认识到学校

---

① 林崇德,辛涛,邹泓. 学校心理学. 北京:人民教育出版社,2000:25~37

开展心理诊断的重要性。这一社会需要是学校心理学产生的重要动力。此外，心理健康和心理卫生运动的兴起，使广大民众希望通过学校心理咨询等活动，预防心理疾病的发生。

学校心理学萌芽时期的标志事件主要表现在以下几个方面：

### （一）学校心理服务出现

Lightner. Witmer 和 G. Stanley Hall 被认为是学校心理学的创始人。学校心理学服务是从 Witmer 于 1896 年在宾西法尼亚大学建立的心理诊所开始的，他也因此被称为"临床和学校心理学之父"。他认为学校教室里的一般教学方式对儿童的一些特殊问题不起作用，强调利用心理学知识来解决这些问题，倡导培训能够治疗多种疑难病症的心理学专家。1899 年，Hall 所领导的儿童研究运动对芝加哥公立学校建立第一个在公立学校内运作的诊所——"科学教学法和儿童研究系"——有着重大的影响，该诊所很快就发展成为学校提供心理服务的主要机构。

### （二）学校心理诊所和心理测验的兴起

在 Witmer 和 Hall 等人的努力下，学校和非学校基地的诊所（研究局或儿童研究所）在美国的各大城市学校中纷纷建立起来，它们通常采用"临床心理学"的形式。虽然这类服务多是教育心理学和临床心理学的综合，但较之于现代的教育和临床心理学，它们更类似于现代的学校心理学。心理测量和心理科学的发展为个别差异和测验标准的研究奠定了基础，并有利于学校很好地将学生划分为包括特殊教育在内的不同教学小组，这使学生受益匪浅，乐意接受学校心理学服务，从而使学校心理学服务得以推广。

### （三）学校心理学家的主要职责

"学校心理学家"一词首次出现在 Stern 翻译的德文文献中。在萌芽期，学校心理学家主要应用心理和教育测验对学生进行诊断和分类。这样，心理和教育测验很快就成为鉴定在校工作的心理学家身份的主要特征。对这些测验的管理和解释成为早期学校心理学家的主要职责。这一时期，干预还只是学校心理服务的次要方面。在整个萌芽期，学校心理学家主要职责是为特殊教育提供诊断服务，这些诊断服务促成了学校心理学的重要作用模式——心理评估模式。

## 二、学校心理学的产生期（1920～1940年）

在萌芽期，学校心理学缺乏作为职业的许多重要特征，如工作者自主性、职业的培训规定、证书颁发和业务等。在产生期，学校心理学逐渐具备了作为一门职业所应有的某些重要特征。①

### （一）有关学校心理学家的培训和证书颁发

随着学校心理服务的深入，人们认识到学校心理学家需要正规的培训。20世纪20年代中期，纽约市的学校采用学校心理测验员的聘用考试。参加考试的人若想合格，首先必须在纽约州立大学的评议员所认可的大学修完心理学硕士学位课程，其次还必须有测验员董事会认可的智力测量工作经验。因此，美国纽约大学开设了第一个硕士研究生和研究生水平以下人员的培训项目。到了20世纪30年代末，纽约和宾西法尼亚成立了州教育证书颁发局，宾西法尼亚州立大学开始提供学校心理学方面的博士培训。

这样，到1940年为止，美国至少已经有两个州通过州教育局给学校心理学工作者颁发资格证书，也至少在纽约州进行了一次未来心理学家的正规考试。另外，1921年到1927年间试行过美国心理学会（American Psychology Association，APA）成员短期的全国证书颁发项目（Sokal，1982），虽然这个项目在当时没有取得成功，但它至少是全国水平的证书颁发的一个开端。到了20世纪40年代，APA美国职业心理学测验者董事会和20世纪80年代的美国国家学校心理学协会（National Association of School Psychology，NASP）又开始颁发全国性

---

① 林崇德，辛涛，邹泓. 学校心理学. 北京：人民教育出版社，2000：37～42

的学校心理学证书。也就是说，在1920年到1940年期间，已经出现了学校心理学作为一个职业的两个重要标志：培训和证书颁发。

### （二）学校心理学的相关文献

这一时期，由于没有专门的学校心理学方面的杂志，因此该领域的大部分文献都刊登在与心理学及教育有关的杂志上，诸如《心理诊所》、《教育心理学杂志》、《咨询心理学杂志》、《学校与社会》等。学校心理学的论文主要集中在学校心理学职业和组织建设、问题儿童、心理教育评估等方面。

### （三）学校心理学家的主要职责

这一时期学校心理学家的主要工作和职责大致可以在表1.1中反映出来（见第9页）。①

G. Hildreth认为尽管学校心理学家的服务通常被狭义地解释为对能力的评估，但进行更广泛的服务还是可能的。在这个时期，心理测验一直是学校心理学的主要职责。当时，出现了许多成就和能力测验。测验不仅在种类上迅速发展，而且技术也更加可靠、有效。早期的诊所模式这时也得以进一步发展，一些乡村通过流动诊所也获得了服务。但流动诊所并不能完全满足雇用地区的需要，是否能在农村地区连续服务是这种诊所普遍面临的问题。另外，学校特殊教育的增长助长了对地区心理测验者的需要，人们日益接受学校心理学，雇用学校心理学家的地区在不断增加。这样，美国在20世纪40年代末，学校心理服务的单一地区模式开始出现，使学校心理服务从城区中心扩大到小城市和乡村。

### （四）学校心理学组织的发展

1937年美国应用心理学家协会（AAAP）成立，学校心理学从业者主要属于AAAP的临床科和教育科，但他们中的大多数都没有APA

---

① 林崇德，辛涛，邹泓. 学校心理学. 北京：人民教育出版社，2000：39

或 AAAP 的会员资格；因为具有博士学位的人才有可能获得这些组织的会员权利。不过，出于当时学校心理学从业者人数的增多和证书的增多，AAAP 对成员资格的要求也作出了一些让步。这个时期美国还没有出现独立的州立学校心理学协会。

表 1.1　Hildreth 举例的学校心理学家的一天

上午
对申请入学的儿童进行比纳测验检查。
对错过最近测验的一小群缺席人员进行团体测验。
一个有关高中问题学生的会议。
一个有关小学问题儿童的会议。
回复信件和拟好下午调查的测验要求。

下午
负责完成在最近的测验中成绩不太好的七年级儿童组的报告，有关小学各年级阅读和算术速度测验的进一步工作。
指导助手制作一套卡片以备阅读诊断。
部分小学高年级学生阅读困难的诊断。
研究一个新入学法国儿童阅读的发展。
同一个高中老师会谈。

同一心理学家从事活动的层次顺序是根据他们一年中所花费的时间量安排的，大致如下：

1. 同学校员工、父母、访问者、培训心理学家开会
2. 学生个人测验
3. 团体测验
4. 测验评分
5. 把曲线和图表的意义和结果制成表
6. 对个别学生进行诊断
7. 研究测验结构，举行研究的员工会议

## 三、学校心理学的发展期（1940～1969年）

二战过后美国的学校规模又一次扩大，1968年接受特殊教育的儿童也从1940年的31万和1958年的83.7万增长到200万。而从1940年到1970年，学校心理学家的数量从500人增加到5000人，设有正规相关学校心理学培训项目的大学从仅有的2所增加到100所。学校心理服务从业者与在学儿童的比例从1950年的1∶36000上升为1966年的1∶10500。颁发与有关学校心理服务证书的州从1946年的13个增加到1955年的23个，1970年达到了40个左右；1945年才开始颁发的学校心理学家证书到1977年已在美国所有的州颁发。[①]

### （一）学校心理学相关文献的出现

直到20世纪60年代，APA的学校心理学分会通讯才成为美国唯一专门研究学校心理学的刊物。20世纪60年代是这一期间学校心理学相关文献出版最多的十年，其中包括《学校心理学杂志》、《学校里的心理学》等杂志的创刊以及14本有关学校心理学著作的出版，这是学校心理学家第一次为自己的利益出版专著，并为自己的读者发行刊物。更重要的是这些文献为学校心理学家的培训和从业提供了理论基础。

### （二）学校心理学相关会议的举行

1954年举行的塞耶（Thayer）会议，促进了之后几十年内学校心理学的有关培训、证书颁发和从业思想的形成。20世纪五六十年代，美国其他州也举行了几次职业学校心理学会议，如皮博迪（Peabody）会议。这些会议把人们的注意力吸引到了学校心理学相关的培训项目和实习的需要上。同时，这些会议还促进了人们有关学校心理学家的角色、职责、培训的意见的融合。

---

① 林崇德，辛涛，邹泓. 学校心理学. 北京：人民教育出版社，2000：42～45

### （三）学校心理学的职业发展

1949年举行的博耳德（Boulder）临床心理学会议上，确定了学校心理学同美国心理学会临床心理学分会等一致认可的培训和实习体制、执照签发的程序等之间的密切联系。从业执照签发对在学校工作的心理学家的影响虽然不大，但这使人们开始考虑学校心理学家的职业化问题。在20世纪60年代，人们进行了许多关于学校心理学家的角色知觉调查、现实的和理想的职责的研究，这些研究的结果表明学校心理学家不愿进行心理测验，而更愿意进行心理咨询和干预。

### （四）学校心理学相关组织的发展

1945年，美国心理学会成立学校心理学家分会（第16分会），学校心理学终于成为一个不同于临床心理学和教育心理学的专门领域。1969年美国职业心理学评估理事会终于同意颁发学校心理学文凭。这些都是学校心理学在美国获得全国性承认的标志。

## 四、学校心理学的繁荣期（1970年～至今）

在此期间，学校心理学在组织、文献上都有进一步的发展，学校心理学家的作用和职责也得以确立。①

### （一）学校心理学组织的发展

在繁荣期美国的学校心理学家人数迅速增加，其多数州都建立了相关的学校心理学家组织。美国学校心理学协会和美国学校心理学分会这两个组织不仅人数不断增加，其影响力也不断增强。同时，为了加强对学校心理学家的规范和培养，这两个组织制定了一系列的规章和条例，如学校心理学家的职业道德条例、学校心理学家的服务标准、学校心理学家的任职标准等。这些规章与条例的颁发，既是学校心理

---

① 林崇德，辛涛，邹泓. 学校心理学. 北京：人民教育出版社，2000：45～50

学进入繁荣期的标志,也保证了学校心理学作为一种职业的健康发展。

(二) 学校心理学的相关文献

美国学校心理学协会(NASP)于1972年创刊了《学校心理学文摘》(现为《学校心理学评论》)。美国心理学会学校心理学分会于1973到1980年间出版了学校心理学专论丛书,1986年又创刊《职业学校心理学》(现为《学校心理学季刊》)。除此之外,还创刊《国际学校心理学》、《教育心理学评估杂志》、《学校特殊服务》等杂志,并出版了《学校心理学手册》等二十多部有关学校心理学的著作。

(三) 学校心理学家作用和职责的确立

20世纪70年代在美国,人们对学校心理咨询和组织发展的兴趣很浓,但限于美国联邦法律条文的影响,学校心理学的重点仍然是心理评估。有关报告说明,学校心理学家70%的时间用于评估活动,20%的时间用于咨询,10%的时间用于对儿童的直接干预。在所有"现实—理想型"或"实际—需要型"的作用和职责的研究中,无论是现实的还是理想中的,评估职责一直被认为是最重要的职责。

20世纪80年代,居高不下的离婚率和不断增加的生活消费,使美国的家庭发生了根本性的变化:大多数妇女也需要去工作,而不是留在家中照顾丈夫和孩子。这使许多儿童的成长环境缺乏必要的监护,再加上其他一些社会环境的问题,学校中也随之出现了"危机儿童"(child at risk)。到20世纪80年代末,美国的特殊教育焦点也转向了这类儿童。"危机儿童"包括父母离异的、双职工父母而被留在家里缺乏照顾的、父母滥用钱财的、时常自杀的儿童,此外还包括早孕的少女,可能的"辍学者",以及其他需要学业和心理帮助但又不是传统特殊教育范畴的学生。这些儿童青少年不一定是"特质"受损害的儿童,而是那些状态暂时不能被预知、有危险、出现严重问题的儿童。这样的青少年需要在正规教育与特殊教育以外的场合得到帮助。这就为学校心理学家的作用和职责从以前的主要是评估和归类,转向心理评估、辅导和干预。不过随着科学技术的进步,例如计算机化,学校心理学家的传统评估作用与职责可能又被进一步加强。

## 五、我国学校心理学的发展现状

由于教育实践中长期存在的应试教育倾向,我国中小学生承受着沉重的升学压力,这是导致学生适应不良和心理障碍的重要因素。然而我国"学校心理学的发展起步甚晚"[①],"学校心理学尚是一个有待开发的领域"[②]。我国极其缺乏专业的学校心理学家,至今仍没有相应的学校心理学家培养体系;许多中小学虽然开设了心理辅导活动课,并设立了心理辅导室,但由于辅导教师缺乏心理辅导的专业培训,效果不甚理想。

### (一)我国学校心理学的发展基础

随着我国社会的发展和教育改革的深化,人们越来越关心和重视学校的心理健康教育工作。社会媒体对心理健康教育的报道也越来越多。《中小学心理健康教育指导纲要》的颁发将进一步促进我国学校心理学事业的发展。全国的大中小学逐渐开始设立正规的心理咨询与辅导机构,一些有条件的中小学开设了有关心理教育的选修课,绝大多数的高校学生思想教育教材中有心理健康教育的专题内容。我国开始形成一支热心从事学校心理学研究工作的教师队伍和专业人才队伍。同时,心理辅导教师的师资培训工作正在走上正规道路。

### (二)我国学校心理学的组织建设

我国系统引进学校心理学并开展学校心理学的研究还是近十余年的事情。在我国开展学校心理学的研究,既是心理科学自身建设的需要,又是教育实际的需要。1993年,中国心理学会第六届理事会成

---

① 阳泽,刘电芝.学校心理学发展的历史、特点及其启示.宁波大学学报(教育科学版),2002,24(3):14

② 徐光兴.学校心理学——心理辅导与咨询.上海:华东师范大学出版社,2000:7

立时，经中国科协批准把学校管理心理学专业委员会改为学校心理学专业委员会。①这是我国第一个学校心理学的专业组织。此外，近年来还建立了中国教育学会教育实验研究会学校心理辅导专业委员会、中国教育学会儿童教育心理研究会中小学心理健康教育专业委员会等相关组织。

### （三）我国学校心理学的相关文献

近年来，我国有关学者十分重视学校心理学的发展，撰写了一系列学校心理学的专著和论文。林崇德等的《学校心理学》、徐光兴的《学校心理学：心理辅导与咨询》、刘翔平的《学校心理学：学生心理教育评估与干预》、魏安庆的《学校心理学》等专著都对我国的学校心理学建设起到了有力的推动作用。

### （四）我国学校心理学发展中存在的问题

当前，我国学校心理学的发展中还存在不少问题，如何解决这些问题将是我们面临的重大课题。

首先，对学校心理学的意义和作用缺乏明确认识。即把学校心理学简单狭窄地等同于心理咨询或教育辅导，还有人认为是教育心理学的延伸或临床心理学的翻版，没有看到学校心理学的特殊性和对整个学校教育的指导意义。其次，把学校心理咨询和辅导对象仅仅看作是面对学生的，忽视对教师、家长的心理健康援助。再次，心理健康教育课程的计划，学校心理咨询的指导体系、组织管理尚未完善，在不少学校中的专职或兼职心理辅导教师缺乏学校心理学的基本知识和实践经验。

### （五）促进我国学校心理学发展的建议

我们认为，我国的学校心理学建设应在借鉴其他国家的经验基础上，着重抓好以下几个方面的工作。

---

① 林崇德，魏运华. 试论学校心理学的未来趋势. 教育研究，2001（7）：31

第一，要立足于为学生的成长及心理健康服务，把学校心理服务落实到学校的实践生活中，在学校中扎扎实实地开展对学生的测评、诊断和咨询服务，使心理测评与干预的具体成效较快显现，使学校心理学成为学校管理、学生心身成长和学习必不可少的服务内容。第二，积极地鼓励广大教师开展学校心理学的研究和实践活动，对学生、家长进行发展性、预防性心理辅导。同时又要注意教师自身心理保健。第三，对我国现有的专职和兼职的心理辅导教师进行有效的培训，加强他们对心理辅导、咨询技术的学习、实践和研究，特别是让他们尽快掌握学校心理学的基本理论和知识。第四，培养一批精通学校心理学、熟悉心理健康教育的高层次人才和专职的心理辅导教师，并且尽可能将从事这一事业的专业队伍的学历提高到硕士水平。第五，学校心理学工作者与临床心理学家、精神卫生工作者、医疗机关、社会地区的专门机构等学校外的专家建立心理健康教育共同协作体系，使学校心理健康教育发挥更大的效用。

当然，学校心理学的发展，还要靠全社会的努力，尤其是各级政府、有关部门的重视与支持。如果我国以立法的形式规定每一万名中小学生中必须配备一名学校心理学工作者，按全国有两亿中小学生来计算，我国将需要两万名学校心理学工作者，这将是一个意义重大的数目。

## 第三节　学校心理学与相关学科的关系

我国著名心理学家林崇德曾指出："学校心理学是在发展心理学、教育心理学、临床心理学、咨询心理学等心理学分支基础上发展起来的，不仅和这些分支学科关系密切，而且也是这些心理学分支融合的结果。"这表明，学校心理学有许多相关的心理学学科。事实上，随着近年来学校心理学的发展，学校心理学家角色的进一步扩展，学校心理学与越来越多的学科发生了联系，如社会心理学、认知心理学、生物心理学等，如图1-1所示。

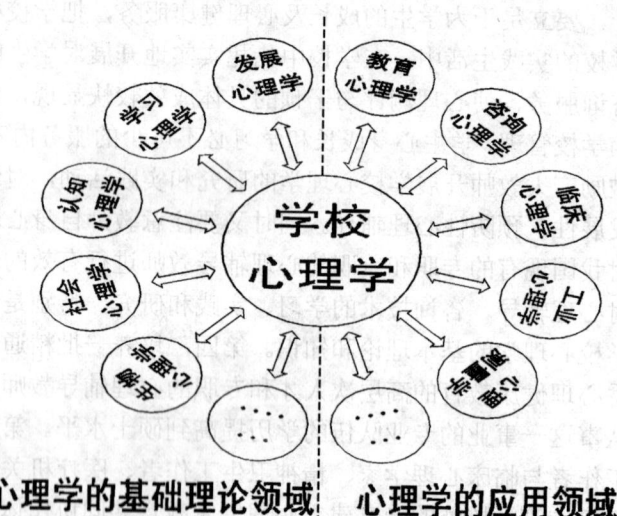

图 1-1　学校心理学与相关学科的关系

心理学包含了众多分支学科，其中的大多数都或多或少地与学校心理学有关。图 1-1 就是从心理学的基础领域和应用领域两个方面描述了与学校心理学相关的学科。图中的箭头是指两个学科之间存在相辅相成的关系：一方面这些学科为学校心理学提供了研究和工作的依据、方法，另一方面学校心理学研究的结果也丰富了这些学科的内涵。

## 一、教育心理学和学校心理学

教育心理学是研究教育、教学过程中，教育者和受教育者心理活动现象及其产生和变化规律的心理学分支。与学校心理学一样，它研究儿童发展的特点、特殊儿童的心理活动、学习心理、学习方法、学习辅导与心理卫生等，但两者的区别在于：（1）在研究对象上，教育心理学研究心理正常的人，并着重研究集体变量，探讨群体心理发展与变化的规律；学校心理学主要针对的是心理偏常的儿童，着重研究个人变量、解决个人的学习、心理等问题；（2）在研究内容上，教育心理学主要研究学生怎么学，教师怎么教，而学校心理学除此之外还关注学生人格、社会适应等方面的问题；（3）从学科性质上看，虽然两者都属于应用学科，但是相比之下教育心理学带有更多的理论性。"在一定意义上说，学校心理学是从教育心理学基础上分化和发展起来的，它是教育心理学的应用学科。"[①]

教育心理学也为学校心理学家提供描述、解释某些行为的依据。学校心理学的工作范围之一就是为学生提供学习指导，要为学生提供这种服务首先要求学校心理学家清楚地理解并掌握一系列的学习理论，明确影响学习的诸多因素。此外，近年来越来越多的学者把教师也纳入了学校心理学的服务对象，如何指导他们更好的教学也成了摆在学校心理学家面前的一个重要课题。这些工作的展开都需要借助教育心理学的理论支持。

## 二、发展心理学与学校心理学

发展心理学，简言之就是研究毕生心理发展特点和规律的心理学。它与学校心理学既存在共同点又有区别。相同的是都以5~18岁中小学学生的心理特点为自己的主要研究对象，都受心理学历史上的一些重要事件的影响。区别在于：（1）从研究对象上看，发展心理学研究人类个体从受精卵开始到年老死亡为止的发展全过程中的心理问题；学校心理学则研究中小学生学习问题、精神生活和行为过程的变化。（2）从研究重点来看，发展心理学注重学生身心发展问题，其中包括正常发展和发展障碍两个方面；而学校心理学则主要集中在发展障碍上，注重对学生中出现的心理偏差的矫正。（3）从学科的性质来看，发展心理学属于理论性学科，从事揭示真理、原理的基础性研究；学校心理学属于应用性学科，具有很强的实践性，主要在于提出问题、解决问题。

这两个学科的联系是，发展心理学为学校心理学提供了三个层次

---

① 林崇德，辛涛，邹泓. 学校心理学. 北京：人民教育出版社，2000年12：23

的帮助：首先，它帮助学校心理学家描述某一儿童的认知、社会性和人格等方面的发展状况；其次，它提供了一些发展心理学的模式，使学校心理学家明白特定时期儿童的特定行为，便于他们解释儿童的异常行为；最后，也是最高层次上，学校心理学家可以根据发展心理学的模式（如皮亚杰的认知发展阶段理论）预测儿童可能发生什么问题。

发展心理学中有各式各样的理论，如弗洛伊德的精神分析理论、艾里克森的心理社会性发展理论、社会学习理论等。Greenspan（1981）认为不同的理论使学校心理学家从不同的侧面去了解问题行为，考虑到学生的年龄和生活环境，学生在不同时期应该会有哪些行为表现。这些理论在学校心理学中指导意义比较大的是心理评估、行为干预和心理预防等领域。正如 Holmbeck 和 Kendall（1991）所言："发展方面的知识是作出一个正确的诊断性评估，评定是否需要治疗以及选择合适的治疗方案的基础。任何过高或过低的判断都有可能是缺少发展性知识或对发展性知识运用错误引起的。"

## 三、心理测量学与学校心理学

心理测量学亦称"心理计量学"、"测量心理学"。它是专门研究心理测验的理论与方法的学科。心理测量学以心理统计学为基础，以心理测验为具体方法手段，主要研究个体心理差异。其主要内容有：测量阈限和等价刺激等的心理物理法，感觉量表、态度量表、智力量表、人格量表、气质量表、性格量表等测量工具构成，标准化、常模、信度、效度的测验理论，在相关基础上发展起来的因素分析理论等。心理测量的种类很多。从测验对象来分，有智力测验、能力测验、教育测验、人格测验等；从测量单位来分，有年龄量表、年级量表、百分量表、T 量表等；从测量方法来分，有个人测验、团体测验；从测量材料来分，有文字测验、非文字测验等。

心理测量既为学校心理学提供了研究方法，也是学校心理学家主要从事的工作。众所周知，学校心理学家最初的工作就是采用智力测验筛选出智力低下的儿童，以满足他们特殊的教育需要。学校心理学发展到今天，学校心理学家的工作范畴又包含了心理预防、心理咨询、行为矫正、学习指导、职业指导甚至是指导学校组织管理等内容。但诊断性评估仍然占据主要位置，心理测量正是诊断性评估的主要手段。心理测量学所发展起来的诸多不同类型的测验，为学校心理学家提供了了解学生的多种途径。

## 四、其他学科与学校心理学

如图1-1所示，与学校心理学相关的学科还有很多，这里不一一列举，下面仅简单介绍比较新的社会心理学、生物心理学和认知心理学对学校心理学研究的启示。

社会心理学与学校心理学的共同之处在于两者受相似的政策和社会力量影响，两者都继承了古希腊哲学要求的用理性思维去解释人类行为，而非用宗教的、超自然的力量。而且许多社会心理理论及研究结果都应用到了学校心理学的评估、咨询、治疗、课堂学习、处理亲子关系等方面。如社会心理学认为小组内交流的效果依社会背景、交流的性质而不同。Aronson & Osherow（1980）等人的研究发现，在种族平等的前提下，采取同伴教学的方法能够改进组内成员对小组、学校的态度，能够增强学生的自尊。这些都对学校心理学有借鉴意义。

生物心理学，又称生理心理学是研究心理现象和行为产生的生理过程的心理学分支学科，它试图以脑内的生理事件来解释心理现象，具体的研究内容有脑神经、脑发展、脑功能、学习和记忆的机制等。NASP曾明确提出学校心理学家只有接受关于"行为的生物基础"方面的训练才能获得执照。近几年，神经科学、生物心理学发展迅速。按此趋势，人们将更多地关注行为的生物学机制。因而，学校心理学家要更好地解决学生的问题，将更多地求助于生物心理学。

认知心理学泛指一切以认知过程为对象的心理学研究，如注意、知觉、表象、记忆、思维和语言等。以往的认知心理学研究集中在信息处理的本质，并用计算机模拟的方法进行研究。而目前，越来越多的认知心理学家开始研究动机、行为环境等因素。这样认知心理学和学校心理学将有更多的沟通空间，两者相互借鉴也能使学校心理学家更好地理解学生的学习和发展。

## 第四节　学校心理学在基础教育改革中的作用

改革开放以来，我国基础教育取得了辉煌成就，基础教育课程建设也取得了显著成绩。近几年，国务院、教育部相继颁布了《关于基础教育改革与发展的决定》和《基础教育课程改革纲要（试行）》，更是把基础教育改革推向了一个新的阶段。新一轮的基础教育课程改革与以往比较，表现出以下几个主要特点：（1）精选终身学习必备的基础知识和基本技能，课程内容关注儿童生活经验，反映社会科技发展最新成果。（2）改变学生的学习方式，确立学生在课程中的主体地位，建立学生自主、探索、发现、研究以及合作学习的机制。（3）基础教育课程改革的组织与实施应该坚持民主参与、科学决策的原则，鼓励专家学者进入学校研究指导。

学校心理学是心理学为学校服务，解决学校实践问题的产物。其最初产生于教育的需要，发展也受教育的影响。目前，学校心理学家在学校中主要扮演了心理卫生的保健者、德育工作的辅助者、学习的辅导者和职业选择的指导者等角色，他们的实践能在微观层面上推进基础教育改革的顺利开展。另一方面，学校心理学家在研究的过程中也能发现新问题、找到新方法，这也为下一轮的基础教育改革提供了可依据的第一手资料。

### 一、学校心理学的实践推进了基础教育改革的顺利开展

#### （一）学校心理学对促进学生心理健康的作用

《关于基础教育改革与发展的决定》和《基础教育课程改革纲要

（试行）》都指出基础教育的目标是"要使学生具有爱国主义、集体主义精神，热爱社会主义……具有健壮的体魄和良好的心理素质……成为有理想、有道德、有文化、有纪律的一代新人"。其中特别提及了学生的心理健康问题，这是由于近几年青少年的心理健康问题越来越严重。骆伯巍、高亚兵（1999）的调查结果发现：青少年心理健康问题的总检出率为 25.20%，明显地高于 1984 年的相应数据[①]。而且许多研究表明，中小学生存在心理健康问题范围也比较广泛，包括任性、焦虑、孤僻、学习困难和社交障碍等。

为此，学校心理学家已经越来越多地扮演了学生心理健康的保健者的角色。无论是心理预防、心理咨询还是诊断性评估、行为矫正，其最终目的都是了解学生的心理健康状况，预防心理疾病的产生，或是为已经存在问题的学生提供帮助。例如：学校心理学家能在中小学衔接阶段和心理发展的敏感期，采取一定的干预措施，帮助其顺利度过；对那些"问题"学生或那些教育方法不当的教师、家长，学校心理学家也可以通过心理商谈的方法帮助他们；为每个学生准备一份心理档案，以了解学生状况并对可能产生的问题进行预防；某些心理问题还能用行为矫正的方法解决，典型的有学校恐怖症、社交障碍等。可以说，中小学生心理健康和心理素质的提高离不开学校心理学家。

## （二）学校心理学对改进学生学习、更新教师教育观念的作用

基础教育改革对学生学习的内容和方式都提出了新的要求：首先是精选终身学习必备的基础知识和基本技能，课程内容关注儿童生活经验，反映社会科技发展最新成果；其次是改变学生的学习方式，确立学生在课程中的主体地位，建立学生自主、探索、发现、研究以及合作学习的机制。在知识爆炸的时代，掌握知识的多少已经不是最重要的，而如何掌握知识才是至关重要的。接受学习、死记硬背、机械训练的教学和学习方法已经不能适应时代的需求，倡导学生主动参与、乐于探究、勤于动手，培养学生搜集处理信息的能力、获取新知识的

---

① 骆伯巍，高亚兵．当代中小学生心理健康状况的研究．教育理论与实践．1999（2）：41—46

能力分析和解决问题的能力,以及交流与合作的能力变得更加重要。所以,世界各国也都把学生学会学习作为最重要的教育改革的方向。

这种改变直接导致的问题有两个:第一,教师的教学能力以及教育观念在短期内可能跟不上这些要求。传统教育往往是以教师为中心的,教师只要把知识传授给学生就可以了,而对如何教学考虑得相对较少。现在要确定学生的中心地位,引导学生自主探索、发现,这对教师的教学方法是一个挑战。而且许多教师习惯了以往的模式,会担心学生自己学习的能力,所以一时很难改变。第二,学生一时无法适应新的学习方式。由于旧的教学方式的影响,学生对教师有很强的依赖性,一旦放开让他们主动探究,会使他们产生一种无所适从感。

针对这些问题,学校心理学家可以做的是从思想和能力上对教师进行指导,使他们清楚地掌握各种教学原理,了解基础教育改革的必要性;指导学生学习,帮助学生掌握学习策略和选择学习方法,使他们学会学习,能自己制定学习计划、自我监控学习进程,形成良好的学习习惯。

(三)学校心理学对促进教育科研的作用

"引导每一位教师走上从事一些研究这条幸福的道路"是前苏联著名教育家苏霍姆林斯基对校长们的谆谆教导。教师工作的特殊性决定了教师应该成为教育科研的主力,而且教育科研是教师成长的必由之路。近年来,越来越多的教育家、心理学家指出在学校中开展教育科研的重要性。基础教育改革要求教师实现角色的转变,由学生学习的传授者转变为组织者、参与者、引导者,由"教书匠"转变为研究者。

当然,教师进行教育科研也会面临一些问题。虽然他们拥有丰富的实践经验,但在理论基础上,在具体研究方法的应用上还有一定的缺陷。相反,学校心理学家既受过专业的心理学、教育学培训,又有深入学校工作的经验,能更清楚地了解教师作研究的优势和劣势,二者可以取长补短。《基础教育课程改革纲要(试行)》中也明确指出:在基础教育改革组织与实施中,必须坚持民主参与、科学决策的原则。

积极鼓励高等院校、科研院所的专家、学者和中小学教师投身中小学课程教材改革；支持部分师范大学成立"基础教育课程研究中心"，开展中小学课程改革的研究工作，并积极参与基础教育课程改革实践；在教育行政部门的领导下，各中小学教研机构要把基础教育课程改革作为中心工作，充分发挥教学研究、指导和服务等作用，并与基础教育课程研究中心建立联系，发挥各自的优势，共同推进基础教育课程改革。

## 二、学校心理学的研究为基础教育改革提供了一定的心理学依据

学校心理学家在学校背景中结合教师的教育和学生的学习进行的研究，相对于那些完全在实验室进行的实验有更好的外部效度。随着学校心理学以及整个心理学学科的发展，其研究方法也越来越具有科学性。因此，学校心理学的研究不仅能为学校教育教学服务而且为基础教育改革提供一定的心理学依据。事实上，大量研究已经对此作出了贡献，如关于学习困难学生的研究，关于课堂管理技术的研究，关于各种焦虑症的研究以及教学方法的研究等等。

### （一）有关教与学的研究

如何提高学生的学习效率？怎样改进学生的学习能力？这些问题一直以来都是学校心理学家关注的重点，相关的研究已有不少。学习困难学生的研究就是其中之一。有关学困生的研究，美国早在19世纪就已开始，发展至今已经经历了四个主要的发展阶段：（1）奠基阶段（约1800~1930），对脑功能和大脑失调进行基础科学研究；（2）转变阶段（约1930~1960），将成人脑医学研究成果应用于儿童的临床研究上，并将这些成果转变成实际的教育措施，应用到课堂教学实践；（3）统整阶段（约1962~1980），许多相关研究团体进行合作，有关的术语以"学习困难"进行统整，政府保障学习困难儿童的特殊教育权益，各种各样的学习困难学生教育的理论、方法和措施迅速发展起来；

（4）现代阶段（1982年迄今），有关学习困难儿童教育的法律进一步健全，学习困难儿童的特殊教育事业不断发展。在教育规模上开始不断扩大，而后又转向适度收缩。许多学校采用多样化的教学方法干预学习困难儿童，现代教育技术在学习困难学生的教育上得到广泛应用。而在解释学习困难之所以产生时，又先后出现了能力缺陷观、技能缺陷观和元认知缺陷观三个影响较大的理论。目前，我国对学习困难学生的研究也不少，李伟健、杨心德、吴承红、章潇怡等学者都从不同的角度对学困生进行了研究[①]。

## （二）有关师生心理健康领域的研究

学生的心理健康问题是学校心理学家研究的一个重点，无论是国内还是国外对学生心理健康问题的研究已经屡见不鲜。在中国学术期刊网上，输入"心理健康"和"学生"为关键词，仅2000年~2004年间的文献就有2800多篇，其中既包括对学生心理健康问题的调查、影响心理健康因素的研究，也包括增进学生心理健康的策略的研究。在具体的某些领域，如厌学、自卑、焦虑、人际关系等方面的研究也已经有一定的深度。

此外，越来越多的学者意识到教师心理健康的重要性。一方面，社会的变革、观念的更新、技术的进步给世纪之交的教育以巨大的冲击，基础教育改革的背景下教师又要担负起转型的艰巨任务，教师由来已久的"平衡"心态正在经受着不曾有过的"挤压"。另一方面，教师一定程度上是学生的榜样，教师的心理状况会直接或间接地影响学生的心理状况[②]。但是，目前对教师心理的研究主要集中于现状调查以及在教育学领域中如何改善教师心理健康的探讨。总的来说研究还有待进一步深入。

---

① 李伟健. 学习困难学生阅读元认知实验研究. 杭州：杭州出版社，2004
② 蒋晓东. 论教师心理偏差及其对学生心理健康的影响. 四川教育学院学报，1995（01）：19~22，李伟健. 学习困难学生阅读元认知实验研究. 杭州出版社，2004

## 第五节　作为职业的学校心理学：
## 学校心理学家的角色

学校心理学家究竟扮演了什么样的角色？对此，人们并不十分清楚。

比如人们经常会问学校心理学家一些辛辣的问题："你是想要分析我吗？""我们学校需要心理学家吗？"大家之所以会这么问，究其原因就是对学校心理学家的工作没有明确的认识。确实，这不是一个很容易回答的问题。

### 一、不同学者对该问题的看法

众所周知，学校心理学最初直接诞生于特殊教育的需要。20世纪中期，美国开始陆续成立特殊教育学校，随之而来的问题是"怎样的儿童才需要就读这类学校"。这时，学校心理学家作为"儿童分类者"就产生了。因为早期学校心理学的工作主要是对儿童进行智力测验，对他们进行分类后建议进入不同的学校，所以学校心理学家也被称为"测验者"（tester）。

之后，学校心理学家又开始扮演"儿童救助者"的角色，这一角色通过补救教学、行为矫正、咨询和心理治疗以及辅导等功能对个别儿童或群体提供直接和间接的干预。直到目前，仍有学者（徐光兴，2000）认为，学校心理学家的主要任务就是为学生提供心理辅导[①]。

我国心理学家林崇德和魏运华根据近年来学校心理学的实践，认为学校心理学在学校的教育教学中主要扮演四种角色。首先，学校心理学家要对学生进行心理健康教育，培养学生良好的心理素质，因此被称为学校心理卫生的保健者；其次，在西方国家里，学校心理学家

---

[①] 徐光兴. 学校心理——心理辅导与咨询. 上海：华东师范大学出版社，2000：1~2

是德育工作的一支重要力量。他们不仅有正面的德育工作，还有对品德不良的矫正工作，因此被称为德育工作的辅助者；再次，学校心理学家的另一个重要工作是对学生的学习进行辅导，做学生学习的辅导者；最后，初中毕业或高中毕业后，一些学生要进入社会，如何帮助学生认清自己的职业兴趣，掌握选择职业的技巧，此时学校心理学家成了职业选择的指导者。

## 二、从学校心理学家的从业要求和服务范围看其角色

### （一）从业要求

学校心理学家是一些接受过相关专业的教育与训练并获得相应资格的专家，他们能运用关于教育学和心理学的知识去帮助解决儿童、家长、教师和某些群体所面临的教育问题。以学校心理学最发达的美国为例，1946 年 7 月，美国心理学会（APA）第 54 届年会就计划把学校心理学列为其分支之一，开始进行人员培训、证书发放等工作，并专门召开会议研究和确定学校心理学家的作用、资格和培训标准。目前，学校心理学与临床心理学、咨询心理学、工业和组织心理学并称为四大职业心理学。此外，联合国教科文组织早期的一份报告中曾指出，对学校心理学家为获取资格而接受的专业教育与训练有三个起码的要求：（1）受教育者必须已获得教师证书，或其他作为一名教师的职业资格证书；（2）至少有 5 年的教学经验；（3）提供学校心理学课程教育的大学必须能够提供高质量的专业教育。

在我国，目前学校心理学还处于起步阶段，从事这项工作的主要是一线的接受过一定的心理学课程培训的中小学教师。但是，近几年某些高校也开设了面向中小学的"应用心理学"等本科专业，这一定程度可提高我国学校心理学工作者的专业素养。

## （二）服务范围

作为一个学校心理学家，要对很多领域有所了解，包括儿童发展、行为管理技术、社会技能训练、特殊教育、危机干预等等。他们的工作领域更是涉及学习障碍、情绪和行为混乱、孤独症、智力障碍、发展迟滞、入学前评估等等。借鉴国外的经验，并从我国的实际出发，我们把学校心理学家的主要工作概括为以下八个方面：

**心理咨询**

心理咨询是通过人际关系，运用心理学方法，帮助来访者自强自立的过程[①]。在学校开展心理咨询一般都与学生的学习指导、生活指导联系在一起，是指通过心理咨询手段帮助学生学会解决心理发展中的各种疑难问题，克服各种心理障碍。具体有：

（1）帮助教师、家长和学校管理人员找到合适的方法，有效地解决学习和行为问题。

（2）帮助其他人理解儿童学习过程，找到影响学生学习和行为的因素。

（3）帮助学生解决各种社交问题，包括如何与其他学生、家长和教师交往。

学校开展心理咨询，主要对象是那些"问题"青少年和"学校"处境不利儿童青少年。许多家长、教师一直有这样的误解——学校心理咨询只是用于咨询学生的，而与自己无关。事实上，学校心理学家指出家长、教师也是学校心理学尤其是心理咨询的服务对象。不仅如此，开展学校心理咨询，帮助学生解决各种问题还需要教师、家长的支持和配合。

**进行测量和评估**

心理测量是以心理测验作为工具对人的行为的测定。心理评估是运用观察法、访谈法、心理测验法等多种手段，围绕解决某一问题对学生心理所作的综合评定。在这里其实是指对学生个体的心理状态、

---

① 钱铭怡. 心理咨询与心理治疗. 北京:北京大学出版社, 1994: 2

行为异常或障碍以及学生的成长环境进行描述、分析、归类、鉴别的过程。在学校中进行测量和评估的范围包括：

（1）测量学生的学科技能、学习能力、学习风格以及学习潜能。
（2）学生的情绪发展状况以及身体健康状态。
（3）评估学生是否需要特殊教育。
（4）评估学生的社交技巧以及是否存在行为问题。
（5）学生的学习环境。

进行心理测量和评估是一项十分严谨的工作，有着特定的程序和方法，这些我们将在后面的章节进行具体介绍。

**进行干预**

干预是指采用行为矫正、谈话等方法，帮助学生、家长、教师解决学校教育生活中面临的问题，主要包括：

（1）帮助解决那些干扰学校生活的人际关系问题和家庭问题。
（2）帮助学生和他们的家庭解决适应困难和学习上的有关问题。
（3）为培养学生的社交技能和自我控制能力提供相应的训练。
（4）帮助学生解决其行为障碍，建立良好的行为习惯。
（5）帮助家庭和学校解决一些突然发生的危机，例如死亡、疾病和社区性灾难（community trauma）。

在解决这些问题时，学校心理学家通常采用咨询、社会技巧训练、行为矫正等方法。

**预防**

这里的预防主要指心理预防，即预防学生在校期间可能出现的各种心理行为问题，促进学生身心健康发展，顺利完成学业。这在心理发展的敏感期或转折期尤为重要。预防的工作范围主要有：

（1）及早识别出可能在学校中经历失败的学生，并为之制定计划。
（2）培养学生在各种形式的学校人际交往中的包容心、理解力。
（3）使家长、教师建立起积极的合作关系，以创立健康的学校环境。
（4）帮助学校工作人员，为学生身心健康提供更好的服务。

（5）创建一个安全的学习环境。
**教育指导**
学校心理学家都接受过专门的教育心理学、发展心理学等方面培训，因此他们能够在教育上为教师、学生以及家长提供帮助，包括：
（1）教与学的策略。
（2）养育的技巧。
（3）课堂管理技术。
（4）（才能出众或身心有缺陷的）特殊学生的教育。
（5）判断哪些是有效的学习和行为管理计划，并付之于实践。
**教育科研指导**
新一轮课程改革对一线教师的教育科研提出了新的要求：教师在教学过程中要以研究者的心态置身于教学情境之中，以研究者的眼光审视和分析教学理论与教学实践中的各种问题，对自身的行为进行反思。从事任何研究工作都须遵循一定的规范。但一线教师在科研方面所受的训练比较少。因此在当前课程改革的背景下，许多教师共同面临的问题是缺乏必要的培训和科研引导，对教育科研无所适从。而经过专业培训的学校心理学家正是教育科研的专家，有能力组织培训和研修，开展教育教学行动研究，从而改进教育教学方法。教育科研指导具体还可以包括：
（1）推荐并实施一定的研究计划和策略。
（2）从教育科研结果中概括出有关学习以及行为方面的新知识。
（3）评估某项计划或干预的效果。
（4）对全校教职员工进行教师专业知识（包括教育学、心理学理论，教育科研方法等）的培训。
**辅助行政管理**
亨特和兰波特（Hunter 和 Lambert）曾经在调查研究的基础上归纳了学校心理学工作者的 19 种角色功能，其中一种是辅助学校领导进行管理的功能①。这一角色主要是从教师的工作动机出发，提高其工

---

① 孙健敏. 美国学校心理学的发展、现状和未来. 心理学动态，1994，2（2）：59

作积极性和工作效率。除此之外，学校心理学家还通过向校外的专业组织为学校争取一定的权利参与学校文化建设中，具体内容包括：

（1）筹措资金以改善校内资源。
（2）参与教育革新。
（3）社区服务。
（4）介入立法。

**职业指导**

职业指导是指对学生如何选择职业加以适当指导。这在我国的学校心理学工作中并没有引起重视。这是由于学校心理学研究的对象主要是 5~18 岁的儿童及青少年，而在我国对这个年龄段的学生，学校最关注的是他们的升学状况而不是就业情况，似乎"职业指导"在学校中并不十分需要。其实这是应试教育的结果。在教育改革逐步展开的今天，人们已经清晰意识到全面发展的必要，指导学生根据能力、性格等个人情况进行生涯规划，选择适合自己的职业，将变得越来越重要。

学校心理学家的工作范围表明他们扮演的角色具有多面性：他们既是心理卫生的保卫者，又是德育工作的辅助者；既是学生学习的指导者又是教师教学的辅助者；既是教学科研的引导者又是行政管理的辅助者……因此，我们很难对学校心理学家作一个明确的界定。但可以确定的是，学校心理学家服务于存在问题的学校教育的任何领域。

# 第六节　作为科学的学校心理学：
## 学校心理学的研究方法

在目前的心理学研究领域，量的研究（quantitative research）和质的研究（qualitative research）是两种主要的研究取向。定量研究试图对现实存在的一般或可能的关系进行准确地描述。并且我们可以通过一组被试在某种情境下的结果推知他们在其他情境中的表现，或者他们所属的整体的结果。而定性研究则像是凸透镜，把一些复杂的不稳定的状况聚焦到一个焦点上。它并不对事情的真相进行描述，而是提供了一个认识框架，告诉我们事物的哪些方面是应该关注的。下面我们简单介绍这两种研究方法。

## 一、量的研究

量的研究（又称"定量研究"、"量化研究"）是一种对事物可以量化的部分进行测量和分析，以检验研究者自己关于该事物的某些理论假设的研究方法。它从数量化的思路出发，运用心理量表或其他手段，对心理特征及心理活动作定量测定，并对所测得的数据进行严格的统计分析。其基本研究步骤包括：（1）研究者建立假设并确定具有因果关系的各种变量；（2）通过一定的抽样方法选取样本；（3）通过标准化工具和程序采集数据；（4）对数据进行分析，建立不同变量之间的相关关系。

量的研究方法有一套完备的操作技术，包括：

### （一）如何抽取样本

在心理学研究中，大部分情况下没有必要也不可能对研究对象的总体进行研究，而是抽取一定的样本，根据样本的信息去推断总体的情况。因此样本是否具有代表性，是否能反映事物总体的本质就成为我们必须考虑的问题。心理学研究中常用的抽样方法有：

1. 简单随机抽样。我们熟悉的抽签法就是简单随机抽样的一种类型；

2. 等距抽样。即先将总体所包含的各个体编码，然后根据拟抽取的样本容量求得抽样间距 k，然后可以随机确定一个起点，从起点开始每间隔 k 个单位抽取一个；

3. 分层抽样。这种抽样方法是按照总体已有的某些特征，将总体分成几个不同的部分，每个部分成为一个层，在每个层中实行简单随机抽样。

## （二）如何收集数据

收集数据的方法很多，下面我们介绍几种学校心理学中定量研究常用到的方法：观察法、问卷法和测验法。

观察法是在一定时间内对特定行为表现或活动进行考察而收集研究资料的一种方法。例如，我们通过观察儿童的日常行动，就可以了解他们的活动特点。观察法可以按是否确定具体观察项目分为有结构观察和无结构观察；还可以按观察者是否直接参加所研究活动分为参与观察和非参与观察。

问卷法是研究者用统一、严格设计的问卷，来收集儿童心理和行为的数据的一种研究方法。因为它标准化程度高，并且能在短时间内收集到大量的资料，是学校心理学研究中常用的一种收集资料的方法。

测验法就是通过心理测验来研究儿童心理、行为特征的一种方法，它一般是用一套标准化的题目，按规定的程序，对儿童心理的某一方面进行测量，从而作出儿童某方面心理发展水平或特点的评定与诊断。早期的学校心理学家主要扮演的就是心理测验者的角色。

## （三）如何分析数据

定量研究分析数据主要借助于统计方法，分为描述统计、推断统计和多元统计三类。

描述统计主要是从大量的观测数据中，用恰当的统计方法来简缩数据，计算这些数据的有代表性的参数。如通过计算平均数了解一组数据的集中趋势，通过计算标准差了解这组数据的离散趋势，通过计算相关系数了解观测数据之间的相关关系。

推断统计主要是研究如何利用数据去作出决策的方法，即依据部分数据去推论全体的一种方法。它的主要内容包括参数估计和假设检验两方面，其中假设检验又分为参数检验和非参数检验，它们分别又包含了许多具体的统计方法，如单总体均值的显著性检验、双总体均值的显著性检验、方差分析、符号检验等。具体的内容可以参阅心理统计方面的相关书籍。

多元统计研究的是超过两个因素时的状况。学校心理学研究中的大多数问题会受到多个因素的影响，寻找出主要的因素，相近或相关的因素合并或归类则是多元统计分析的主要任务。它具体的方法包括：主成分分析、因素分析、聚类分析、多元方差分析、多元回归分析等。

## 二、质的研究

质的研究，是采用书面的、言语的和观察的方式，取得有关心理特征与行为表现的描述性材料，并对这些资料作出定性的分析。陈向明（2000）认为"质的研究是以研究者本人为研究工具，在自然情境下采用多种资料收集方法对社会现象进行整体性探究，使用归纳分析资料和形成理论，通过与研究对象互动对其行为和意义建构获得解释性理解的一种活动"。[①]

### （一）如何收集资料

质的研究收集资料主要通过实地观察、访谈和实物分析三个途径。观察法在上文已有提及，这里主要介绍访谈法和实物分析法。

访谈是一种研究性交谈，是研究者通过口头谈话的方式从被研究者那里收集第一手资料的一种研究方法。在学校心理学研究和实践中，访谈法的突出优点是能够通过与访谈对象面对面地交流从多方面了解状况，并且访谈的过程也是访谈者和被访谈者相互影响、相互作用的过程。访谈法根据不同的标准可以分为很多种类型，常见的是从研究者对访谈结构的控制程度的角度出发，把访谈分为封闭型、开放型和半开放型。

实物分析（document analysis），顾名思义就是对收集到的实物进行分析从而获得我们所需信息的一种收集资料的方法。这里的实物包括所有与研究问题有关的文字、图片、音像、物品等。实物分析在学校心理学中是比较可行的，如学生的作息表、作业、成绩这些资料都

---

① 陈向明. 质的研究方法与社会科学研究. 北京：教育科学出版社，2000：12

是可以直接得到的实物。

### (二)如何进行数据分析

收集原始材料以后,需要对其进行分类、归档和编码。定性研究的材料分析一般采用归纳法,从原始材料整理、寻找、归纳出一些基本的概念,常用的有类别分析和叙述分析。其具体步骤如下:(1)阅读原始资料。这一步的意义在于熟悉原始资料,并仔细琢磨其中的意义和相关关系;(2)登录。登录是资料分析中最基本的一项工作,是一个将收集的资料打散,赋予概念和意义,然后再以新的方式重新组合在一起的操作化过程;(3)寻找"本土概念"。所谓本土概念就是被研究者经常使用的、用来表达他们自己看世界的方式的概念;(4)建立编码和归档系统,就是将所有的资料按一定的分类标准组合起来,以反映资料浓缩后的意义分布和相互关系[1]。

### (三)量的研究与质的研究的比较

前面我们分别介绍了量的研究与质的研究,通过表 1-2 我们可以了解这两种方法在学校心理学研究及实践中有何具体的区别。

表 1-2　量的研究与质的研究的比较

|  | 量的研究 | 质的研究 |
| --- | --- | --- |
| 研究的层面 | 宏观 | 微观 |
| 研究的问题 | 事先确定 | 事先确定,但会随着研究过程的继续而变化 |
| 研究的手段 | 统计分析 | 描述分析 |
| 抽样方法 | 随机抽样 | 目的性抽样 |
| 收集资料的方法 | 问卷、观察、测量 | 访谈、观察、实物分析 |
| 研究的情境 | 普遍的、抽象的 | 有针对性的、具体的 |

---

[1] 陈向明. 质的研究方法与社会科学研究. 北京:教育科学出版社,2000: 277~288

## 三、两种研究方法在学校心理学中的应用

学校心理学的服务范围包括心理预防与心理卫生、心理咨询、诊断性评估、行为矫正、学习和职业指导等方面，这些方面都涉及以上两种研究方法，但是无论是定量研究还是质的研究在学校心理学中起的作用主要还是评估（assessment）。

学校心理学最初产生时，大多数学校心理学工作者从事的工作就是评估。他们通过一系列测量各种能力的量表对学生进行测查，把其得分与常模进行比较，如果低到一定的范围，则认为该学生某项能力存在缺陷，需要进行特殊的教育或辅导。这是最早的评估模式，而且这里所指的能力主要指的就是智力，常见的智力测验如斯坦福—比奈量表、韦氏量表现在还起着重要的作用。随着认识的深入，人们普遍认识到学生的表现受多种因素的影响，因而测量不同因素的量表也应运而生，如多元文化体系测验 SOMPA（the System of Multicultural Pluralistic Assessment）。目前的量表中已经考虑到可能影响学生表现的因素有三类：医学、社会、文化。

虽然这些量表包括的范围极广，但是它采取与常模比较的方式评估学生，仍旧忽视了某些特殊性。由此产生的"不平等问题"也越来越受到争议，这可以从大量的法律案件中得到体现。如 Diana v. State Board of Education 中就提到智力测试的结果把大量的少数民族儿童送进了心智迟钝特教班（educable mentally retarded，简称 EMR）。Mercer（1973）的研究也发现西班牙儿童在 EMR 班中比例较高。导致这些现象发生的原因很可能是少数民族儿童有一定的语言障碍，如果用母语测验他们的得分可能会更高。总的来说，定量研究针对的是普遍的情境，而缺少对特殊情况的关注。

由于质的研究是针对某一特殊情境开展的，它对解决个别问题比较有帮助。如果要对个案进行一个评定或干预，研究者就可以通过该方法了解其背景并整理出系统的资料，以便那些没有参与调查却要参与决策的人更清楚地了解问题所在。这并不是说要取代传统的心理测

量的作用，而是指这种方法扩大、丰富了评价、咨询模型。也许受时间限制，学校心理学家不能严格地根据定性研究的规则展开调查，但是研究者可以借鉴多渠道收集信息的原则，借鉴访谈的技巧以及如何把信息、数据组织成一个有结构的体系的方法。

在实际的研究中，研究者多采用量的研究方法，用质的研究方法做的研究还非常少。与质的研究方法相比，量化研究更具客观性。但是任何一种研究方法都不可能十全十美，杨艳玲（2003）就指出量化研究存在至少三方面的局限性：（1）量的研究要求研究者与研究对象分离，忽视了人的主体性；（2）量的研究强调将研究对象分解，忽视了研究对象的整体性；（3）量的研究强调形式，忽视内容，常常使研究不能深入实质而流于形式[①]。相比之下，质的研究方法却有以下优点：（1）把人的体验放在突出重要的位置；（2）从整体的角度分析现象；（3）注重对研究结果的解释性理解。当然，质的研究方法的不足在于：没有足够的被试；没有控制组，无法准确辨别干预是否起作用；由于分析过程主要依靠研究者的判断，而不像量化研究那样用客观的统计方法，所以会掺入研究者个人的偏见。

实际上，质性研究和量化研究只是从不同的角度，在不同的层面，用不同的方法对同一事物的"质"进行研究。由于指导思想和操作手段不同，它们有可能将研究的重点放在"质"的不同侧面上。质性研究是在研究者与被研究者的互动关系中，通过深入、细致、长期的体验、调查和分析对事物获得一个比较全面深刻的认识；而定量研究则依靠对事物可以量化的部分进行测量和计算，并对变量之间的相关关系进行分析以达到对事物的把握。量化研究和质性研究各有所长，又各有不足之处，所以我们在作研究时就要慎重考虑，选择合适的研究方法。一般来说，量的研究适合于大的、宏观的社会调查研究，质的研究适合于对微观问题作深入、细致、动态的研究，有的问题则需要两种方法的结合。

---

[①] 杨艳玲. 教学科学研究中量的研究与质的研究方法的讨论. 国家教育行政学院学报. 2003. 5:52~54

# 第二章 学校心理学的发展观与系统观

任何一门科学都有其产生和发展的过程，学校心理学作为心理学领域的一个重要分支，其传统模式在培养方式与方向上都正在逐渐发生转变。学校心理学的焦点正从调查分析学生缺陷存在的原因和研究怎样处理的方法，逐渐转移到一条新的路径上来。这条新的路径吸收了发展心理学与系统理论的许多原则。Carboy 和 Curley（1976）提出，学校心理学传统的模式之所以没有能够为教师和学校管理者提供所需要的信息，大部分原因是由于忽视了系统观的因素。譬如，家庭对于学生的作用在传统的模式中很明显地被忽视了。另一方面，发展心理学的很多原则都没有包括在学校心理学的传统模式中。接受过发展观和系统理论训练的学校心理学家，在评估和干预学生的情绪和学习问题时，就会站在发展心理学和系统理论的基础上，关注学生发展的过程及其内容的相关因素，在变化的系统中更为全面的考虑与判断问题。

本章将讨论学校心理学的系统观和发展观。前半部分重点探讨发展观的含义及决定儿童或青少年在发展过程中发生变化的主要因素等。后半部分以学校系统和家庭系统为例，讨论系统的特征和影响系统成效的决定因素。最后我们尝试提出一条发展观与系统观相结合的学校心理学新途径。

# 第一节 学校心理学的发展观

心理学的发展观主要关注个体一生中生物性方面、认知方面、社会和情绪等方面的变化。用辩证的观点看，人的发展过程是连续的，是通过个体内部的连续不断的冲突来推动的。因此，在发展的过程中，个体内部暂时出现某方面的失调或者不平衡是必要的，否则就不能促成发展。只有当一个发展阶段的冲突或者挑战得到解决之后，个体才能进入下一个发展阶段去面对下个发展阶段的冲突。这是心理学发展观的基本思想。现在，人们越来越多地认识到，学校心理学的方法和原则必须以发展心理学的理论为依据。发展心理学的一些主要概念，如个体发展的历程、动因以及关于个体发展的理论，对于学校中的心理评估、干预与规划等来说，都是非常重要的，它们构成了学校心理学的理论基础。

## 一、发展的概念

关于人类发展（human development）的定义有很多种，目前比较公认的是 Clarck 等（1988）所提出的一个观点，认为：

1．个体的发展应该是一种系统性的变化，而不是个别的随机的变化；
2．个体发展产生的变化是永久的、持续的，而不是暂时的；
3．个体发展是在以前的基础上累积产生的；
4．个体发展是一个有方向性、组织化的过程，从婴儿期慢慢向老年期过渡变化，并日趋复杂；
5．个体的发展是一种目标指向的变化，是一种进步（progress），而非逆向的衰减；
6．所有的发展都是由个体自身的遗传因素和环境共同作用的结果。

发展的变化是与个体的成长结合在一起的。也就是说，随着年龄的增加，个体在自身因素与环境、文化的相互作用中逐渐产生生理上、认知上、社会性及情绪过程上的转变。

## 二、心理学的毕生发展观

从20世纪80年代后期开始，受系统科学方法论的影响，加上发展心理学本身研究范围的拓展，越来越多的心理学家开始将人的毕生发展作为研究对象，毕生发展观也逐步成为发展心理学的主流趋势。

毕生发展观的基本思想主要体现为：

1. 个体发展是整个生命发展的过程。人的一生都处于不断的发展变化中，从生命的孕育到生命的晚期，其中任何一个时期都可能存在发展的起点和终点。心理发展不仅取决于先前的经验，而且也与当时特定的社会背景等因素有关。因此，一生的经验对发展均有重要的意义。

2. 个体发展是多方面、多层次的。心理和行为发展的各个方面，甚至同一方面的不同成分和特性，其发展的进程与速率是不相同的。例如，智力可分为流体智力和晶体智力，前者是作为基本信息加工的智力，后者是指与社会文化有关的智力。虽然，人的流体智力在中年以后有下降的趋势，但人的晶体智力在成年期以后仍有可能保持增长的趋势。

毕生发展观以一种更为全面的眼光来审视发展。它认为生命历程中任何时候的发展都是获得与丧失、成长与衰退的整合，任何发展都是新的适应能力的获得，同时也包含已有能力的丧失，知识其得与失的强度与速率随年龄的变化而有所不同。以语言的发展为例，在个体获得本民族语言的同时，他对其他语言的发音能力明显降低了，而这正是语音发展的实质。

3. 个体发展是多种因素共同发展决定的。主要有三类影响系统，即年龄阶段的影响、历史阶段的影响、非规范事件的影响。年龄阶段的影响主要指生物性的成熟和年龄有关的社会文化事件的影响，包括接受教育的年龄、职业事件（如退休）等。历史阶段的影响是指与历史时期有关的生物和环境因素的影响，如战争、经济状况等。非规范事件的影响是指对某些特定个体发生作用的生物与环境因素的影响，包括疾病、离异、职业变化等。这三类影响系统共同决定了个体一生发展的性质、规律和个体间的差异[①]。

毕生发展观所产生的影响是巨大的，借助于这种观点，我们可以更全面、更深刻地理解人的发展过程。

## 三、个体心理的发展理论

人类的心理，一方面是毕生不断发展的，但同时又表现出阶段性的特征。我们在探讨心理发展的动因与规律时，应将心理发展的连续性和发展的阶段性统一起来，这样才能科学地解释个体在生命全程中的心理持续发展趋势，又能探讨不同年龄阶段心理发展的特征。

由于对这些基本理论问题的不同理解，在发展心理学的研究中，逐步产生了不同的发展理论（developmental theories），这些理论为我们描述和理解个体的发展变化提供了一般性的框架，为我们构造问题、指导研究方向提供了理论基础。这些理论主要包括以下几种。

**心理动力理论（Psychodynamic Theories）**。这派理论将个体的发展看成是一系列连续的发展阶段，在其中的每一个阶段，个体都要遭遇一些冲突，对这些冲突的合理解决就意味着个体的发展与成长。其典型的理论包括弗洛伊德的精神分析理论和艾里克森的理论。这两个理论都认为人格是个体经验的产物，个体的发展在不同阶段是不连续的，但在前期的经验与后来的发展之间又有连续性。

**认知理论（Cognitive Theories）**。这类理论主要包括皮亚杰的理论和信息加工理论（information processing theories）。这些理论都关注个体心理加工以及个体心理机能的实现，个体发展是其通过思维推理

---

① 全国十二所重点师范大学联合编写. 心理学基础. 2002年第1版. 北京：教育科学出版社. 204~205

而不断与环境相互作用并试图控制环境的过程。

**行为与社会学习理论**（Behavioral and Social Learning Theories）。依据这些理论，个体发展是环境的产物。行为主义理论假设所有的行为都是通过反射而习得的；社会学习理论又进一步强调了观察学习的作用。这个理论假设个体的行为可以通过观察别人的行为而获得。班杜拉（Bandura, 1986）又进一步阐述了个体行为特征、个体行为以及外界环境之间的多重交互作用关系，提出了个体行为的"交互决定论"（reciprocal determinism）观点。

## 四、影响个体发展的因素

关于影响个体发展的因素，是发展心理学研究的一个重大的理论问题，在心理学界向来有遗传决定论与环境决定论之争。遗传决定论者认为，我们的个体发展绝大部分是由我们先天的遗传因素决定的。而环境决定论者则提出，个体发展是后天经验获得的结果。个体在与环境的相互作用中获得经验，获得社会化。这两者之间争论的焦点在于，在个体发展的过程中，是先天的遗传因素还是后天的环境因素影响更大。支持遗传决定论或是环境决定论，可能与理论支持者本身的哲学倾向有关。现代心理学认为，我们应该把两者结合起来，综合考虑遗传因素和环境的相互作用。

这种相互影响的作用体现在现实层次模型（reaction range model）中。现实层次指的是在环境的作用下引起的遗传与环境相互适应的变化层次。在现实层次模型中，环境的作用是毋庸置疑的，不同遗传基因的儿童在同样的环境中表现出相似的遗传及环境相互作用的结果（phenotype）。有一些双生子实验可以证明这个观点，Alice 和 Laura 是同卵双生子，她们拥有相同的基因，被不同的父母在不同的环境中抚养长大，长大后两人的智商表现出明显的差异。相反的，Paul 是一个智商比 Fred 高的孩子，但是 Fred 在一个比较富裕和丰富的环境中抚养长大，最后两人的智商基本上达到了一个相同的水平。但是需要指出的是，环境的作用也不是唯一关键的因素，因为在个体发展的过程中，遗传基因的控制作用较强，对整个发展过程有较大的影响。

环境能影响遗传因素，遗传基因的作用也影响着我们经历的环境。根据 Scarr 和 McCartney（1983）的观点，当我们遇到不同的情境事件时，遗传基因对环境的影响就会体现出来。在现实生活中，父母经常会为自己的孩子挑选周边环境。如果父母本身是体育运动爱好者，注重身体的锻炼，那么他们将为自己的孩子挑选有利于其进行身体运动和体育锻炼的环境，他们会千方百计地创设适合于运动的环境让他们的孩子能参与其中。在此情境中，父母既给了孩子遗传基因，又为孩子选择了环境，因此基因对个体发展的影响作用就加倍了。另外，由于遗传基因的作用，儿童会在特定的环境中表现出特定的反应。比如天生爱笑的婴儿将比天生不爱笑的婴儿在特定的情境中更多地做出笑的动作，漂亮的儿童不管在哪个年龄阶段都比那些外表不是很起眼的儿童能得到更多社会交流的机会。个体在自己的每个发展阶段都会寻找与自己遗传基因相协调的环境，那些富有创造力的儿童就会选择那些比较有利于发挥自己天赋的活动环境，例如美术、音乐还有舞蹈等。而拥有较高语言技巧的儿童也会选择能使自己的这些技巧得到发挥的学习领域。总之，个体会选择有利于自己能力、兴趣发挥的，适合自己人格特质的环境去活动，这种倾向性随着个体年龄的增长而增强。

因此，环境因素和遗传因素两者之间存在复杂的相互作用。个体发展正是这种复杂的相互作用之下的产物。先天遗传给心理发展提供了可能性，后天的环境（包括教育）能将这种可能性变为现实。两者相辅相成，缺一不可。学校心理辅导工作者应研究影响人类心理的先天因素与学校环境、家庭环境及社会环境的交互作用，将关注的重心放在研究遗传因素在学生发展过程中怎样引起个体差异，不同的家庭环境如何影响学生个体的发展以及不同的家庭环境是否会对学生个体的遗传因素造成影响等方面。

## 五、发展观在学校心理学中的应用

对于学校心理学家而言，当他在面对一个学生时，需要关注这个学生的特征和背景是什么。当他判断一个学生的某种行为是正常还是异常时，需要了解这个年龄阶段的一般学生的发展规律。学校心理学家还需要了解儿童逆反行为的发展过程，他们的攻击性是怎样产生的等等，这些都是发展观涉及的基本问题。将发展观应用到学校心理学中去，可以为学校心理学家的工作提供重要的信息与理论依据。

将发展观的思想应用到学校心理学中，我们必须树立儿童处于不断的发展过程中的观念。学校心理学家在促进学生心理健康、学前教育以及离婚与家庭冲突压力之下的学生辅导等方面都有非常重要的作用，他应该关注可能影响每个阶段的儿童发展的因素。例如，学校心理学家不能忽略儿童的乳母对于儿童发展的影响，因为有研究认为儿童的很多方面可能与他出生时一开始照料他的人有关。学校心理学家也应该关注父母的离异对不同年龄发展阶段的儿童发生的影响，必须熟悉这些儿童可能有的心理和想法，以及与之对应的一些辅导措施，以便在学校有类似情况发生后给班主任或辅导教师提供可以参考的意见，及时处理。

发展观的一些主要概念和原则还在学校的心理评估工作、心理干预工作以及教育计划工作中具体体现出来。过去的心理评估工作有个难点，评估的结果会随着心理测验的不同而不同，因而导致评估的结果不够准确。因为每个测验都有各自的侧重点，都只能反映儿童特质的某一个方面。现在我们可以应用发展观的概念和观点，将测量评估所得到的数据放在某个儿童所涉及的具体情境中去尝试新的发现。这样我们就能对反映儿童状况的数据进行纵向比较，然后从这前后比较中了解到儿童如何发展变化，再根据儿童的发展变化来决定哪些行为表现对于某个年龄阶段的儿童来说是适宜的，哪些行为表现是不适宜的。学校心理学家需要分析儿童行为的持续性和稳定性。儿童出现的挑衅行为会不会持续？儿童经由观察学习到的攻击性行为表现如何，是否会持续？学校心理学家需要考虑儿童出现的行为的持续性来决定干预措施。另外，当教师、家长向学校心理学家反映儿童有不良行为时，学校心理学家还需要考虑儿童行为的稳定性。这个儿童的不良行为表现是他独有的还是许多孩子在某个阶段共同表现出来的情况？如果改变儿童所在的团体中伙伴的行为状况，儿童的不良行为是否很快就能得到改善等等。一个掌握了发展阶段观的学校心理学家，必然会从这个观点出发去解释儿童的行为。

因此，掌握心理学的发展观，对于学校心理学家来说非常重要。一旦学校心理学家拥有了发展观的思想，那么他就会从这种思想出发去判断学生的行为，而不是从学生行为的本身出发来评定，如此便更有利于他作出有效的干预。例如，用发展观的思想出发去看待青少年学生对父母疏远的现象，就会发现这一现象在青少年早期相当普遍且典型，我们可以从一些相关的理论观点中去寻找解决问题的方法。皮亚杰的认知发展阶段论告诉我们儿童心理发展水平对于决策选择的重要性。从信息加工理论中，我们可以获取一些怎样指导儿童更好地获得知识技能的策略。行为主义和社会学习理论帮助我们了解儿童怎样模仿和习得行为。学校心理学家掌握了心理学的发展观，就不会再沿着传统的、仅仅使用测量的途径，而是运用发展观的思想，在自然环境中更好地观察学生及与学生进行交流。如此就能更好地了解学生的发展水平，促进儿童学习、调整与社会适应。

## 第二节　学校心理学的系统观

发展观为学校心理学的研究与实践提供了直接的理论支持，系统观则能为学校心理学的研究与实践提供一种思维方式。系统理论关注系统中各因素之间的关系、角色、功能以及系统组织的一些原则。它与学校心理学传统途径的区别之处在于，系统理论主张去研究与个体相关的系统内各因素的相互作用及其对于个体的影响，而传统的途径往往只关注个体本身。当学生发生问题行为时，传统途径往往最多去研究学生在学校里及家里的行为表现，而忽视了这些环境中的其他成员可能会对他造成的巨大影响。近年来，学校心理学家们在评估学生、进行干预与进行教育时越来越多地考虑到系统组织的作用，系统理论也因此越来越受重视。

## 一、系统的概述

### 1. 系统的概念

所谓系统是由一些相互联系、相互作用的部分有组织地构成有一定结构和机能的整体。一个大的系统可以由若干子系统（subsystem）组成，子系统的内部还可以有若干层次的子系统。大系统内部的各子系统之间必须具有一定的结构和目标，而整体的大系统则具备各子系统所不具备的机能。所谓系统方法，即按事物本身的系统性把研究对象作为一个具有一定组成、结构和机能的整体来加以考察的方法。从系统的观点出发，我们需要去考虑个体行为发生的背后有哪些系统的因素与之相联系，因为个体的行为很大程度上受系统内部其他行为与因素的影响。

系统中的各个因素都是相互联系的，当各个因素独立开来的时候，系统就不再存在了。家庭就是一个由父母、孩子以及他们之间的相互关系等成分组成的系统组织。如果家庭中的成员各自独立，互不交往，这个家庭系统也就不复存在了。一个系统组织的优势在于当系统的各个部分调整起来为达成一个共同目标而努力的时候，系统能为其提供更大的效力。以家庭系统为例，在家庭系统中，虽然系统成员的思想会因家庭结构的关系受到一定的束缚，但是这种结构却可以使家庭成员在一起达到那种一个成员无法达成的目标。例如，一个 14 岁的小女孩，她想去旅行增长见识，但是由于她的年龄太小，所以单独旅行是一件很冒险的事情。在家庭系统中，家庭就可以发挥它的效力，协助成员更好地达到原来的目标。家庭的成员可以协助她作好旅行前的费用预算，安排好适合她自己的娱乐活动，如此她就可以跟随着家人一起达到她原先旅行并增长见识的目的，既有娱乐性又避免了风险，并能锻炼自己独立活动的能力，在家庭系统的帮助下获得了更大的效益。

### 2. 系统发展理论

在我们生命的整个发展历程中，人的功能与环境之间存在一个适应调节的过程。Bronfenbrenner（1977）构建了由小到大的四个主要的系统来解释这个过程。这就是所谓的"四系统观"。她认为，个体是在四个不同的结构水平上与他人或周围环境发生各种关系，或进行交互作用，并在此过程中形成一个特定的交往模式，从而决定个体的发展历程的。

第一层次是微观系统（microsystem），它指的是个体与环境之间发生的关系。家庭就是一个儿童要和其中的人（父母、亲戚、客人）和物（书、玩具）等发生各种联系的场所。儿童从家庭中获得食物、情感以及其他一些发展条件和机会。对于不同的家庭，由于父母的教养行为内容和特征方式不同，儿童的发展机会也就各不相同，这会对儿童的发展产生较大的影响。除家庭以外，学校、社区（邻居）或同伴也都是儿童进行不同内容的社会化过程的微观系统。

第二层次是中层系统（mesosystem），它是指一个人所处的两个或两个以上微观系统之间的相互关系。例如，家庭与学校或家庭与邻里之间发生的相互联系。中层系统对儿童发展的影响取决于这种微观系统之间发生相互联系的数量和质量。发生联系的次数越多、质量越高，则中层系统对儿童发展的影响越大。如父母经常邀请孩子的伙伴到家里做客，或者经常鼓励儿童参加某些集体活动，那么儿童的同伴关系的发展就会因父母的积极参与和支持而得到促进。因此，从作用机制来分析，中层系统是通过对微观系统中进行的活动提供支持从而对儿童发展产生影响的。

第三层次是外部系统，作为中层系统的扩展，它指的是这样一些环境，在其中儿童不是积极的参与者，但这些环境因素却通过儿童的微观系统来对他们间接地产生影响。例如，父母的职业，如果父母的职业环境要求是统一和遵从的行为，而不是自我管理和自我规范，那么，这种工作方式就可能对父母的教养风格产生某些影响，也许父母会更倾向于控制儿童而不是采取民主的方式。另外，工作时间的长短也直接影响到父母参与儿童活动的多少。

最后一个层次是宏观系统（macrosystem），这是一个包含着各层系统在内的系统，它指的是儿童成长所处的社会环境及其意识形态。

对于前三种系统而言，宏观系统是指一些行为和态度的模式或一系列规范原则。宏观系统一旦发生变化，就会引起其他三个系统的变化。例如，艾尔德（G.H.Elder，1979）的一项追踪研究表明，宏观系统的变化给家庭带来的直接影响往往是父亲的失业。失业造成父亲的威信降低，同时突出了母亲的重要性。在对微观系统的效应上，失业给家庭带来情绪的紧张，并影响到儿童。家庭气氛紧张还使儿童更倾向于希望在同伴群体中得到认同。此外，这类家庭的儿童更多地承担家务或在外面找工作，这则是宏观系统对中层系统的影响。以上这些效应的交互作用，最终都会对儿童发展产生影响。

根据 Bronfenbrenner 的理论，要考查儿童的发展，我们必须研究各系统，如家庭、学校、同伴关系以及这些子系统之间的相互关系。所以，我们在研究亲子关系的时候需要考虑婚姻满意度对亲子关系的影响，在判断学生行为的时候也不能忽视他的同伴关系和师生关系及其对他的影响。同样，时代和社会环境的变迁也会对人类的思想和行为产生重大的影响，学校心理学家在工作时不能忽视这一重要的因素。

## 二、影响系统成效的因素

### 1. 系统内部各因素之间的交互作用

不管在开放的还是在封闭的系统中，每个因素都会对另外的因素产生一定的影响，这是系统理论的核心观点。开放的系统能对外界的刺激迅速地作出反应，它通过与外在环境之间的交换获得自身的发展。封闭的系统独立于环境之外，它通过内部各因素之间的相互作用而存在。

开放的系统在复杂的环境中更具生命力。开放的系统是任何包含生物在内的生命系统，人类系统就是一个最佳例证。开放系统的内部各因素相对于封闭的机械系统来说，更具弹性且拥有更多的自由，它们相互之间通过不断的互动与外部环境发生作用，从而影响整个系统及它们自身。家庭系统和学校系统都是包含许多子系统的开放的生命系统。家庭系统包含父母、儿童，学校系统包括教师、学生、管理者以及学校心理学家提供的一些服务等等。每个子系统都有机地结合在一起为系统的一般目标而努力。譬如一个学校系统的目标在于教育学生,一个家庭系统的一个阶段的目标可能是帮助其儿童学会良好的社会适应,这就需要每个"家庭—学校系统"成员的共同配合和参与。

2. 系统间循环的因果关系

我们需要根据系统间以及系统内各因素的循环因果关系来判断个体的行为。在图 2-1 中,我们可以看到,行为 A 受 B 和 C 交互作用的影响,继而又对 B 发生作用,是一个交互循环的过程。

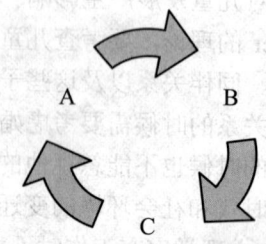

图 2-1　系统循环因果关系图

一个学生在学校里获得的经验事件会影响他在家庭系统中的行为,他在家里遇到的事件也会对他在学校系统中的行为发生影响,这是一个交互循环的过程。Wendt 等(1984)注意到在家庭治疗的过程中,学生在学校中的不良行为也会在一定程度上减轻。Dowling(1985)在咨询过程中遇到一对夫妇,彼此抱怨对方都不愿承担照顾小孩的责任。用系统理论的交互循环因果关系来看这个问题,其实这个结果是由于在日常生活中两人都在照顾小孩方面有所不足,长期循环往复积累所形成的。同样地,在学校情境中,一个缺乏耐心、独断独行的教师会抱怨在学校里找不到支持他工作的力量,在这种状态下,他无法寻求他人的意愿而只能继续自顾自地作决策。这样,他的行为会影响其他教师对他的看法,从而更加被疏远。在这些例子中,交互循环的因果关系就体现出来了。

学校心理学传统的途径致力于分析寻求学生行为的原因,因此在过程中经常问"为什么"。而系统理论却把关注的焦点放在研究与事件相关的行为是系统哪些因素交互循环产生的结果,并以此为依据去寻找促使改变学生不良行为的方法。

3. 系统的自我平衡能力

具有自我平衡能力的系统处于一种平衡的状态,在接受到外界刺激的时候,它能通过调节达到自我平衡。一个家庭系统就具有自我平衡的能力,当一个家庭成员由于外界的某些原因发生问题的时候,家庭系统就会采取一些措施来帮助这个成员解决问题或者将这个成员从问题发生源导开,从而确保家庭系统能维持正常的运转。相同的自我平衡能力也存在于学校系统中。

## 三、两个重要的系统——家庭系统和学校系统

1. 家庭系统

家庭系统理论将个体视为家庭这个大系统的一个部分,关注的是与个体相关的系统各个组成部分(家庭成员)之间相互作用的过程。正是在这个过程中产生了家庭的结构,并且形成了家庭中的团体动力。家庭还是一个有组织有规则的系统,家庭成员之间的相互作用也是遵循着一定的原则进行的。若要理解家庭系统中每个成员的行为,我们就需要先了解每个家庭系统中已经形成的一些原则,因为个体行为都是在这些原则之下经过成员之间的关系互动形成的。系统通过这些已定的原则可以调整其成员之间的关系。这些原则是隐性的、不可见的,但是对于系统成员来说却是心照不宣的。比如一个儿童会判断怎样的问题适合与父亲讨论,怎样的问题适合与母亲商量。当他想实现一个要求时,他会考虑向双亲中的哪方提出这一要求会比较容易得到满足。这些都是在系统的内在原则之下形成的现象。因此,个体的行为很大部分是由系统的原则以及个体与系统成员间的互动决定的,而不仅仅与个体的特质有关。

这里我们要特别指出,家庭中的许多问题其实与家庭系统中的原则有关。缺乏合理原则的情况之下将会出现功能不良的家庭系统,从

而导致家庭成员之间出现问题。家庭系统一直为保持系统平衡而努力着，当这个平衡受到威胁时，合理有效的系统原则能对个体的行为作出调节，从而有助于系统重新恢复平衡。如当家庭对儿童们的行为作了一定规定的时候，他们之间的争执就会限制在一定的范围之内，不会演化到彼此伤害的地步。这样就有助于系统成员之间关系的协调，也有助于系统重新恢复平衡。儿童在家庭中能逐渐获得自我管理的能力就是系统具有运用自我平衡能力的最佳例证。同时，系统的自我平衡能力也有利于系统原则的维持。当儿童向家庭规则挑战的时候，系统的自我平衡能力就能对成员关系等进行调节。比如说青少年时期是儿童最叛逆的时候，往往想打破家庭的许多规则以显示其自身的成长。这时儿童与家庭成员之间以及与家庭的规则之间就会形成很多冲突。此时，系统的自我平衡能力能帮助系统逐渐形成适应儿童变化发展的新规则。在儿童发展到青少年时，原有的家庭规则必然会在冲突的形成和解决之中逐渐过渡到新的系统规则，从而再一次的使系统达到平衡的状态。

在家庭系统中，影响系统的两个重要因素——作为系统成员的个体以及成员之间的交互融合作用也同样存在，每个成员都能通过对自己与他人的行为作一定的监控和调整来维持系统的动态平衡。一旦系统失去平衡，那就会出现系统功能紊乱。如果家庭里父母中的一方出现了婚外恋，按系统理论的观点分析，就是构成系统的成员出现了离开系统的离心力。当系统内部因素的自我平衡和系统成员之间的交互作用都无法再调节这个状况的时候，系统就失去了平衡，这时就会出现家庭系统的功能紊乱。在这种情况下，儿童很容易受到影响和损伤，从而表现出不良行为。

Braden 和 Sherrard（1987）提出，如果用系统理论的观点去分析儿童的行为，那么儿童的不良行为几乎都是系统功能发生紊乱的结果。而一旦儿童出现问题行为，又会遵循系统循环的因果关系进一步对系统功能造成影响。因为儿童出现问题行为会将双亲的注意力从自身正在处理的问题上引开，这样，已经产生的问题就不能得到及时解决，从而使得系统无法恢复平衡。这种循环的结果致使儿童的问题行为更难得到有效的解决。因此系统理论认为，儿童在学校的不良行为是家庭系统功能紊乱的结果，而且会在这种紊乱的环境下得到加强。譬如一个经常出现离家出走行为的青少年，他的这种问题行为可能是由于家庭系统之内父母婚姻状况不良引起的。他希望通过他的离家出走把父母的注意力从互相争执上引开，希望自己的父母能够重归于好，他的离家出走行为在父母不良婚姻关系的影响下一次次得到强化。所以系统理论认为要有效地对学生的不良行为作出干预，必须从系统成员内部的共同关系出发，调整系统成员关系。

2. 学校系统

将系统理论用于学校心理学中能发挥很大的作用。学校心理学家作为学校系统的一个重要组成部分，了解学校系统，掌握如何将系统理论用于学校心理辅导的实际工作之中非常重要。学校是一个开放的系统，它不停地与外界环境之间发生作用，使学校系统的内部发生转变。学校系统和家庭系统一样，也有其自身的结构、系统原则以及系统各组成部分的交互作用等因素。有学者认为要了解学生的特性，首先就要了解学生生活的学校系统的特性。

这里我们主要探讨学校系统中的一个重要的子系统——班级系统。班级系统作为学校系统的重要组成部分，对学生的行为有很大的影响。在班级系统中存在着系统结构和层次，教师作为班级系统的最高层起到控制和调节的作用。另外，每个班级系统都有各自的班级规则和纪律，这作为系统的一个重要组成部分能协助系统处于平衡状态。学生是班级系统的另一个重要组成部分，构成了班级系统最重要的一个子系统。由这几个部分组成的班级系统中存在许多重要的相互关系可能会对学生的行为产生重要的影响，这些关系包括教师与某些特定学生之间的关系，学生与学生之间的关系，家长与教师的关系以及家长与学生之间的关系等。

由上所述，可能我们会觉得要修复一个系统的特性，使其达到新的平衡是一件很简单的事情，只要从各个局部分别着手就行了，就像玻璃有了裂痕可以重新补上一样简单。其实并不是这样。通过人为的外界的力量去帮助一个失去平衡的系统重新达到和谐状态是有较大难度的。因为系统中的关系和特性对于我们来说都是看不见也听不到的，我们只能尽量去观察和分析，而所得的结果也还是可能会和真实的情况有较大的差异。Bandon（1986）认为学校心理学家在学校系统之内能做的工作是有限的，因为学校心理学家只是属于学校系统的子系统中的一部分，他能影响到的范围有限，不可能涉及学校系统的方方面面。Maher（1981）提出了一个行为的系统模式（Behavior System Approach, BSA），目的是尝试去解决当时学校系统中出现的种族融合问题。他认为，学校心理学家可以做的是提供一些意见以改变教师处理事情的态度，或者组织一些活动（如团体辅导活动）来弥补学校工作的一些缺陷。Conoley（1987）提出在评估学校系统的时候，认为有三个重要的问题可为学校心理学家提供参考：(1)当学校危机事件发生时出现了什么样的情况？(2)用来解决事件的方法是以前用过的还是针对当前事件作出的？(3)系统内部各因素之间的关系模式怎样？

3. 家庭系统和学校系统的比较与整合

家庭系统和学校系统存在许多区别，但两个系统还是存在很多相似性。家庭系统和学校系统都具有一个最基本的功能，就是帮助儿童顺利完成社会化的过程。教师对学生的教育过程就像家长抚养孩子的过程一样，两者都需要运用惩罚和奖励等许多方法。它们的不同之处在评估儿童的时候表现得较为明显。在家庭系统中家长不会采用试卷、量表等来直接对自己的孩子进行评估。但在家庭系统中，家长对孩子的评估存在一个缺陷，父母往往会根据自己的主观判断为孩子贴上诸如顽固、木讷等标签，这些缺乏科学根据的标签时间一久会对儿童的发展形成不良的影响。在学校系统和家庭系统中都有不同层级的子系统，系统内部有一定的结构和原则。这种结构与原则无论是对学校系统还是家庭系统都是非常重要的。而且，在这里必须指出，学校和家庭对于学生的要求应该保持一致，否则会导致儿童的价值观混乱，容易导致儿童的行为问题。

家庭系统和学校系统存在区别，两个系统之间不停的交互作用更使得学校系统和家庭系统具有各自不同的特点。Bartholomew（1987）提出家庭系统和学校系统之间可能存在五种不同的互动模式：

（1）家庭系统和学校系统是相互回避的关系，两者之间存在明显的壁垒。这种模式不利于信息的互相交流；

（2）家庭系统与学校系统之间是竞争的关系，每一方都希望自己的做法能影响对方的看法和行为。这种模式会导致两者的强烈冲突；

（3）家庭系统和学校系统的过度融合。这样的模式有个极大的缺陷，两者的过度融合可能会形成家长们和教师们融合在一起而忽视了儿童的真实情况，也比较容易造成学生的问题行为；

（4）家庭系统和学校系统是单向的关系。这种单向的关系就是指一方面持积极联系的态度，另一方面却比较消极，不愿付出努力。这种单向的关系长久下去会导致学校系统和家庭系统之间的问题逐渐扩大；

（5）家庭系统和学校系统之间是互相合作的关系，并且有明确的边界不至于过度融合。每个系统都有各自的职责和特性，运作自己的工作，两者的相互联系建立在需要的基础上，非常融洽。

有许多因素会影响系统运行的模式和关系，如：社会文化的因素的影响、关于儿童发展的不同理念、系统内部教师职业倦怠或者家庭系统中婚姻破裂等此类系统发展的危机等。当发现学生学习上出现问题的时候，学校和家庭对问题的看法往往是不一致的，这种情况就是影响两个系统关系的其中一个因素。有的时候，家长们会不愿意承认是家庭原因带给学生的影响，从而造成了自己孩子的学业问题。这些家长往往会把问题的原因纯粹归咎于学校，他们认为负责好学生的学习是学校的责任和义务。同样的，有的教师会把学生问题的原因完全归结于家庭，认为学生的家长应该对其问题完全负责，尤其是那些离异的家长，学校是没什么办法来处理好这类学生的问题的。在这类情况下，学校系统和家庭系统之间的距离就会越来越大，就不可能建立那种相互合作的关系。

由上可见，家庭系统和学校系统之间形成互相合作的关系，形成一个最有利于学生发展的整合环境非常重要。学校心理学家作为学校系统的一个组成部分，能为学校系统与家庭系统的整合贡献一些自己的力量。学校心理学家在掌握了系统理论的基础上，能帮助教师和家长了解学生之所以出现问题可能是由于两个系统内部的其他因素引起的，如此可将教师和家长引导到共同帮助学生解决问题的道路上来。同时，学校心理学家可以发挥自己的专业特长为教师和家长在处理学生问题的时候提供一些心理学方面的支持。例如，学校心理学家可以帮助教师和家长鉴定学生出现的一些问题，像鉴定学习困难（learning disabilities）、情绪障碍（emotional disorder）等。在这种情况下，学校系统和家庭系统就会求同存异，共同致力于学生问题的诊断与矫正，形成一个整合的环境以利于学生的生活与学习。

促进家庭系统和学校系统发生环境改变的最有效的途径是重构（reframing）。所谓重构，就是将思维方式从对系统中因果关系的成见中突破出来，用新的意义去解释它们。比如说一个经常因为孩子的行为问题抱怨或责怪学校没有尽责的家长，我们用新的意义去重构他的行为，我们就可以将之理解为他是对自己孩子行为问题的着急和焦虑，而不是将他的行为理解成为防备和敌对。这样有助于学校系统和家庭系统发展良好的关系，互相理解支持，达到良好的整合。

学校心理学家用系统的观点去解决问题时，需要考虑很多方面的因素。首先，学校系统和家庭系统中的系统层次结构与系统原则不能被忽略。我们需要了解在系统中，是谁在起主导作用，谁对儿童的行为影响最大。其次，文化的特性和差异也是学校心理学家工作时必须考虑到的一个方面。我们在判断一个学生行为问题的时候，应该确立问题行为的基线期，收集基线期的数据对同一文化背景中的正常儿童进行对照，提供问题行为界定的科学性。最后，寻找问题解决策略的时候应考虑其发生时系统内各因素之间的联系。所以，由此我们可以看到，与传统途径不同的是，系统理论在干预学生问题行为的时候非常重视从系统内部的成员关系出发着手进行。运用系统理论十分重视干预目标的阐明以及干预措施的制定。有学者认为，学校心理学家应该接受家庭治疗理论的训练。因为从事家庭治疗的心理学家关注儿童行为在家庭背景中的功能，这就与学校心理学家的工作相一致，可以为运用系统理论进行学校心理辅导工作打下良好的基础。

## 第三节　学校心理学的新途径
## ——发展观与系统观的整合

许多年来，学校心理学家已经适应了一种传统的模式——治疗模式。这种传统模式认为，病因与学生的问题之间存在一种线性的因果关系。传统的治疗模式通常聚焦于对学生心理问题的诊断与处理。教育心理学的模式重视评估，它包括观察教师与学生，强调对学生课堂行为（classroom behavior）的补救方法。而行为主义的模式认为学生的问题由学生与环境的相互作用导致。当学生的行为低于或者超出预定的标准时，问题就产生了，并和与之相联系的环境事件形成相互作用。咨询心理学的模式的导向是，作为咨询顾问的学校心理学家与一线负责管理和处理学生问题的教师之间的相互协助与问题解决。学校心理学家的咨询工作包括选择和履行干预措施，证实和诊断问题。总之，传统模式的理论假设学生的问题行为是多种认知因素发生交互作用的结果，比如学生的态度、信念与环境之间产生了相互作用就可能导致学生的问题行为。

从发展理论和系统理论出发的学校心理学是一条整合的途径。发展观和系统理论认为学生是在一个系统中不断发展的。在发展的过程中，学生会与系统环境发生相互作用。根据这个观点，学生在学校的行为是由学生与教室这个环境的相互作用引起的。在传统的模式中，学生发展过程中家庭的作用、文化和社会系统因素等绝大部分都被忽略了。Christensen（1986）指出：学校心理学还没有真正发挥它的潜能，我们要做的工作是要把学校心理学从旧的模式上转变过来。

Mayers（1988）提出了一个学校心理学家培训的重建方案，在其中他确定了学生、家长和教师的需求以及大家一直关注的将学校心理学理论和实践进行整合的必要性。根据这个方案，学校心理学家要把他们关注的重点从病理学的治疗模式转移到强调积极调整、社会能力与教育成就的新模式上来。在这个模式中，发展理论和系统理论起着关键的作用。它强调了一条学生行为与家庭、学校和社会影响相整合的途径。新的模式认为：诊断和干预措施是不能分开的，以往的许多干预措施都直接指向学生本身而忘记了学校与家庭环境也应该包括在干预措施里面。整合的途径把相关的发展观理论与家庭系统干预措施两者进行了结合。

综上所述，学校心理学从传统的治疗模式转变为包含着系统观的发展性模式是一个必然的选择。根据这个观点，学生被视为在他自身成长与发展过程中与环境发生相互作用的主体。学生是社会系统的一部分，这个系统包括学生、家庭、学校、邻居和社区。一个整合的发展性的社会系统，既关注每个发展阶段中影响青少年发展的重要因素，也关注各个发展阶段中学生与社会/教育系统发生的相互作用。

这条发展观与系统观相结合的新途径为学校心理学的实践工作指明了一个新的方向。学校心理学家在处理学生问题的时候不宜再按照传统模式一味地使用测验来诊断学生的情况，而应该从儿童所处的学校环境和家庭环境中去分析学生的问题行为。学校心理学家必须了解每个系统中的各个因素对儿童发生的影响，也应该综合发挥学校系统和家庭系统中各个成员的力量帮助儿童进行情绪调整、学习改良以及社会适应。Conoley（1987）提出了学校心理学家可以提供发展观和系统观在学校系统和家庭系统之中做的四个层次的工作，以资有志于实践这条新途径的学校心理学工作者借鉴。

（1）促进学校与家长之间的信息交流。学校心理学家可以建议学校管理者利用家长会以及儿童行为报告单等方式加强与家长之间的沟通和联系。因为这个信息交流的过程有别于传统的家长会和学生成绩报告单方式，所以需要学校心理学家的参与来注意其中的一些技巧。传统的家长会和成绩报告单都是倾向于向家长报告学生在校的学习情况，而此方式却能为教师和家长提供一个交流学生行为的机会，以便于及时发现两个系统中存在的问题。

（2）设计学校与家长共同合作的项目。比如就增加教师的教学技巧和促进学校有效管理的一些项目征求家长的意见，双方共同合作进行。如此会有利于教师更全面地了解学生的情况，有利于学生问题的及时发现和处理。

（3）在学校情境中提供家长参与矫正儿童不良行为的机会。例如针对一个在课堂中有不良行为的学生，学校心理学家可以建议教师提供给家长随堂听课的机会，如此有利于家长更好地了解教学过程，也有利于教师在教学过程中更好地利用家长提供的关于儿童的一些资料和信息。

（4）促进教师和家长以及教师之间的相互指导。这可以在咨询的过程中、日常的指导以及工作坊（workshop）中进行。

# 第三章　学习理论与应用

在学校心理学家肩负的诸多任务中，为学生提供学习辅导是一项非常关键的任务。学习在学生的生活中占据着非常重要的位置，学习的好坏几乎是所有人（包括学生自己）评价学生的重要依据。学生在学习中获得的是成就感还是挫败感将直接影响他们各方面的发展。许多时候，学生之所以出现这样或那样的问题，很大程度上就是因为在学习中遇到了挫折。由学习的失败而导致消极情绪，并由此衍生出一系列问题的案例比比皆是。因此，学校心理学家有责任通过多种渠道为学生提供有效的学习辅导和体验学习成功的机会，促使学生健康发展。

促进学生有效学习的一个重要前提是先了解学生的学习心理。以学习心理为依据的教学才可能是更科学、合理、高效的教学。学校心理学家的重要任务之一就是为教师提供有关学习的本质、学习的规律、促进学习的条件等问题的咨询，帮助他们找到有效的教学方法，从而科学合理地辅导学生的学习。本章将为大家介绍的学习理论有：人本主义理论、信息加工理论、建构主义理论、多元智能理论和动机理论（行为主义理论也是一种重要的学习理论，本书第五章将详细介绍该理论），这些理论分别从不同角度阐述学习的有关问题，为我们提供了全面了解学生学习心理的多种视角。

# 第一节 人本主义学习理论与应用

## 一、人本主义学习理论简介

人本主义理论创立于 20 世纪 50 年代，主要代表人物有美国心理学家马斯洛（Abraham H. Maslow, 1908-1970）和罗杰斯（Carl Rogers, 1902-1987）。人本主义理论反对行为主义把人看作对刺激进行被动反应的有机体的观点，也反对精神分析学派只关注心理有问题的个体的研究取向。因其与行为主义和精神分析学派的鲜明差异和其深远影响，人本主义理论被称作现代心理学的第三势力。该理论主张心理学要研究对人和社会的进步富有意义的问题，特别强调人的尊严和价值，强调人性中积极的一面。本书主要介绍人本主义两位主要代表人物关于学习的主要观点及其对教学的启示。

### （一）马斯洛的"自我实现"观

马斯洛是人本主义心理学最重要的创始人之一。他曾就读于美国康乃尔大学，后来在威斯康星大学获博士学位，1967 年任美国心理学会会长，被心理学史学家誉为"人本主义心理学之父"。

马斯洛在学习理论上的基本主张是：学习不能由外铄，只能靠内发。学习者本身自然就有学习的潜在能力，学习活动应由学生自己选择和决定，教师的任务只是辅导。马斯洛的学习内铄论是以其"自我实现"理论为基础的。

马斯洛认为"自我实现"是人的最高层次的需要。他把人的需要从低到高分为七种：生理需要、安全需要、爱和归属的需要、尊重的需要、求知的需要、审美的需要、自我实现的需要。这些需要的出现顺序由低到高，也就是说，只有当低一层次需要基本得到满足后，高一层次的需要才会产生。马斯洛还进一步把这七种需要分成两种水平：

前四种为基本需要，是个体在生活中因身体或心理上某种缺失而产生的需要；后三种为成长需要，它不是维持个体生存所必需的，但满足这种需要能促进人的健康成长。自我实现需要则是居于这个需要体系最高层次的需要。

所谓自我实现，就是一个人潜在的能力得以实现。所谓自我实现的需要就是个体渴望自己的潜能得到充分发挥，使自己尽可能完成自己能完成的任务，从而使自己越来越靠近自己希望成为的人物的一种需要。自我实现没有高低之分，只要角色能使他的潜能得到充分发挥，就属自我实现需要的满足。自我实现能给人带来极高的快感，即"高峰体验"。这种体验不仅能带给人喜悦与欢乐，还能使个体更趋向人性的成熟与丰满。每个儿童都有各自不同的成长倾向。倘若儿童被允许自由选择，他一定会挑选那些最适宜自己的学习内容和方法。如果父母和教师按照自己的意愿安排孩子的学习，就可能会阻碍其自我实现。因而家长和教师的职责就是信赖儿童，激发他们的学习动机，帮助他们试着发现自己喜欢的东西和擅长的方面，促进他们趋向自我实现。

（二）罗杰斯的"学生中心"观

人本主义心理学的另一创始人是美国心理学家罗杰斯。他早年攻读农业和历史专业，1924年毕业于威斯康星大学，同年到纽约，进入联合神学院，此后又转入哥伦比亚大学师范学院学习诊断心理学，1928年获心理学硕士学位，1931年获哲学博士学位。此后他一直从事心理咨询和治疗的实践与研究工作，提出了"来诊者中心"的心理咨询和治疗模式。罗杰斯的"学生中心"学习理论则是其"来诊者中心"理念在学习领域的应用，他的教育主张被称为"学生中心教育"。下面简单介绍罗杰斯"学生中心"思想的主要观点。

1. 学生是有学习潜能的完整的人

关于学生，罗杰斯主要有两方面的理解：

（1）每个学生都有学习潜能。和马斯洛一样，罗杰斯也认为每个人都有天赋的学习潜力，天生就有寻求真理、探索秘密和进行创造的欲望以及主动学习的潜能，"儿童是个语言家"、"儿童是个音乐家"。

每个正常的孩子自出生就已表现出了学习的潜能,只要后天的引导和教育得当,在合适的条件下,个人所具有的学习和发现新知识的潜能就能极大地发挥。

(2)学生是完整的个体。学生不是只有智慧的个体,他还有情感。学习时也一样,智慧和情感都共同参与其中。传统教学只重视知识的传授,不考虑学生的感受,这样的教学就相当于把一个完整的人一分为二,既不科学也无效果。因此,教师必须把学生视为一个整体,在充分激发起学生的情感之后进行教学。

2. 学习的本质是个体全身心投入的有意义的活动

罗杰斯认为意义学习是最重要的学习。他将学习分为两类:

(1)无意义的学习。这种学习是学生在没有认识学习材料对自己的意义时进行的机械的、被动的学习。这样的学习学得困难,忘得容易。

(2)意义学习。这种学习是一种使个体的行为、态度、个性等各部分经验都融合在一起的学习。用罗杰斯的话说,这种学习超乎了对事实的积累。它是一种对个体的行为、对他将来选择活动的过程、对他的态度和个性发生影响的学习。意义学习有利于情感的培养、人格的形成、知识的理解与掌握。这种意义学习不同于奥苏伯尔的有意义学习,前者要求个体的情感与认知交融,要求学习者全身心投入,而奥苏伯尔的有意义学习只涉及新旧知识之间的相互作用。根据罗杰斯的观点,后者只是一种"在颈部以上的学习",而非真正的意义学习。罗杰斯进一步指出意义学习有四个要素:①学习具有个人参与的性质。即学习者作为一个完整的个体,包括情感和认知都全身心投入学习活动。②学习是自我发起的。动力或刺激可能来源于外部,但发现、获得、掌握、理解的意义是来自于内部,这充分展示了个体在学习中的地位。③学习是渗透性的。学习能使学生的行为、态度,乃至个性都发生变化。④学习是由学生自我评价的。这说明学生自己对意义学习起着重要的作用。

3. 学习过程是学生与教师在认知和情感上互相沟通与理解的过程

罗杰斯认为学习者是完整的个体，学习的本质是情感与认知全面参与的活动，学习过程应该是学习者完整的生命活动自然流露和展现的过程。如果教师只是简单地向学生提供知识，使学生掌握知识并形成技能，则无法满足学生的自我成长需要。根据罗杰斯的观点，学习过程应该是学生与教师在认知与情感上进行真实、自然和全面沟通的过程，同时也是作为完整的人之间相互理解的过程。

4. 学习的目的是使学生学会学习

罗杰斯在其《学习的自由》一书中有这样一段话："只有学会如何学习和如何适应变化的人，只有意识到没有任何可靠的知识，唯有寻求知识的过程才可靠的人，才是有教养的人。"学习的目的在于使学生成为有教养的人。而所谓有教养的人，应该是具有能充分激发个人的潜能、在现实中能自我提高、行为恰当能适应社会、有创造性、能积极地适应并支配不断变化的现实世界等特质的人。有教养的人的本质就是会学习的人，会应变的人。由此我们可以看到，罗杰斯认为学习目的就是使学生学会学习，帮助学生掌握学习方法。

## 二、人本主义理论在教学中的应用：以学生为中心的学习

1. 创设安全的学习氛围

人本主义理论认为，当个体感觉到的威胁很少时，学习就会取得进展。因此教师要努力创建一种让学生感到安全的学习氛围，使学生相信，教师是可以理解他们的，包括他们的需要、价值观、动机等，教师的目的是帮助他们进行学习。为了达到这一目的，教师应做到：（1）接纳学生。教师应真诚地表示出对学生的兴趣和对他们的接纳，应避免给学生这样的感觉：只有当学生穿得很好、对学习有正确的态度时老师才会喜欢他们。让学生感觉到在这个课堂里，每个人都会得到老师的关注与喜欢。（2）尊重学生。对学生提出的任何不同观点都给予尊重、鼓励。（3）理解学生。理解学生的各种表现，设身处地从学生的角度去考虑他们的感受和想法，用语言说出或用行动表现出对

他们的理解。

2. 非指导性教学。

以往的教学大多由教师指导学生进行具体学习。而人本主义理论提倡教学的"非指导性",教师只是引导学生朝某个方向前进,但不是告诉他们该如何去做。非指导性教学由如下几个部分构成[①]:(1)创设帮助性的情境。使学生明确要讨论的主题,并告诉学生他(她)可以自由表达任何与主题有关的想法。(2)探索问题。教师如果能创设信任的气氛,学生就愿意谈谈这个问题及与问题有关的各种感受。当学生谈论的时候,教师不是对其回答进行评判,而是试图去理解学生当时的感受,并将理解到的信息反馈给学生。这时教师的角色不是一个指导者,而是学生学习的一种资源、一个促进者或引导者。(3)发展学生的内省能力。学生运用从探索问题的过程中获得的信息来理解不同的观点、情感、信念和行为会导致不同的效果(如某人如果相信自己没有能力,那么他就会无法完成家庭作业,对该学科不感兴趣)。(4)计划和决策。教师帮助学生确定可以选择的行为,并确定如何实施。(5)整合。学生汇报他所采取的行动,他们行动的效果以及进一步行动的计划。

3. 以学生为中心的教学。

人本主义的学生中心教学主要特点如下:(1)教学过程的不确定性。教师可以预先作初步计划,确定大概步骤,但实际教学中应根据学生的学习进程,让学生进行自由学习,无须按部就班。(2)教学内容的不确定性。给学生提供大量学习资料,由学生根据自己的喜好选择和决定学习内容。(3)引导而非指导。在课堂上教师无须告诉学生该怎么做,也不对学生的表现进行对错的评判。教师只是认真倾听每个学生,与他们友好地交流,在这样自由的氛围中引导和促进学生主动学习,使他们的潜能得以发挥,个性得以发展。

人本主义理论充分强调了人的积极性,体现了对人的尊重,该理论为教学提供了许多有益的启示。但是他们主张学习的绝对自由与无

---

[①] Jack Snowman, Robert Biehler (2000). Psychology Applied to Teaching. 356

结构是不现实的。将人本主义理论运用于实际教学中时，我们既要借鉴其积极的一面，为学生创设自由的学习环境，促使其自我实现，同时又要考虑教学的现实，使学生形成良好的认知结构。

## 第二节 信息加工理论与应用

20世纪70年代，信息加工理论作为计算机科学的一个分支学科受到了心理学家的关注。一些心理学家意识到，计算机科学家用于解释信息加工的过程、描述计算机处理信息的理论恰恰提供了一个解释人类信息加工过程的模型。于是很多认知心理学家从信息加工的观点对人的心理进行了研究，形成了认知心理学的重要分支——信息加工理论。该理论试图理解人是如何获得新信息，如何储存信息，如何从记忆中提取信息以及他们的已有信息又是如何影响他们的学习的。了解这一理论有助于教师明白学生在学习过程中所进行的具体认知活动。

### 一、学习的信息加工观

当教师在讲解某个新的知识点时，学生的心理在进行怎样的活动？当学生在阅读或在考试时，心理在进行怎样的活动？这些都是信息加工理论所关心的问题。根据信息加工的观点，学习是环境刺激（将要被学习的信息）和学习者（加工或转换信息的个体）交互作用的结果。了解学生信息加工的过程和特点，对于学校心理学工作者正确理解学生的学习，指导教师的有效教学有着重要的意义。

信息加工心理学家认为个体根据一定的步骤对新信息进行加工，每一阶段的信息加工数量都是有限的，先前的知识会影响人们当前怎样学习和学到什么。很多心理学家都认为信息是保留在感觉登记、短时记忆和长时记忆这三个阶段中的，并且相互转换。每个阶段关于信息处理的数量和信息的保持时间都不一样。下图就是关于这些阶段和它们之间联系的说明。

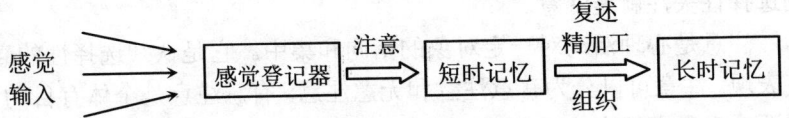

Atkinson 和 Shiffrin 提出，这个信息加工的线性过程由一系列静态的结构和动态的控制过程组成。这些结构包括感觉登记、短时记忆和长时记忆。控制过程控制的是信息编码的方式和信息在记忆阶段之间流动的方式。这些过程包括识别、注意、复述、精加工（或精制）和提取。下面我们将根据信息加工的阶段和与每一阶段相联系的控制过程具体介绍信息加工的流程。

（一）感觉登记

1. 感觉登记的特点　感觉就是通过各种感觉器官从环境中接收信息的过程。人类对信息的加工首先从接收环境刺激开始。就像计算机通过键盘和录音接收信息一样，人类通过看、听、嗅、尝和触摸来接收信息。我们通过感觉接收到的信息一开始储存在感觉登记器，这就是第一个记忆存储阶段。但在这一阶段，信息只能保留很短的时间：1~3秒钟。这一时间只够将信息转入下一阶段。如果我们没有将信息转入下一阶段，信息就会从感觉登记器中迅速消失。消失的信息将永远被遗忘。之所以把这个阶段称为感觉登记是因为它所存储的信息的形式和信息刚开始被感知时的形式是相同的。感觉登记的目的在于保持信息，使我们有时间决定是否进一步注意信息。例如，当你在读一些单词时，你看到这些单词印在纸上，听到你读出这些单词，还有其他一些刺激。感觉登记就会像一个不停拍照的照相机或像一个录象机把这些刺激都记录下来，维持1~3秒的时间就会消失。如果你识别并注意了其中的某一张快照，那么它就得到"加工"，被转送到短时记忆。

2. 相关的控制过程——注意　环境提供给我们的信息非常多，我们无法同时对这些信息进行处理。在众多看到、听到、闻到和通过其他方式接触到的信息中，我们只能注意到其中的一部分，那些没有被注意到的信息就消退了。这种对感觉登记中当前信息中的部分信息的选择性关注就是注意。

注意是心理活动对一定对象的指向和集中。它是认知选择性的高度表现。注意可以分为有意注意和无意注意。有意注意是个体有目的、需要一定意志努力的注意，如学生在上课的时候克制自己不要做小动作，听老师讲课，他对讲课内容的注意就是有意注意。无意注意则是没有预定目的，无须意志努力的注意。如在上课时窗外飞进一只蝴蝶，某学生就开始看这只蝴蝶，他对蝴蝶的注意就是无意注意。

此外，注意还存在个体差异。有些人在很嘈杂的时候也能集中注意于某件事，另一些人则需要非常安静的个人学习空间，而有些人则无论在什么情况下都不能集中注意。如何解释这些差异？心理学家认为这和个体长时记忆中的信息有关。Ulric Neisser 认为，"知觉者总是选择那些与他们的图式有关的信息，而忽略其余的信息"。换句话说，那些与个体的先前知识和经验有关的信息更容易被注意。有些学生之所以在上课时更喜欢做白日梦，在本子上涂鸦，而不想听课，是因为上课的内容与他们的经验无关，不能引起他们的注意。

### （二）短时记忆

1. 短时记忆的特点　一旦信息获得注意，就被转入短时记忆——第二个记忆存储阶段。短时记忆可以储存 7±2 个相互没有联系的信息，保持时间是 20 秒左右。比如，你找到一个不是很熟悉的电话号码并准备拨打这个号码时，突然受到干扰。如果这个干扰分散了你对电话号码的注意达 15~20 秒的话，你很可能就不记得这个号码了。也就是说，如果没有这个干扰，这个电话号码就可能在你的记忆中保持 15~20 秒。这个阶段就是短时记忆。短时记忆也经常被称之为"工作记忆"，因为它所处理的信息是我们当前所意识到的，而且短时记忆是对信息进行编码、组织和提取等加工的场所，它就像是一个工作车间，信息在这里进行加工。工作记忆越来越被认为是信息加工系统的关键部分。

2. 与短时记忆相关的控制过程

(1) 复述。短时记忆的有限性使信息在进一步的加工时很快消失、遗忘。这一问题可以通过复述来解决。复述就是短时记忆中对信息进行多次重复,如为了记住某个历史时间,学生可以一遍一遍地重复念这个时间,也可以不出声在心里重复。复述的目的仅仅是运用心理或言语的重复将信息保持在短时记忆中。虽然这对于马上使用的信息很有用,但它不能有效地使信息转入长时记忆。

(2) 精加工(也称精制)。这种加工是指个体有意识地将新信息和长时记忆中的已有信息相联系,利用已有信息赋予新信息以更多的意义。这种方法可以促进信息进入长时记忆,也可以促进信息在短时记忆中的保持。例如,当在学习某一首唐诗时,利用自己已有的关于诗的格律的知识来记住这首诗是绝句还是律诗,同时运用与诗中内容有关的经验来解释每个诗句的意思,这样就对学习内容有了丰富的理解,有助于在需要的时候提取该内容。

(3) 组织。很多时候,信息是非常复杂而且相互联系的。此时,我们可以通过将几个独立的信息单位组织成一个新的信息群或新的组块来使任务简单化。组织就是发现新信息之间的层次关系或其他关系,使信息带有某种结构,使之能有效保持。如某学生为了记住新学的许多英文单词,他根据单词的意思把它们分成了"蔬菜类、水果类、文具类、交通工具类"等进行记忆,这就是组织。当然,组织的方法有很多,可以是分类,也可以是画结构图、列提纲等等。

### (三) 长时记忆

基于神经学、实验和临床的研究,绝大多数的心理学家都认为长时记忆的容量是无限的,有些心理学家甚至认为长时记忆可以永久地保存个体习得的任何信息。

长时记忆在信息加工的过程中起着非常重要的作用。贮存在长时记忆中的所有知识都可能会影响我们的注意和知觉,影响我们对感知到的信息的解释。在很多时候,我们从长时记忆中提取信息既快又准确,就像在一个排列得井井有条的图书馆里找书那么容易。因此,我们可以推测信息在长时记忆中是有组织的。许多心理学家都认为信息在长时记忆中是以各种意义网络存在的。

一种网络模型将记忆看成是相互联系的概念组成的层级网络（Quillan, 1969）。在这个模型中，联系的类型是不一样的。例如，和"动物"这一概念相联系的有些是下级概念，如"鸟"、"鱼"、"哺乳动物"等。但另一些和动物这个概念相联系的则是这一概念的特征，如有皮肤、会吃东西、会运动、会呼吸。

另一种网络模型有所不同，它将长时记忆看成是"命题网络"（Anderson, 1983, 1990）。命题就是特定概念之间的关系。例如，妈妈选择的礼物是有价值的。我们可以将这个句子分成三个命题："妈妈有一份礼物"、"她选择了这份礼物"、"这份礼物有价值"。这三个命题可以构成一个包括这三者关系的命题网络。

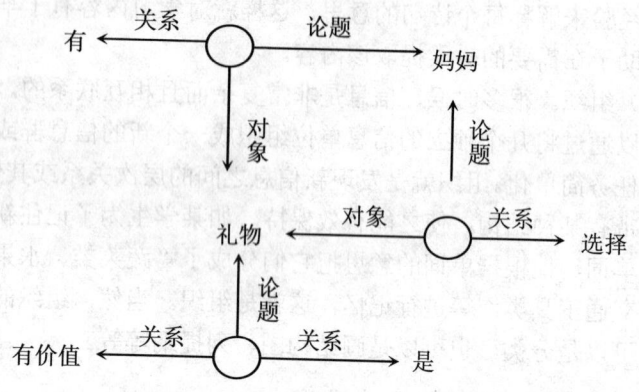

还有许多心理学家认为长时记忆中的信息是以"图式"的形式存在的。Richard Anderson（1984）认为图式就是一种抽象的信息结构。它之所以是抽象的，是因为它是对关于某一信息的许多例子进行了概括；它之所以是一种结构，是因为图式代表了有关信息的成分之间的关系。图式可以使我们对某一事物或事件产生某种期待（比如，我们都认为男人是强壮的，过春节是要去走亲访友的）。如果我们的图式形成得很好，一个具体的事件与我们的期待一致，那么我们就可以理解这一事件。如果我们的图式结构不正确或有所欠缺，那么我们的学习就会变得很慢和不确定。

## （四）信息的遗忘

信息从感觉登记进入短时记忆进而转入长时记忆，这个过程中还有另一个值得我们关注的现象——遗忘。我们为什么会忘记？关于遗忘的原因，信息加工心理学家主要提出了下列理论：衰退论、干扰论、线索依赖遗忘。

### 1. 时间的推移导致衰退

一些信息加工理论者认为，遗忘是由于时间的推移导致记忆的自然衰退。也就是说，信息的丢失并不是后继学习的结果，而是神经系统中发生的自然变化所致。（Bahrick, 1984; Bahrick & Phelps, 1987）。如感觉登记中一些信息由于没有被注意就很快消失就是由于衰退导致的。但这一观点无法解释其他遗忘现象，如为什么有些信息消失了，而另一些信息为什么没有消失？

### 2. 干扰

干扰论认为人们无法记起信息是因为受到了其他学习的干扰。新的学习会导致原有知识的遗忘（倒摄抑制），原有知识也会阻碍新知识的学习（前摄抑制）。例如，在一个晚会上先认识了一个朋友，他叫张三。后来又认识一个朋友，他叫李四。结果碰到张三时由于李四的名字干扰了记忆，把张三叫成了李四。这就是倒摄抑制。反之，将李四叫成张三则是前摄抑制。在课堂学习中，当新的学习和已有知识之间比较相似时，就会发生干扰。信息间的相似程度越高，就越容易相互干扰。

### 3. 线索依赖遗忘

另一些人认为信息之所以被遗忘是因为失去了它赖以提取的线索。换句话说，新信息进入了长时记忆，但并没有和已有的相关观念建立充分联系。新信息在长时记忆中"漂流"，使个体在提取的时候找不到线索。这就像是在图书馆里找书，但是不知道该书的编号，即使书的确在图书馆，却很难找到它。该理论提示我们应对信息进行多方面和深入编码，这样将有助于我们在提取信息时可以找到线索。

## 二、信息加工理论的运用：帮助学生成为有效的信息加工者

信息加工理论为我们描述了个体是如何解释和操作他们所接受的信息的。如我们为什么关注某些信息而忽略另外的信息，我们如何在心里转换信息的形式，我们如何把信息整合到已有知识中去，以及我们如何提取已经存在的信息和利用这些信息去解决问题等等。根据信息加工理论者过去几十年的研究，我们可以这样认为：这包括一系列储存阶段，信息从一个储存阶段转入另一个储存阶段，每个阶段中信息的储存形式和时间是不一样的。如果信息要变得有意义，那么它就必须被注意，它的关键特征必须被意识到。同时，个体必须以一种有组织的和有意义的方式对其进行编码，这样就可以使信息更容易被提取。

那么在教学中教师应如何根据信息加工理论采取恰当手段促进学生的学习呢？下面我们将介绍一些有助于学生成为有效加工者的方法。

1. 引起学生的注意

（1）告之明确的目标

教育心理学强调有效教学应能促使学生把新旧知识进行联系以产生有意义的学习，而要使学习能进行这样的联系就得使学校中的学习变得有意义。当学生在学习新知识之前他首先要问的就是"我为什么要学这个？"然而许多老师却往往忽略了这一点，没有向学生明确解释目标。没有目标的学习犹如在茫茫大海中航行失去了方向，不知该去哪儿，也不知该怎么去。相反，如果学习有明确的目标，那么学生就会根据这些目标有意识地去注意相关内容，促使目标达成。因而教师在上课之前或教授某个新内容之前应该首先明确告之目标。

（2）通过语言强调某些内容

在过渡到一个重要内容之前，教师可以直接通过语言来引起学生的注意。如"请注意，下面的内容很重要"、"下面我们将进入一个非

常关键的环节"、"下面的这个概念是本堂课的核心"等等。

（3）提高或降低音调

变化能引起学生的无意注意。在讲解某些重要内容时，有经验的教师往往通过提高或降低音调来吸引学生的注意。因为语言是课堂教学的一种常用手段，因而语调的变化是直接引起学生注意的一条捷径。

（4）运用生动的姿势

非言语沟通方式也是课堂教学的一个重要手段，能传达丰富的信息。教师可以通过一些生动、夸张的姿势来引起学生的兴趣，从而引起注意。比如，某语文老师在讲解人物的鬼祟性格时，他通过模仿小偷蹑手蹑脚的样子，以生动的姿势引起了学生的注意。

（5）板书重要内容

板书可以使信息以视觉形式保留在黑板上，为学生的复述和深加工提供条件。教师可以将本课的重要内容写在黑板上，板书重要内容时还可以用不同的颜色来引起学生的注意。如为了让学生注意"己、已、巳"三个字的字形差异，可以分别用不同颜色书写这三个字的上半部分。

（6）增加学习的趣味性。如果学习是有趣的，那么学习者就会对其产生无意注意，进而转为有意注意，提高学习质量。因此，教师应通过丰富有趣的教学方法和学习内容来吸引学生的注意。如采用多媒体演示、现场实验演示、模型展示或学生表演等形式可以吸引学生的注意。同时，联系学生感兴趣的生活经验或激发起学生的认知冲突的教学内容本身也容易引起学生的注意。

2. 根据学生的学习限度安排教学

许多教师都会犯一个错误：一堂课呈现给学生大量信息，而给学生进行加工的时间却太短，以致超出学生的记忆负荷。有关短时记忆的研究表明，个体的有意识的信息加工是发生在短时记忆中的，它就像一个加工厂，加工着此时此刻接收或提取出来的各种信息。短时记忆的容量和时间都是有限的，超出这个限度就会使信息加工的效率大打折扣。学习时也一样，如果教师呈现信息超出短时记忆负荷，学习效果就会受影响。如何根据短时记忆的特点进行合理教学？方法如下：

（1）分解内容。教师可以把一堂课的内容分成几个小部分，一次呈现一个新知识点，直到你确信学生已经掌握了该内容才进入新内容的学习。

（2）及时练习。在学完某一内容后，教师可以给学生提供笔记、讨论或应用信息的机会，给学生足够时间对信息进行重复，然后他们才能对信息进行分析、理解和整合。

（3）提问后停顿。许多老师在提问后马上请学生回答，这是不符合学生信息加工规律的。正确的做法是在提问后停顿5秒左右（可以视问题的难易调整），给学生足够的时间将信息在短时记忆中进行复述、理解、分析。

3. 促进信息的编码

许多学生的学习效果不好在于他们只是简单地对所学知识进行字面的重复，而没有更深入地去思考这些信息和其他知识之间的关系。一个原因是他们根本不知道除了重复以外还可以干什么。另一个原因是教师没有提供相应的教学来帮助他们进行更好的编码。信息加工理论告诉我们，个体通过有意义的复述、精加工和组织等方法可以使信息变得更有意义，转入长时记忆，长久地保留，并在需要时可以适当提取。为了提高学生的学习效果，教师可以通过如下方法促进他们对信息的编码。

（1）以多种方式呈现信息。学习内容不仅可以通过语言讲解，也可以通过各种媒体如幻灯、投影、实物模型、录像、实验等方式呈现。多种感官的参与有利于学生更好地理解信息。

（2）运用大量比喻和例子来说明新信息。新旧知识的相互联系可以赋予新信息更丰富的意义。通过来自学生生活的比喻和例子来说明新信息，可以使学生对新知识有深入理解，便于保持。

（3）通过提问促进学生对信息进行精加工。提问是促使进行深加工的一个有效手段。教师应适时地向学生提一些高水平问题，促使他们对知识之间的内在联系进行思考。

（4）利用图表。图表可以清晰地反映信息之间的关系，帮助学生进行组织。如利用概念图帮助学生理解概念间的关系。

（5）进行小结。新内容学习结束后的小结是十分必要的，它可以给学生提供复述信息的机会，促使信息转入长时记忆中。小结时可以同时利用组织策略，有助于信息的理解和编码。

## 第三节 建构主义学习理论与应用

### 一、建构主义学习理论简介

建构主义是当代发轫于欧美而波及全球的一种社会科学理论。由于建构主义理论以其独特的视角重新诠释了知识、学习过程、教师的角色等学习领域的重要问题，对学习领域的研究产生了极为深刻的影响，掀起了一场学习的革命。建构主义思想中有关学习的理论被称为建构主义学习理论。

事实上，关于学习的建构思想早已有之。就学习领域而言，我们可以追溯到皮亚杰和维果斯基。下面我们将在介绍两位建构主义先驱人物思想的基础上具体探讨当今建构主义学习理论的内涵。

#### （一）皮亚杰和维果斯基的建构主义思想

1. 皮亚杰的个人建构主义思想

著名的日内瓦学派创始人、认知心理学家皮亚杰早在20世纪50～60年代就已经明确提出了人的认识是一个主动建构的活动。他的思想充满了唯物辩证的色彩，他坚持从内因和外因相互作用的观点来研究儿童的认知发展。皮亚杰认为，个体在与周围环境相互作用的过程中逐步建构起关于外部世界的知识，从而使自身认知结构得到发展。其建构主义的思想集中体现在他对儿童认识发展过程的阐释中。皮亚杰认为儿童的认知结构是在同化、平衡、顺应的过程中发展起来的。**同化**是指把外部环境中的有关信息吸收进来并结合到儿童已有的认知结构（也称"图式"）中，即个体把外界刺激所提供的信息整合到自己原有认知结构内的过程。**平衡**是指个体能用已有的知识结构同化外界信息的状态。也就是说，当儿童能用已有知识理解外界环境时，他的心理处于平衡状态。但是，已有的知识结构并不总能同化外界信息，在原来认知结构无法同化新环境提供的信息时，个体就会感到不平衡，于是顺应便发生了。**顺应**就是在已有知识结构无法同化外界信息时引起的儿童认知结构的重组与改造的过程。顺应会导致新的平衡。可见，儿童的认知结构就是通过同化与顺应，在"平衡—不平衡—新的平衡"的循环中得到不断发展的。这一过程突出了个体的主动建构在认知发展与知识获得中的重要作用，因而为现代的个人建构主义奠定了思想基础。

2. 维果斯基的社会建构主义思想

20世纪70年代末，以布鲁纳为首的美国教育心理学家将前苏联教育心理学家维果斯基的思想介绍到了美国，对建构主义思想的发展起到极大的推动作用。维果斯基特别强调社会文化历史在心理发展中的作用，特别是强调活动和社会交往在人的高级心理机能发展中的突出作用。维果斯基可以说是社会建构主义理论的先驱。下面是他对社会建构主义产生重大影响的主要观点：

（1）社会文化是影响认知发展的要素。人类自出生起就生长在人的社会里，社会中的一切都影响着生活于其中的人，包括成人和成长中的孩子。大到宗教信仰、政治制度，小到衣食住行、言行举止都浸润在一定的文化中。而被这一切包围着的人尤其是儿童无时无刻不受其中的文化影响；此外，受这一切影响的成人也在时刻影响着他们的孩子。因此可以说，在个体的学习过程中社会起核心作用。

（2）认知发展与语言有密切关系。关于语言，维果斯基有着独到的见解。他认为语言不仅仅是交流的工具，更重要的是一种思维发展的工具。一方面，语言能调节思维。根据维果斯基的观察，幼儿在遇到困难情境时会自言自语，他称之为自我中心语言。维果斯基根据观察分析发现，自我中心语言有助于幼儿对自己思维的调节，具有促进心理发展的功能。另一方面，当个体在学习语言时，他不仅学到了语言，同时也学到了蕴涵在语言中的思维方式，因此语言的获得可以促进儿童的认知发展。

（3）最近发展区。儿童独立解决问题的水平和经由别人的帮助（包括成人和有能力的同伴）能够达到的水平之间的距离就是最近发展区。有效的教学应发生在儿童的最近发展区，为儿童的发展提供可能性。从这个意义上，维果斯基认为教学"创造着"学生的发展[①]。教师可以通过给学生提供各种支架促进学生从现有水平向更高的水平发展。

皮亚杰和维果斯基的思想都对当今的建构主义者有很大的影响。二者都看到了知识是通过学习者的主动建构才具有意义的。但是前者强调意义建构过程中个体认知活动的重要性，后者则强调了意义建构过程中社会文化的重要作用。当今的建构主义者主张，个体对于世界的理解和赋予的意义由每个人自己决定。我们是以自己的经验为基础来建构现实，或者至少说是在解释现实，我们个人的世界是用我们自己的头脑创建的。由于我们的经验以及对经验的信念不同，于是我们对外部世界的理解便也迥异。而我们的经验和信念又和我们所处的社会环境密切相关，我们的建构也是在人与人的交流、协商过程中进行的。所以他们更关注如何以原有的经验、心理结构和信念为基础来建构知识，如何在互动过程中建构意义。他们强调学习的主动性、社会性和情境性，对学习和教学提出了许多新的见解。可见，现代建构主义对"个人建构"和"社会建构"给予了同样的重视。事实上，"个人建构"和"社会建构"是个统一的过程，惟有意识到这一点，才能全面认识意义建构的过程。

（二）建构主义学习理论的要义

目前建构主义的理论流派众多，有激进建构主义、社会性建构主义、社会文化认知的观点、信息加工的建构主义、社会建构论和控制论。虽然各种建构主义理论的侧重点有所不同，但它们在许多基本的主张上比较一致，这里主要介绍不同建构主义理论的共同要义。

1. 关于知识

---

[①] 陈琦，刘儒德主编.当代教育心理学.北京：北京师范大学出版社，1997：36

知识是学习的重要内容，又是学习的主要结果。按照客观主义的观点，世界是实在的、有结构的，这种结构是可以被认识的，因此存在着关于客观世界的可靠知识。由于客体的结构是相对不变的，因此知识是相对稳定的。客观世界与知识是相对应的两个体系。教学的任务就是将关于世界的知识正确无误地传递给学生，学生一旦掌握了知识，也就认识了世界。于是教师作为知识的掌握者，自然而然成为传授知识的主体，学生则是知识的接受者。

进入九十年代，客观主义认识论遭到了来自建构主义认识论的挑战。建构主义旗帜鲜明地提出了他们完全不同于客观主义的知识观。

（1）知识并不是对现实的准确表征，不是绝对正确的最终答案，它只是个体对世界的一种解释、一种假设。它会随着人类的进步而不断地被更新，并随之出现新的假设。因此，课本知识只是一种关于各种现象的较为可靠的假设，而不是解释现实的模板。

（2）知识是个体经验的合理化。在建构主义者看来，真正的知识应该是和学习者的已有经验建立联系，被学习者所理解的；否则，知识对学习者就毫无权威可言。因而我们不能强迫学生去接受所谓的权威的知识，知识的获得只能靠学生自己的主动建构来完成，以他们的经验、信念为背景来分析知识的合理性。

（3）知识是经由社会磋商达成的一致。建构主义强调个体主动建构在意义活动中的作用，同时也强调社会磋商在意义达成中的重要性。也就是说，知识既有个体性的一面，也有社会性的一面。生活在一定社会群体中的个体为了与他人进行交往，就需要以关于知识理解的"契约"（即某种程度上的一致性）为前提。同时，个体又在交流中不断调整与修正自己的认识，来自多方的视角促使个体达到对世界更全面、透彻的建构。所以真正的知识是经过群体成员的相互沟通、交流、澄清与磋商达成的一致。也正因为知识的社会建构特性，我们会发现在某个社会群体中的知识在另一个社会群体中却并不被承认。

2．关于学习

（1）学习是主动建构意义的过程，而不是直接从环境中获得信息建构主义认为真正的学习应该是个体主动从长时记忆中提取许多相关信息,并用这些信息创造他们对周围世界的理解或解释的过程[1]。

当信息呈现在我们面前时,个体不是像照相机或录像机一样把信息原原本本地复制下来,而是能动地作出反应,主动地建构意义。美国加州大学教授维特罗克(Wittrock,1983)提出的学生学习的生成过程(generative process)模式较好地说明了这种建构过程。他认为,在学习过程中,个体长时记忆中的信息构成了学习的动机,使他能对信息进行选择性注意。经过选择性注意得到的信息与长时记忆中的信息进行联系,获得意义,并经过检验使获得的新意义同化到原有认知结构中,或导致原有认知结构的重组。这一过程具体说明了个体是如何主动获得意义的。

(2)学习者已有经验影响着意义的建构

知识是个体经验的合理化,个体总是在原有经验的基础上理解新的信息,不同的个体因为知识背景的差异对同一对象会产生不同的理解,因此才会有"一千个观众就有一千个哈姆雷特"之说。所以,在理解个体的意义建构时我们特别需要重视的是他们的背景知识。

这一点也同样适用于我们的学生。在学习某一新知识的时候,教师往往会想当然地假设他的学生对此一无所知。这显然是错误的。每个学生都在学习和生活中获得了丰富的经验,这些经验构成了他们独特的经验世界。他们对自然现象、生活、社会都已形成了自己的看法以及独特的思维方式。因此,对教师所呈现的信息,学生会根据自己的经验和思维方式进行理解,建构自己独特的意义。我们不能说这是胡乱猜测,事实上,这是学生从他们的经验背景出发而作出的合乎逻辑的假设。所以,教学不能无视学生的背景,另起炉灶,而应把他们现有的知识经验作为新知识的生长点,引导儿童从原有的知识经验中生长出新的意义。

(3)学习者以自己独特的方式来建构对事物的理解,通过学习者的合作可以使理解更加丰富全面

---

[1] Paul Eggen, Don Kauchak (1999). Educational Psychology: windows on classroom. 272

传统教学认为,通过字词就可以将观念、概念甚至整个知识体系由说话者传递给听话者。其实这是一种误解。当今的建构主义者认为,事物的意义并非独立于我们而存在的,意义源于我们的建构,每个人都以自己的方式理解到事物的某些方面。教学要增进学生之间的合作,使他看到那些与他不同的观点的基础。因此,合作学习受到建构主义者的广泛重视。由于经验背景的差异,学习者对问题的理解常常各异,在学习者的共同体之中,这种差异本身便构成了一种宝贵的学习资源。教师应组织学生共同针对某些问题进行探索,并在此过程中相互交流和质疑,了解彼此的想法,彼此作出某些调整。

总之,学生是主动建构意义的学习者。意义的建构无法由他人替代,必须由学生自己完成。这就意味着学生必须主动参与学习活动,积极建构自己的意义。同时,教师的角色也应从传统的知识传授者转变为学生意义建构的促进者、帮助者和引导者。

## 二、建构主义学习理论在教学中的运用:帮助学生成为积极的意义建构者

建构主义学习理论的诸多假设给予我们许多有意义的启示,为我们的教学提供了新的思路。理论者和实践者为我们总结了一些建构主义的教学策略。

1. 创设真实的任务

真实的任务是建构主义学习环境的重要特征。所谓真实任务就是和学生在学校以外的生活中相似的活动或任务。通过创设真实的任务,可以使学生明白他们所学的知识是有意义的,是和他们的生活密切相关的。这是促使知识在个人经验基础上合理化的第一步。如果学生感觉到知识是有用的,和他有关的,他才会主动付出努力去理解它。相反,则会导致学生在课堂中学到的知识与实际生活的脱离。例如,舍费尔德教授就曾通过这样的例子来对此进行测试分析:"每辆卡车可以载 36 个士兵,现有 1128 个士兵需用卡车运送到训练营地,问需要用多少辆卡车?"测试的结果表明,有 70%的学生正确地完成了计算,

得到商为 31，余数为 12。然而，最终的答案却有 29%的学生回答道"需要 31 余 12"，另有 18%的学生的答案是"31"，只有 23%的学生给出了"32"这一正确的解答。显然，学生在做这样的数学题时根本没有将它作为一个现实生活中的问题进行考虑。许多学习迁移失败的原因就是简化的、脱离真实情境的教学取向[①]。许多建构主义者都认为：如果学生在真实的情境中学习知识，那么他们就能建构更为有用的知识。这些接近生活真实的、复杂的任务整合了多重的内容或技能，它们有助于学生用真实的方式来应用所学的知识，同时也有助于学生意识到他们所学知识的相关性和有意义性。例如，在作文教学中，我们可以让学生给生活中的人写故事、写信，而不是通过简短的人为的写作练习来训练他们的写作技能。有人研究发现，学生在这样真实的情境中写出来的文章数量与质量都得到了提高[②]。

2. 提供实践和探索的机会

与由教师将知识告诉学生相比，通过个体自己的主动建构活动，尤其是通过自己的探索活动而获得知识的意义更有效。实践与探索往往是交织并存的，教师应给学生创造在实践中探索发现的机会。例如，小学老师为了让学生明白基本的加减知识，就可以让他们摆弄小木棍、硬币等实物，在动手操作的活动中自己发现其中的规律。再比如，教师可以用一个泥球来让学生明白物体的重量不随形状发生变化的道理。到了初中，我们可以让学生在实验室进行实验，也可以在课堂上通过实验演示或计算机模拟来帮助学生建构他们关于这个世界的意义。Hatano 和 Inagaki（1993）[③]曾作过这样的实验，让两组幼儿以不同方式学习养宠物。一组在学校里养宠物兔，他们按照老师具体描述的程序给兔子喂食，照看它们。另一组孩子在家里养宠物金鱼，他们得自己决定怎样才能更好地养自己的宠物。在这个过程中，他们就可以对喂食、净水等影响金鱼生长的因素进行实验。结果发现，在家

---

① 毛新勇. 理解建构主义教学——"小学数学减法教学"的案例分析.全球教育展望，2001，(2)：33~37

② Jack Snowman, Robert Biehler (2000). Psychology Applied to Teaching.292

③ Paul Eggen, Don Kauchak (1999). Educational Psychology: windows on classroom.288

里自己养金鱼的孩子获得了比另一组孩子更为精确的关于动物生长的一般知识。

3. 呈现他人的观点，促进多角度思考

知识的建构不是单独的个体所能完成的，许多关于世界的某种合理假设是许多人经过多年的共同努力才建立起来的，或者说，知识是由许多原本有差异的观点经过磋商达成一致的见解。虽然我们认为让学生自己去获得某些原理是很有价值的，但我们同时还必须让学生去了解别人关于这些概念、原理和理论的看法。一方面，给学生呈现他人的不同观点有助于帮助学生形成关于某个知识的更全面更透彻的理解。另一方面，呈现他人的观点还可以使学生明白：人们对同一现象的理解有可能不同，通过对这些不同理解的综合我们可以对该现象有更全面的认识。也就是说，给学生呈现多种观点的作用既在于观点本身——学生明白了关于某一现象的不同看法，还在于观点之外——学生明白了人们对知识本身就存在不同理解的道理。

4. 促进对话

知识的社会性决定了个体在获得意义时必须与他人进行协商、交流和相互置疑、澄清。研究表明，当让学生和同伴共同学习时能更好地建构他们对所观察到的现象的理解。同伴之间的经常性交谈对相互建构意义来说是非常关键的。学生在对话中把自己的想法表达出来，并听取他人的意见，将他人的意见和自己的想法进行比较、分析、综合，最终建构起一个既能被自己理解又吸收了他人观点的合理意义。这一过程有助于学生对自己的想法进行澄清、组织、精加工，还能帮助学生通过修正自己思维中的错误和矛盾来达到更全面更正确的建构。

5. 在最近发展区内提供支架

维果斯基的最近发展区理论告诉我们，学生原有水平和可能达到的水平之间的距离是教学的落脚点。当今的建构主义者据此提出了相应的观点：教学应对学生提出更高的要求，而这一要求的达成需要教师为学生搭建"支架"（或称"脚手架"）。教师的解释、示范、提供线索、对学生的精确反馈等都是学生向上攀援所需要的支架。目前有关支架的研究中提出了一种"认知学徒制"的支架方法,其主要特征就是教师向学生示范他们将要学习的认知过程,然后随着学生逐渐熟练之后,将责任转移到学生身上。具体做法是:教师和学生共同工作,以完成一项复杂的具有挑战性的任务——这项任务是学生无法单独完成的。一开始教师向学生示范自己完成任务的思维过程,使完成任务必需的那些具体认知加工过程变得显而易见,这样,学生就可以模仿教师的认知过程。随着学生渐渐变得熟练,教师慢慢隐退,由学生独立完成任务。

## 第四节　多元智能理论与应用

多元智能理论是美国哈佛大学教育研究生院认知和教育学教授、《零点项目》研究所所长霍华德·加德纳(Howard Gardner)于1983年提出来的。该理论提出了完全不同于传统的智力观。由于智力也是学习和教学领域一个非常重要的课题,如何看待智力直接影响我们对学生个体的看法、对学习的理解和相应的教学取向,因此多元智能理论一经提出便对学校教学的实践产生了重大影响。下面我们将介绍多元智能理论的主要内容。

### 一、多元智能理论

#### (一)多元智能理论的智力观

一直以来,传统的智力观认为个体的智力主要体现在语言和逻辑思维能力方面,智力可以通过标准化测验进行测量。由于语言和逻辑思维能力与学习活动有密切联系,传统的智力测验测出的智力能较好地预测学业成就,测出的是"学业智力"。事实上,个体的成功并不只依赖于语言和逻辑思维能力。因此,传统智力观和智力测验并没有考虑智力的其他方面,不能全面评价个体的智力。

现代认知科学和神经学以及人类学的许多研究成果充分证明了一个事实，那就是"人的心理和智能是由多层面、多要素组成的，无法以任何正统的方式，仅用单一的纸笔工具合理地测量出来"①。

针对传统智力观的局限性，基于多年对心理学、教育学、生理学的研究，加德纳在《心智的结构》一书中提出了他的智力观，他认为智力是"在某种社会和文化环境的价值标准下，个体用以解决自己遇到的真正难题或生产及创造出某种产品所需要的能力"。一方面，他认为智力不是一种能力而是一组能力。另一方面，他认为智力不是以整合的方式存在而是以相互独立的方式存在。在加德纳的多元智力框架中，人的智力结构至少由九种智力要素组成。这九种智力分别是：

1．语言智力。这种智力是指人对语言的掌握和灵活运用的能力，包括口头语言和书面语言。演说家、政治家、作家、编辑等是这种智力较强的人。

2．数学—逻辑智力。这种智力是指个体进行有效的数学运算、科学分析和逻辑推理的能力。电脑程序员、数学家、逻辑学家等是这种智力较强的人。

3．视觉—空间智力。这种智力是指个体能在头脑中形成外部空间世界的模式，并能运用该模式进行思维的能力。或者说是对色彩、形状、空间位置等要素的准确感受和表达的能力。画家、雕刻家、司机等就是这种智力较强的人。

4．音乐智力。这种智力是指个人对音质、音量、音色、旋律、节奏等的感受、辨别、记忆和表达的能力。歌唱家、作曲家、演奏家等都属于这种智力较强的人。

5．身体—运动智力。这种智力是人的身体的协调、平衡能力以及表现为用身体表达思想、情感的能力和动手的能力。舞蹈家、运动员、演员、外科医生等都是这种智力较强的人。

6．人际智力。这种智力指的是个体对他人的表情、说话、手势

---

① Howard. Gardner. Multiple Intelligences: The theory in Practice, New York: BosicBooks, A Division of Harper Collins Publishers. Inc. 70, xii, 1993, 7

动作的敏感程度以及对此作出有效反应的能力。心理咨询员、推销员等就是这种智力较强的人。

7．反省智力。这种智力指的是个体认识自己、洞察自身和内省的能力，其本质是关于自我的元认知能力。

8．自然观察者智力。这种智力是指人们辨别生物以及对自然世界其他特征敏感的能力。猎人、野外工作者等就是这种智力较强的人。

9．存在智力。这种智力指的是陈述、思考有关生与死、身体与心理世界的最终命运等的倾向性的能力。哲学家就是这种智力较强的人。

也许上述所描述的各种智力并没有给人以新鲜感，每个人都有不同的能力，这本就是一个事实。但是请注意，加德纳称这些能力为"智能"，而不是我们通常所说的"能力"、"资质"或"特长"。正如加德纳自己在某次采访中所说的："我是有点儿故意吊大家的胃口。如果我说存在七种能力，人们可能会打着哈欠说'是的，是的'。这里称它们为'智能'，是说我们将建立一个支架性的多变体，并称其为智能。它实际上是多面性的，有些东西我们以前根本没有想过它们属于智能的范围。[①]"这一观点对传统意义上的智力提出了极大的挑战。它启发人们不再简单地以智商来评价个体的智力，而是从多方面综合评判个体的智力发展情况，由此也启发我们对学生和学习产生新的认识。

（二）多元智能理论的学习观

多元智能理论虽不是一种系统的学习理论，但该理论对学生、学习等问题的解释也给我们提供了新的研究学习的思路。我们暂且将多元智能理论有关学习的思想称为多元智能的学习观。下面我们主要介绍该理论对学生和对学习过程的理解。

1．关于学生

在加德纳看来，每个学生与生俱来就存在差异，他们没有相同的心理倾向，也没有完全相同的智力。每个人都或多或少具有九种智力，

---

① (美)Thomas Armstrong 著. 张咏梅，王振强等译. 课堂教学中的多元智能. 北京：中国轻工业出版社，2003:4

只是其组合形式和各种智力的发展水平不同而已。或者说，每个个体都有自己的优势智力领域，某些人的某几种智能强，某几种智能弱，另一些人则可能相反。因此，学生在智力方面的差异主要是智能结构的差异。具体而言，智力差异可以表现在个体哪些方面聪明和怎样聪明，而不存在"谁比谁聪明"的笼统论断。因此，学校里也不应该有所谓的"差生"，每个学生都是具有自己的智力特点、学习类型和发展方向的可造就的人才。加德纳认为，适当的教育和训练将使每一个儿童的智力发挥到更高的水平。因此，教育应该为学生创造展现和发挥各种智能的机会，以激发其内在的潜力。教师应树立一种观念：只要教育恰当，每个学生都能成才。

2. 关于学习

一方面，加德纳认为学习过程应该是个体主动积极的一种实践活动。关于学习的主动性，多元智能理论与建构主义学习理论有相同之处，二者都特别强调个体以自己的方式来理解知识和建构自己对事物的认识。加德纳曾说："我很高兴把建构主义这个术语用于这样一种课堂……在建构主义者的课堂中，学生不断地找到新的想法和做法，看在哪些地方这些想法和做法是起作用的，哪些地方还不足以起作用。理解还是不理解，关键取决于每个学生在自己头脑中建构的模型。[①]"多元智能的这一学习观是对它的学生观的进一步拓展。学生是有着不同心理倾向和智能结构的独特的个体，个体的独特性在学习中就应该充分被重视和尊重。如果无视学生的这一特点，真正能促成学生发展的学习就不可能发生。

## 二、多元智能理论在教学中的应用：发挥每个学生的潜能

1. 确立全面的教学目标

"什么知识最有价值？"这是英国著名教育家斯宾塞提出的一个

---

① http://www.ascd.org

重要问题。根据多元智能理论,能促使个体的潜能得以发挥的知识无论是对个体还是对社会都是最有价值的知识。"按照我的观点,学校教育的宗旨应该是开发多种智能并帮助学生发现适合其智能特点的职业和业余爱好"①。然而,传统教学目标只关注语言和数理逻辑等方面的知识技能,这显然无法满足不同学生的发展需要。为了给学生提供恰当的教育,我们必须更新观念,摈弃以语言和逻辑数理能力为主的目标取向,提倡"为多元智能而教",确立全面的教学目标。

2. 教学方法和手段的多样性

根据多元智能理论,每个学生的智能结构和优势智能领域都有所不同,且不同的智能有自己独特的发展过程并使用不同的符号系统。加德纳在他的系列著作中再三阐述了学校教育的改革必须重视"学生个体的差异"。他指出,虽然人们目前口头上承认学生之间以及学生与教师之间存在着差异,但却很少有人进一步研究这些差异对教学的意义。"个体之间的显著差异,使人有理由怀疑是否应该让所有的人学习相同的课程,即使是相同的课程,是否应当用相同的方法教授所有的学生?②"既然学生智力表现形式是多样、复杂的,那么,"如果我们忽略这些差异,坚持要所有的学生都用同样的方法学习相同的内容,就破坏了多元智能理论的全部基础"③。千篇一律的教学方法必然导致部分学生其他方面的智能因不能得到适当的培养而僵滞、萎缩。如果教师能够根据不同学生的特点,采取多样的教学方法和手段,学生就有机会利用适合他的智力倾向的方法来学习。因此教学方法和手段就不能不多样化。"按照多元智能理论,智能既可以是教学的内容,又可以是教学内容沟通的手段或媒体,这个特点对于教学是很重要的。"④ 因此,教学必须根据学生的不同智能特点尽量采取有针对性

---

① Howard Gardner(1993). Multiple Intelligences: The theory in Practice, New York: BosicBooks, A Division of Harper Collins Publishers.9

② Howard Gardner(1993). Multiple Intelligences: The theory in Practice, New York: BosicBooks, A Division of Harper Collins Publishers.170

③ 同①.202

④ 同①.32

的多样化的方法，以满足学生智能发展的需要。如加德纳在多彩光谱项目中根据学生的不同兴趣，设计了数学方面的"恐龙游戏"、音乐方面的"音乐感觉活动"、科学方面的"装配活动"和语言方面的"故事板活动"等多样的活动，为学生提供了不同的选择。

3. 教学评价的多元化和情境化

以往我们大多以纸笔测验对学生的学习情况进行测验，那是因为纸笔测验能较好地测出语言和数理逻辑智力的发展水平。而加德纳的多元智能理论为我们实施多元化的评价开拓了思路。根据多元智能理论，教学评价应做到：（1）多样化。多元智能理论告诉我们，智能是一定文化背景下的学习机会与生理特征相结合的产物。不同的学生、不同的认知过程都有不同的学习情形存在[①]。不同领域的智能其表现形式也不一样。这就决定了教学评价的手段需要多样化。如语言和数理逻辑智能可以采用传统的纸笔测验进行评价，音乐智能则可以通过表演、创作、欣赏等方式进行评价。另外需要注意的是，即使是同一类智能也需要根据其具体形式采取恰当的评价手段。如对语言中的口语智能就可以通过讲故事、演讲等形式进行评价，而对书面语言则可以通过写作的形式进行。为了更合理地评价每个学生的具体智能发展情况，教师应具体考虑每类智能可采取的相应的评价手段，并在实际评价中灵活应用这些多样化的手段。（2）情境化。根据加德纳的理解，智力是解决问题和创造产品的能力。这一能力应与生活实际密切相关，应在真实的生活中得到体现。因而学校在培养和开发学生的智力时，需要相应的情境化的评价手段作为导向，通过评价来促发展，真正培养学生解决生活情境中的各类问题和为生活创造产品的能力。情境化的评价可以通过教师创设真实的情境进行，也可以在学生的学习与生活过程中进行，还可通过直接在学生解决问题的情境中观察学生的智能发展水平，即过程性的真实生活情境评价。如加德纳在其教学实验中就主张通过学习活动分析、作品分析、记录分析等进行包含考试成绩、录音带、学习作品等内容的"历程档案评量"（Portfolio

---

① 宋兵波. 从多元智能理论看素质教育. 基础教育研究. 2001(12)

Assessment），进行过程性评估。点面结合、动静结合、全方位地对学生的智能发展进行合理评价，以评价促发展。

## 第五节　动机理论与应用

动机是影响学习的一个关键因素。动机的强度决定了学生愿不愿意学习；动机的类型决定了学生为何而学。了解学生的行为动机是进行有效教学的一个重要前提。本书接下来将介绍有关的动机理论及其在教学中的应用。

### 一、动机理论

#### （一）动机概述

动机（motivation）指的就是促使个体从事各种活动的内在原因。心理学上通常把它定义为"发动、指引和维持躯体和心理活动的内部过程"[①]。这个定义包含了两层意思：首先动机是一种内在作用，并非活动本身，也不是那些引起活动的外在因素；其次，动机是处于刺激和反应之间的中介，它只能促使个体在某些情况下产生反应。

动机在人类行为中起着发动机和方向盘的作用，具体来讲，可以分为以下三个方面：（1）激发作用。正如动物因为饥饿（动机）而觅食（行为）、学生为了考试得高分（动机）而学习（行为），个体各式各样的行为总是由一定的动机引起的；（2）导向作用。动机使个体的行为向一定的方向、目标前进；（3）维持作用。动机在激发起行为之后，如果没有完全解除，则由它引发的行为也将继续维持下去。教学中很明显的例子就是，为了得高分而学习的学生大多在考试之前比较努力，而为了获得知识的同学则能一直努力学习。

---

① 孟昭兰主编. 普通心理学. 北京：北京大学出版社，1994:358

依据不同的标准，动机可以分为不同的类型：

1. 根据动机的性质，动机可以分为生理性动机和社会性动机。生理性动机通常是以生理需要（如饥饿、干渴、睡眠等）为基础。社会性动机是以人的较高层次的需要，如交往需要、自尊与爱的需要、认知需要、自我实现的需要等为基础。

2. 根据动力的来源，可将动机分为内部动机和外部动机。内部动机是指对活动本身的兴趣所引起的动机，如上文提到的学生为获得知识而学习。外部动机指的是由外部诱因所引起的动机，如小学生为了得到教师奖励而认真听课。

此外，依据其他标准，动机又可分为长远的、概括的动机和暂时的、具体的动机，高尚动机和低级动机，主导动机和辅助动机，意识动机和潜意识动机等。

（二）几种主要的动机理论

1. 强化理论

强化理论是行为主义范式下的典型动机理论。行为主义用 S-R 来解释学习的发生，也同样用该范式来解释动机。强化理论认为，个体具有某种行为倾向是因为他先前的这种行为受到了强化，该行为和某种刺激因为强化而建立牢固的联结。凡是能增加反应概率的刺激或刺激情境均称为强化，包括内部强化和外部强化两种。

根据强化理论，某些学生之所以努力学习，是因为他们努力学习的行为受到了强化，如老师、同学的称赞和家长的认可等。同样，有些学生没有表现出喜欢学习的行为就是因为他们没有得到强化。该理论的积极意义在于启发我们应对学生好的行为进行强化，增强他们再次表现该行为的动机。而且，通过强化来增强动机是一种比较容易操作的方法。但是我们仍需注意，强化并不是个简单的问题，有关如何强化可以具体参看本书第五章。

2. 成就动机理论

默瑞（H.A.Murray，1938）于 20 世纪 30 年代提出的"成就需要"概念是成就动机理论形成的基础。默瑞认为，人格的中心由一系列需要构成，其中之一就是成就需要，这一需要使人表现出：追求较高的目标，完成困难任务，竞争并超过别人。在此基础上，麦克兰德（D.C.McClelland）和阿特金森（J.W.Atkinson）进一步将其发展为成就动机理论，其中阿特金森对该理论进行了更为深入的研究。

阿特金森于1963提出了成就动机模型。他认为接近成就目标的趋势是由三个因素决定的，这三个因素是：成就需要或渴望成功的动机（Ms），成功地完成任务的可能性（Ps）和成功的诱因值（Is），这些成分是一种相乘的关系。

$$Ts = Ms \times Ps \times Is$$

在这个公式中，Ms 代表成就动机，它是一种相对稳定的倾向或者说是一种追求成功的持久倾向（气质），是在个体发展早期通过特殊的儿童教养活动形成的。Ps 代表成功的可能性，指的是个体认为自己能成功的可能性有多大。Is 代表成功的诱因值（其中，Is=1-Ps），指的是该成功结果对个体而言价值如何。由这个公式可以推断：在任务难度为中等时（Ps=0.50），动机作用达到最大值，那么如果一个人的成功欲望越大（Ms值越高），中等难度的任务对这个人越具有吸引力。相反，一个人越不在乎成功（Ms值越低），这个人越有可能选择很容易或很难的任务。

此后，阿特金森还进一步区分了成就动机的两种不同倾向：力求成功的需要和避免失败的需要。力求成功者往往将目标定为获得成功，他们会倾向于选择有挑战性的任务。而避免失败者会倾向于选择非常容易或非常困难的任务。因为容易的任务可以减少失败的可能性，而困难的任务即使失败也会得到别人和自己的谅解，从而减少挫败感。根据该理论，有着不同成就动机倾向的学生在学习时会有不同行为倾向。为了更好地促进学习者的积极性，教师可以根据学生的不同动机类型采取相应措施，如对于力求成功的学生可以安排成功率为50%左右的的任务，而对于避免失败的学生则应安排竞争性小的环境，给予他们及时积极的反馈，避免失败感，提高效能感，从而使他们对学习有兴趣。

3. 归因理论

归因理论最初由社会心理学家海德（Heider）在1958年提出。20世纪70年代后，维纳用归因理论来解释成就动机，从而发展为动机的归因理论。归因理论认为在确定成功与失败的原因时，人们会进行因果寻求。因此，个体经历了成功或者失败后如何进行归因是归因理论者的研究主题。从维纳的观点看，归因的动机作用与三个原因维度有关，它们是：控制点、稳定性和可控性。控制点指原因是由行为者内部还是外部控制；稳定性指原因不随时间而变动的特性；可控性是指原因随主观意志而变化的程度。

控制点维度决定着一个人的自豪感和自尊是否会随着成功或失败发生改变。成功之后的内归因会提高自尊，失败之后的内归因会降低自尊，而成功与失败之后的外归因却不会如此。可控性维度与许多具有动机意义的情感有关，这些情感包括愤怒、内疚、怜悯和羞耻感。如果一个人的成功受阻于其他人控制的因素（如噪音、偏见），他就会产生愤怒；当一个人由于内在的可控的原因而失败或违背契约时就会产生内疚感。稳定性维度影响人对成功的主观期待。如果将成功归因于一个稳定的原因，如天赋，那么人们就会对未来的成功抱以期待。按照相似的方式，若将失败归因于稳定的原因，人们就会推断将来也不可能成功。因此，面对失败，若归因于努力不够和运气不好等不稳定的因素，人的坚持性就会提高。

### 4. 自我效能感理论

自我效能感是由班杜拉提出的一个动机概念，指个体关于自己能否以及在多大程度上胜任某项任务的信念。当一个人遇到挑战性的任务时，可能会问自己"我能做吗？"这就是在谋求一种效能信念。

班杜拉强调自我效能的动机作用，认为人们的自我效能信念决定了他们的动机水平，具体表现在人们付出努力的多少和面对困难坚持时间的久暂。个体的自我效能感越强，他付出的努力就越大，坚持的时间也越长。班杜拉的理论得到大量实验材料的支持，Tiffany等人（1986）就曾对戒烟者进行研究，他们发现：戒烟成败的关键因素完全取决于当事人的自我效能感，只有他自己肯定他有戒烟的能力，他才能达到戒烟的目的①。

研究表明，影响自我效能感的因素主要有两方面：个体成功或失败的经验和归因方式。(1) 个体成功或失败的经验。一般来说，个体的成功经验会增强他的自我效能感，不断成功会使人建立稳定的自我效能感，它不会因为一时的挫折而降低。相反，经常性的失败则会降低自我效能感。由此可以推测，如果学生在学习过程中经常成功，体验到成功的快乐，那么他在今后的学习中会相信自己能够学好。反之，如果他经常因为做不好作业或考试成绩较差而体验失败的痛苦，那么他就会越来越没有学习的信心，效能感的降低导致他的学习行为也越来越少，直至他不再愿意学习。(2) 归因方式。个体如何看待自己成功或失败的原因也会影响其自我效能感。如果个体总是将自己成功归结为运气、任务难度等外部不可控因素，那么他就不会有很强的自我效能感。同样，如果个体总是将失败归结为自己的能力这样的内容不可控因素，也会降低其自我效能感。归因方式是可以通过训练改变的，为了增强学生的自我效能感，教师可以进行针对性的归因训练。如使学生将自己的成功归因为努力和能力，将失败归因为不努力或任务难度等。但在进行归因训练时还需要考虑学生的个性特点，不能千篇一律。

5. 奥苏伯尔的学习动机理论

奥苏伯尔具体研究了学校情境中学生的成就动机，他指出，一般称之为学校情境中的成就动机，至少应包括三方面的内驱力，即认知内驱力（cognitive drive），自我提高的内驱力（ego-enhancement drive）以及附属内驱力（affiliative drive）。他认为，学生所有的指向学业的行为都可以用这三方面的内驱力加以解释。当然，随着儿童年龄的增长，这三种成分在个体身上的比重会有所改变。

认知内驱力是一种要求了解和理解的需要，要求掌握知识的需要，以及系统地阐述问题并解决问题的需要。它被认为是一种最稳定和最重要的动机。这种动机指向学习任务本身（为了获得知识），满足

---

① 转引自张春兴. 现代心理学. 上海：上海人民出版社，1994: 526

这种动机的奖励（知识的实际获得）是由学习本身提供的，因而也被称为内部动机。

实验证明，这种认知内驱力主要从好奇心的倾向中派生出来。好奇心作为一种潜在的动机力量需要在实践活动中不断取得成功才能逐渐形成和稳固下来。因此，教育者应小心呵护学生的好奇心，激发他们对学习的探究兴趣，以提高他们的认知内驱力。如果学生具有较强的认知内驱力，他就会主动进行学习，而无须外在的奖励或惩罚。显然，这是最理想的一种学习动机，是教育者最希望学生具有的动机。

自我提高的内驱力，是个体因自己的胜任能力或工作能力而赢得相应地位的需要。这种需要从儿童入学开始，日益显得重要，成为成就动机的主要组成部分。它与认知内驱力不一样，它并非直接指向学习任务本身，而是为了赢得相应的地位和自尊，是一种外部动机。自我提高的内驱力在学龄前儿童期开始萌芽，入学后日益发展，逐步成为学习动机的主要成分。在学校教育中，适当激发学生的自我提高内驱力是必要的，如进行评优评奖活动。这些手段可以提高学生的自尊心、荣誉感，从而激起他们学习的热情。但同时我们又不能过分强调自我提高内驱力的作用，如果学生将学习看成是获得名誉地位的手段，就会走向功利主义，很难产生学习的内部动机。

附属内驱力指的是一个人为了赢得长者们（如家长、教师等等）的赞许或认可而表现出来的把工作做好的一种需要。这种动机下的学生努力学习，并不是为了增长知识也不是为了赢得地位，而是为了要从长者那里获得赞许或认可。可见，附属内驱力也属于外部动机。附属内驱力在儿童早期最为突出，是成就动机的主要成分。到了儿童后期和青年期，它不仅在强度上有所减弱，而且从父母、教师转向同龄的伙伴。

## 二、动机理论在教学中的应用：培养和激发学生的学习动机

学习动机是推动学生学习的原动力。成功的学习活动总是伴随有

积极的学习动机，而无动机的学习则大多是敷衍了事的。因此，教师的一项重要任务就是激发和培养学生的学习动机。根据上述的动机理论，教师可以采用如下策略去培养和激发学生的学习动机。

1. 明确目标，让学生了解学习的性质，激发内在动力

内部动机是指对活动本身的兴趣所引起的动机，而外部动机指的是由外部诱因所引起的动机。相比之下，前者是一种稳定的动机，而后者在没有外部奖励的情况下就极容易丧失。因此，当前教育心理学家越来越重视内部动机的作用。他们认为，通过了解和理解所学知识的作用，个体容易产生学习该知识的内部动机。因此，教育的主要职责之一是，要让学生对获得有用的知识本身发生兴趣而不是让他们为各种外来的奖励所左右。

让学生明确目标，了解学习的性质是激发内在动力的有效途径。明确的奋斗目标能使学生克服困难，坚持学习，能使学生的兴趣日趋广泛，稳定而持久。如果教师能通过强化学生的目标意识，使理论性的既定的教学目标为学生所明了，并逐步成为学生自觉追求的功能性奋斗目标，那么学生就能随着对目标认识的深化，不断调节自己的学习情感和情绪、端正学习态度、提高学习自觉性。

2. 使学习变得有趣，在教学活动中培养和激发内部动机

兴趣是推动个体行为的一种重要动力。有心理学家研究发现，处于幼儿期、儿童早期的学生主要是为了兴趣而学习的。美国教育心理学家布鲁纳也指出："学习的最好刺激是对所学材料本身发生兴趣，兴趣可以孕育愿望，可以滋生动力。"因此，引发学生的学习兴趣有助于激发学习动机。

那么怎样才能使学习变得有趣呢？教师可以从如下几个方面着手：（1）讲究教学的艺术。教师在言语、动作、表情以及教学方法的运用上，可从艺术性的角度作一些考虑。一般而言，新颖、生动、活泼的事物总会在第一时间吸引儿童的注意，激发他们进一步了解的欲望。（2）创设问题情境。问题情境的创设，是启发学生积极思维，激发学生学习兴趣的有效途径。问题情境是指有一定的困难，需要付出艰辛，但又最终可以解决的学习情境。它的设置既要以学生原有的认

知水平为基础，又要有新的要求。(3) 用各种方法丰富学习活动，使其变得生动活泼，富于吸引力。如教师采用活动教学、发现教学、交互教学，使学生参与到教学中来。

3. 进行归因训练

已有文献证实，归因很大程度上影响了个体的行为，比如一个把学习失败归因于自己能力不够或者任务难度太大的学生，会听任失败，丧失动机。根据维纳的归因理论，要提高学生的学习动机，就要鼓励学生进行正确归因。

归因训练可分为集体干预和个别干预两种形式。集体干预面向全体学生，通常采用的方法有：(1) 说服。教师可以向学生说明在学习活动中的正确信念和错误信念，指出学习潜力的开发在很大程度上依赖于信心的确立；向学生指出努力程度对学习成功的重要性等。(2) 讨论。组织学生分若干小组讨论，讨论的问题如"自信心与成功的关系"、"努力、能力与成功的关系"等，讨论的过程中（或之后）教师引导学生从积极的方面进行归因。(3) 示范。给学生观看录像或听录音，了解他人在成功和失败时是如何进行归因的，并说明所期望的归因是什么，同时让学生联系自己平时的学习情况进行讨论，加深认识，接受归因反馈，形成思维定势。(4) 强化矫正。让受训练者在规定的时间内完成不同难度的任务，然后要求学生在事先预备的归因因素中作出选择，对完成任务的情况作出归因。个别干预主要有两种方式：(1) 咨询。教师在同个别学生谈话时，一方面解答他们在学习中遇到的问题，另一方面通过他们提出的问题，了解他们学习成功和失败的原因，在此基础上进行归因指导，提出具体的措施，帮助学生克服困难，作出积极的归因。(2) 定向训练。这主要在教学中进行，对学生多表扬少批评，对差生要降低他们学习的起点。

4. 反馈和合理奖赏

教师给学生的信息反馈，对他们的目标指向性活动起指导作用。许多研究结果都证实了反馈在学习上有显著的效果。一般而言，反馈愈及时，效果愈好；表扬的效果比惩罚好。但是反馈过程中还有许多需要注意的问题：

（1）从内容上看，仅仅给学生提供正确与否，适当与否的信息反馈是不够充分的。还应该给予一定的评论与指导，提供如何保持与提高成就或如何克服与改正错误的线索。这样，学生不仅了解到自己的学习结果，而且明确了以后行为的方向。

（2）合理使用奖励。已有研究发现，奖励不是在任何条件下都是有效的，而且有时外部奖励还可能削弱内部动机。针对这些问题，教师在使用奖励时要注意到学生的年龄特征和个性特征。例如，对小学低年级的学生，教师的评价作用很大，而对小学高年级以上的学生，团体的评价作用更大些。又如对于缺乏自信的学生应给予更多的表扬与奖励；对于过分自信，甚至骄傲自满的学生则不宜这样做，而应该提出更严格的要求。多使用口头的表扬，并且口头表扬指向学生的内部动机，如表扬学生回答出了很难的问题时不宜说"某某同学的回答太正确了，如果是考试，肯定给你打满分"，可以是"某某同学的分析方法很有逻辑，观点也很正确"。

5. 使每个学生获得成功的经验，提高学生的自我效能感

自我效能感是诸多研究者感兴趣的一个主题，关于如何提高学生的自我效能感是研究的焦点之一。研究表明，奖励特点、归因特点、评价标准和任务的设置都是影响自我效能感的因素。在此基础上，研究者们提出了一系列提高学生自我效能感的教学策略。其中包括：（1）在奖励的运用上，只有在必要时使用奖励；强调奖励的信息功能而不是控制功能。（2）在评价方面，对于成功者淡化外在因素的评价，特别是对挑战性的任务；提供基于掌握而不是社会比较的评价。（3）在任务设置上，给予难度适中的任务，变换任务的样式和性质，给予有个人意义的任务，允许在任务中选择。通过以上策略的使用，可以提高学生自我确定的知觉和掌握与胜任的感觉，从而可以提高学生学习的内在动机。

# 第四章 学校心理教育评估

科学心理学是建立在资料的收集、整理、分析和评估之上的，学校心理学亦如此。学校中的心理教育评估不仅是学校心理学建立的基础，更是学校心理健康教育开展的前提和保障。本章将首先论述学校心理教育评估的若干原则，然后介绍学校常用的心理教育评估方法，最后着重论述学校中的智力测验、适应性行为测验和行为问题测验。

## 第一节 学校心理教育评估的定义及原则

### 一、学校心理教育评估的定义

关于心理教育评估，有的学校心理学著作并未直接提出，而是论述了心理评估的各个方面[1]；有的则对心理教育评估中易混淆的评定、估评、诊断和测量等概念作了较为详细的辨别和界定[2]。这些论述对我们全面、科学地理解心理教育评估大有裨益，但都没有给出十分明确、清晰的心理教育评估的定义。

还有人认为心理教育评估是运用观察法、访谈法、心理测量法等

---

[1] 魏安庆主编. 学校心理学概论. 北京：高等教育出版社，1997：83
[2] 刘翔平. 学校心理学——学生心理教育评估与干预. 北京：世界图书出版公司北京公司，2000：34

多种手段,围绕解决某一问题对学生心理所做的综合评价[①]。这个定义明确了心理教育评估的手段、目的和对象,这正是心理教育评估与一般的心理评估的不同之处。而且应该注意的是,心理教育评估不是教育评估的心理学解释,心理教育评估与教育评估在手段、目的和对象上都有较大的区别。心理教育评估可以说是心理评估在教育领域的应用,是心理评估的一种更为具体的形式。一直以来,学校中心理评估的重心都在学生的学习困难、心理问题和行为问题等消极方面。随着素质教育的推进,有关如何促进学生潜能的发挥、健康人格的形成和如何进行因材施教等问题也成了心理教育评估的重要职责。这也是心理教育评估自身发展的重要契机。从更高的层面、更广的视野来理解心理教育评估的内涵,拓宽心理教育评估的领域,是心理教育评估自身发展的需要,也是时代的迫切需要。

综上所述,我们认为学校心理教育评估是指运用观察、访谈和心理测验等方法,对学生个性心理特征、个性心理倾向、自我意识及行为所做的综合评估。心理教育评估是全面、科学认识学生的关键环节,是对学生进行学习指导、心理干预和行为矫正的基础,是因材施教的前提和保障。心理教育评估必须遵循有关原则谨慎科学地进行。

## 二、学校心理教育评估的原则

心理教育评估是一项技术性很强的工作。要提高心理教育评估的科学性,须遵循以下几个原则。

### (一)有效性原则

无庸置疑,心理教育评估必须是有效的。有效的心理教育评估才能真正反映学生的真实情况,为有关心理教育活动的开展提供依据。心理教育评估的有效性可以参考心理测量中有关效度的概念进行界定。

---

① 林崇德,辛涛,邹泓. 学校心理学. 北京: 人民教育出版社, 2000: 85

在心理测量中，效度是指心理测量的有效性，即是否测到了所要测定的心理特征。严格地说，心理测量的效度是指根据测量分数对有关心理特征作出推论的适合度。推论总要依照一定的标准，所以效度也指测验与某种外部标准之间的关联程度。效度有内容效度、预测效度（又称效标效度、效标—关联效度）、同时效度、构思效度（又称构想效度、结构效度）、聚合效度与辨别效度之分。内容效度是指测验在多大程度上表示了所要测定的特征范围。比如，如果我们要从一批待业人员中挑选机床操作工，所用的测验项目就应该能表明个体的机床操作能力。预测效度是指检测结果能够预测人们将来行为的程度。在心理学的研究中，常常对某类人员进行一定的测评，并希望根据测评结果预计和推测受测者将来的表现和工作成绩。同时效度是指人们用当下的行为表现或工作实绩与心理测验结果的相关作为效度指标，它实际上是间隔时间为零时的预测效度。构思效度检验的是测验是否真正测量了所提出的理论构思。心理测验都是建立在一定的理论假设和构思的基础上的。对于理解测验结果的含义来说，构思效度是最重要的效度指标之一。聚合效度是指运用不同的测量方法测定同一特征或构思时测量结果相似的程度，即不同测量方式应在相同特征的测定中聚合在一起。辨别效度则是指在运用相同测量方法测定不同特征或构思时，辨别不同特征的程度，即不同特征的测量结果之间不应有高相关[1]。

心理教育评估的有效性是从其结果作出推论的适合度，是其与某种外部标准之间的关联程度。心理教育评估的有效性，可以参照心理测验的有关方法，从内容、效标、构思、聚合和辨别效度等角度进行考虑。在实际操作中，可以依照一种或几种合适的效度进行鉴定。至于心理教育评估效度的具体评定方法，读者可以查阅相关著作，在此限于篇幅，不详细论述。

---

[1] 王重鸣. 心理学研究方法. 北京: 人民教育出版社, 1990: 131～138

## （二）可靠性原则

心理教育评估的可靠性也可以结合心理测量中有关信度的概念进行鉴定。心理测量的信度即可靠性，是指测量结果的一致性或可信程度。评定心理测量信度的方法比较多，常用的有重测信度、等同信度、折半信度和内部一致信度等。重测信度（test-retest reliability）是在一定时间间隔中运用同一测验作重复测量所得到的信度系数。重测信度也称为稳定性系数，因为它说明了使用相同测量工具作重复测定时个体分数的稳定性。等同信度（equivalent-form）是以两组等效测量来评定信度系数。它使用了难度、内容和形式相同而具体项目不同的两种测验，弥补了重测信度由于采用完全相同的测验所带来的缺陷。由于重测信度与等同信度自身存在某些难以克服的缺陷，人们更多采用一次性的信度评定程序，这就是折半信度和内部一致信度。折半信度（split-half method）是在测试以后对测验项目按奇项、偶项或其他标准分成两半，分别记分，以两半分数之间的相关系数作为信度系数。但是，这样得到的信度系数只表明一半测验的信度，还需根据斯皮尔曼—布朗公式（Spearman-Brown formula）确定整个测验的信度。内部一致性信度（internal consistent-reliability）是目前比较流行而且效果较好的信度评定方法。它不需要把测验项目分成两个部分，而是从测量构思层次化入手，使测量项目形成一定的内部结构，并以内部结构的一致性程度，对测量信度作出评定[1]。

心理测量是心理教育评估中十分重要的方法之一。在运用心理测量这一方法进行心理教育评估时，自然需要进行信度评定。在运用其他一些方法进行心理教育评估时，也同样要进行信度评定。对观察、访谈、调查和心理实验获得的数据，都应该进行信度评定，以确定其可靠性。对一些描述性的定性资料，也应尽量转化为量化的数据，从而进行信度评定，确定其可靠性。心理教育评估在学校心理服务中处于关键性的地位，一定要确保其科学性和客观性，避免主观臆断。至

---

[1] 王重鸣. 心理学研究方法. 北京：人民教育出版社，1990：130～134

于心理教育评估信度的具体评定方法，读者可以查阅相关著作，在此限于篇幅，不详细论述。

### （三）发展性原则

美国心理学家 M.Rutter 和 N.Garmezy 在其《发展心理病理学》中提出了发展心理病理学的一般原则，即儿童的情感和行为机能必须在发展的背景下去理解，同时也必须在发展的框架内去评定。对学生的心理和行为发展水平，在发展的背景下去理解，在发展的框架内去评定，同样也是学校心理学中心理评估的普遍原则。

在发展的背景下理解儿童的心理机能和行为，首先要考虑发展常模。儿童的许多行为是随年龄变化的，在某一年龄段很普遍的行为，在其他年龄可能就较少见。承认儿童行为的发展变化对于心理评估是非常重要的。儿童的心理发展水平具有鲜明的年龄特征，在选择评估工具时应当考虑评估工具是否提供了适当的、特定的年龄常模。同时，儿童的心理发展水平又具有不平衡性，有些心理机能或行为在某些年龄段发展变化较快，在其他阶段变化却相对平稳，常模中年龄组的划分应能体现这一点。正确利用发展常模所提供的信息对评估结果作出合理的解释，在心理评估中也是非常重要的。此外，评估者还必须了解儿童的一般发展过程和每个评估对象独特的个人发展史。一般发展过程是指年龄阶段的发展。每个年龄阶段都有特定的发展任务或发展需要，这种独特的发展需要导致了与年龄相关的发展变化。儿童的个人发展史应包括个人在不同发展阶段（如胎儿期、新生期、学龄期等）的一般发展状况，既往病史和家庭史。了解个体独特的发展过程将有助于探明心理问题形成的机制和原因[①]。

以发展的眼光审视学生的心理和行为发展水平，有助于我们在进行心理教育评估时，采取合适、有效的方法和工具，更加全面、准确地对学生作出客观的评估。

---

① 林崇德, 辛涛, 邹泓. 学校心理学. 北京: 人民教育出版社, 2000: 91～92

### （四）保密性原则

心理教育评估必须遵循保密性原则。心理教育评估往往会涉及学生的一些个人隐私（包括学生自己意识到的和没有意识到的），一旦将其泄漏出去，对学生的成长可能造成严重的不良影响。1991年9月4日第七届全国人民代表大会常务委员会第二十一次会议通过的《中华人民共和国未成年人保护法》第四条明确指出保护未成年人的工作，应当遵循下列原则：保障未成年人的合法权益；尊重未成年人的人格尊严。心理教育评估的对象绝大部分还是未成年人，而心理教育评估从本质上而言，是为未成年人的成长保驾护航，心理教育评估必须以不损害未成年人的权益，尊重未成年人的人格尊严为前提，否则，不仅违反伦理道德，也是违法的。

保密原则也并不是绝对的。比如在心理咨询中，咨询者在必要时应有冲破保密约定的勇气，避免一些极端情况的出现[①]。在心理教育评估时，如果评估所反映的情况超出了评估者所能处理的能力之外，评估者应在征得评估对象的同意后转交给有关人员或机构来处理。如果评估结果表明，评估对象有自伤或攻击他人、社会的情况，评估者应当机立断通告有关人员或机构。至于什么时候应打破保密性原则，则需要评估者作出智慧的抉择。

## 第二节　学校心理教育评估常用的方法

对任何事物进行评估，都要运用一定的方法，心理教育评估也概莫能外。进行心理教育评估时，既可以单独运用某种心理评估方法，也可以根据实际需要灵活地综合运用多种心理评估方法。

---

[①] 张日昇. 咨询心理学. 北京：人民教育出版社，1999：115

## 一、学校心理教育评估常用的方法

目前,学校中常用的心理教育评估方法有访谈法、观察法和心理测验等。心理教育评估往往针对的是学生的个别特性,因此以探求群体的一般心理规律为目的的方法,如实验法、模型法、统计法等,在心理教育评估中运用得较少,有关的介绍也不多。当然,随着心理教育评估视野的拓展,对象的扩大,这些方法也将逐渐在心理教育评估中发挥应有的作用。

### (一)访谈法

用以收集临床资料(clinical data)的访谈法(interview),在评估中可能无处不在(Burke & DeMers, 1979)。它广泛用于心理治疗和教育等领域,也是临床和学校中最为常用的评估方法(Gresham, 1984)[1]。

访谈作为一种研究方法,是指"研究者'寻访'、'访问'被研究者并且与其进行'交谈'和'询问'的一种活动,是研究者通过口头谈话的方式从被研究者那里收集(或者说'建构')第一手资料"的过程[2]。

就研究者对访谈结构的控制程度而言,访谈可以分为三种类型:封闭型、开放型、半开放型(也分别被称为"结构型"、"无结构型"、"半结构型")。在封闭型的访谈中,研究者对访谈的走向和步骤起主导作用,按照自己事先设计好了的、具有固定结构的统一问卷进行访谈。在这种访谈中,选择访谈对象的标准和方法、所提的问题、提问的顺序以及记录方式都已经标准化了,研究者对所有的受访者都按照同样的程序问同样的问题。与此相反,开放型访谈没有固定的访谈问题,研究者鼓励受访者用自己的语言发表自己的看法。这种访谈的目的是

---

[1] Cecil R. Reynolds,Terry B. Gutkin, 3rd ed. The handbook of school psychology. New York: John Wiley & Sons, 1999: 354
[2] 陈向明. 质的研究方法与社会科学研究. 北京:教育科学出版社,2000 年: 165

了解受访者自己认为重要的问题、他们看待问题的角度、他们对意义的解释，以及他们使用的概念及其表述方式。访谈的形式不拘一格，访谈者可以根据当时的情况随机应变。在半开放型访谈中，研究者对访谈的结构具有一定的控制作用。通常，研究者事先备有一个粗线条的访谈提纲，根据自己的研究设计对受访者提出问题。但是，访谈提纲主要作为一种提示，访谈者在提问的同时鼓励受访者提出自己的问题，并且根据访谈的具体情况对访谈的程序和内容进行灵活的调整。除了按结构分类以外，访谈还可以根据其正式程度、接触方式、受访者的人数以及访谈的次数进行分类。首先，按照正式程度，访谈可以分成正规型和非正规型。其次，根据访谈者与受访者双方接触的方式，正规型访谈还可以进一步分成直接访谈和间接访谈两种类型。再次，根据受访者的人数，访谈还可以进一步分成个别访谈和集体访谈。此外，根据访谈的次数，访谈还可以分成一次性访谈和多次性访谈[①]。

在心理教育评估中，访谈是评估者通过与学生面对面的交谈，在较短的时间内大致了解学生的基本情况或问题的重要手段。评估者可以通过访谈从整体上多角度了解学生的经历和现状，同时与其建立融洽的人际关系，使双方由彼此陌生变成相互熟悉、相互信任。此外，访谈也可以使学生"发出自己的声音"，有助于学生主动地参与到评估中来。访谈的形式多种多样，评估者可以依据不同的问题、目的、对象、情境和评估阶段而采用不同的访谈方法，在必要的时候还可以综合运用多种访谈方法。

（二）观察法

在许多心理学研究中，人们更多采用自由观察和接近现实的模拟，更重视在现实情境中考察人的心理活动及其特点。观察法是在一定时间内，对特定行为表现或活动进行考察，收集资料的一种方法[②]。观察法可以按事先是否确定具体观察项目而分成有结构观察和

---

[①] 陈向明. 质的研究方法与社会科学研究. 北京：教育科学出版社，2000 年：171～173
[②] 王重鸣. 心理学研究方法. 北京：人民教育出版社，1990：29、184

无结构观察；可以按观察者是否直接参加所研究的活动，分成参与观察和非参与观察；还可以按照对行为的不同取样方式，分成事件取样观察和时间取样观察。观察有其自身的一些特点。第一，在任何观察中，首要的问题是究竟观察什么。因此，对所观察的行为需要明确地作出规定，即所观察行为的操作性定义。第二，观察需要确定"行为单元"，即观察测定中行为成分的大小。第三，观察作出多大推论的程度，依据所观察行为单元的大小而定。第四，观察系统的普遍性与适用性，有的观察系统设计可以用于各种不同的研究情境，有的则只适合于一定场合[①]。

在心理教育评估中，观察法是十分有效的一种方法，不仅可以运用观察法对评估对象的外显行为或活动进行考察，还可以从中推测分析评估对象的内在心理状况。尤其是在心理教育评估的初期阶段，可以运用观察法收集评估对象的较为全面的资料，为所要评估的问题展示一个大的背景。在心理教育评估中运用观察法时，要注意观察法自身的特点，要对所观察的问题有明确的定义，有的放矢才能得到有效的资料。

### （三）心理测验法

美国心理学家桑代克和教育测量学家 W.A MaCall 曾先后提出，"凡客观存在的事物都有其数量"，"凡有数量的东西都可以测量"。心理测量，往往是以心理测验为工具的测量而不是用实验、观察以及仪器等方法对心理现象的测量。测验是"测量一个行为样本的系统程序"。通俗地说，心理测验就是通过观察人的少数有代表性的行为，对于贯穿在人的全部活动中的心理特点作出推论和数量化分析的一种科学手段。心理测量具有间接性，目前我们还无法直接测量人的心理活动，只能测量人的外显行为，只能通过一个人对测验项目的反应来推论其心理特质。心理测量具有相对性，在对人的行为作比较时，没有绝对的标准，只有一个连续的行为序列，测量就是看每个人处在这个序列

---

[①] 王重鸣. 心理学研究方法. 北京：人民教育出版社，1990：184～186

的什么位置上。此外，心理测量还要尽量追求客观性，测验的项目、施测、评分和解释都要标准化[1]。

心理测验有很多种类：按测验功能分类，可以分为能力测验、成就测验和人格测验；按测验对象分类，可以分为个别测验和团体测验；按测验方式分类，可以分为纸笔测验、操作测验、口头测验和电脑测验；按测验目的分类，可以分为描述性测验、诊断测验和预示性测验；按测验的难度分类，可以分为速度测验和难度测验；按测验要求分类，可以分为最高作为测验和典型行为测验；按测验性质分类，可以分为构造性测验和投射性测验；按测验解释分类，可以分为常模参照测验和标准参照测验；按测验应用分类，可以分为教育测验、职业测验和临床测验。以上几种分类都是相对的，从不同的角度进行分类，同一个测验可以归为不同的类别[2]。

工欲善其事，必先利其器。为了在理论研究和实际应用中更好地发挥测验的效能，必须编制出各种高质量的、适用的测验。编制测验的方法，依测验的种类而异。不同性质、不同用途的测验，编制的具体过程是不同的。但由于测验原理大体相同，因而可以概括出一套通用的编制程序。第一，确定测验目的，明确测量对象、测量目标和测验用途；第二，拟订编制计划，确定测验的内容结构和项目形式等，以及对每一个内容、目标的相对重视程度。第三，设计测试项目，收集丰富的、具有普遍性的资料作为设计项目的依据；选择合适的项目形式，来表现测验内容；对项目反复审查修订，改正意义不明确的词语，取消一些重复和不适用的项目。第四，通过试测进行项目分析，为进一步筛选项目提供客观依据。第五，选出性能优良的项目，加以适当的编排，组合成测验。第六，制定标准化的施测过程、评分记分和分数解释。第七，对测验的可靠性和有效性加以评估，确定测验的信度和效度。第八，编写测验手册，对测验的有关情况进行详细说明。

---

[1] 郑日昌，蔡永红，周益群. 心理测量学. 北京：人民教育出版社，1999：6
[2] 同上：9～13

经过以上八个步骤,一个测验便可以正式交付使用了[①]。

在实际操作中,学校心理工作者最容易犯的一个毛病就是孤立地看待每种测试工具和测量手段,而忽视诸种测试工具和测量手段之间的关系及作用,以致无法使评估发挥出最大的效用。如果把心理评估作为学校心理服务的一个有机组成部分,就能把一些似乎是孤立无关的测试有机地结合在一起,从而使其发挥最大效用[②]。这一点,也可以从皮亚杰的研究中得到印证。他观察儿童的各种活动,根据要研究的问题,布置实验环境,设计一些独特的小实验,并向儿童提出一些问题;通过对儿童的回答和活动的分析来研究儿童的心理发展规律。这就是他综合了观察法、洽谈法、测验法和实验法而创造出的临床法。心理教育评估中要灵活应用各个方法,力求全面、客观、准确地反映学生的心理状况。总之,心理教育评估在某种意义上是一个各种心理评估方法的应用过程,进行心理教育评估也必须根据实际需要灵活应用合适的方法,而不能墨守成规、固步自封。

以较多的笔墨来介绍心理测量,是因为心理测量在学校心理评估中有着特别重要的地位。心理测验以其科学性和客观性而在心理教育评估中得到广泛应用,是心理教育评估的一种主要手段。本章的下面几节中,将会分别详细介绍智力测验、适应性行为测验和行为问题测验,以便大家更好的掌握心理测验这一重要的心理教育评估方法。

## 二、学校心理评估的一般程序

心理评估是为解决学生的心理问题服务的,选用什么具体的手段,使用何种测验工具,将随着问题或评定者的个人风格的不同而有所不同。然而,评估的步骤与程序还是一致的[③]。Elliot 和 Piersel(1982)把评估过程比喻成一个漏斗(图4.1),漏斗的上部表示对问题的笼统

---

① 郑日昌,蔡永红,周益群. 同上:14~26
② 魏安庆主编. 学校心理学概论. 北京:高等教育出版社,1997:84
③ 刘翔平. 学校心理学——学生心理教育评估与干预. 北京:世界图书出版公司北京公司,2000:45

了解，逐渐变小的漏斗下部表示对问题的明确定义及对问题的深入了解。这一比喻形象地描述了评估的顺序：评估从甄别开始，经过问题诊断阶段，最后集中到教育方案的制订[①]。

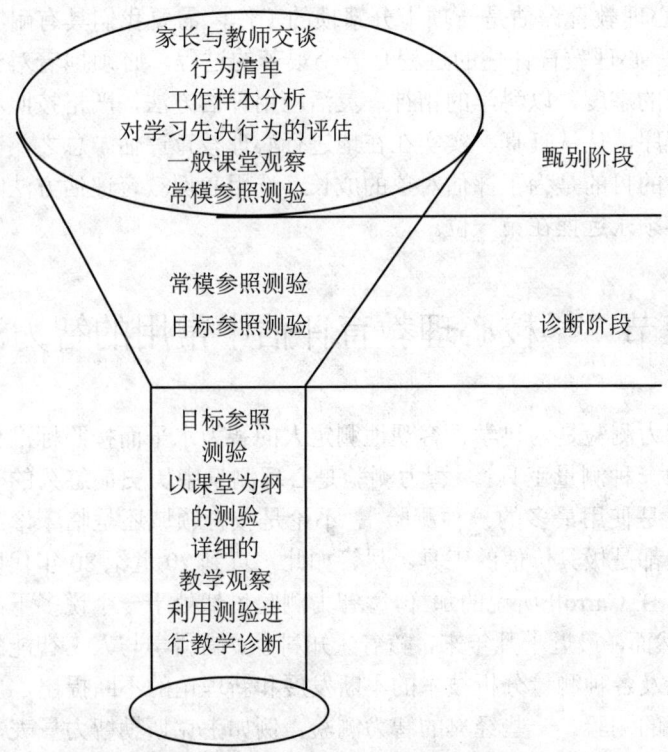

图 4.1 转引自魏安庆. 学校心理学概论（1997：87）

进行心理教育评估，首先要收集评估对象的基本情况，包括姓名、年龄、出生日期、班级、家庭基本情况等，此外还要写明评估的日期。其次，要在各种场合中定期观察评估对象，并且利用各种测验，验证观察到的情况，对测验的结果要作出科学、客观、合理的解释。最后，要综合评估信息，提出一些改进评估对象学习能力、行为水平、心理状况或教育环境的建议。建议的提出要紧紧围绕评估结果及其解释，

---

① 魏安庆主编. 学校心理学概论. 北京：高等教育出版社，1997：84~86

有科学的根据，有的放矢。提出的建议也要考虑现实生活中的各种条件和限制，切实可行。此外，建议应规定具体的目标和实施的方法，切忌空洞抽象。

"心理教育评估是一项十分繁琐的工作，需要我们具有耐心和智慧。"① 心理教育评估的过程是一个艰苦的过程，必须抱着对评估对象负责的态度，以科学的精神，灵活应用评估方法，严格按照科学的评估程序，认认真真、实实在在地进行心理教育评估。总之，心理教育评估的目的是为了评估对象的成长，选用心理教育评估方法时，这一点必须永远摆在第一位。

## 第三节 学校心理教育评估中常用的智力测验

智力测验是为科学、客观地测定人的智力水平而按照标准化程序编制的一种测量工具②。智力测验是心理测量中历史最悠久的一种测验，也是使用最多的一种测验③。不论是教育领域还是临床诊断，智力测验都是极具价值的工具。尽管如此，直到 20 世纪 80 年代以前，正如 J. B. Carroll 所说的那样，"智力测验仍然处于一个说多于做的阶段"。然而，最近十几年来，随着认知科学、脑科学与人工智能的深入研究以及各种测量分析技术的不断发展和新理论的不断提出，出现了许多新的测验。一些经典的智力测验，例如韦克斯勒智力量表，在结构和内容上有了较多的变化与更新。这使教育者和临床工作者在运用智力测验时，不论在测什么还是在如何测的问题上都有了更广泛的选择余地④。学校心理教育评估的一个重要的内容就是对学生的智力水平进行评估；而要有效、科学地评估学生的智力水平，离开智力测验

---

① 刘翔平. 学校心理学——学生心理教育评估与干预. 北京：世界图书出版公司北京公司，2000：53
② 林崇德，辛涛，邹泓. 学校心理学. 北京：人民教育出版社，2000：94
③ 魏安庆主编. 学校心理学概论. 北京：高等教育出版社，1997：100
④ 王穗苹，莫雷，张卫. 当代智力测验的进展及特点. 华南师范大学学报(社会科学版)，1999：69

几乎是不可能的。在这一节里,将介绍当代智力测验发展状况、面临的问题及学校心理教育评估中常用的智力测验。

## 一、当代智力测验发展状况

当代智力测验的发展首先体现在测验内容上。现有的智力测验根据测验内容可以分为三大类：基于心理测量学的智力测验、基于神经心理学的智力测验以及基于智力系统观的智力测验。基于心理测量学理论的智力测验主要建立在对不同的认知任务进行因素分析的基础上,划分出不同的智力因素,如言语与空间智力、归纳推理、记忆能力等等。最初以 Spearman 的二因素论为代表的智力单因素论与以 Thurstone 的群因素论为代表的智力多因素论相持不下。智力测验编制者逐渐成了多因素论者,如韦克斯勒智力量表（Wechsler Intelligence Scale）最初强调的是反映一般智力的普遍特征,到20世纪90年代年代第三版韦氏儿童智力量表也提供了四种智力因素分数。基于神经心理学理论的测验主要是建立在 Luria 大脑功能模型基础上,其构建主要基于理论的推导而非实际的测量。如 Das 和 Naglieri 等人提出了 PASS 模型说明计划、注意、并行加工与序列加工的关系,设计新的智力测验,并于 1997 年正式出版 DN 认知评估系统（Das-Naglieri Cognitive Assessment System,CAS）。这类智力测验中较具代表性的还有考夫曼儿童成套评估测验（Kaufman Assessment Battery for Children,K-ABC）,主要测量儿童同时加工与序列加工的能力。基于智力系统观的智力测验,有 Kyllonen 等人在一种认知能力的四维分类模型的理论框架基础上发展出的一种认知能力测验量表（Cognitive Abilities Measurement,CAM）。此外,R. J. Sternberg 根据智力三元理论发展出一个未经标准化并尚未发表的测验,从言语、数量、数字与短文等领域测量个体的分析、创造和实际运用能力[①]。

---

① 王穗苹,莫雷,张卫. 当代智力测验的进展及特点. 华南师范大学学报（社会科学版）,1999:69~72

此外，当代智力测验的方法也在发展。以往的智力测验多采用静态测量的方法，即呈现测试题，在无反馈的情况下由被试完成测题，然后对被试完成的结果进行分析。使用静态的测验方法，其作用多限于筛选、选拔与诊断个体既有的能力状况，至于具有相同"能力"水平的个体在接受同等训练后，其水平是否有所差异，运用静态方法显然无法预测。另一方面，在结果定向的传统智力测验中，评估者仅考虑最后的 IQ 分数，并不考虑受测者原先是否都有一个获取所测知识与技能的同等机会，常常导致文化上的不公平。因此，近年来许多研究者认为应该采用一种动态的方法来评估个体的智力水平。动态评估的实施程序首先是对个体现有的能力水平进行评估，然后给予个体同等的学习机会，由施测者提供标准的干预，即采用标准次数或标准形式的提示，再进行复测，考察受测者经提示、训练之后成绩的进步。目前一些研究也编制了一些动态评估测验，如 Feuerstein 的学习潜能评估工具（Learning Potential Assessment Device，LPAD），Guthke 的学习潜能推理量表（Learning Potential Battery for Reasoning）等。但到目前为止，正式出版的测验仅有 Swanson 的认知加工测验（Swanson Cognitive Processing Test，1996），这个测验能提供受测试者在训练前后工作记忆任务的操作成绩、需要提示的次数及受测者所使用的策略[1]。

智力测验总是以一定的理论为指导，以其所假定的内容为测验对象，在不同的条件下进行，对测验分数的解释也不尽相同。运用智力测验进行心理教育评估，必须对该测验的理论假设、适用的对象和条件、测验分数的解释方法有清楚的了解。智力测验是一个不断完善的过程，在心理教育评估中，应该密切关注智力测验编制、施测方法和测验工具的发展，并在实践中不断总结经验，为智力测验的不断进步与完善作出应有的贡献。

---

[1] 王穗苹，莫雷，张卫. 当代智力测验的进展及特点. 华南师范大学学报（社会科学版），1999：72

## 二、当代智力测验面临的问题

正如前面所说的,智力测验取得了巨大的成就,也在不断发展和完善。然而智力测验也面临着一些问题。比如智力测验的滥用问题[1]。此外,智力测验的效度也受到质疑。

很多心理学家认为,从目前智力测验的内容看,它们反映的主要是一个人的学业成就,或者是习得的知识经验,而不是真正的智力。很显然,如果一个人没有生活在特定的文化环境中接受教育,他就难以获得相应的知识经验,也就不可能有所谓的"智力"。测验编制者总是假定,生活在同一文化中的个体是有同等机会接受这些知识经验的,因此掌握知识经验越多,运用这些知识经验解决问题的人就越聪明。但这一假定并不完全成立。资料证实,美国黑人的智商平均要比白人低一个标准差。批评者认为,智力测验是以主流文化成员熟悉的材料编制的,因而会导致对非主流文化成员不利。人们试图编制所谓的文化公平智力测验。但这些测验并不是很成功,在一般智力测验上得分低的团体在文化公平智力测验上的得分也偏低。心理测量家们承认智力测验分数中存在着其他因素的影响。如韦克斯勒(1950)也认为,测验动机、健康状况、兴趣、焦虑、个性整合和成熟水平、生活经历等都会影响智力测验的分数。此外,目前的智力测验并不能很好地预测人的职业成功和社会适应,如它只能解释 1/4 的学业成绩差异和 1/6 的职业成就差异[2]。

R. J. Sternberg 认为,现代智力测验的一个重要缺陷是"它未能把构成智力本质的一个重要方面,即社会智力涵盖在内,或者说,它对智力的实践性和现实性品格(consequentiality)及社会文化因素对智力的制约作用重视不够"。而我国古代评定智力或智慧的标准是在社会

---

[1] 刘翔平. 学校心理学——学生心理教育评估与干预. 北京:世界图书出版公司北京公司, 2000:59

[2] 李群英. 当今智力测验面临的问题与争论. 山东师范大学学报(人文社会科学版), 2003: 129~130

的具体实践活动中总结出来的,即在社会的人际交往活动、管理活动、教育活动、军事活动等具体活动中总结概括出来的,较充分地体现了智力的实践性和现实性品格及社会文化因素。有人提出我国古代评定智力或智慧的若干标准,如"以近知远,以一知万,以微知明","聪明之所贵,莫贵乎知人","智者之虑,必杂于利害","智者善因危设奇"和"以天下之心虑者,则无不知"等①。这些智力或智慧的评定标准可以为我们编制科学的智力测验提供有益的启发。

认识智力测验的问题,并不是否定智力测验,而是为了更好地发展、完善智力测验。智力测验曾被有意或无意的"神化",学校心理教育评估者对智力测验应该有实事求是的态度,既承认智力测验的效用,也应正视智力测验的缺陷。运用智力测验进行心理教育评估,对智力测验分数的解释应十分慎重,根据智力测验分数作出推论更要谨慎,在有限的范围之内应用。一言以蔽之,心理教育评估者应对智力测验有清醒、科学的认识,应遵循有关心理测验的管理条例和道德准则,捍卫智力测验的纯洁性和科学性。

## 三、学校心理教育评估的常用智力测验

智力测验的种类多种多样,可以说是心理测验中最为兴旺的分支。表 4.1 是一些常用的智力测验。② 按测验对象分类,智力测验可以分为个别测验和团体测验。按测验材料分类,智力测验可以分为言语智力测验和非言语智力测验。团体智力测验在同一时间内测试许多被试,省时、经济,但结果不如个别测验准确可靠;个别智力测验在一定时间内只能测量一个被试,其优点在于测量形式多样,手段精密,反馈及时,但与团体测验相比,较费时费力,不适于大规模测试。学校心理教育评估更为常用,也更为适用的是个别智力测验。以文字作为测试材料或口头智力测验,对于文盲、言语障碍、不同语种(如聋

---

① 燕良轼. 中国古代评定智力的若干标准. 湖南师范大学社会科学学报,1996:46~50
② 郑日昌,蔡永红,周益群. 心理测量学. 北京:人民教育出版社,1999:143

哑或不同民族）的被试不适用，于是专家们设计了以图形作为测试材料或要求被试用手操作物体（如画图）来反应的非言语智力测验[①]。下面具体介绍几种应用广泛的智力测验。

表 4.1 常用的智力测验

| 测验名称 | 测验的目的及适用范围 |
|---|---|
| 斯坦福—比奈智力量表 | 测 2~18 岁个体的智力 |
| 韦氏成人智力量表 | 适合 16~74 岁个体智力评估及各种智力方面的诊断 |
| 韦氏学龄前期及学龄初期智力量表 | 适合 4~6.5 岁个体智力及各智力方面的评估 |
| 韦氏儿童智力量表 | 适合 6~16 岁个体智力及各智力方面的评估 |
| 格塞尔发展量表 | 适合 4 周~3 岁婴幼儿在动作、应物、言语、应人四方面的发展评估 |
| 丹佛智能筛选测验 | 适合出生至 6 岁小儿的常规检查，无诊断功效，只用于筛选 |
| 新生儿行为评定表 | 适合出生至一个月婴儿行为的诊断及预测 |
| 贝利婴儿发展量表 | 适合 2~30 个月婴儿行为发展评估，是最好的婴儿测验 |
| 希—内学习能力测验 | 适合于 3~16 岁的聋哑及正常儿童的智力评估 |
| 图画词汇测验 | 适合有语言障碍、阅读困难、智力落后的个体 |
| 欧提斯测验 | 适合 1~2 年级一般心理能力的团体测验 |
| 学能测验 | 用于大学招生的学习能力测验 |
| 中学和大学能力测验 | 对初中、高中或大学水平的学习能力测试 |
| 画人测验 | 适用于 4~13 岁儿童的智力评估，是非言语的测验 |
| 瑞文标准推理测验 | 测查个体智力的普通因素，如推理能力等 |
| 文化公平智力测验 | 测查受文化影响较小的智力的普通因素 |
| 南加利福尼亚大学测验 | 测查发散思维能力 |
| 托兰斯创造思维测验 | 测查发散思维能力 |

---

[①] 郑日昌，蔡永红，周益群. 同上：111~122

## （一）比奈量表（Binet Intelligence Scale）

最早的智力测验量表是1905年法国心理学家A.Binet和T.Simon为鉴定低能儿童而编制的一套智力测验，包含有三十个题目，称为比奈—西蒙量表。1916年经美国斯坦福大学心理学家L.M.Terman加以修订，使这个测验进一步标准化后，称为斯坦福—比奈量表。这个测验曾于1937、1960、1972和1986年作过四次修订。

比奈—西蒙智力测验采用了"智力年龄"这个概念，它指的是根据智力测验结果而得出的年龄。实足年龄或生理年龄指的是儿童出生后的实际年龄。某个儿童不管他的生理年龄多大，他若能通过智力测验某个年龄组的测验题，例如他通过了智力测验5岁组测验题，而未能通过6岁组测验题，他的智力年龄为5岁。使用智力年龄概念能把儿童的心理年龄和生理年龄进行比较，这比以往用聪明与笨的笼统概念描述人的智力水平是一个进步。

斯坦福—比奈测验第一次使用智商（IQ）这个概念。智商是智力年龄（MA）除以生理年龄（CA），即 IQ=MA/CA。智力年龄虽然能表示智力的绝对高低，但不能表示智力的相对高低，智商却能表示智力相对高低。例如，甲儿童的生理年龄为5岁，智力年龄为6岁，而乙儿童的生理年龄为10岁，智力年龄为11岁，这两个儿童哪个智力水平更高？计算他们的智商就能表示他们智力水平的相对高低，甲儿童的智商=6/5×100=120，乙儿童的智商=11/10×100=110。由此可以认为甲儿童的智力发展水平高于乙儿童。斯坦福—比奈测验在诊断人的智力发展水平特别是智力落后等心理疾病方面有其独特的作用。斯坦福—比奈测验对智商作了分类：智商在140以上者为天才；120～140为最优秀；110～120为优秀；90～110为常态；80～90为次正常；70～80为临界正常；60～70为轻度智力孱弱；50～60为愚鲁；25～50为痴愚；25以下为白痴。被诊断者的智商在60左右应该引起怀疑，并应作进一步检查。如果被诊断者的智商在25以下，可以确诊为严重的智力落后。

在我国，最早是陆志韦于1924年翻译并修订了斯坦福—比奈测验,称为《中国比奈—西蒙智力测验》。1936年他与吴天敏对该测验作了再次修改。1981年,吴天敏对该量表作了第三次修改,称为《中国比奈测验》。

以斯坦福—比奈1960年修订本为例,6岁组和14岁组的智力测量题如下[①]:

6岁组

1. 什么是"桔子"、"信封"、"泥潭"?
2. "鸟和狗"有什么区别?"拖鞋和鞋子"有什么区别?
3. 指出图中所缺的部分。
4. 从一堆木块(10块)中数出一定的数目。
5. 完成相对应的类推:"鸟——飞,鱼——"。
6. 画出纸上迷宫图中的正确路线。

14岁组

1. 更难词汇的意义。
2. 找出某些纸张折叠的规律。
3. 推理作业:确定一件盗窃行为的时间。
4. 用一个5升的容器和一个9升的容器,量出13升的容量。
5. 确定方向:"若你向西行走,随后向右转弯,你现在走向什么方向?"
6. 对立物的一致:"冬和夏有什么相同?""欢乐和忧愁有什么相同?"

### (二)韦克斯勒智力量表(Wechsler Intelligence Scale,WIS)

韦克斯勒智力量表(常简称为韦氏量表)是最为常用的,也是公认较为成功的智力测验。D.Wechsler认为智力是个人有目的的行动、理智地思考以及有效地应付环境的整体的或综合的能力。基于这种认识,他设计了11个分测验对智力进行全面考察。韦氏量表的一个重要特点是摈弃了心理年龄的概念,它运用统计方法,以个体的测验得分

---

[①] 郑日昌,蔡永红,周益群. 心理测量学. 北京:人民教育出版社,1999:112

在同一年龄团体中所处位置确定其智商高低。用这种方法确定的智商又称离差智商。韦氏量表另一个显著特点是其不仅给出了个体的智商总分，而且还给出了言语和操作两方面的各个分量表分，使我们可以更清晰地了解个体的智力结构以及其智力发展的优势与弱点，从而对培养和补救提供科学依据。韦氏智力量表也需要进行个别施测。个别施测不仅使测量更加准确，减少干扰，而且可以获得许多其他信息，如对待测验结果的态度、情绪表现等等，从而有助于作出更准确的判断。韦氏量表有成人智力量表（WAIS-R）、儿童智力量表（WISC-R）和学龄前和学龄初期儿童智力量表（WPPSI）。表4.2分别列出了韦氏量表各分测验的实施顺序[①]。

表4.2 WAIS-R、WISC-R 和 WPPSI 各分测验实施顺序

| WAIS-R | WISC-R | WPPSI |
| --- | --- | --- |
| 1. 常识（V） | 1. 常识（V） | 1. 常识（V） |
| 2. 填图（P） | 2. 填图（P） | 2. 动物房（P） |
| 3. 数字广度（V） | 3. 类同（V） | 动物房复本（P） |
| 4. 图片排列（P） | 4. 图片排列（P） | 3. 词汇（V） |
| 5. 词汇（V） | 5. 算术（V） | 4. 填图（P） |
| 6. 积木图案（P） | 6. 积木图案（P） | 5. 算术（V） |
| 7. 算术（V） | 7. 词汇（V） | 6. 迷津（P） |
| 8. 物体拼凑（P） | 8. 物体拼凑（P） | 7. 几何图形（P） |
| 9. 理解（V） | 9. 理解（V） | 8. 类同（V） |
| 10. 数字符号（P） | 10. 译码（P） | 9. 积木图案（P） |
| 11. 类同（V） | *数字广度（V） | 10. 理解（V） |
| | *迷津（P） | *句子（V） |

注：带*者为备用测验，（P）属于操作量表，（V）属于言语量表

---

[①] 郑日昌，蔡永红，周益群. 心理测量学. 北京：人民教育出版社，1999：114

1. 韦氏成人智力量表[①]

韦氏成人智力量表适用于16~75岁的成人。各分测验实施顺序如表4.2所示。

常识测验包括29个涉及知识的题目,要求被试以几句话或几个数字回答。这些常识问题是普通成人能够在一般文化背景和日常生活中遇到的,尽量避免特殊的或专业性较强的知识。D. Wechsler认为常识能反映被试知识的广度、一般学习能力,并可以此评价被试的文化背景。数字广度测验包括顺背和倒背,该测验主要用来测量短时记忆能力和注意力。词汇测验将35个难度逐渐增大的词,以文字形式呈现给被试,要求被试说出每个词的意思。该量表考查言语理解能力,并与抽象概括能力有关,能在一定程度上指出被试的知识范围和文化背景。算术测验包括14个小学程度的算术文字题,主试口头提问,被试心算并口头回答。该测验主要测量顺序推理能力、计算和解决问题的能力以及集中思想的能力。理解测验包括13个按难易程度排列的问题,要求被试说明在某种情形下的最佳活动方式,为什么要遵守社会规则以及解释常用成语。该测验主要考查普通常识、判断能力、运用实际知识解决问题的能力、对伦理道德和价值观念的理解能力。类同测验包括14对名词,要求被试说出每对事物的相同点,主要测量逻辑思维能力、抽象概括能力和分析能力。

填图测验包括20张图片,被试指出每张图片的缺失部分,主要考查视觉记忆、视觉辨认能力以及区分主要特征与不重要细节的能力。图片排列测验包括10组图片,每组图片有一定的情节,将图片顺序打乱,要求被试重新排列,该测验可以测量被试的知觉组织能力、分析综合的能力,以及观察因果关系、社会计划性、预期力和幽默感等方面的特征。积木图案测验中,主试呈现9张红白相间的几何图案卡片,让被试用提供的9块相关积木拼成卡片中的图案,该测验考察综合分析能力、知觉组织以及视觉—运动综合协调能力,被认为是最好的个别操作测验。物体拼凑测验要求被试把一套切割成几块的零散拼板,

---

[①] 郑日昌,蔡永红,周益群. 同上:114~120

组合成一个熟悉物体的完整画面，该测验主要考查概括思维能力与知觉组织能力、辨别部分与整体关系的能力。数字符号测验中让被试依据事先提供的数字—符号关系，在给出的数字下面填写相对应的符号。属于速度性测验，有时间限制，主要考察被试一般学习能力、知觉辨别速度和灵活性、简单感觉运动的持久力、建立新联系的能力和反应速度等。

20世纪80年代初，龚耀先主持了韦氏成人智力量表中国版的修订工作，于1982年发表了修订韦氏成人智力量表WAIS-RC（Wechsler Adult Intelligence Scale-Reveised in China, WAIS-RC）。该修订对不适合我国文化背景的项目加以修改，项目顺序根据中国样本测验结果加以改动，并由于中国城乡差异较大，分别建立了农村和城市两套常模。

2. 韦氏儿童智力量表

韦氏儿童智力量表适用于6~16岁儿童。其编制原理和WAIS相同，只是在分测验上作了一些改变，具体项目可见表4.2。在WISC-R中，成人取向的题目改为以儿童生活经验为取向的内容。此外，在施测过程和记分方式上有所改进。另外，WISC-R提供的量表是在儿童自己所属的年龄组内进行转换的。1980年代，林传鼎和张厚粲对WISC-R做了修订，使测题适合中国儿童的特点。该修订本的取样只在大中城市进行，因此测验只适用于中等以上城市儿童。该修订本具有较高的信度和效度，在国内应用十分广泛[①]。

3. 韦氏学龄前和学龄初期儿童智力量表

韦氏学龄前和学龄初期儿童智力量表适用于4岁到6岁半的儿童，具体项目见表4.2。其中句子测验是记忆测验，类似成人及儿童测验中的数字广度测验，主试念完一句，要求被试立即重复。动物房测验类似成人测验中的数字符号测验以及儿童量表中的译码，由一块板子和数个圆柱体组成。几何图形测验是让儿童用彩色铅笔临摹10个简单几何图形。上海第六人民医院等单位曾将WPPSI加以修订并标准化，修订后的量表常模是从全国取样的3188名4~6.5岁的儿童，每3

---

[①] 郑日昌，蔡永红，周益群. 心理测量学. 北京：人民教育出版社，1999：120从~121

月为一组制定了 11 个年龄组的量表分转换表。龚耀先对 WPPSI 作了某些改动，称为长沙—韦氏幼儿智力量表（C-WYCSI）。它的特点是适合儿童思维的直观形象性特点，具有趣味性，施测时间也较短。在项目上，将词汇测验改为图片词汇，类同测验改为图片概括，几何图形改为视觉分析，动物房改为动物下蛋，取消语句背诵测验，部分项目在数目、命题方式、记分方法上有所改变。C-WYCSI 有长沙常模及全国常模[①]。

### （三）考夫曼儿童成套评价测验

考夫曼儿童成套评估测验（Kaufman Assessment Battery for Children，K-ABC）是 Alan 和 Nadeen Kaufman 共同编制并于 1983 年出版的，适用对象是 2.5~12.5 岁的儿童，是美国临床和学校领域中应用仅次于韦氏量表的智力和成就评估测验。K-ABC 是基于序列—同时信息加工（sequential and simultaneous information processing）的理论框架而编制的，该测验关注的是儿童如何解决问题，而不是儿童必须解决的问题（如言语的或非言语的问题）[②]。

认知心理学和神经心理学认为，人类对外界输入人脑的信息有两种基本的处理方式，即序列加工和同时加工。序列加工是指一个人在思考问题时，对输入的信息作次序性安排，以导出问题解决的答案。在这种加工方式中，时间是一个重要因素。同时加工是指个体对同时输入的信息作出整体性的综合思考，以获得问题解决的答案。Kaufman 依据这一理论设计了序列加工量表（Sequential Processing scale）和同时加工量表（Simultaneous Processing scale），用来评估个体这两种不同的信息处理能力。另外，Kaufman 又参照卡特尔的流体智力与晶体智力理论，设计了成就量表（Achievement scale），用来测量儿童的晶体智力[③]。

---

[①] 郑日昌，蔡永红，周益群．同上：121~122

[②] Cecil R. Reynolds, Terry B. Gutkin, 3rd ed. The handbook of school psychology. New York: John Wiley & Sons, 1999：315~321

[③] 丁秀峰主编．心理测量学．开封：河南大学出版社，2001：198~199

考夫曼儿童成套评估测验的主要目的是：在认知心理学及神经心理学理论与研究的基础上测量智力；区分习得知识与解决新问题的能力；转换所得分数，以便教育上的特殊安排。该测验可具体运用在以下方面：心理和临床评估、学习障碍和其他特殊儿童的教育心理诊断、教育的计划和安置、学前及学龄儿童评估、神经心理评估及研究儿童发展水平等。例如及早发现儿童各项心理功能是否发展正常，了解正常儿童的能力水准，诊断特殊儿童的智力及适应行为，提供特殊儿童及正常儿童适宜的教学策略等[①]。

考夫曼儿童成套评估测验由 16 个分测验组成，其中前 10 个分测验构成智力量表，后 6 个分测验构成成就量表，见表 4.3。

表 4.3 考夫曼儿童成套评估测验

| 序列加工量表 | 同时加工量表 | 成就量表 |
| --- | --- | --- |
| 3. 手部动作（Hand Movement，2.5～12.5 岁） | 1. 魔术窗户（Magic Window，2.5～4 岁） | 11. 词汇表达（Expressive Vocabulary，2.5～4 岁） |
| 5. 数字记忆（Number Recall，2.5～12.5 岁） | 2. 人脸再认（Face Recognition，2.5～4 岁） | 12. 人物和地点（Faces & Places，2.5～12.5 岁） |
| 7. 词汇次序（Word Order，4～12.5 岁） | 4. 完形闭合（Gestalt Closure，2.5～4 岁） | 13. 算术（Arithmetic，3～12.5 岁） |
| | 6. 三角形（Triangles，4～12 岁） | 14. 猜谜（Riddles，3～12.5 岁） |
| | 8. 图形类推（Matrix Analogies，5～12.5 岁） | 15. 阅读／解码（Reading/Decoding，5～12.5 岁） |
| | 9. 空间记忆（Spatial Memory，5～12.5 岁） | 16. 阅读／理解（Reading/Understanding，7～12.5 岁） |
| | 10. 图片系列（Photo Series，6～12.5 岁） | |

手部动作分测验中儿童要按同样顺序做出一系列先前主试示范

---

① 金瑜主编. 心理测量. 上海：华东师范大学出版社，2001：73

过的手部动作，该测验主要是以眼动协调的方式来评估儿童的准确手部动作模仿能力。数字记忆分测验中儿童要按同样的顺序复述主试念过的一串数字，该测验用以评估儿童的数字记忆广度能力。词汇次序分测验中儿童要在主试说出一系列普通物件名称后，按同样顺序逐一指出相应的图画。该测验评估儿童记忆一系列普通物件的名称，并依序逐一指出图画的能力。这3个分测验测量儿童的序列信息加工过程。

  魔术窗户分测验中被试通过一条窄小的裂缝看一幅连续转动的图案，然后要说出其名称；该分测验评估大脑半球的整合能力。人脸指认分测验中儿童要从一张有很多人脸的纸中指出前一页纸呈现过的人脸，该分测验评估儿童对人物面部的辨认和短时记忆。完形闭合中儿童要说出一些部分完成的墨渍图的名称，该分测验用以评估儿童对分散的信息作整体性辨认的能力。三角形分测验中儿童要利用三角拼板排出指定的图案，该分测验评估儿童在组合图形之前先分析再综合的同时加工处理信息的能力，同时也可评估儿童的眼动协调能力。图形类推分测验中儿童要按已呈现的三幅图案，找出第四幅图案以完成其中的概念推理，该分测验评估儿童的概念推理的能力。空间记忆分测验中儿童要在一张空白的格子纸上，指出前一页纸中出现过的图案的相对位置，该分测验评估儿童在同时加工信息中的短时记忆能力。图片系列分测验中儿童要将一组相关的图片按发生时间的顺序排出来，该分测验评估儿童对照片之间次序性的观察及对单一照片在整体中位置的辨认能力。这7个分测验测量儿童的同时信息加工过程。

  词汇表达分测验中儿童要说出照片中物件的名称，该分测验评估儿童再认和语言表达能力。人物和地点分测验中儿童要逐一辨认出照片中的人物或地点，该分测验评估儿童对环境中各层面实际所学习的知识。算术分测验评估儿童的数字辨认、计算和运算中对概念推演了解的能力。猜谜分测验中儿童要根据主试的口语信息推断出该项概念的名称，该分测验评估儿童的一般成就和语文能力。阅读/解码分测验中儿童要逐一念出主试者所呈现的字词，该分测验评估儿童对字词的辨认和诵读能力。阅读/理解分测验中儿童要自行看完指导语后依照要求表演动作和做出表情，该分测验评估儿童对阅读（左大脑功能）和动作姿势（右大脑功能）整合的能力。这6个分测验测量儿童的一般成就。

### （四）常用的非言语智力测验

前面提到的几种智力测验都包含有非言语智力测验的内容，此外还有一些较为常用的全部为非言语材料的智力测验，其作用和意义也很大。这里主要介绍希—内学习能力测验、画人智力测验、瑞文标准推理测验这三种常用的非言语智力测验。

1. 希—内学习能力测验（Hiskey-Nebraska Test of Learning Aptitude，H-NTLA）

希—内学习能力测验是美国Nebraska州立大学的Hiskey于1941为耳聋学生编制的一套智力测验。Hiskey通过对几个寄宿制聋哑学校学生连续数月的观察，记录他们起居饮食及课堂内外活动情况，设计出一套智力测验题目。这些题目根据聋儿智力结构分组，按难度大小排序。经反复测试，在1966年再版修订时保留163个项目，定名为希—内学习能力测验。

该量表12个分测验的内容及构想如下：穿珠（手眼协调及伴随记忆）；记颜色（辨色及色彩记忆）；辨认图画（知觉辨别，图形比较）；看图联想（认识环境，思维联想）；折纸（手眼协调及伴随记忆）；短视觉记忆力（注意力及短期记忆力）；摆方木（空间定向及手眼协调）；完成图画（分析综合，知觉想象）；记数字（数字记忆力）；迷方（距离知觉，实物测量）；图画类同（类推、比较及概念联想）；空间推理（图形组合，抽象推理）。

该量表适用于3~17岁儿童，也可以用于成人。1957年Hiskey又发表了正常听力儿童的常模，用于语言交流困难、智力低下及对复杂文字性测试题目有困难者。该测验用手势语（聋哑儿童）或少量指导语（正常听力儿童）指导测试。小年龄组（3~9岁）测前8个分测验，大年龄组（10~17岁）测后7个分测验。各个分测验均为操作表演式，趣味性高，儿童乐于配合。目前该测验仍为国外聋人智能测定常用方法之一。

我国于 1989 年建立希—内学习能力测验山西省正常听力儿童常模。1991 年起，山西医学院与中国聋儿康复研究中心合作牵头组织协作组进行希—内学习能力测验全国聋人常模制定，修改了少数不符合国情的图画及项目。①

2. 画人智力测验

自 1926 年美国发展心理学家 F. Goodenough 首创画人智力测验以来，作为一种标准化的心理测验，由于其简便、科学而实用，一直受到人们的重视和广泛应用。画人智力测验的目的是了解儿童的认识水平和适应能力。儿童在画人作品中，表现出注意力、记忆力、想象力和创造力以及空间知觉和方位知觉，体现出儿童智能由具体形象思维向抽象逻辑思维的发展。Koppitz（1968）研究表明，画人智商与韦氏及斯坦福—比奈量表所得智商的相关系数为 0.55～0.80。画人测验经历了多次修订。其中比较著名的是 Harris 于 1963 年以及 Koppitz 于 1968 年进行的修订。最新画人测验的版本是由 J. Naglieri 于 1988 年所发表，其名称为"Draw A Person-A Quantitative Scoring System"（简称 DAP）。

在我国，早在 1934 年肖孝嵘就修订过画人测验。之后出现的众多修订版本中，影响最广的是张家健等人所修订的《绘人智能测验》。此后又有人进一步对画人测验进行研究，重新加以标准化，以提高画人测验的客观性、科学性和实用性。他们首先确定绘人测验评分项目的原则：（1）能最大限度地反映儿童智力的发展变化；（2）评分标准客观、明确，易于把握；（3）能反映儿童观察的精确性和思维的合理性；（4）项目尽量减少绘画技能和动作协调技能的影响。根据上述原则及其实践经验，进一步提出了一份包含 80 个评分项目的画人评分标准。新的评分系统包括 14 个类，分别为头、头发、眼、耳、鼻、口、颈、躯干、上肢、手、下肢、脚、连接、服饰。除连接这一类外，其他各类都按照有（无）、比例、细节以及奖励四个维度来考虑设置评分项目，

---

① 曲成毅，孙喜斌，张佩瑛. 希—内学习能力测验(H- NTLA)中国聋人常模. 中国临床心理学杂志，1996，4（4）：202

每类各有4～8项。有（无）指儿童的画人能否反映人体相应的部分及是否画有服饰；细节指儿童是否能在有的基础上反映出相应部位的细小部分；比例指所画的各相应部分是否与人体的通常状况相符；奖励指当儿童能画出根据前三个维度所设置的本类全部评分项目时，即可获得本类奖励分。与《绘人智能测验》评分系统相比，新的画人评分系统评分项目增多，便于更细致地反应儿童智力发展的差异；评分标准更明确具体，便于评分者作出客观正确的评分[①]。

3. 瑞文标准推理测验（Raven's Standard Progressive Matrices, SPM）

瑞文标准推理测验是由英国心理学家 J.C.Raven 设计的一种非语言智力测验。他曾于1947年、1956年对瑞文标准推理测验作过小规模修订，并于1947年又编制出适合小年龄儿童和智力落后者的彩色推理测验（Raven's Color Progressive Matrices, CPM）和适合高智商者的高级推理测验（Raven's Progressive Matrices, APM）。其中，瑞文标准推理测验应用最广，该测验具有较高的信度和效度。瑞文标准推理测验于1985年由北京师范大学心理系张厚粲等人修订，并制定了中国常模，从而成为我国智力测验的常用工具。

该测验旨在测试人的一般智力水平，尤其可以测量人的解决问题的能力、观察力、思维能力、发现和利用自己所需的信息及适应社会生活的能力。由于采用非文字的形式，瑞文标准推理测验可克服文化背景和知识的影响，适用年龄范围宽，测验对象不受文化、种族、语言的限制，并且可以用于一些条件缺陷者，如用于文盲、聋哑儿童。瑞文标准推理测验的内容由60个题目组成，分成5组，每组之间、同一组之内，题目排列由易到难。该测验方便易行，结果解释直观简单，能在短时间内迅速测量出被试的推理能力。该测验不仅用于个别智力测验，也广泛用于团体智力测验。图4.2是瑞文标准推理测验例题[②]。

---

① 傅根跃，陈伟伟. 画人智力测验评分项目的再确定. 应用心理学，1998，4（2）：9～14
② 郑日昌，蔡永红，周益群. 心理测量学. 北京：人民教育出版社，1999：127

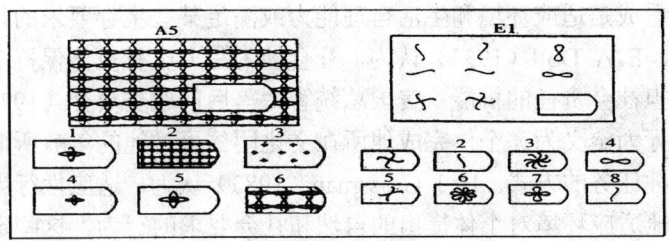

图 4.2 瑞文标准推理测验例题

## 第四节 学校心理教育评估的常用适应性行为测验

世界卫生组织将健康定义为:不仅没有身体的缺陷和疾病,还要有完整的生理、心理状态和社会适应能力。前两个要素已被社会普遍认识并接受,而后一点,即社会适应能力或称为适应性行为(adaptive behavior)还没有得到大多数人的理解。近年来,随着特殊教育学和心理学的发展,这一问题已受到广大教育和心理学工作者的重视,有关适应性行为的测量和研究不断深入。在智力落后问题的研究领域,人们已认识到,以智商(IQ)作为诊断智力落后的唯一标准是不全面、不公平的,还必须对儿童的适应性行为进行测量和评估。适应性行为的测量在残疾儿童的训练中起着重要的作用[1]。在这一节中,将介绍适应性行为测验的相关概念和常用的适应性行为量表。

### 一、适应性行为测验概述

#### (一)适应性行为的定义

有人把适应性行为看成"社会能力"和"社会成熟"。而有些人

---

[1] 韦小满. 适应性行为的概念及其测量. 中国特殊教育,1995,(1):15

则把它看成是适应环境和生活自理能力或满足某些生存要求的行为方式等等。E. A. Doll（1953）认为，社会能力是人类有机体保持个人独立和承担社会责任的机能。美国总统智力落后问题委员会（1973）把适应性行为定义为：个体完成他所在文化团体里对他的年龄所期待完成的某种任务的方式。H. J. Grossman（1983）认为，适应性行为指的是有效地适应环境对个体提出的自然和社会要求的行为。这些定义都认为：（1）适应性行为与生活环境及文化背景有关，不同的生活环境或文化背景对个人提出的要求不同；（2）适应性行为与年龄有关，随着年龄的增长，环境对个体提出的要求会越来越高，适应性行为会变得越来越复杂；（3）适应性行为基本上指的是个体对具体的环境要求的适应，是日常的行为表现。然而这些定义对适应性行为究竟是能力还是行为习惯和方式仍未形成一致的看法。此外，人们对适应性行为与智力的关系仍有很大的争议。一些人认为，智力是指抽象思维能力，而适应性行为主要指人在日常生活中的具体表现，因此二者是有区别的。另一些人认为，智力的本质就是适应（如皮亚杰），二者没有本质的区别，只不过二者的研究角度和出发点不同而已[1]。

### （二）适应性行为测量的历史

早在文艺复兴时期，文学上和法律上都用适应性行为来定义智力落后。19世纪及20世纪初，医学界也根据适应性行为来诊断智力落后。然而当时没有任何测量工具可以用来测量适应性行为。Doll是用测量的方法来评估适应性行为的先驱。他曾提出智力落后的六条标准，其中适应性行为的缺陷是第一条。他于1935年编成《文兰社会成熟量表》(The Vineland Social Maturity Scale)。1975年，美国国会通过PL94—142号公法。该法令规定，在实施特殊教育以前必须对残疾儿童进行全面、公正的评估。由此，人们编制或重新修订了各种适应性行为量表。如今，适应性行为的测量已成为诊断智力落后的必不可少的一

---

[1] 韦小满. 适应性行为的概念及其测量. 中国特殊教育，1995，(1)：15～16

个步骤。各种适应性行为量表也在反复使用和修订中得以改进①。

### (三) 适应性行为的分级标准

只有先确定适应性行为的分级标准，才能科学、精确地进行适应性行为评估，以下是两种常见的适应性行为分级标准。

1. B.B.Wedman 适应性行为的分级标准

（1）边界：有一定社会和职业的潜在适应能力。
（2）轻度：可以从事非技术性或半技术性工作。
（3）中度：部分生活可自理。
（4）重度：不能独立生活，经训练能从事简单工作。
（5）极重：全部生活需要护理。

2. 美国卫生和福利部的适应行为分级标准（1963）（表 4.4）②

表 4.4 适应行为分级标准

| 分 级 | 学前期（0～5岁） | 学龄期（6～20岁） | 成人期（21岁以上） |
| --- | --- | --- | --- |
| 轻度<br>（能教育） | 社会和交往技能发展正常，感觉运动能力发展有轻微迟滞；与正常儿童差别不大。 | 能达到六年级教育水平，在指导下能适应社会生活。 | 有一般的社会和职业技能，能达到一定程度的自给，但在面对很大的社会和经济压力时需要指导。 |
| 中度<br>（能训练） | 能进行交谈和学会交往，自理能力能通过训练有所提高，用中等水平监护即可。 | 社会和职业技能能通过训练而有所改进，不能超过二年级的教育水平；在熟悉环境中能独自行走。 | 在有保护的情况下能从事一些非技术性工作，在面对社会或经济压力时，需要监护或指导。 |
| 重度<br>（部分自理） | 运动能力发展不良；能讲一些话，训练难以提高自理能力；缺乏交往技能。 | 能进行交谈和学会交往，形成基本卫生习惯；在系统的训练下自理能力有所改善。 | 在完全的监护下生活能部分自理；在受控环境里能学习自我保护技能。 |
| 极重<br>（需要护理） | 发展全面迟滞，感觉运动功能很差；需要护理。 | 某些方面可能得到一点发展；自理能力训练效果轻微。 | 部分运动和言语能力有所发展，自理能力可能有轻微的改进，需要护理。 |

---

① 韦小满. 适应性行为的概念及其测量. 中国特殊教育，1995,（1）：16
② http://www.windrug.com/pic/30/11/25/046.htm

## 二、常用的适应性行为量表

目前常用的适应性行为量表主要有 AAMD 适应性行为量表（学校版）(Adaptive Behavior Scale—School Edition，AAMD）、文兰适应性行为里表（Vineland Adaptive Behavior Scale，VABS）、儿童适应行为调查表（Adaptive Behavior Inventory for Children，ABIC）和巴尔萨泽适应性行为量表（Balthazar Scales of Adaptive Behavior，BSAB）。

### （一）适应性行为量表（学校版）(AAMD)

该量表是美国智力落后学会于 1969 年编制的适应性行为量表的最新修订本，适用的年龄由 3 岁 3 个月至 17 岁 2 个月（K•Nihara 等，1981）。该量表由两大部分组成：第一部分包括 9 项内容，评估个人在日常生活中保持独立所必须具备的基本生存技能和习惯；第二部分包括 12 项内容，着重评估不良的行为，具体内容见表 4.5。

这个量表的施测时间大约为 30 分钟。一般采取访谈的方式，由家长或教师提供情况，研究人员根据收集来的情况进行评分。原始分数最后要通过常模转换为百分等级分数。根据受测者在各项目上百分等级的高低，可检查出他的适应性行为的强项和弱项，或诊断出适应性行为的缺陷，为鉴别智力落后和制定个别教育计划提供依据。

我国的姚树桥和龚耀先已将此量表的部分内容作了修订，并在一些地区进行试用。此外，有人也在中国 14 个省市应用 AAMD-ABS，结果表明量表的信度和效度均较好，可作为中国 1～6 年级小学生适应能力测量工具；第二部分可作为儿童适应不良行为指标[①]。

---

[①] 全国协作研究组. AAMD 适应行为量表在我国的应用. 中国心理卫生杂志, 2000, 14(3): 157

**表 4.5　AAMD 适应性行为量表（学校版）**

| 第一部分 |
| --- |

1. 独立生活能力：（1）进食；（2）使用厕所；（3）清洁；（4）；仪表；（5）照料衣物；（6）穿、脱衣服；（7）外出；（8）综合独立技能
2. 身体发育：（1）感觉发展；（2）运动发展
3. 经济活动
4. 语言发展：（1）表达；（2）理解；（3）社交语言发展
5. 数字和时间
6. 就业前的劳动表现
7. 自我管理
8. 责任心
9. 社会化

| 第二部分 |
| --- |

10. 暴力和破坏行为
11. 反社会行为
12. 对抗行为
13. 不可信赖行为
14. 退缩
15. 刻板动作
16. 不适当的人际交往方式
17. 不良的说话习惯
18. 不良的习性
19. 多动
20. 心理异常
21. 服用药物情况

### （二）文兰适应性行为量表（VABS）

该量表是文兰社会成熟量表（Doll，1935，1965）的最新修订本，用于系统地评估个体从出生到成年的一般适应性和社会适应性（S. S. Sparrow 等，1984）。由三套题目构成：第一套称为调查表，包含 297 个条目，用于评估一般适应性；第二套称为扩展表，包含 577 个条目（其中有 297 个条目与调查表中的题目完全相同），用于评估更广泛、具体的适应性行为；第三套称为课堂评定表，总共有 244 个条目（大

约有80%的条目与调查表相同)用于评估儿童在课堂里的适应性行为。每套题目都包含了沟通（Communication）、日常生活技能（Daily Living Skills）、社会化（Socialization）和运动技能（Motor skills）这四方面内容。另外，在调查表和扩展表里，还把不良适应行为作为参考项目。每个大项所包含的子项目及例题见表4.6。这三套题目可以分开来使用，也可以合起来使用；可用于残疾人，也可以用于测查普通人。

表4.6 文兰适应性行为量表的项目及例题

| 项目 | 子项目 | 例题 |
| --- | --- | --- |
| 沟通 | 理解 | 听从指令，认真听故事在5分钟以上 |
|  | 表达 | 说完整的句子；说出自己的名字、住址等 |
|  | 书面语言 | 写出自己的名字；给成人读报纸 |
| 日常生活技能 | 个人 | 自己洗澡，自己拿勺吃饭 |
|  | 家庭 | 铺床；打扫卫生 |
|  | 社会 | 遵守交通规则；按时到校 |
| 社会化 | 人际关系 | 有若干朋友，用别人感兴趣的话题引发谈话 |
|  | 玩耍和闲暇时间 | 自觉遵守游戏规则；说出一个或多个自己喜欢的电视节目 |
|  | 应酬 | 恰当地结束谈话；守约 |
| 运动技能 | 大运动 | 上下楼梯；跳过小障碍物 |
|  | 精细动作 | 开锁；用剪刀剪纸 |
|  | 不良的适应性行为 | 易哭和易笑；多动；注意力不集中 |

第一套题目的施测时间为20至60分钟，第二套题目的施测时间为60至90分钟，第三套题的施测时间为20分钟左右。各套题目的施测方法与AAMD适应性行为量表级的施测方法基本相同。

日本的三木安正在1980年修订了文兰社会成熟量表，取名为"S-M社会生活能力检查表"。该量表将题目分成6个大项，即生活自理（Self-help）、行走（Locomotion）、职业（Occupation）、沟通（Communication）、社会化（Socialization）和自我管理（Self-direction），适用范围是出生6个月至13岁的儿童。我国的左启华于 1988 年对三木安正的《S-M 社会生活能力检查表》作了修订，取名为"婴儿——初中生社会生活能力量表"。汪文均也在这些量表的基础上编制出《3~7 岁儿童社会适应行为评定量表》。目前，这些量表都在推广之中。

### （三）儿童适应行为调查表（ABIC）

儿童适应行为调查表（J. R. Mercer 和 J. E. Lewis, 1978）共有 242 个题目，分为 6 个分量表，外加一个诚实量表，分别测查儿童在家里或在社区的行为表现、同伴关系、在校的行为表现、挣钱与消费的技能以及一般自立技能。每个分量表及例题见表 4.7[①]。诚实量表主要测试回答者是否高估儿童的能力。全量表适用于 5 至 11 岁的儿童。这个量表的最大特色是按儿童的生活环境来组织题目，因此可以用这个量表方便地找到影响适应性行为的环境因素。

表 4.7 儿童适应行为调查表

| 分量表 | 例题 |
| --- | --- |
| 家庭分量表（52 个题目） | 能与兄弟姐妹相处吗？叫他（她）的时候过来吗？经常生气吗？ |
| 交际分量表（41 个题目） | 在家的附近玩吗？知道动物的名字吗？知道保姆的名字吗？去邻居家玩吗？ |
| 同伴关系分量表（36 个题目） | 与邻居家的孩子相处得来吗？玩的时候对人粗鲁、伤害他人吗？天黑后与朋友一道玩吗？交换儿童读物吗？ |
| 学校中的与学业无关的角色的分量表（38 个题目） | 经常逃学吗？知道同学的名字吗？带学校的通知回家吗？ |
| 挣钱与消费分量表（26 个题目） | 会用钱买东西吗？会为了某物品节约钱吗？为家庭买礼物吗？ |
| 自我维系分量表（49 个题目） | 独自出门吗？害怕什么东西吗？ |

---

① 刘翔平. 学校心理学——学生心理教育评估与干预. 北京：世界图书出版公司北京公司，2000：92

我国目前还没有该量表的修订本。从该量表在美国加里弗尼亚地区标准化的资料来看，其信度是比较高的，但效度较低，还需要进一步完善①。

### （四）巴尔萨泽适应性行为量表（BSAB）

该量表（E. E. Balthazar，1976）是一个观察量表，用于评估重度和极重度智力落后患者的适应性行为。该量表由两大部分组成：第一部分测量生活自理能力，第二部分测量社会适应能力，具体内容见表4.8。该量表采用任务分析法编制而成，不仅有利于诊断问题，而且还有利于教学和训练工作的开展。不过，该量表目前仍缺少信度和效度方面的证明。

表4.8 巴尔萨泽适应性行为量表

第一部分：生活自理能力
1.进食量表（Eating Scales）：①靠别人喂饭；②会用手抓食物来吃；③会使用调羹；④会使用刀叉；⑤会使用杯子喝水
2.穿衣量表（Dressing Scales）
由各种穿衣技能构成，如穿鞋、穿袜子、穿裤子等项。根据穿、脱衣服的情况来给分。
3.大小便量表（Toileting Scales）
由若干题目构成，如"上10次厕所，有几次是自己脱裤子？"

第二部分：社会适应能力
1.自我中心行为（如不会对同伴作出应答）
2.不良的人际关系（如攻击、退缩等）
3.良好的自我管理行为（如娱乐活动）
4.良好的人际关系
5.言语沟通
6.游戏活动
7.对指令作出反应
8.检核表（包括衣服整齐、喝水、午睡等内容）

---

① 韦小满. 适应性行为的概念及其测量. 中国特殊教育，1995，(1)：18

## 三、适应性行为量表的用途

与智力测验相比,适应性行为量表施测较简便,能收集到丰富的资料,在特殊儿童特别是智力落后儿童的心理教育评估中使用广泛。因而这类量表在心理教育评估中越来越受重视。适应性行为测验在心理教育评估中主要有以下几个方面的用途:

1. 鉴别与诊断

适应性行为的缺陷是智力落后儿童、情绪障碍儿童、行为问题儿童最明显的特征之一。这些儿童对环境及社会都有不同程度、不同方面的适应困难,通过适应性行为的测量并配合其他测量工具的使用,便能够把这些特殊儿童鉴别出来。由于智力测验或成就测验只反映了认知或学业方面的技能,对特殊儿童存在的各种缺陷或问题的诊断也需要适应性行为量表。

2. 制订心理教育方案

运用适应性行为测验可以为个别化心理教育提供依据。通过适应性测验,心理教育工作者可以较准确地找到心理教育训练的起点和重点,制订科学的心理教育方案。这一点在强调正常化教育,强调回归主流的今天显得尤为重要,适应性行为测验为特殊儿童的心理教育提供了有效的工具,指明了具体的目标和方向。

3. 心理教育质量评估

经常性实施适应性行为测量,有助于了解儿童学习的进展情况,有利于心理教育工作者及时地调整心理教育训练的重点及心理教育的进程。一个阶段的心理教育结束时进行测量,有助于心理教育工作者了解心理教育的效果,以便不断调整或重新制订心理教育方案。另外,由于适应性行为测验提供了一个或几个概括性的分数,这也便于班级之间或学校之间心理教育质量的检查和比较。

适应性行为量表用途广泛,然而由于目前适应性行为量表存在着一些缺陷,其作用受到一定的限制。首先是方法上的局限性。儿童适应性行为的评定通常是根据家长或老师提供的情况来进行的,这些凭记忆积累的情况可能不全面或受主观偏见的影响。有人建议采取多渠道收集资料的方法（如家长和老师同时提供情况）。但如何综合不同渠道的意见还有待研究。其次，这类量表往往缺乏信度和效度方面的证据。有些量表虽然报告了信度和效度，但不够理想。不过，随着不断的应用和修改，适应性行为量表的质量将会得到改善。这将对心理教育评估产生积极的影响，为更好地开展心理教育评估提供更有效的工具。

## 第五节 学校心理教育评估的常用行为问题测验

在适应性行为测验一节中讨论了学生适应性行为的有关概念及其测量。在学校进行心理教育评估，不仅要评估学生的行为是否达到正常水平，还要评估学生的行为是否异常，即进行行为问题评估。对行为问题要运用有效、可靠的标准化行为问题量表进行慎重、科学的评估。本节我们将对行为问题进行概述，并介绍常用的行为问题量表。

### 一、行为问题概述

#### （一）行为问题的定义

随着社会的发展，儿童的行为问题越来越常见。然而，目前国内外对行为问题却并没有统一的定义。1988年世界卫生组织将行为问题定义为一种持久的、反复发生的、反社会的、侵犯性的或反抗性的行为。1994年美国精神病学会（American psychiatric association）将行为问题定义为在程度和持续时间上都超过年龄范围、社会道德准则所允许的异常行为，这些异常行为包括偷窃等16项（见表4.9）[1]。美

---

[1] 肖凌燕. 儿童行为问题产生的原因及家庭干预. 中国特殊教育, 2004（01）: 62

国教育界一般将行为问题定义为学习存在问题、人际关系不良、不适合的行为和情感、过于抑郁和痛苦和与学校恐怖有关的躯体症状等。Rutter 把行为问题分为 A 行为（违纪行为）和 N 行为（神经症性行为）两类，A 行为包括经常破坏自己和别人的东西、不听管教、说谎、欺负他人和偷东西等。N 行为包括经常无故肚子疼或呕吐、过度烦恼、害怕新事物和新环境、到学校就哭或拒绝上学和睡眠障碍等[①]。

在国内，儿童行为问题一般是指较严重的、持续时间超过相应年龄所允许的异常行为。儿童行为问题的流行学研究中，凡 Achenbach's 儿童行为量表中一个或一个以上的因子得分超过常模分，或某一因子超过相应因子的 98 百分位点，即被认为有行为问题[②]。

表 4.9 美国精神病学会界定的儿童问题行为

| 分类 | 说明 |
| --- | --- |
| 1 | 偷窃、包括诈骗 |
| 2 | 欺负、恐吓幼小者 |
| 3 | 在 13 岁以前开始，不经父母同意而在外过夜 |
| 4 | 夜不归宿至少 2 次 |
| 5 | 在 13 岁以前开始逃学 |
| 6 | 为了得到好处或逃避应承担的义务而经常说谎 |
| 7 | 纵火 |
| 8 | 经常逃学或逃避工作 |
| 9 | 侵占他人财产 |
| 10 | 随意毁坏他人财产 |
| 11 | 虐待动物 |
| 12 | 强迫性的性行为 |
| 13 | 使用武力对他人造成伤害 |
| 14 | 经常发起身体性攻击 |
| 15 | 行凶抢劫他人财产 |
| 16 | 对他人进行身体上的虐待 |

---

① 王玉凤等. 学龄儿童行为问题综合研究——流行病学调查报告. 中国心理卫生杂志, 1989, 3 (3): 104

② 闫芳, 孙秀丽. 行为问题及相关因素流行病学研究. 健康心理学杂志, 2000, 8 (1): 31

## (二）儿童行为问题的产生因素

儿童行为问题的产生是众多因素相互作用的结果。既有生理因素，也有心理因素；即有家庭因素，也有学校因素；此外还要考虑社会因素的作用。

### 1. 儿童行为问题产生的生理因素

在胎儿期，母亲受到各种有害因素的影响、情绪不稳定、有不良生活习惯（如吸烟、吸毒、酗酒等），在出生时，母亲生产困难，在新生儿期缺氧、婴幼儿期感染、中毒、外伤、慢性腹泻和严重营养不良，这些情况都会妨碍大脑的正常发育，导致精神发育迟滞，或对外界刺激的易感性过高，或者由以上因素引起大脑皮层功能失调，都可成为行为问题的生物学前提。有人进行过对比研究，发现行为问题儿童脑电图异常率较正常儿童高，表明有行为问题的儿童神经系统成熟迟缓。有慢性疾病的儿童心理压力往往较大，也较易产生行为问题。营养不良也会从多方面影响儿童行为的发展。食物中的添加剂、工业化空气污染，致使儿童血铅水平升高，引起脑内单胺类介质代谢障碍，也会引起行为问题的发生[①]。

### 2. 儿童行为问题产生的心理因素

气质是与儿童行为问题最密切的心理因素。有研究表明，出生第七个月的气质特点将持续至成年。婴儿气质特点可分为难养型、启动缓慢型和易养型，前两种气质特点往往是今后发生行为问题的先天因素。Wolking 曾指出婴儿期难养型气质可影响到 2 岁半儿童的行为。张劲松曾发现，难养型儿童易出现多种行为问题，启动缓慢型儿童的行为问题也明显较易养型为多[②]。但 Muziade（1989）指出如果家庭条件允许，极端难养型气质的儿童不一定会有行为问题[③]。

行为问题与儿童的认知与社会技能的缺陷也有着密切的联系。社

---

[①] 闫芳，孙秀丽. 行为问题及相关因素流行病学研究. 健康心理学杂志，2000，8（1）：31
[②] 同上：31
[③] 肖凌燕. 儿童行为问题产生的原因及家庭干预. 中国特殊教育，2004（01）：63

会信息加工理论强调了认知因素在侵犯行为中的作用，认为一个人对挫折、生气或明显的挑衅的反应并不过多依赖于实际呈现的社会线索，而是取决于他怎样加工和解释这一信息①。问题行为儿童的认知加工方式，往往将自己所处的环境的刺激认为是敌意的，从而采取攻击性行为。社会技能是儿童在社会交往中的技巧与方法。社会技能的缺失，往往使儿童不能恰当地处理社会关系，如由于不能恰当处理同伴交往中遇到的问题，造成同伴关系的紧张，从而诱发儿童的行为问题的产生。

3. 儿童行为问题产生的家庭因素

家庭是儿童行为习得与发展最早、最直接和最重要的场所。在探讨儿童行为问题产生时，家庭因素不可忽视。儿童行为问题的产生的家庭因素有父母的养育技能、父母的人格特征及行为方式、父母之间的关系等。

缺乏养育技能的父母，往往不能采取有效的方法，培养儿童形成良好的行为方式，往往采取惩罚、批评或放任不管等简单、粗暴的方法应对儿童行为发展中出现的问题。而且，缺乏养育技能的父母往往缺乏明确的教育目标，其教育目标反复无常、前后矛盾，使儿童无所适从，从而导致行为问题的产生。父母的人格特征及行为方式是影响引发儿童行为问题的重要因素，如在儿童7岁时父母和教师所报告的行为问题与儿童5岁时母亲的抑郁呈正相关；父亲酗酒或彻夜不归宿也是引发儿童行为问题的危险因素。父母之间关系紧张或破裂会对儿童的行为方式产生消极影响，尤其是父母离异的儿童易出现偷窃、打架、撒谎等不良行为。不过，有关研究发现，离婚本身并不是引发孩子行为问题的重要因素，父母之间冲突程度和暴力水平的高低才是引发孩子行为问题的重要因素。父母长期的分歧、敌对、争吵不休、紧张冲突会使孩子的内心产生严重的焦虑与矛盾、悲观、多疑、孤僻，心神不定或神经质等心理问题，甚至产生心理变态或反社会行为②。

---

① 林崇德. 发展心理学. 北京：人民教育出版社，1995：252
② 肖凌燕. 儿童行为问题产生的原因及家庭干预. 中国特殊教育，2004（01）：63

4. 儿童行为问题产生的学校因素

儿童进入学校后，学校因素在儿童行为发展中的作用就越来越重要。学校因素主要从儿童的同伴关系和师生关系这两个方面影响儿童行为问题的产生。行为问题会导致同伴关系和师生关系紧张。具有攻击性行为的儿童常遭到同伴的拒斥，而这使其逐渐对同伴失去信任，进一步增强其行为的攻击性。教师往往批评、训斥或忽视行为问题儿童，而这往往也会加重儿童的行为问题。

5. 儿童行为问题产生的社会因素

良好的社会环境有利于促进儿童形成良好的行为方式；反之，会使儿童的行为问题增加。调查表明，城市儿童有较多的精神紧张事件出现，易形成行为问题；农村儿童能获得更多的家庭支持，更好地适应环境，出现行为问题的可能性也较小。西方国家鼓励儿童尽早独立易造成精神紧张,而我国和日本等国儿童则易形成依赖和顺从的品格，其与父母分离易产生焦虑[①]。

## 二、学校心理评估常用的行为问题测验

### （一）Achenbach 儿童行为量表（Child Behavior Checklist，CBCL）

Achenbach 儿童行为量表在众多的儿童行为量表中用得较多，内容也较全面。该量表于 1970 年首先在美国使用，1983 年出版了使用手册（主要是针对家长用表），1986 年及 1987 年又分别出版了教师用表及儿童自填表的使用手册，1988 年出版的使用手册里又加入适用于 2~3 岁儿童的行为量表及直接观察表（DOF）。我国在 80 年代初引进适用于 4~16 岁的 Achenbach 儿童行为量表（家长用表），并初步制定了常模。这一量表主要用于筛查儿童的社交能力和行为问题，有家长用表、教师用表和儿童用表。其中家长用表最为常用，这里主要介绍家长用表。家长用表分三部分：第一部分为一般项目，包括姓名、性

---

① 闫芳, 孙秀丽. 行为问题及相关因素流行病学研究. 健康心理学杂志, 2000, 8（1）: 31

别、年龄、出生日期、种族、填表日期、年级、父亲职业（工种）、母亲职业（工种）、填表人（父、母、其他）。第二部分为社交能力，包括七大类：参加体育运动情况、课余爱好、参加集体（组织）情况、课余职业或劳动、交友情况、与家人及其他儿童相处情况、在校学习情况。第三部分为行为问题，包括113条，见表4.10。①

**表4.10 Achenbach儿童行为量表第三部分：行为问题**

指导语：以下是描述你孩子的项目。只根据最近半年内的情况描述。每一项目后面都有三个数字（0，1，2），如你的孩子明显有或经常有此项表现，圈2；如无此项表现，圈0；其他情况圈1。

| | |
|---|---|
| 1.行为幼稚与其年龄不符 | 2.过敏症状（填具体表现） |
| 3.喜欢争论 | 4.哮喘病 |
| 5.举动像异性 | 6.随地大小便 |
| 7.喜欢吹牛或自夸 | 8.精神不能集中，注意力不能持久 |
| 9.老是想某些事情不能摆脱，强迫观念（说明内容） | 10.坐立不安活动过多 |
| 11.喜欢缠着大人或过分依赖 | 12.常说感到寂寞 |
| 13.糊里糊涂，如在云雾中 | 14.常常哭叫 |
| 15.虐待动物 | 16.虐待、欺侮别人或吝啬 |
| 17.好做白日梦或呆想 | 18.故意伤害自己或企图自杀 |
| 19.需要别人经常注意自己 | 20.破坏自己的东西 |
| 21.破坏家里或其他儿童的东西 | 22.在家不听话 |
| 23.在校不听话 | 24.不肯好好吃饭 |
| 25.不与其他儿童相处 | 26.有不良行为后不感到内疚 |
| 27.易嫉妒 | 28.吃喝不能作为食物的东西（说明内容） |
| 29.除怕上学外，还害怕某些动物、处境或地方（说明内容） | 30.怕上学 |

---

① 汪向东、王希林、马弘. 心理卫生评定量表（增订版）. 北京：中国心理卫生杂志社，1999：49~52

| | |
|---|---|
| 31.怕自己想坏念头或做坏事 | 32.觉得自己必须十全十美 |
| 33.觉得或抱怨没有人喜欢自己 | 34.觉得别人存心捉弄自己 |
| 35.觉得自己无用或有自卑感 | 36.身体经常弄伤，容易出事故 |
| 37.经常打架 | 38.常被人戏弄 |
| 39.爱和惹麻烦的儿童在一起 | 40.听到某些实际上没有的声音（说明内容） |
| 41.冲动或行为粗鲁 | 42.喜欢孤独 |
| 43.撒谎或欺骗 | 44.咬指甲 |
| 45.神经过敏，容易激动或紧张 | 46.动作紧张或带有抽动性（说明内容） |
| 47.做噩梦 | 48.不被其他儿童喜欢 |
| 49.便秘 | 50.过度恐惧或担心 |
| 51.感到头昏 | 52.过分内疚 |
| 53.吃得过多 | 54.过分疲劳 |
| 55.身体过重 | 56.找不出原因的躯体症状* |
| 57.对别人身体进行攻击 | 58.挖鼻孔、皮肤或身体其他部分（说明内容） |
| 59.公开玩弄自己的生殖器 | 60.过多地玩弄自己的生殖器 |
| 61.功课差 | 62.动作不灵活 |
| 63.喜欢和年龄较大的儿童在一起 | 64.喜欢和年龄较小的儿童在一起 |
| 65.不肯说话 | 66.不断重复某些动作，强迫行为（说明内容） |
| 67.离家出走 | 68.经常尖叫 |
| 69.守口如瓶，有事不说出来 | 70.看到某些实际上没有的东西（说明内容） |
| 71.感到不自然或容易发窘 | 72.玩火（译注：包括玩火柴或打火机等） |
| 73.性方面的问题（说明内容） | 74.夸耀自己或胡闹 |
| 75.害羞或胆小 | 76.比大多数孩子睡得少 |
| 77.比大多数孩子睡得多（说明多少，译注：不包括赖床） | 78.玩弄粪便 |

| | |
|---|---|
| 79.言语问题（说明内容。译注：如口齿不清） | 80.茫然凝视 |
| 81.在家偷东西 | 82.在外偷东西 |
| 83.收藏自己不需要的东西（说明内容。译注：不包括集邮等爱好） | 84.怪异行为（说明内容。译注：不包括其他条已提及者） |
| 85.怪异想法（说明内容。译注：不包括其他条已提及者） | 86.固执、绷着脸或容易激怒 |
| 87.情绪突然变化 | 88.常常生气 |
| 89.多疑 | 90.咒骂或讲粗话 |
| 91.声言要自杀 | 92.说梦话或有梦游（说明内容） |
| 93.话太多 | 94.常戏弄他人 |
| 95.乱发脾气或脾气暴躁 | 96.对性的问题想得太多 |
| 97.威胁他人 | 98.吮吸大拇指 |
| 99.过分要求整齐清洁 | 100.睡眠不好（说明内容） |
| 101.逃学 | 102.不够活跃，动作迟钝或精力不足 |
| 103.闷闷不乐，悲伤或抑郁 | 104.说话声音特别大 |
| 105.喝酒或使用成瘾药（说明内容） | 106.损坏公物 |
| 107.白天遗尿 | 108.夜间遗尿 |
| 109.爱哭诉 | 110.希望成为异性 |
| 111. 孤独、不合群 | 112. 忧虑重重 |
| 113.请写出你孩子存在的但上面未及的其他问题_____ | |
| 一、请检查一下是否每条都已填好 | 二、在你最关心的条目下画线 |

\*a.疼痛　　b.头痛　　c.恶心想吐　　d.眼睛有问题（说明内容，译注：不包括近视及器质性眼病）　　e.发疹或其他皮肤病　　f.腹部疼痛或绞痛　　g.呕吐　h.其他（说明内容）

### （二）Conners 儿童行为问卷

Conners 儿童行为问卷是筛查儿童行为问题（特别是多动症）用

得最为广泛的量表。该问卷的使用范围为 3~16 岁儿童,分为父母用卷、教师用卷及父母教师用卷等三种。父母用卷和教师用卷的信度和效度基本通过检验,都采用四级评分法(0、1、2、3),用 X±2SD 来代表正常范围(X 为原始分数平均数)。父母用卷原有 93 个项目,1978 年修订为 48 个,这 48 个项目可归纳为 6 个因子,基本上概括了儿童常见的行为问题,该问卷各因子的具体项目分布见表 4.11。教师用卷的应用较为广泛,原表有 39 个项目,1978 年修订为 28 个项目,较原版更简扼实用,这 28 个项目可归纳为 4 个因子,包括儿童在学校中常见的行为问题。该问卷各因子的具体项目分布见表 4.12。为方便应用,Conners 儿童行为问卷(教师用)有简明问卷,共 10 个项目,主要用以筛查多动症,在我国已有应用。Conners 儿童行为简明问卷(教师用)具体项目见表 4.13。①

表 4.11 Conners 儿童行为问卷(父母用)各因子的项目分布

| 因子 | 行为 | 项目 |
|---|---|---|
| I | 品行行为 | 2 8 14 19 20 21 22 23 27 33 34 39 |
| II | 学习问题 | 10 25 31 37 |
| III | 心身障碍 | 32 41 43 44 48 |
| IV | 冲动-多动 | 4 5 11 13 |
| V | 焦虑 | 12 16 24 47 |
| 多动指数 | | 4 7 11 13 14 25 31 33 37 38 |

表 4.12 Conners 儿童行为问卷(教师用)各因子的项目分布

| 因子 | 行为 | 项目 |
|---|---|---|
| I | 品行行为 | 4 5 6 10 11 12 23 27 |
| II | 多动 | 1 2 3 8 14 15 16 |
| III | 不注意-被动 | 7 9 18 20 21 22 26 28 |
| 多动指数 | | 1 5 7 8 10 11 14 15 21 26 |

---

① 汪向东,王希林,马弘. 心理卫生评定量表(增订版). 北京:中国心理卫生杂志社,1999:52~55

## 表 4.13  Conners 儿童行为问卷（教师用简化版）

| 程度<br>项目 | 无 | 稍有 | 相当多 | 很多 |
|---|---|---|---|---|
| 1.活动过多，一刻不停 | | | | |
| 2.兴奋激动，容易冲动 | | | | |
| 3.惹恼其他儿童 | | | | |
| 4.做事不能有始有终 | | | | |
| 5.坐立不安 | | | | |
| 6.注意力不易集中，容易分心 | | | | |
| 7.必须立即满足其要求，否则容易灰心丧气 | | | | |
| 8.容易哭泣、喊叫 | | | | |
| 9.情绪变化迅速剧烈 | | | | |
| 10.勃然大怒，或出现意料不到的行为 | | | | |

注：1.程度（频度）记分：无，记 0 分；稍有，记 1 分；相当多，记 2 分；很多，记 3 分

2.本问卷为一般多动症的筛查用，≥10 分为阳性，宜作进一步检查确诊

### （三）Rutter 儿童行为问卷

Rutter 儿童行为问卷适用于学龄儿童情绪、行为问题的分类和精神障碍问题有无的评估，有教师用卷和父母用卷两种。该问卷将行为问题分为两大类，第一类行为称为"A 行为"（Antisocial Behavior）（前面已介绍，在此不赘述，下同），第二类行为称为"N 行为"（Neurotic Behavior）。两种问卷评分均为："0"分，指从没有出现过该行为；"1"分指该行为偶尔出现，每周不到一次，症状轻微；"2"分，指症状严重或经常出现，至少每周出现一次。根据原问卷及我国的试测情况，父母用问卷以 13 分为临界值，教师用问卷以 9 分为临界值，凡大于等于临界值则评估为有行为问题。有行为问题者，如"A 行为"总分大于"N 行为"总分，则归为"A 行为"；反之，则归为"N 行为"；两者得分相等，则归为"M 行为"（即混合性行为）。Rutter 儿童行为问卷在东西方不同文化背景下都具有较好的信度和效度，该问卷简单、明确，易于掌握，其灵敏性、特异性和总效率均很高[①]。

---

① 汪向东，王希林，马弘. 心理卫生评定量表（增订版）. 北京：中国心理卫生杂志社，1999：56～59

# 第五章 学校心理卫生与咨询

## 第一节 学校心理卫生与心理辅导

### 一、学校心理卫生要求学生主动参与心理辅导

学校心理卫生的主要任务是在学校情境中维护和保持教师与学生的心理健康。实现学校心理卫生的这项任务的重要方式之一就是学校心理健康教育。开掘学校心理健康教育在我国大陆地区的一种经常采用的方式是心理辅导。尽管人们对心理辅导的认识并不完全一致,但大多数人都认为学校心理辅导是"辅导员通过创造一种真诚、民主、合作、共情的人际环境,引导和帮助学生自我探索、自我体验、自我成长和自我完善的活动"。心理辅导是以正常学生为主要服务对象,强调追求学生潜能的开发和自我完善。

虽然我国大陆地区学校心理辅导发展很快,但学校心理辅导工作仍然存在许多问题和缺陷,我们认为主要的问题有:

1. 至今仍未超越心理卫生工作模式,忽视学生的主体性;
2. 尚未构建自我完善和潜能开发这一独具心理辅导本质的实践模式;
3. 尚未针对各级各类学校的实际建立有特色的心理辅导体系;
4. 学校心理辅导的管理体制普遍不完善,人员素质较低。

针对这种情况，中小学有必要引导学生主动参与心理辅导。学生主动参与学校心理辅导具有十分明显的优势。它可以改变当前辅导人员不足的现状。由于我国学校心理辅导起步晚、起点低、专业辅导师的匮乏等，还无法满足学校的实际需要。有调查资料显示，我国正在执业的心理医生还不到2000人，平均每百万人口只有2.4个，而在一些发达国家，每1000个人就拥有一个[①]。学生主动参与学校心理辅导使学生成为心理辅导的主体，改变了以往学生只是心理辅导的对象，只有少数专业的心理辅导师才能开展助人活动的状况，让全体学生成为心理辅导工作的主体与原动力给心理辅导带来了美好的前景。学生主动参与学校心理辅导可以在辅导的起始阶段很快建立起教师与学生以及学生与学生之间的互动关系，辅导老师或学生辅导员可以更好地深入来访者内心去体验其情感与思维，辅导的效果非常明显。在我国大陆地区，许多中小学开展了各种形式引导学生主动参与心理辅导。下面将着重介绍学生主动参与学校心理辅导的个人模式与学校模式。

## 二、引导学生主动参与心理辅导的个人模式：朋辈心理辅导

朋辈心理辅导（peer-counseling）是指年龄相当者对周围需要帮助的同学和朋友给予心理开导、安慰和支持，提供一种具有心理咨询功能，可以理解为非专业心理工作者作为帮助者在从事一种类似于心理咨询的帮助活动[②]。因此，有时它被称为"准心理咨询"（Para-counseling）或者"非专业心理咨询"（Paraprofessional Counseling）。

### （一）朋辈心理辅导的主要方式

根据来访者求助的主动性来看，朋辈心理辅导可分为主动朋辈心理辅导和被动朋辈心理辅导。主动朋辈心理辅导是指来访者主动找寻

---

[①] Kurt Pawlik Mark R.Rosenzweig 著，张厚粲译.国际心理学手册.上海：华东师范大学出版社，2002：18

[②] 孙炳海，孙昕怡.朋辈心理咨询在学校心理辅导中的运用.教育评论，2004（6）：49～51

心理安慰、支持及帮助；而被动朋辈心理辅导则相反，来访者由于遭受到挫折或打击而缺乏主动寻求咨询的动机时，朋辈心理辅导者主动帮助来访者。

根据来访者与辅导者的数量比例来看，可以分为一对一朋辈心理辅导、多对一朋辈心理辅导、一对多朋辈心理辅导和多对多朋辈心理辅导。我们通常所讲的朋辈心理辅导多为一对一心理辅导。而多对一朋辈心理辅导是指多个辅导者对一个当事人的辅导，比如几位同学好友一起开导高考落榜的女孩。一对多朋辈心理辅导是指一个咨询者同时对两个或两个以上来访者进行的咨询，如咨询者对有矛盾冲突同学的调解。多对多朋辈心理辅导是指多个辅导者同时对两个或两个以上来访者进行的辅导，类似于团队心理辅导的模式。

根据心理困扰或者心理问题的严重性来看，朋辈心理辅导可以分为一般性朋辈心理辅导、障碍性朋辈心理辅导和发展性朋辈心理辅导。一般性朋辈心理辅导是指来访者的心理困扰或心理问题的严重程度并不足以影响其日常的学习、工作以及生活。障碍性朋辈心理辅导则是指其心理困扰或心理问题的严重程度影响了来访者正常的学习、工作和生活。发展性朋辈心理辅导是指为了更好地适应日常的生活、学习，开发自我潜能而开展的心理咨询。

根据来访者与辅导者的性别差异来看，可分为同性朋辈心理辅导与异性朋辈心理辅导。同性朋辈心理辅导中包括女性间朋辈心理辅导与男性朋辈心理辅导。女性之间的辅导多是出于感情交流的需要，男性之间的辅导更多地是出于工作和事业上的相互支持与帮助。异性间的朋辈心理辅导往往比同性间的辅导更加深刻与全面。

（二）朋辈心理辅导员常用的技术

从学校心理辅导工作的一般要求来看，朋辈心理辅导也必须遵守心理辅导的常规。比如，辅导者必须学会在坚持心理辅导基本原则的前提下，灵活运用诸如贯注与倾听、情感反应、同理心、语义简述、具体化、自我表露、解释、复述等心理咨询的技巧。

但是在作为特殊心理咨询的学校心理辅导工作中，朋辈心理辅导也有一定的特殊要求。也就是说，无论哪一种朋辈心理辅导模式，它们在实践运用中，都必须具备某些条件。(1)朋辈间要有牢固的友谊和信任关系。朋辈心理辅导的最大优势就是，来访者与辅导员之间的友谊与信赖关系，自然性的鸿沟小、防御性低、共通性大、互动性高。而朋辈心理辅导活动的基本前提是双方要有牢固的友谊与信任关系。(2)辅导员应具有一定的心理咨询专业的知识。缺乏一定的心理咨询专业知识的朋辈交流往往不能称之为朋辈心理辅导。在朋辈心理辅导中，由于双方已具有较为可靠的信赖关系，沟通上就较为容易，与专业性的咨询相结合，可以收到事半功倍的效果。(3)辅导者要以宽容、接纳的心态面对来访者。宽容、真诚地去面对以来访者身份出现的朋友、同辈是朋辈心理辅导具有良好收效的前提。即使来访者具有过激的言辞、偏差的认知、不合理的情感，辅导者也都应该把来访者的利益作为最大的前提，聆听和接纳。(4)辅导者善于理智的分析和引导。由于来访者的身份较为特殊，辅导者更易进入来访者的参照框架，更易准确地把握来访者此时此地的心态，从而作出更贴近来访者本身的各种推断，作出合理的分析和适当的引导。

## 三、引导学生主动参与心理辅导的学校模式：三导三发策略

经过多年研究与实践推广，我们提出了引导中学生主动参与心理辅导的模式并在浙江师范大学附属中学实施。该模式是指在学生工作小组的领导下，以班主任、学科教师、心理辅导教师、学生家长为主导，实施宣导、辅导和指导策略，共同引导学生主动参与心理辅导，使学生在亲身参与中获得体验，实现学生心理自助的目标，从而促进其自我发展和自我实现。

引导学生主动参与心理辅导是一个综合干预的过程，我们通过实践探索总结出了"三导三发"策略，三个阶段的操作策略体现了引导学生主动参与的层次性，在具体实施中又有交叉，围绕这"三导"策略，形成九大实施措施。从而实现引导中学生主动参与心理辅导的总

目标：引导个体在亲身参与中获得体验，在初步认识自我的基础上，形成积极的自我意象，扫除成长的障碍，开展积极的自我心理调整，促进其自我发展和自我实现。

### （一）第一阶段，以认知为中心，实施宣导策略，激发学生主动参与心理辅导的需要

教师对心理健康知识和心理辅导的宣传是引导学生主动参与心理辅导的开始。这一时期主要是老师"推着走"。

1. 进行问卷与测验，引导学生初步自建心理档案

我们主要通过 SCL—90 测验、AAT 学习适应性量表、不合理信念问卷对学生进行调查，对问卷中的各因子我们进行仔细分析，了解学生的一些问题。为进一步加深了解，我们采用引导学生自建心理档案的方式，通过学生自写基本情况、自我画像和描述，更有利于学生的自我探索和思考。

2. 以自编小报《心灵相约》为载体，让学生了解心理知识

《心灵相约》是心理辅导和健康教育的辅助宣传品，也是我们进行心理辅导的重要载体。《心灵相约》主要有以下栏目：新闻和消息、心理知识卡片、学习策略、关注生活、家长栏目、情绪热线等。

3. 开设"走近心理"系列讲座，让学生消除误解

开设讲座是宣导过程中的关键措施，是与学生直接交流的良好方式。其目的是让学生进一步了解心理健康常识，消除学生原有对心理问题和心理咨询的误解，引发他们的求助意识，使他们打消顾虑，敞开心扉，帮助自己解除苦恼，营造积极健康的生活。

### （二）第二阶段，以情感为中心，实施辅导策略，引发学生主动参与心理辅导的情感体验

这一时期是老师"领着走"，通过心理辅导活动课、小报评展、个别咨询等措施激发他们对心理辅导活动参与的热情，初步实现个人的心理自助。

1. 开设心理辅导活动课，让学生亲身体验

在宣传的基础上，我们逐步开设了两周一节的心理辅导活动课。此外班主任通过每周三的班团活动开展心理辅导，不少同学能主动用讨论获得的经验来调节自己，正确地处理一些事情，激发了学生的参与热情。

2. 开展个别心理咨询并设立心理信箱，使学生得到合适的辅导

学校成立心理辅导室，配备专职心理辅导老师，制定了心理辅导有关的人员道德准则和活动准则。周一到周四的晚间由专职辅导老师开展个别咨询。设立"心语信箱"，专职辅导教师在两个工作日内答复学生。班主任在班里也设立"悄悄话信箱"、"实话实说专栏"等，让学生能敞开心扉地倾诉他们内心的感受。

3. 开展心理小报评展活动，让学生得到表现自我的机会

开展"心理小报"评展活动，学生踊跃参加，许多小报版面设计美观，内容丰富，体现了同学们对心理和心理健康知识的关注和参与热情。还有部分同学写了自己的观点或是心路历程，这更体现了同学们较高的素质和巨大的潜能。小报展览普及了心理健康的有关知识，受到了学生的普遍好评。

### （三）第三阶段，以行为为中心，实施指导策略，开发学生主动参与心理辅导的潜能

为了将宣导、辅导付诸学生主动参与的行为，我们根据高中生的特点，开办学生社团——心理互助社，建立学生辅导员制，学生自办《心灵相约》小报。通过以学生为主体的活动，获得了一定的心理辅导知识，同时锻炼了自我辅导能力，使他们能"自己走"，同时还"拉着别人一起走"。

1. 学生创建心理互助社，实施朋辈辅导，扩大辅导范围

心理互助社是学校心理辅导的学生自助和互助服务的社团组织。学校提供一块专门的宣传窗，用于心理互助社宣传活动。心理互助社的主要任务就是宣传和互助，他们协助辅导老师组织学校范围的宣导和辅导活动，为低年级的学生成长提供帮助，同时负责班级心理辅导的联络和宣传，作为联系心理辅导老师、班主任和同学之间的纽带，

及时将班级出现的问题向老师反馈,让辅导老师及时作团体辅导。

2. 建立学生辅导员制,巩固自助效果

"学生辅导员制"是由学生担任辅导员参与学校心理辅导活动的一种辅导模式。第一批学生辅导员是心理互助社成员。然后,又在全校范围内通过自愿报名选拔学生辅导员。先对他们进行 ABC 理性情绪教育及相应的辅导方法培训。接着让他们回班级以一对一的方式辅导其他学生。最后,完成认知家庭作业和开展反思交流。在个别访谈中,受辅学生反映:"我们都是同龄人,讲的话比较符合我们的心理,与教师相比,我更喜欢学生辅导员。"同样,检测表明,学生辅导员的元认知监控水平和合理认知水平都得到了较大的提高。

由于同龄人的特有人际优势,更容易达到"同感"的理解境界。学生自身也完全有能力胜任学校心理辅导中一些简单的辅导活动(如合理认知辅导 ABC 理论的讲解和不合理信念的辨析)。这充分体现了心理辅导"助人自助"的实质,有较好的效果。

3. 学生自编《心灵相约》,创建一片自主的心理发展天地

在几次学生"心理小报"评展活动中,我们深刻体会到了学生有巨大的潜能,我们提出给学生一片自主的心理天地,把原来由辅导老师编写的宣传材料《心灵相约》全部由心理互助社的学生策划编写,教师提供指导。不少文章文笔优美,而且更贴近学生生活,使《心灵相约》更受学生喜爱。

## 四、效果评价

### (一)增强了学生参与学校心理辅导的主动性

无论是个人模式还是学校模式都有利于引导学生主动参与心理辅导活动。通过活动,学生心理健康水平和合理认知水平得到提高。我们通过 SCL—90 前后测比较发现,学生心理负担减轻,心理健康水平提高。学生心理健康总体水平呈良性发展态势。学生心理互助社活动与学生辅导员制度促进了学生合理认知水平;将他们的认知作业和心

得体会进行比较，发现他们能对学习和生活中常见的问题都作了合理的分析，学生辅导员和辅导的学生的合理认知水平都得到提高。学生参与心理辅导的主动性增强。问卷调查表明，开始有 24.9%的学生不太愿意主动参与学校的心理辅导活动，主要是担心会因为过多的活动而影响学习。经过一段时间的宣传和引导之后，调查发现 98.6%的学生都愿意积极参与心理辅导活动。

### （二）普及了心理辅导理念

朋辈心理辅导是在同学、朋友良好关系的前提下发展起来的，它的开展具有扎实的心理基础。同学、朋友间打开心扉、相互交流、倾诉烦恼是常有的事，而融入了一定的心理咨询技术，就可以使朋辈间专注的倾听、合理的劝导、理智的分析、真诚的引导而更加有效。它有助于身陷困境的人恢复自己的思考和判断能力，脱离过激情绪，作出合适应对，使倾听者在助人的同时，升华了友谊，改善了自我心理调节能力，也促进了"助人——自助"的良性循环。如果人们之间享受到了朋辈心理辅导带来的喜悦与成功，将有利地宣传心理辅导与心理咨询，对普及心理辅导与心理咨询理念起了充分的促进作用。

近年来，人们不断改变对自身和潜能的看法。无论是在药物治疗上，还是在心理治疗上，人们日益摆脱对心理学知识的无知，更有一种"自己来做"的冲动和愿望。他们通过学习有关的知识和技能提高生活质量和解决自身问题。在美国，一些专家预言，在 21 世纪的心理咨询与治疗领域，将兴起"自力更生"的热潮。自我改善的途径、自助和互助团体、自我控制程序和自我训练的计划将日益普遍。在我国，许多人乐于帮助他人，但常常苦于找不到帮助的要领，颇有无可奈何的感叹，因而渴望了解更多的助人理念和技巧。通过引导学生主动参与心理辅导有助于人们更好地掌握心理咨询知识和技能，改善自我心理调节能力，提高人际沟通、情感交流的能力，从而消除人们对心理辅导与心理咨询的误解，让更多的人能正确对待心理咨询与心理辅导。

### (三) 扩大了心理辅导的范围

朋辈心理辅导能较好地满足现实生活的需要，是对专业心理咨询的重要补充。美国国家精神卫生学院在一份报告中指出，1978年美国总人口中15%（约3200万）患有严重精神疾病，但只有3%（约650万）接受过精神卫生专家的帮助。全美国有执照的心理学家和精神病医生每年可提供650万小时的服务，按上述数字计算的乐观估计，精神病患者每人每年只能接受40分钟的治疗。这说明，精神卫生方面的供求关系严重失衡。

在我国，教育部前不久曾对12.6万大学生作过调查，结果显示：每四个大学生中就有一个存在心理问题。即使开展心理咨询的学校也由于学生对这种新兴事物的陌生感而产生许多误解。在心理咨询的具体过程中，由于专家与来访者需要时间来建立良好的关系，费时费力还不一定取得理想的效果。舒缓学生在情感、就业、学习、人际交往中产生的心理困扰，减轻心理压力，仅靠上几节选修课和心理老师的一两次辅导是远远不够的。朋辈心理辅导员在学习了一定的心理咨询知识和技巧后学以致用，不仅帮助身边的同学解决心理问题，而且还提高了自己的调适能力。学校开展引导学生主动参与心理辅导对学生形成关心别人、接纳别人、学会共处、学会做人、学会生存等理念都有积极的引导作用，有助于学生树立起正确的世界观、人生观和价值观。

## 第二节 精神分析的心理咨询技术

精神分析理论是一种描述人的内部各种力量矛盾运动的学说，动机的对立和冲突等概念贯穿、渗透在精神分析学说及治疗技术的各个环节。但在精神分析理论产生后，其内部就发生了一系列的分裂，形成了各自的理论体系。以下主要介绍弗洛伊德的经典精神分析理论、荣格的分析心理理论和阿德勒的个人心理理论。

# 一、弗洛伊德的经典精神分析理论

弗洛伊德认为，任何心理障碍都可以找到潜意识根源。因此要帮助人摆脱精神痛苦、消除心理障碍，就必须了解他的潜意识。

## （一）了解潜意识的途径

### 1．梦的解析

弗洛伊德把梦称作"通往潜意识的捷径"。他认为梦是一种愿望的实现，为本我冲动提供了自我表现的舞台。换句话说，梦代表着我们期望的东西与事件。清醒时，我们很难公开表达许多潜意识的想法和愿望，这是它们被压抑的首要原因。弗洛伊德认为这些想法在梦中以伪装的方式表现出来。这些梦对于我们来说似乎毫无意义，但对一个弗洛伊德主义的治疗师而言，它含有丰富的潜意识想法的线索，而且这些线索很有价值。

弗洛伊德相信，一个经过训练的精神分析师能辨认出梦中出现的那些明显且被广泛使用的表征物。因此，治疗师认识到房子代表人体，父母被伪装成国王和女王，小动物代表儿童，出生与水有关，火车旅行象征着死去，衣服代表裸体。可见，弗洛伊德梦的表征物大部分是关于性的。在弗洛伊德看来，男性生殖器官用相似的形状代表。弗洛伊德列出了几种常见的表征物，如棍子、伞、树、刀、步枪、笔和锤子。女性生殖器用瓶子、盒子、房间、门和船象征。性交暗含于诸如跳舞、骑车和攀爬的活动中。实际上，看了弗洛伊德对性表征物的长篇列举，很难想象哪个梦不能用性来解释。

### 2．投射测验

儿童常做一种游戏，就是当云在天空中形成的时候，描述他们看见的东西。有的孩子看见的也许是海上的一艘船，有的孩子看见的像是一头狮子，有的孩子看见的可能是一位名人的脸。当然，没有谁是不对的。因为云中没有真实的图画。但这些表象从何而来？根据弗洛伊德的观点，这些表象来自人们的内心，并反映了他们看到了但没有描述过的东西。

投射测验向受试者呈现模糊刺激，要求受测者根据呈现的刺激编故事，辨认物体，或画一幅画。例如，对于云的形状，回答没有对错之分。每个受试者作个别的回答，这些回答表明他们内心深处的想法，这些想法可能他自己都没有意识到。目前国际通用的投射测验主要有罗夏墨迹测验和主题统觉测验（PAT）。

3．自由联想

用几分钟时间清理清理你内心的想法；然后让所有的想法都进入意识。说出你想说的，即使说出来的东西不是你所期望的，甚至说出来后会令你有点惊讶或尴尬也无妨。如果能成功地让这些自由流露的想法进入意识，那么你就已经体验到了精神分析的基本原则：自由联想。

精神分析过程中，治疗师鼓励病人用自由联想的方法暂时逃避自我所执行的监督机制。我们经常摒弃令人憎恶的，看似琐碎或愚蠢的想法，以避免受这些想法的侵扰，或犯愚蠢的错误。但在弗洛伊德看来，这些侵扰包含有价值的心理内容。因为这些想法经常被排除在意识之外，它们提供很大的启发，帮助我们了解在被监督的日常谈话中看不到的那部分心理。

但自由联想不易实现。因为自我已调动大量的能量，压抑某些想法，不让它们进入意识。有时病人只是陷入长期的沉默，报告说脑子里什么想法也没有；或故意叙述一些无关紧要的想法，避免说到重要但可怕的东西。但如果病人如实地说出内心的想法，病人与治疗师都会对暴露出的想法感到惊讶。

4．弗洛伊德认为，一个人在日常生活中所犯的错误，不分巨细，都是有原因、含义和意图的。错误是两种不同的意图间相互冲突的产物，它们代表了一个人的潜意识愿望和冲动。弗洛伊德将日常生活中的主要错误分成六大类，其中最为多见的是口误。

5．催眠

弗洛伊德在催眠方面的早期经验，最先激起了他对潜意识的好奇心。弗洛伊德相信，在深度催眠的过程中，自我进入一种暂停状态。

成功的催眠师能避开自我的监督,直接获得潜意识东西。早期的催眠经验告诉弗洛伊德,人类潜意识中的想法远远超过进入意识的东西。当人们要求弗洛伊德拿出潜意识的证据时,他常常用催眠来证明。他指出:"任何亲眼目睹过这样实验的一个人,都会对催眠留下难忘的印象,并毫不动摇地坚信催眠。"

由于弗洛伊德把催眠看成通往潜意识的渠道,因此很容易理解催眠是心理治疗师试图揭开潜意识东西的有用工具。但弗洛伊德很快就认识到催眠的缺陷。其中主要的缺陷是:并非所有的病人对催眠的暗示反应敏感。此外,不是所有的心理学家都同意弗洛伊德所说的催眠是通往潜意识的捷径的观点。

(二)经典精神分析的治疗方法

1. 治疗对象的选择和治疗规则

心理分析治疗的适宜对象是癔病、强迫症和恐怖症病人。弗洛伊德的心理分析学说虽然也对精神分裂症的病理心理学机制作了阐述,但对真正的分析治疗而言,此类病人并非适宜对象。

治疗过程中,病人半卧在躺椅上,治疗者坐在躺椅的一侧后面。治疗环境要安静,不应受到干扰。此外不能有其他人在场旁听。治疗中要求病人必须遵守治疗的规则,如在进行自由联想过程中,必须把浮现在头脑中的任何想法随时报告出来,不应有所隐瞒。这是因为病人所想隐去不报的内容,可能正是潜意识之中与症状有关的使其自身感到羞愧、内疚的潜隐动机。

2. 治疗实施过程

精神分析治疗通常是每周会谈 3~6 次,每次平均 1 小时。其治疗疗程少则半年至 1 年,多则 2 年至 4 年,甚至更长。

在正式开始治疗前,还需先经过两周的试验性分析阶段,以排除在初次会谈确定的治疗对象中仍存有不适于做精神分析治疗的对象。

试验性分析过程之后,进入正式治疗的第一阶段。此阶段的目的在于建立治疗的同盟关系。第二阶段是移情的出现及其解释。随着移情的发展,治疗者要及时进行解释,使病人对他将过去经历、体验投射到治疗者身上的情况有充分认识。在对移情的分析和理解的过程中，治疗进入第三阶段，这一阶段实为治疗的修通或扩通（working through）阶段。这一阶段要帮助病人对移情有更深刻的认识，并着力克服治疗中遇到的各种阻力，使病人对治疗者的解释，即其症状的隐藏的意义有更为清晰的认识。治疗的第四阶段，是治疗的结束阶段。这一阶段中要解决病人对治疗者的依赖问题和拒绝治疗结束的企图。此期要彻底解决病人对治疗者产生的移情。

## 二、荣格的分析心理学理论

### （一）基本理论

分析心理学理论试图通过象征的方法在意识与无意识之间建立一种对话的关系，认为心理是一个自我调节的系统，其功能是有目的地从内向外发生影响，从而使人达到一种更为完整和谐的生活状态。心理分析的目的是为了达到外部价值的执着，返回到对内在价值的追求时才能实现。荣格认为心理治疗不能仅仅着眼于向外部现实的认同，而必须接纳和吸收来自精神深处的"他性"（the other），并经常与我们发自心灵内部的声音作相互理解的对话，这样才不至于为了适应外部现实而使自己陷入精神的单一、枯竭、分裂和破碎。分析心理治疗，就是通过梦、幻想、创造性想象和其他的无意识材料的显现和组织，实现被分析者的意识、个人无意识和集体无意识三者之间进行对话。人格的整合是分析心理治疗的根本目标。

分析心理学不把心理变态看作疾病或一种对"常态"的偏离，而是"正常人"、"癔病患者"和"精神分裂症患者"等一些相对的状态描述性术语；这些状态之间存在着连续性。认为心理症状本身就是自性化的过程中的衍生物。疾病可以被看作是一种自我塑造的精神产物，是在不正常的环境下人类心理的一种历程，神经症也是一种有机体"内部适应"的表现。荣格认为各种心理治疗是一个认识自我的过程，是人格的重建或再教育。

以下介绍荣格提出的几个主要的理论概念。

1. 自我（ego）与自性（self）

荣格认为，自我是一个整体性的情结，一个信念系统，即关于自己作为一个个人的一种内省的观察和生存的体验。他认为自我只是自觉意识的主体，并不是人的心理的整体，而自性才是包括全部无意识在内的整个人格的主题，才是个人精神生活的本质所在。但自我和自性要协调统一，才能保持心理的平衡。

2. 心理能量

荣格强调人类的"心理能量"的"精神性"或超越性。他认为性欲是男女双性对立面的结合在生物学层面的显现，协调这种对立是生命的目标。此外，我们还必须协调善与恶、主动与被动、生与死的对立，以保持心灵生活的动态平衡。他尤其强调要协调个人的自我（ego）与超个人的自性（self）之间的对立，使之和谐统一，实现个人意识与宇宙精神的沟通，使生物学层面的人与精神层面的人合二为一。

3. 阴影

阴影是人原始的一面，是人身上固有的自己却不想要的东西。阴影是我们的"他性"，非我性。它是我们意识自我的内里或衬面，是无意识的，总是作为一种对他人的投射才会被我们自己体验到。人们很难做到承认并接纳自己的阴影，越是压抑它，越把它与意识相隔离，它就会在无意识状态下恶性发作。但阴影有时也可能作为一种补偿，使他们更加努力奋斗。

4. 原型

原型是一套超越文化、年龄等个别差异的、先于个人经验的心理组织的倾向。荣格认为，生活中有多少典型环境就有多少种原型。有些原型较为重要，常常重复出现，因而比其他的原型得到更多的叙述和记载。原型的主题包括：死亡与再生、英雄、母亲、智慧老人、神童等等。

（二）心理治疗方法

1. 心理治疗过程的原则

心理治疗要有一个自然展开的进程。首先对来访者的意识状况进行细致的观察。然后明确来访者人格内部的不一致和矛盾冲突、特殊的反应方式和行为模式。要让来访者逐步地接触并体验自己内心的真实感受，学会自我反省。

注意心理活动的意向性和目的性。心理活动总是指向未来，总是要有某种目的或希望作为支撑，总要获得一种整体的意义或存在的价值。

治疗者要谨慎跟随无意识的指引，尽可能地排除所有的先入为主的固定观念的干扰。对于来访者的言语和行为，治疗者不能直接加以干预。

2．心理治疗的技术

字词联想技术。荣格认为，精神病的背后，其实潜藏着一种人格、一部分生活故事、一种希望与欲望的形成史。只有对这掩藏性的东西进行分析才真正地对治疗起作用，而一般的来访者都没有说出这个秘密，字词联想对于揭示这个秘密有很大的作用。

梦的分析。荣格反对把梦进行分解，进行还原式的直线型的因果解释。他运用"生成"、"增补"和"放大"梦的细节及其意义的方法，将每个梦做成一件不可穷尽其解释的艺术品。他把自己的这种释梦方法称为"综合建构法"。

主动意象或想象（active imagination）。这种技术还影响了当代已经发展得相当精致的沙盘游戏疗法。让来访者有意识地运用自己的意象活动例如幻觉、幻想、白日梦，并把种种意象用文字详细记录下来，或者用造型艺术手段表现出来。在"主动意象"活动中，通过意识与无意识的对话和沟通，人逐步深入到"自性"之中，进入内部精神世界，寻找深藏的意义之源。

3．心理治疗的阶段

（1）倾诉（宣泄）。当人们体验到愧疚，并且有意地掩藏自己心理活动内容时，压抑作用就开始了，被压抑的内容从意识中分离出来，变成独立的情结，潜藏于无意识的深层。这种压抑到一定程度就会对人产生危害，使人焦虑痛苦。通过倾诉，即不仅仅在理智上承认事情的真相，而且用全部心灵肯定事实，并完全释放受压抑的真实感情，从而澄清自己的问题，将受压抑的个人无意识内容吸收到意识自我之中。

注意：倾诉之后，症状可能消失，原来的问题得以解决。但有些来访者会对治疗者产生情感依赖，无法离开治疗者，产生了移情。

（2）解释。荣格认为，移情作用产生的依恋关系需要经由明确的解释来化解。必须向病人解释他投射在治疗者身上的理想化的虚幻性质，以使患者打破幻想之后，了解存在的真实，从而开始建构新的意义框架。

注意：对治疗者有很高的要求，治疗者要具备很好的领悟力和较高的敏感性。有时，来访者即使充分了解自己的问题，但还是很难走出心理的误区。

（3）再教育。对于道德价值想象力不够的人，要使他们获得正常的社会生活适应能力，再教育的过程很有必要。再教育是对意识自我的矫正，是帮助个人进行意识的自我调节、自我修正。它强调来访者的内部成长。

注意：对于那些能力很强的人，很难对他们进行再教育。

（4）转化。是指人格的超越性蜕变，是自性化进程的必要阶段。治疗者只是为病人修通道路，帮助来访者获得一种准备心态。

注意：心理治疗是双向互动、彼此影响的过程，只有当治疗者也受到来访者的影响，产生双方转化时，才算是有效的治疗。

## 三、阿德勒的个人心理理论

### （一）基本理论

阿德勒强调意识自我追求优越与成功的社会性（人际关系和人际交往）动机[①]。在他看来，健康人生活认为的实现是与社会生活水乳

---

① 杨广学.心理治疗体系研究.长春：吉林人民出版社，2003

交融、难以分开的，他们的个人兴趣与社会交往的兴趣可以而且应当是协调一致的。心理咨询的目的就是使个人的兴趣与社会交往的兴趣统一起来。阿德勒认为，人们生活的动力，不是来源于客观的过去的经历，也不是个人外力作用，而是个人精神生活中指向未来的目标。生活目标并不是客观实在的事物，而是人们心灵的一种虚构。这种理想化的、虚构的信念是一种精神层面的真实，它使我们想当然地对与自我的持续发展和生活的连贯意义不加质疑，并相信世界的完整性和实在性。可以说，人是他自己的主宰者，因为信念是属于他自己的信念，世界也是他自己的世界。

治疗者最主要的任务是培养、唤起来访者心中的社会性情感，改变不恰当的生活风格，使他们不但能应付生活任务的挑战，而且能主动融入到与他人的关系之中。帮助来访者消除自我挫败性的虚构目标，走出自己限定的狭小空间，积极与别人交流；拓宽来访者的社会兴趣，建立积极有意义的人际交往。达到个人与集体统一，小我与大我交融，最终从奉献中获得生命的意义，并达到人格的健康。

以下介绍阿德勒的两个基本理论概念。

（1）虚构目标。人格的基本动力是为实现虚构目标——追求优越而奋斗。虚构目标是观念的产物，不是一个实体。它是个人对自己虚构的未来的一种信念作用，对个人的影响远远超过客观现实的影响力，并作为个人行动决策的真实依据。

（2）自卑情结。自卑情结不同于自卑感，所有的人都会有自卑感，只有当个人的不适应感太强，因为自卑以至无法成长，人格成为病态时，自卑才成为一种情结。有自卑情结的人总希望通过一种补偿性的优越目标来逃避现实，然而这种心理补偿作用只会产生更大的欲望，只会造成一种恶性循环，使患者在自卑感和优越感之间摇摆度日。

## （二）心理治疗方法

1. 心理治疗过程

（1）建立治疗关系。治疗是合作的结果。积极良好的治疗关系是促进治疗的首要条件。

（2）理解来访者。为了更好地理解来访者，治疗者应仔细的倾听来访者的倾诉，并观察来访者的非语言信息，把自己对来访者的理解跟来访者交流。

（3）评估与分析。在治疗过程当中不断地运用各种评估手段综合整理治疗的进程，为理解来访者基本错误与自我挫败行为的现状与未来提供重要资料。

（4）探查生活风格。了解一切与来访者有关的资料，如来访者的家庭氛围与结构，来访者的出生顺序、早期记忆等。

（5）解释生活风格。通过解释使来访者能够认清自己生活风格的内在逻辑，让他们转换观点，以全新的方式看待自己的行为与生活态度。

（6）重新定向。治疗者为来访者提供几种行动方案或信念，为来访者的生活重新进行规划定向。

2．心理治疗的技巧

（1）基本治疗技巧

复述（restatement）：治疗者对来访者所倾诉的内容作准确的复述，并且表示接纳和关心，取得来访者的信任。

映照（reflection）：治疗者不仅要听取来访者的语言，而且同时要把握语言背后或隐或现的情感状态或态度。

解释：通过解释，试图找出一个人行为的原因。

运用非语言行为：非语言行为是一种不会说谎的表达机制，治疗者对来访者的非语言行为的注意，有利于理解来访者的真实体验。

即时性（immediacy）：治疗者要处理来访者此时此地的感受和正在发生的事情。

对峙：治疗者抓住来访者言行矛盾的漏洞，提出质疑或询问。但避免对来访者进行嘲笑。

创造意象：神经症式的心理防护意象可以有效地让来访者意识到自己行为的荒谬性，有利于来访者行为的改变。

（2）阿德勒派特有的技巧

澄清：通过提问、鉴别，弄清来访者问题的性质，可以用于对来访者的回答进行映照和解释。

  自我控制：来访者已经了解其虚构目标，并想通过实际行动来改变自己的时候，治疗者要不断提示来访者改变不合理的行为，并要不断重复练习。

  角色扮演：让来访者扮演不同的角色指导来访者按他自己想象的样子去做，可以使他真正的体验到某一角色的实质。

  情感开关：让来访者像切换按钮一样分别描述快乐的与苦恼的经历，学会观察相伴随的不同情感体验，让来访者意识到自己控制情感的自主性。

  鼓励：阿德勒认为这些来访者并非病人，他们只是缺乏勇气。所以治疗者在正确地评价来访者行为基础上作适当地鼓励，鼓励他们与人交流，为别人做好事，推动来访者回到社会主流生活中去。

## 第三节　认知疗法的心理咨询技术

  认知疗法常采用认知重建、心理应付、问题解决等技术进行心理辅导和治疗，其中认知重建最为关键。认知疗法强调，常见的心理障碍的中心问题是某些歪曲的思维。认知治疗在于向患者提供有效的方法以克服盲目、错误的认知。从广义的角度看，认知疗法包括所有能改变错误认知的方法，如说明、教育、批评、促膝谈心等。但作为一种特殊的治疗手段，相应地有其特殊的方法、技术与程序。首先，咨询师要向来访者说明一个人的看法与态度是如何影响其心情及行为的；其次，帮助来访者去检讨他所持有的对己、对人以及对四周环境的看法，从中发觉跟来访者主诉的问题有密切关系的一些"看法"或"态度"，并协助来访者去检讨这些看法或态度与一般现实的差距，指出其错误认知的非功能性与病态性。最后，督促来访者去练习更换这些看法或态度，重建功能性的、健康的看法与态度，以便借此新的看法或态度来产生健康的心理与适应性的行为。

  理性情绪治疗被视为是认知治疗中最基本、最经典的治疗方法之一,享有很高的知名度,所以我们先对其进行详细介绍,此外,我们还将介绍凯利的角色建构技术。

## 一、ABC 理论——情绪失调的原因

ABC 理论是合理情绪治疗的基本理论。要了解合理情绪疗法,我们应该先了解一下 ABC 理论。在 ABC 理论中,A 是指诱发性事件即引起情绪变化的事情;B 是指个体在遇到诱发事件之后,相应而生的信念,即他对这一事件的看法、解释和评价;C 是指在特定情景下,个体的情绪及行为的结果。例如 A 代表的是"一个相识的人迎面碰上后没有打招呼"。B 则是甲、乙、丙三人对这一情境的想法。甲的想法可能为:"他可能正想事情,没有注意到我们;就算是看见我们而没理我们,也可能有什么特殊的原因。"乙的想法可能是:"他可能是故意这样做的,就是不想理我,就是看不起我。他凭什么这么对待我?"丙的想法可能是:"我前几天和他聊过,给他提过建议,会不会得罪他了,现在就故意不理我了。"而 C 是他们三人由于不同的信念引发的不同的情绪和行为。如甲的 C 为:该干什么还继续干自己的;乙的 C 为:怒气冲冲,以至无法平静下来做自己该做的事情。丙的 C 为:很自责也很压抑,总想找个机会解释。从上例我们可以看出,人们的情绪及行为反应"C"与人们对事情的想法、看法"B"有关。甲持有的"B"可能是待人宽容的信念,而乙持有的"B"可能是"人绝不能不公正地对待我"这样的信念。假如我们长期坚持某些不合理的信念,处于不良的情绪状态之中时,就很可能会出现心理障碍。

艾利斯曾用下图来表示 ABC 理论(Ellis,1979),同时我们也可以看到理性情绪治疗的实施过程:

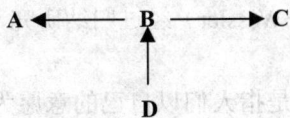

A:activating event,指诱发性事件
B:belief,指个体在遇到诱发事件之后,相应而生的信念

C：emotional consequence，指在特定情景下，个体的情绪及行为的结果

D：disputing intervention，指劝导干预（治疗）

- 艾利斯总结了人们容易产生十一种不合理信念，它们分别如下：

1．每个人绝对要取得周围的人，尤其是生活的每一位重要人物的喜爱和赞许。

2．个人是否有价值，取决于他是否全能，是否在人生的每个环节都有所成就。

3．世界上有些人很邪恶，很可憎，是坏人，应严厉谴责和惩罚他们。

4．当事情不如己意的时候，感到实在可怕和可悲。

5．要面对人生中的艰难和责任，实在不容易，倒不如逃避来得省事。

6．人的不愉快是外界因素造成的，所以人实在无法控制自己的痛苦和困惑。

7．对于危险的和可怕的事物，人应该非常关心，要不断关注和思考，而且还要随时留意它可能再发生。

8．一个人的已往经历往往决定了现今的行为，而且这是永远不能改变的。

9．一个人总要依赖他人，同时也需要一个比自己强而有力的人来让自己依附。

10．一个人要关心他人的问题，为他人的问题悲伤难过。

11．人生中的每个问题总会有一个精确的答案，若得不到答案，就会痛苦。

- 韦斯勒（R·A·Wessler）经过归纳研究，总结出了不合理信念的几个特征：

1．绝对化要求。是指人们以自己的意愿为出发点，对某一事物怀有其必定会发生或者不会发生的信念，它通常与"必须"、"应该"这一类字眼连在一起。怀有这样信念的人极易陷入情绪困扰中，因为客

观事物的发生、发展都有其规律，是不以人的意志为转移的。因此，当某些事物的发生与其对事物的绝对化要求相悖时，他们就会受不了，感到难以接受、难以适应并陷入情绪困扰。

2. 过分概括化。这是一种以偏概全的不合理思维方式的表现。一方面是人们对其自身的不合理评价，以自己做的某一件事或几件事的结果来评价自己整个人、评价自己作为人的价值，其结果常常会导致自责自罪、自卑自弃的心理及焦虑和抑郁情绪的产生。另一方面是对他人的不合理评价，即别人稍有差错就认为他很坏、一无是处等，这会导致一味地责备他人，以致产生敌意和愤怒等情绪。一个人的价值是不能以他是否聪明、是否取得了成就等来评价，人的价值就在于他具有个性。因此不要去评价整体的人，而应代之以评价人的行为、行动和表现。因为在这个世界上，没有一个人可以达到完美无瑕的境界。每个人都应接受自己和他人都有犯错误的可能。

3. 糟糕至极。这是一种认为如果一件不好的事发生了，将是非常可怕、非常糟糕，甚至是一场灾难的想法。这将导致个体陷入极端不良的情绪体验如耻辱、自责自罪、焦虑、悲观、抑郁的恶性循环之中，而难以自拔。当一个人沿着这条思路想下去，自认为遇到了百分之百的糟糕的事或比百分之百还糟的事情时，他就是把自己引向了极端的、负面的不良情绪状态之中。糟糕至极常常是与人们对自己、对他人及对周围环境的绝对化要求相联系而出现的，即在人们的绝对化要求中认为的"必须"和"应该"的事情并非像他们所想的那样发生时，他们就会感到无法接受这种现实，因而就会走向极端，认为事情已经糟到了极点。其实我们认为非常不好的事情确实有可能发生，尽管有很多原因使我们希望不要发生这种事情，但没有任何理由说这些事情绝对不该发生。我们必须努力去接受现实，尽可能地去改变这种状况；在不可能时，则要学会在这种状况下生活下去。

## 二、合理情绪治疗法的基本步骤

治疗的第一步是"心理诊断"。首先要了解清楚来访者的不合理的思维方式和信念是什么，并向来访者指出这些不合理的思维方式和信念，告诉来访者"为什么会这样，怎样变成目前这样的"，讲清楚不合理的信念与他们的情绪困扰之间的关系，或进一步讲解 ABC 理论的主要思想。其次要与来访者建立良好的关系，对来访者的问题予以深刻的理解，并对他给予关注和尊重。再次要寻找关键问题。来访者的问题通常不止一个，要从其最迫切希望解决的问题入手。

治疗的第二步是"领悟"。这一阶段的任务是：（1）要向来访者指出他们的情绪困扰之所以延续至今，不是由于早年生活的影响，而是由于现在他们自身所存在的不合理信念所导致的。对于这点，他们自己应当负责任。（2）使来访者承认自己是有症状的人，帮助他认识造成各种情绪障碍的不合理信念及哲学根源。

分析不合理信念可遵循下列步骤进行：

（1）询问诱发性事件 A 的客观证据；

（2）询问来访者对这一事件的感觉和他是怎样对 A 进行反应的；

（3）询问他为什么感到有恐惧、悲痛、愤怒等情绪（由不合理信念而引起的消极的、不适当的情绪反应）；

（4）将来访者对事件 A 持有的合理看法与不合理的信念区别开来。来访者对同一事件往往会持有合理的和不合理的信念，二者常交替出现，而引起不适当的反应的是不合理信念。

（5）区分来访者的感情（愤怒、悲痛、恐惧、抑郁、焦虑等）与观念性的东西（不安全感、无助感、绝对化要求，消极的自我评价等）。

治疗的第三步是"修通"。也是最重要的、最关键的一步。这里主要采用与不合理信念辩论的方法，目的是帮助来访者认清其信念的不合理性，进而放弃这些不合理的信念。

要与不合理信念进行辩论，首先可先从 ABC 模式入手：第一，先以某一典型事件入手找出诱发性事件 A；第二，询问对方对这一事件的感觉和对 A 的反应，即找出 C；第三，询问对方为什么会体验到恐惧、愤怒等情况，即由不适当的情绪及行为反应着手，找出其潜在的看法、信念等；第四，分清患者对事件 A 持有的信念哪些合理，哪些不合理，将不合理的信念作为 B 列出来。而在此过程中，要采用各个击破的原则，一个个去找，不能指望一锤定音，一了百了。

其次，辩论中积极的提问能促使来访者主动思维。具体可以采用以下一些辩论方法：

- 质疑式：询问来访者所持的信念是否有客观依据，是否合乎逻辑，是否现实等等。如"你的信念有什么根据呢？""别人能承受失败，你为什么不能呢？""为什么你非成功不可呢？"等等。
- 价值式：质询来访者他目前的情绪和行为反应是否确有价值。如："一旦考得不如你自己所期望的那样，就可以整天愁眉苦脸，使你放弃继续努力的机会吗？"
- 极端式：质询来访者这件事情的最坏结果是什么，是一种"去灾难化"的辩论方法。如："这两次考试没有前五名，最坏的结果是什么？真的就这么可怕吗？又会可怕到什么程度呢？"
- 更新式：提醒来访者，"从另外的角度想想，考试成绩不像你预期的那样，是否也会是件好事呢？"
- 夸张式：故意夸大来访者的信念，使他看到它的不合理之处。如："是不是要广而告之，说你考试未能取得预期的成绩，以至于天都要塌下来，提醒大家小心呢？"，如有一位存在社交障碍的学生在当着很多人的时候感觉不自在，似乎别人都在看他。可以这样提问："是不是大家都不做自己的活，都来看你呢？""要不要在你的身上贴个纸条，告诉大家都别看我了"。答："不要这样，这样他们更加会看我了。"

治疗的第四步是"再教育"。这是从改变他们常见的不合理信念入手，帮助他们学会以合理的思维方式代替不合理的思维方式。这一阶段的目标是巩固和扩大治疗效果，视来访者的情况有针对性地给予解决问题的训练、社会技能的训练、维护自身利益训练等。

## 三、认知家庭作业

合理情绪治疗是在改变人的认知上下功夫，但要改变人的信念与思维方式是一件非常困难的事。因此，治疗不但需要治疗者的努力，也需要来访者本人的努力，这种努力不仅在会谈时间中进行，也应持续到会谈以外的时间中。认知的家庭作业正是为此而设立的。在完成作业的过程中，来访者可以更好地掌握会谈之中的内容，并且学会自己与自己不合理的信念进行辩论。认知的作业主要有：理性情绪治疗自助量表（RET Self-Help Form）、与不合理信念辩论（Disputing Irrational Beliefs）和合理的自我分析（Rational Self-Analysis，简称 RSA）。

理性情绪治疗自助量表是一种固定格式的作业，是艾利斯根据 ABCDE 模型特制的自助表格。先分别找出其中的 A 和 C；然后是 B，即自己身上常见的不合理信念；接下来做 D，也就是与不合理的观念进行辩论；再找出相应的合理观念；最后是填写 E，说明辩论后的效果。

与不合理信念辩论也是一种规范化的作业形式，只需来访者回答一些具体问题：

（1）我打算与哪一个不合理的信念辩论并放弃这一信念？

（2）这个信念是否正确？

（3）有什么证据能使我得出这个信念是错误的（正确的）这样的结论呢？

（4）假如我没有能做到自己认为必须要做到的事情，可能产生的最坏结果是什么？

（5）假如我没有能做到自己认为必须要做到的事情，可能产生的最好结果是什么？

合理的自我分析是自由格式的作业，完全由当事人根据自己的情况自由而自主地进行自我分析，当然重点是放在 D 上。

小结：在合理情绪疗法的治疗过程中，最常用的技术就是与不合理的信念辩论的技术；其次是合理的情绪想象技术。但在治疗过程中，应强调改变来访者的认知。

为此，艾里斯提出如下几点建议：

1. 对人对事，尽力而为，问心无愧即可，不必过分苛求与自责。

2. 参加团体活动，与人合作，乐于助人。
3. 独立自主，有主见，不企求或依赖别人帮助。
4. 世上无完人。对别人无心的过失，不宜过分计较与求全责备。
5. 养成开阔心胸。对人无偏见，对事不固执；做人有原则，但须识时务。
6. 接纳未定世界，敢于适度冒险。
7. 培养科学思想，遇事理智看待，不为一时冲动所蒙蔽。
8. 不做虚无论者。必须承认，人生在世，任何人都不可能得到他所希望的一切，也不可能逃避他所厌恶的一切。个人所能把握的，乃是以真实的自我去面对人生。

## 四、角色建构技术

### （一）基本思想及操作形式

这里将要介绍的是怎样判断来访者的一般的认知观的问题，也是认知疗法实施的基础步骤中的一种重要方法。在讲角色建构技术之前，有必要了解一下建构的含义。个人建构理论是由美国的学者凯利提出的，他认为一个人用于预期事件的主要工具是个人建构。建构是个人试图解释自己经验时所使用的一种观念或思想。每个人为了对付世事都要创建其自己的建构，而心理治疗就是帮助病人发展合理的建构系统的手段和办法，因此心理治疗首先要做的就是如何测量一个人的个体建构。凯利通过编制角色建构技能测验来解决这个问题，该测验实质上是治疗师和研究人员用来评价患者或实验中的被试在日常生活中解释事件方法的集合。下面是角色建构技能测验的一个简单版本，先由被试独立完成。

1. 你喜欢的一个老师——
2. 你不喜欢的一个老师——
3. 你的妻子（丈夫）或男朋友（女朋友）——
4. 一位你认为很难与之相处的雇员、主管或上司——

5. 你喜欢的一位雇员、主管或上司——
6. 你的母亲——
7. 你的父亲——
8. 与你年龄最接近的哥哥弟弟（或是像哥哥弟弟那样的人）——
9. 与你年龄最接近的姐姐妹妹（或是像姐姐妹妹那样的人）——
10. 一个与你一起工作并且容易与之相处的人——
11. 一个与你一起工作但很难了解他的人——
12. 一个与之相处得很好的邻居——

治疗师用这种形式要求患者从自己个人经验的各个方面列举出12个人，例如他们喜欢的一位老师，一个相处得很好的邻居等。然后，治疗师给患者呈现表中的三个人的名字，并问他们，"在哪个重要方面这两个人相似而与第三个人不同？"患者可能会说，他们两个是热情的人，而第三个人是冷酷的。在凯利看来，这位患者就是用热情—冷酷来对这三个人分类。然后在对表中的另外三个的名字重复这个过程。可能这次患者会用外向—害羞或慷慨—吝啬的建构区分这三个人。凯利建议，有20个这样的特质或"品质"就足以为治疗师提供有关此患者的基本建构的有效样本。

凯利介绍了这一基本程序的几种变式。一种叫连续形式，治疗师会拿走三个当中的一个，然后再从名单中拿出一个新名字取代他，这种方法适用于查明患者面临新情境，运用新建构方面的困难，另一种叫作整个背景形式，把一些人名写在不同的卡片上，让患者把相似的人名卡片放在一起，为了查明患者的建构，治疗师接下来会问他为什么会把这些人归为一类。

角色建构技能测验的另外两种形式可以直接检验患者对自己的建构的预想。一个是自我认同形式。治疗师把患者的名字与名单上另外两个人的名字放一起，然后问他这三个人中为什么有两个人相似而与第三个不相似。另一个是个人角色形式。治疗师要求患者想象自己与名单上的两个人在一起："现在请想象你们三个人中另外两个人整晚在一起，只有你自己一直是孤单一人，你认为这种情况会发生在什么地方？可能发生了什么事？你自己会怎样做？他们两个人会怎样做？"通过这样的问题，施测者可以查明患者的建构怎样转换为实际行动。

角色建构技能为开展第二步的帮助工作奠定很好的基础。例如这个测验可以为治疗师提供一种有关患者建构系统中的数量的信息。有些人的问题是因为他们倾向于用少量而频繁使用的建构看待这个世界。比如，某位女士可能只用好—坏这个建构区分她认识的人。如果她不用其他建构去作进一步的细微的区分，那么她在预测他人会怎样做时就会有困难。

治疗师还应该找到先入为主的建构指的是什么。例如：某人可能会用"他们都是女人"来描述两个人的相似之处，却不能进一步说明这一建构。凯利指出"这一表述的深层内涵是当他说某个人是女人时，他已说完了所有关于这个人的情况，具有这种先入为主的建构的人，在预测女人行为方面可能感到困难，因此也会在与女人交往方面有麻烦。

最后，治疗师还可以从测验中获得有关患者如何知觉他们自己这方面的有价值的信息。当使用包含患者名字的任何一种形式的角色建构技能测验时，治疗师可以清楚的看到患者把自己放在各个纬度的哪一端。比如好—坏，强—弱，外向—退缩等等。一个逆来顺受的人，把自己放在"领导者"或是"占支配地位的人"一类，这就清楚表明了他在解释世界方面有问题。在预测别人怎样对待他们的准确性方面也毫无疑问的存在着问题。

（二）评价

总的来说，角色建构技术是用来评估个体建构系统的一种多样化的程序，是治疗所用到的一种重要技术。角色建构技能测验是一个丰富的信息来源，从中可以发现患者怎样知觉这个世界，他们在预测事件方面为什么会出现问题。但遗憾的是测验经常遇到一个局限——人们的言语。尽管患者所使用的词语是他们认为最能表达他们意思的，但有些词很有可能不恰当。另外一个问题，即使患者用的是最恰当的词语，不同的治疗师对这些词语的解释也可能是不同的，在这种情况下，即使到治疗结束时，不同的治疗师对患者看待这个世界的方式的印象依然是有差异的。

## 第四节 来访者中心疗法的心理咨询技术

### 一、基本观点

来访者中心疗法是人本主义心理疗法的主要代表，在各派人本主义疗法中，以罗杰斯开创的来访者中心疗法影响最大。与精神分析大相径庭，来访者中心咨询与辅导否定那种消极、悲观的看法，强调人的价值和尊严，深信人基本上是善良、理智、仁慈、现实、进取、可以信赖和有目的的。

罗杰斯深信人类有一种成长与发展的天性。他假定人身上有一种最基本的、统御身心发展的驱动力。他把这一驱动力称为"实现趋向"，认为一切有机体都表现出先天的、发展自己各自能力的倾向性。这种实现倾向推动着一切有机体，可作为一个有机体是否有生命的鉴别标准。罗杰斯指出："人类给予人印象最为深刻的事实似乎就是其有方向性的那种倾向性，倾向于朝着完美、朝着实现各种潜能的方向发展。"

罗杰斯认为，心理咨询过程中根本没必要考虑如何去控制当事人，他不是一个消极被动的人，只要为他创造一个良好的环境，他的内在潜能和能力就会自然发展。

### 二、辅导目标

来访者中心的心理咨询与辅导认为人人蕴藏着认识自我、实现自我的积极的、建设性的巨大潜力，心理咨询和辅导的目标在于促进这种潜能的发挥。具体说，来访者中心心理咨询与辅导的目标是与来访者建立建设性的人际关系，协助来访者"去伪存真"，促进人格的成熟和自我的实现，成为一个"充分发挥机能的人"(Fully Functioning Person)。这时的"伪"就是一个人被价值条件化了的自我概念。"真"是指体现一个人本性的属于他真实自我的思想和情感。罗杰斯常用"从面具后面走出来"、"接近真实自我"、"变成自己"等语言来表达来访者中心咨询与辅导的目标。他曾经写道："他——变得愈来愈接近他真正的自己。他开始抛弃那用来应付生活的伪装、面具或扮演的角色。他力图想发现某种更本质、更接近于他真实自我的东西。"

实验研究表明，在来访者中心咨询与辅导的过程中，来访者确实产生了学习，并出现了下列改变：

1. 对自己有更客观的认识；
2. 对自己有较积极的看法和评价；
3. 自信心和自主性增强；
4. 较少压抑自己的体验，对自己和自身的感受有较好的接纳；
5. 抗压力和克服挫折的能力增强；
6. 性格上显得较为健康，整个人的功能更具统合性；
7. 行为上表现得更成熟，较社会化，对他人有较好的接纳，适应能力增强。

## 三、来访者中心咨询与辅导的条件

来访者中心咨询与辅导要促进来访者的人格成长，这需要什么样的条件呢？罗杰斯在其《人格变化治疗的必要和充分条件》一书中，总结了促进人格成长的六种条件：

1. 辅导员与来访者必须有心理上的沟通，应对对方的现象场有所影响；
2. 来访者心理处于无助、焦虑与失调之中；
3. 辅导员是一个人格完整、心理健全的人，心理处于和谐状态之中；
4. 辅导员对来访者无条件的积极关注、接纳、关怀和尊重；
5. 辅导员对来访者产生共情，不再从自己的角度来看对方；

6. 来访者体会、感受、领悟到辅导员对自己的无条件关怀和共情,来访者努力理解自己的内部参照系。

来访者中心咨询与辅导认为,只要这六种条件存在一段时间,来访者就会发生建设性的人格改变。这六种条件不会因为来访者类型的不同而改变,它们是所有的心理咨询和治疗的必要条件。因此,要使咨询和辅导产生效果,就必须重视满足促进人格成长的这六种条件。

## 四、来访者中心咨询与辅导的过程

罗杰斯在创立来访者中心咨询与辅导的早期,曾提出来访者中心咨询与辅导的一般过程。

1. 来访者前来求助

心理辅导的一个基本原则是"来者不拒,去者不追"。只有来访者自己意识到有心理问题,自行解决这一问题又存在困难,从而产生了主动求助的动机,才能使心理辅导真正产生效果。所以,来访者前来求助是来访者中心咨询与辅导的前提。

2. 辅导员向来访者说明咨询、辅导或治疗的情况

为了让来访者了解咨询、辅导或治疗的情况,在正式的辅导之前,辅导员向来访者说明来访者中心咨询与辅导的一般原理和过程。尤其应告知来访者辅导只是提供一个场所,一种辅导关系,帮助来访者自己解决问题,而不能期待辅导员提供现存的答案。

3. 鼓励来访者情感的自由表现

辅导员通过创设一种真诚、无条件关注和共情的人际关系,鼓励来访者对自己的情感体验进行自由表达。在辅导初期,来访者表达的大多是含糊的情感,而且往往是消极的情感。

4. 辅导员认识、接受和澄清来访者的消极情感

辅导员通过认真倾听来认识来访者所表达的情感,并对其表现出一种共情的态度。无论来访者所表达的情感是多么荒诞,都应完全接纳,使来访者体悟到这些消极的情感也是他自身的一部分。共情反应不应是对表面内容的反应,而应深入来访者的内心世界,发现来访者

影射和暗含的情感。有时，还要对来访者所表达的含糊的情感加以澄清，以使来访者对自己的情感有更清楚的认识。

5．来访者成长的萌动

由于建设性的人际关系的作用，来访者充分暴露消极的情感之后，一种初步的、模糊的、积极的情感开始萌发。心理成长由此开始。

6．辅导员对来访者的积极情感加以接受和认识

对于来访者所表现出来的积极的情感，辅导员也应加以接受，但不能给予表扬、赞许和道德性的评价。这样可使来访者无须为消极的情感而采取防御措施，也无须为积极的情感而自傲，从而进一步促进来访者自我了解和自我接纳。

7．来访者开始接受真实的自我

由于社会评价和价值的条件化，人们往往会否认、歪曲自己的某些内心体验。而在辅导过程中，来访者处于被无条件的关注和接纳中，从而有可能重新评估自己的内心体验，接受真正的自我。

8．帮助来访者澄清可能的决定及采取的行动

在来访者刚开始接受真实的自我时，对于某些新的选择还具有一定的模糊性，并表现出恐惧感和缺乏作出决定的勇气。这时，辅导员应协助来访者澄清其可能作出的选择。但不能勉强来访者，也不能给予劝告和建议。

9．疗效的产生

来访者在真诚、无条件关注、共情的辅导关系中，对自己的方方面面进行了重新审视，对自己的整个身心予以接纳，对存在的问题产生了新的认识，从而产生了某种积极的、尝试性的行动。此时疗效就产生了。

10．疗效的进一步扩大

当疗效初步产生后，辅导工作就转向引导来访者层次更深、范围更广的领悟。当来访者对自己能达到一种更完全、更正确的自我认识时，将会产生更大的勇气来面对自身的经历和内心的体验，并重新考察自己的行动。

11．来访者的全面成长

这时，来访者处于全面的成长过程之中，已经能够自主决策而不再惧怕选择，并有较强的信心进行自我指导。

12．辅导结束

当来访者全面成长并感到无须再寻求心理辅导时，辅导关系就此结束。

## 五、来访者中心咨询与辅导的主要技术

来访者中心咨询与辅导是一种非指示性心理咨询，从根本上讲它是一种以关系为导向的方法体系，在咨询与辅导中可以说没有什么特别的技术。这是因为没有固定的程序和技术可以促进来访者心理的成长。但是，来访者中心咨询与辅导十分强调辅导关系的建立和对这种关系的体验。对此，罗杰斯进行了大量的研究，认为真诚、无条件的尊重和共情是最基本的促进心理成长的辅导关系。罗杰斯认为，这种辅导关系具有治疗功能。因此我们可以说，来访者中心咨询与辅导的技术实际上就是创设心理成长条件的技术。从这个意义上讲，来访者中心咨询与辅导主要有三种技术：一是真诚的技术；二是无条件的关心和尊重的技术；三是促进设身处地的理解（共情）的技术。

（一）共情

1．共情的含义

共情译自英文 empathy，有同感、通情、通感、共感以及同理心等译法，指辅导员走出自己的参照框架，进入来访者的参照框架，设身处地感受来访者的喜怒哀乐。有人也将其通俗地比喻为"用来访者的眼睛看他的问题"。由此可见，共情不同于"同情"，更不同于"移情"。

罗杰斯指出，共情是"好像完全进入对方的心理世界，但又永远不失去好像两字"。

共情具有不同的层次。有人将其分为低级的共情和高级的共情。共情的层次可从感受、程度及内容三个方面进行分析。现举一例作简

要说明。

**来访者**：我十分害怕的事情终于发生了。我拿了同桌同学的一支钢笔，被他发现后报告了老师。这几天同学都在议论我，说我是小偷。我真不知道以后该怎么生活，现在连做梦都十分恐惧。

**辅导员 1**：你为什么感到如此恐惧呢？

**分　析**：内容不正确，缺乏感受。因此没有共情可言。

**辅导员 2**：你自己有笔，为什么还要拿同学的钢笔？这不自讨苦吃。

**分　析**：内容不正确，没有同等感受。根本没有共情。

**辅导员 3**：你因为拿了同学的钢笔被发现而惊恐万分。

**分　析**：内容基本正确，具有表面感受，但缺乏深度的感受，有一定的共情。

**辅导员 4**：你总以为不会被发现，结果害怕的事情还是发生了。这使你懊悔莫及，紧张恐惧。你在思考以后该怎么生活。

**分　析**：内容正确，感受正确，感受程度较高，因而共情程度较高。

2．怎样才能做到准确的共情
- 放弃自己的参照系，设身处地看问题；

初学者须不断自我反省："我是否主观？""我有没有进入来访者的心理世界？"这有助于辅导员放弃主观的看法而深入理解来访者。
- 要进得去，出得来；
- 时时注意运用非言语行为；
- 情绪反应必须适度。

3．共情不足与障碍
- 不理解来访者的心情："你怎么会心情这么差"；
- 说教和劝诫："不要计较个人得失，你应有远大的理想"；
- 指示性辅导："你应该……"；
- 空洞的保证："你要相信明天一定更美好。"
- 不接纳来访者的消极情感："你很不诚实。"

## （二）无条件积极关心和尊重

无条件积极关心指咨询者对来访者表示真诚和深切的关心、尊重和接纳。当来访者在叙述某些可耻或令人焦虑的感受时，要尊重他自由表达的权利，以关注的态度接纳他，既不鄙视或冷漠，也不给予评价或纠正，为来访者创造一个安全、温暖的氛围，使其最大限度地表达自己。相信来访者能自己找到改正的途径和方法。罗杰斯认为，我们尊重和帮助来访者是因为相信他们具有成长的潜力和具有自我指导的能力，支持他们发展独特的自我。在咨询和治疗的每一时刻，都要乐于接受来访者可能有的混乱、恐惧、愤怒、蔑视、痛苦以及其他各种情感。这种关注是无条件的，不管来访者的情感正确与否或合适与否。但无条件积极关注既不是大包大揽，更不是说接受来访者那种不适应的乃至反社会的行为，而是无条件地接纳来访者个人，并给予尊重、温暖、关心和帮助。

无条件积极关心有一定的要求：要看一个完整的人，而不是只看问题，要完整地接纳每一个人；应对每一个来访者一视同仁；尊重来访者的隐私，信任每一个来访者；尊重应以真诚为基础。

## （三）真诚

真诚是指咨询员表里如一、言行一致、不造作、不虚假。只有咨询员在同来访者打交道时不摆专家或不持骄矜的态度，以自己本来的面目出现，特别是敢于把自己的情感与行为毫无保留地暴露在来访者面前，才会促进和谐融洽的治疗关系，消除彼此交流上的障碍，使来访者产生信任感，坦率地表露完整的自我，真正促动来访者进行自我探讨和健康成长。故坦诚、表里如一可为来访者创造一个安全、自由的氛围，使其最大限度地表达自己，从而改善治疗关系，推动治疗进程。

要做到真诚，咨询员必须坚持：(1) 从角色中解放出来，即无论在生活或是在治疗关系中都是真诚的，不必隐藏在自己专业角色之后。(2) 开展自发性交流，即同来访者的言语交流与行为应是自然的，不应受某些规则和技术的限制。(3) 具有非防卫的态度，即应理解来访者的负面体验，帮助他们深化对自我的探索，不应忙于抵御其负面体验对自己的影响。(4) 保持一致性，即咨询员应言行一致、表里如一。(5) 自我暴露，即咨询员应以真诚的态度，通过言语和非言语行为表达自己情感。在咨询过程中要注意真诚是实事求是，不能不懂装懂；真诚不等于实话实说，不利于来访者成长的实话不能说；真诚也并不等于自我发泄。

## 六、治疗效果评价：Q 分类技术

### （一）Q 分类技术含义

Q 分类技术是心理学家斯蒂芬森于 1953 年发展的一种测量方法，而罗杰斯则采用它来测量理想自我与现实自我之间的关系，测量心理治疗的效果。Q 是 Question 的开头字母。它是对 Q 分类材料进行等级排列，并对所得到的顺序数据进行分析，从而掌握研究对象的有关心理与行为的变化，Q 分类材料可以是陈述性语句、图片等。通过 Q 分类分析可以获得以下信息：(1) 同一个体不同时间内对同一测验反应之间的相关信息；(2) 小样本被试在同一时间内，对同一测验反应的相关信息。

### （二）Q 分类技术的基本程序

1. 选择与编制 Q 分类材料

选择问题的数量一般在 60～120 个之间，每个问题都写在一张卡片上。可以在每张卡片上写上一句自我描述的话，例如"我是一个善于言谈的人"，"我从他人那里寻求支持"，"我对自己有很高的期望"。

2. 确定分类标准

要求被试选择那些最能描述自己生活的语句，按正态分布进行排序、分堆。一般按 9 个或 11 个（奇数）等级进行排序（分堆）。例如，假设第一张卡片上的话是"一个健谈的人",如果这个情况非常符合你的情况,那么,就把卡片放在第 9 类或第 8 类上,以此类推。每一类的卡片数量是有限制的,因此参加测试的人就必须选择那些最有代表性的卡片。用这种方法,治疗师就可以清楚地看到患者自我概念的轮廓。

3. 向被试呈现,进行数据处理

将卡片呈现给被试,让被试按某一等级进行评分,得到每一个问题的等级分数。例如,当被试测完他的理想自我与现实自我时,根据卡片在每一类中的位置,给它们赋予 1~9 之间的值,就可以计算现实自我与理想自我之间的相关系数。在多数情况下,应采用等级相关的方法进行数据分析。

(1)可计算出不同成员得分之间的相关,得出成员之间的相似程度。相关系数越大,两者的相似性就越高。

(2)可以比较同一个人在治疗前后的两次 Q 分类间的相关,相关系数越大,治疗效果越差;相反,则治疗效果越好。

(3)可以计算理想自我(按自己的理想或自己应该达到的程度进行评价)与现实自我(按自己的实际情况进行评价)之间的相关,相关系数高时,个体心理可能较为健康;相反,相关系数低时,个体心理可能存在某些问题。有时也可以比较 Q 分类结果与标准 Q 分类的相关。

(三)Q 分类技术的评价

这种方法有许多优点,如在评价心理治疗效果时,有一定的理论依据,较为科学可靠;对单人个案可以重复测量;并且可以对数据进行充分比较。但它的最大局限在于项目编制难度大。另外,由于限定了被试的选择,因此,会限制被试的自由反应,反应的灵活性低,被试不宜自由表现出自己的心理和行为反应。

## 第五节  后现代主义的心理咨询技术

### 一、后现代心理学理论观点

心理学中的后现代主义取向包含着许多不同的理论体系,如社会建构主义心理学、话语心理学、多元文化论、释义心理学、叙事心理学和后现代女权心理学等等,其中,社会建构主义心理学处在中心地位。这些理论观点尽管存在着差异,有时相互之间也存在着对立和冲突,但还是存在着一些明显的特征将它们维系在一起,共同构成了西方心理学中的后现代主义取向。

后现代主义取向把社会建构主义作为认识论基础,以社会建构的观点解释知识、真理、意义和世界。它对建立在主客两元论基础上的反映论持批判的态度,而极力主张社会建构的观点。依照后现代主义取向的观点,人的认识是建立在以往的经验、先前的理论观点的基础之上的。正像库恩范式论中的事实一样,每一种事实都是相对于一定的范式。范式决定着什么是事实,什么不是事实。人的认识同样如此,决定人们看到的东西并不仅是眼前的事物,更重要的是他的经验和他从属的社会群体及其从事的实践活动。所以人们的认识是社会互动的结果,是人们在社会生活中建构出来的,而不是对外在对象的反映。真理是"发明"的,而不是"发现"的。现代主义强调使用客观的方法可以使得观察者得到现实的持久真理。而后现代主义认为观察者总是在建构被观察的事物。因此,被观察到的决不会是客观真理,而必然总是观察者和被观察到的东西的某种结合。后现代主义取向主张。我们对于世界的知识、对于心理和行为的认识既不是一种表征,也不是一种"发现",而是一定社会历史条件下的"建构"。如果认识的过程依赖于已有的概念和范畴,依赖于所从事的社会实践活动,那么怎么能保证通过观察获得的不是"发明",而是"发现"呢?所以,认识过程是积极主动的建构过程，并非被动的反映。建构并非个体内在水平的建构，而是社会人际互动、相互协商和共同意识所决定的，这些社会过程决定了知识的标准和知识产生的方式。所以，建构又是一种文化的建构，是特定文化历史条件的产物。对于心理现象而言，它的建构同样发生在具体的历史条件下和特定的社会生活中：不同的历史时期，人们对心理现象有不同的认识，不同的社会对心理现象进行了差异极大的分类。由此得出的结论是：心理学的"真理"只是相对的，没有超越文化历史的普遍真理。

与现代心理学相比较，后现代心理学促进了心理学实践的四个转变：语言的意义和作用的转变、从个体中心向关系模型的转变、从客观世界向社会建构世界的转变、从经验实证向话语分析的转变。

将后现代主义的取向贯彻到心理咨询与治疗领域中，引起了许多变革、涌现了许多心理咨询与治疗的方法。本章内容只涉及叙事咨询与焦点解决短期咨询两种典型的咨询技术[①]。

## 二、叙事咨询

### （一）叙事咨询的基本假设

1. 人们生活在他们自己编织的故事之中

叙说是人类的天性，人在生活中有说其故事的欲求。故事是有生命的东西，每个人用其故事来展现其人生。故事可以影响不同文化背景下的人，很多咨询师都鼓励来访者说出自己的故事。研究本土和西方文化的民族心理学家 Edward Bruner（1986）提出人们所说的故事不仅仅是关于自己的真实经验，实际上我们口中和别人口中的关于我们自己的故事塑造了我们的现实生活。故事成为我们的生活的控制点。换句话说，我们所说的故事并不完全是描述了我们所看的，它还建构了我们所看到的。所以，在学校，关于某个成功或者失败的学生的故

---

① John Winslade • Gerald Monk. Narrative Counseling in School. Corwin Press. 1999.

事，并不真正描述了那个学生的生活。

2．人们赖以生活的故事并不是凭空产生的

对我们的生活和经验影响最大的主流故事并非来自某个个体，而是产生于谈话中。在社会中，我们和很多人交谈，我们的主观经验感觉这些故事就是我们拥有的，但它们中的很多其实来自于社会文化。所以，为了更好的了解来访者，聆听那些对他们产生很大影响的别人的故事和他们对这些故事的态度是同等重要的。

3．强势故事限制了人们叙述新故事的能力

生命中发生的事很多，但很多人沉浸在强势故事之中，他们选取其中的情节来成为自己的故事。人会过滤生活，最后决定让何者进入自己的主要故事。

我们看待自己并不是从自身的经验来认识自己的，而是从外界的社会规范来衡量自己，我们常将自己视为对手来评价检查。比如说，如果我们的体形不太符合主流文化关于美的标准，我们就学会了将自己视为没有吸引力的。在西方社会，人们希望男士要像奥林匹克比赛中的游泳选手那样的体形，女士要有意大利时尚模特那样的身材。这种看法与我们每天被鼓励着来衡量自己的标准不一样。通过这样苛刻的标准，我们会认为自己是难看的，懒惰的，缺乏自控能力或者是不受欢迎的。这样，年轻的女士们诸如厌食症、易饿症等极易受影响的进食问题看起来也就不那么令人惊讶了。一些年轻的男士为了塑造符合主流文化推崇的魅力体形甚至冒滥用类固醇的危险。

当然，这种注意或者文化评价的作用远远不限于身体的烦恼上。自我观察涉及我们生活的每个角落，也因此成为叙事咨询关注的焦点，他们通过叙述的力量来说明我们自己相信的事情。这种注意也运用于学校中，学校通过这种根据学生的智力表现来给学生划分等级类别，从而建立特定的评价系统。

4．人与问题的关系

"问题"才是问题，人不是问题。问题本身有其生命，问题运作时会影响此人，但此问题不是此人。每个人都是专家，是自己问题的专家，由其来评断其生活是好还是不好。来访者来见治疗师之前，早就自疗一段时间了。许多问题都是种族、阶级、性取向、性别等文化环境营造出来的。个体寻求帮助会低估自己能力，会限制他们自我资源的开发利用。再度对生命取得主权，会重新取得自我的资源。人的一生当中，总有不被问题影响的时候，问题是不会百分之百操纵人的。

5. 解构强势话语有助于带来新的可能性

世界上总是存在一时还无法纳入主流故事的替代故事。总有特定的事特别突显，不断的储存记忆，成为围绕着某个主轴、曲调的我的主要故事；不符合这个主轴、曲调的，不被注意的事件，称为替代故事（alternative story）。人们可以通过以下方式来进行问话：

- 这种状态下，你会用特殊的方式吗？
- 你这样做是出于何种观念考虑呢？
- 你是如何学会它们的？
- 引导你这样做的想法使从哪里学习到的呢？
- 这种行为趋向一直都很适合你吗？
- 在你的生活中，谁支持你这样做的？

6. 咨询员要帮助来访者建构多重的、令人满意的、有吸引力的新故事线索

治疗师应相信生命中有其他部分，虽未被描述，但仍存在许多可能性，治疗师的职责在于与当事人共同寻求新的事件，创造新的故事叙说，并赋予新的生命意义。当一个替代故事可以纳入当事人的生命故事时，即使有问题的故事（主要故事）依然继续存在，当事人会有更新的不同故事的可能性。

Gregory Bateson（1972，1980）指出我们的学习产生于现象的相互比较中。从与白色的对比中，我们知道了黑色，在与冷的经验的对比中，我们学会了热。他建议我们从注意那些被称之为"不一样的信息（the news of difference）"中学习。叙事咨询帮助来访者从两组经验的比较中寻找差异，通常利用一个问题故事和它的"对抗策略"，寻找出巨大的差异有助于勾勒出未来的清晰轮廓，然后他们就更容易体验到原来他们拥有以新的方式来行动的能力。

## （二）叙事咨询的基本过程与要求

- 和任何咨询方法一样，与来访者建立良好的关系是关键所在。所有关于参与和倾听的技巧在叙事咨询中都是适用的。
- 叙事咨询员应该对任何有关来访者现有的知识和能力的信息保持高度的敏感（尤其是与来访者的问题相关的信息），这些收集来的信息可以在以后的咨询过程中得到利用，例如为后面的来访者构造一个故事的资源库。
- 叙事咨询师应该是真诚的发问者。咨询师的工作不是傲视来访者所生活的世界，这种对来访者的尊重有助于积极引导他们进行自我探索，解决问题。
- 为问题命名之后，咨询者开始询问"造成何种影响"的问题，以探索问题和来访者本身的力量。这些问题最初出现的样子直接影响到个人对问题的客观化。在这一过程中，来访者更了解问题对自己和他人所带来的影响。这是在对来访者询问问题之后实现的。
- 咨询者要注意从来访者的经验中提取信息，哪怕是很微小而不显著的。这些经验的片断是塑造新故事的关键素材。通过询问这些"独特结果"（White，1989），咨询者就能对问题对于来访者生活的影响进行深入探究。
- 持续的发问和专注的倾听。这对来访者们在忽视或者小看了自己的能力或成就的时候是很有必要的。真诚的态度在来访者无法认识到他们自身的力量的时候尤其重要。
- 在已经体验到了一些由于咨询而使自己不受问题局限之后，咨询者就可以邀请来访者对这些关于经历的关键特征进行解释。这样，在不同的实践之间的选择性故事的策划和主题性联系就描绘出来了。最好的效果是当一些独特的经历被识别发掘出来以后。
- 叙事咨询面谈中一个至关重要的阶段，是来访者有机会去决定他自己接下来是继续由问题所左右还是给自己的生活重新定位一个新的故事。
- 作为咨询程序，叙事咨询师和来访者始终如一地探索故事可能发生的新的情境。对于来访者，虽然这并不能马上揭示出供选择的故事成长的情节，但持之以恒和尊重的态度是叙事面谈很重要的特征。
- 和问题故事一样，在来访者的生活中，供选择的故事也有一个悠久的历史。详细述说每一个关于自身能力的历史都是很重要的。潜力不会无缘无故地出现在咨询室。对早年经历的细致地提问有助于为新的故事方向打下良好的基础。
- 咨询不因为来访者一个新的意愿的发展而受到影响甚至停顿。从社会建构的观点来看，同一性不是一个来访者的关键特质。故事在咨询室中巩固下来并不代表在来访者生活的社会环境中也能巩固下来。所以，咨询师要询问并引导来访者重塑声誉。一个积极的聆听者总是深思熟虑地寻找发展的方向。对于我们中的大多人来说，没有旁人的鼓励，是很难对自己的生活作出比较激进的改变的。
- 在学校里改变一个名声是很重的一个任务。一个首选的故事必须是按照这个任务发生的。作为旧的故事的目击者，观众们调整着大局去适应已经改变了的事实。为来访者的再次光临作好准备是非常重要的。

### （三）叙事咨询的特有技术

1. 问题外化——解构主流故事

叙事治疗最广为人知的策略是问题外化（externalizing of problems），它最初是由Michael White和David Epson二人发展出来的。问题的外化能起到使当事人减少无谓的人际冲突，并提供对话的可能，帮助来访者有效地解决问题等作用。
- 问题运作会冲击或渗透人的生活，是独立于人之外的东西，外化是此信念的实践。
- 问题外化可以打开空间，让当事人做自己故事的作者。

- 外化的态度比技巧更重要。
- 问题外化不是要消灭、铲除、杀死问题。透过外化是要创造一种语言的和关系的情境空间,让原本被问题给挤压、压迫、和控制的个人能够想象并得到活化。让个人认识到与问题有不同的关系。
- 外化对话已渐替代问题外化,其意义在于外化的态度与使用,是在咨询关系中不断持续开展的。

2. 进行外化的几种途径

(1) 客观化:将问题和当事人分开,使当事人有一空间来审视问题和自己的关系。咨询师可以透过修饰当事人使用的语言,使问题客观化,例如"他的误解是如何让你感到难受?""内向是怎样让你无法和人形成朋友关系?"

(2) 命名:在经过一段谈话后,咨询师可以请当事人对其描述的困扰或经验给个名字,例如:"前面已谈了不少有关你在学校里的一些事情,不晓得如果要你为你在学校里碰到的讨厌的事,取个名字的话,你会叫它作什么?"在咨询的初期,当事人的叙述仍不充分时,命名可能会有困难,此时可暂时以"它"或"这个困扰"来指称,等信息较多时再请当事人命名较妥当。

(3) 拟人化:这是较具戏剧效果的方法,是将问题视为有生命的个体,它是有动机、有想法、有感受的东西,它会侵入当事人的生活领域、人际关系。例如"冲动这个家伙经常对你说些什么?"、"逃避这个坏东西似乎会溜进你的学校生活,你知道它的有什么企图吗?"

(4) 探索"问题"与人的相对影响问句的方法

- 问题发展的历史长度。例:"这个问题跑出来多久了?""这个问题变得更严重,还是变得比较好?"
- 问题统治的幅员。例:"它影响你的生活有哪些层面?""它似乎影响了你的学校生活,还有其他部分?比如在家?"
- 问题效应的深度。例:"它影响你的朋友关系有多深刻?""这个问题的压感有多重?"
- 问题如何达成上述的影响。例:"自责是如何告诉你,你应该要对父母的离婚负起责任?""孤单是如何侵入你的家庭,偷走了你所有的快乐?"

2. 寻求例外—独特结果的问话——建构新的故事

(1) 独特结果的意义：独特结果是指那些无法由充满问题的主要故事所预测的情节或经验。

(2) 独特结果的问话：通过发问引导当事人寻找过去、现在时间中，症状问题没有发生的例外情形，当事人对付问题有效适应生活的例子，以找回这些正向、有能力感、自信的情节，破除旧有故事的强势，创造新故事的可能空间。

- 关于既有的独特结果。例："过去两周中和母亲冲突中，有没有哪个时刻，你曾觉得冲突有减弱的迹象？"
- 假设经验的对话。例："如果没有自信已经把你控制了，那时会发生什么事？"
- 不同观点、背景与时间架构的问话："你怎么适应这种困境，你的祖母会怎么说？""懒惰影响你全部的生活，还是只影响学校生活？"

3. 寻求一群听众——扩大新故事的疗效

叙事咨询经由问题外化、独特结果及发展替代故事的对话过程，发现已存在当事人生活经验中，但未说出的或遗落于原先自我叙说之外的闪亮时刻及独特结果等事件，催化当事人得以和充满问题的人生故事分开，他们将体验到原属个人的自主力量与动能，这种赋权给当事人的过程，是相当具有力量的。

然而，叙事咨询更重要的冲击，应是在开启咨询辅导工作者对于专业权威也可能是一种压迫的反思。咨询师看待当事人和其问题的视框，由内在病理转变到发现并重视当事人内在知识和正向力量，这基本上是一种看待生命方式的转变，也是一种世界观的转变。

## 三、焦点解决短期咨询

焦点解决短期心理咨询的基本主张是：用正向的、朝向未来的、朝向目标解决问题的积极观点,来促使改变的发生,避免局限于探求原因或是问题取向的讨论。亦即将咨询的焦点放在朝向目标导向的谈话,而非问题导向的谈话。这种咨询亦可称为消费者模式,即不以一个"模子"套在个案身上来进行诊断、比较或处理,而是要让每个个案选择他(她)的目标、决定目标,去协助个案达到他(她)所要改变的目标,而不是将咨询理论强加在个案身上。此为遵循的理想目标。

### (一)焦点解决短期咨询的主要精神与技术

整体而言,焦点解决短期咨询的基本精神在于这是一个包括改变、互动与达成目标的整体模式。具体而言主要表现在:

1. 事出未必有因

"问题发生的原因是什么?"这个问题的基本假设是指目前有一个明确的问题,而造成这个问题的背后有一个特殊的原因。其内在假设则是"事出必有因"。找出原因似乎就可以解决问题。

基本上,焦点解决短期咨询认为原因和结果间的关系很难认定。一对夫妻因沟通不良、天天吵架而前来求助,丈夫说:"关系不好都是老婆凡事挑剔!"妻子说:"都是先生常常忽略我,才会挑剔!"丈夫接着说:"老婆挑剔,我才会忽略她,所以原因还是老婆!"这种探究问题原因的讨论常会陷入鸡生蛋或蛋生鸡的逻辑矛盾中,最后反而使问题难以解决。

而且,许多问题发生的因果关系常常很难确定,问题往往是互动下的产物,原来的因演变成后来的果,后来的果又变成因,不断循环下去,比较难确定。焦点解决短期咨询主要是以"可以做什么让问题不再继续下去"这样的问句,取代"问题发生的原因是什么",以探究此时此刻可以做些什么的问句,取代探讨过去原因的问句。由于焦点解决短期咨询专注于朝向问题解决的历程,而非探索原因的历程,所以有可能在不探究问题原因的情形下,就成功地解决了问题。"了解原因"在焦点解决短期咨询过程中不是最关键的,重要的是"解决"的历程。

2. "问题症状"有时也具有正向功能

一个问题的存在，不见得只呈现出病态或弱点，有时也存在着正向功能。例如：小孩在学校打架滋事、问题不断，看起来这个孩子真是问题学生。但是深入探究其家庭背景之后，老师发现孩子的父母早已离婚，互不往来，只有在孩子出事时，父母双方才会一同来到学校，而孩子的幻想中仍然希望父母有一天能重新合好，所以他通过打架滋事来完成他的梦想。在这个案例中，打架滋事虽然是个问题症状，但是隐藏在背后的却是一个正向的期待，有它的功能存在。协助学生寻求更好的方法取代打架滋事，而又能保有其正向的期待，是问题解决的重要关键。焦点解决短期咨询的精神在于不仅看到问题症状，更能看到其背后的正向功能。

3. 合作与沟通是解决问题的关键

在言谈的过程中，焦点解决短期咨询认为来访者和咨询员是一直处于合作的互动关系：来访者总是会说明他们如何去思考改变的发生，而当咨询员了解他们的想法与做法时，咨询员和来访者合作解决问题是必然的。通过一步一步与来访者的情感、想法同步前进，倾听不仅止于倾听，而是配合来访者的声调、感情和用语，进入来访者的世界作积极的行动引导。

其次，经由邀请，促进来访者作进一步的改变，协助来访者搜寻并创造新的意义，产生新的想法与行为。若来访者不接受新的邀请，试试第二个邀请。这里需要指出的是，作为咨询员，没有失败，只有回馈。焦点解决短期咨询认为没有抗拒的来访者，只有不知变通的咨询员。咨询员与来访者合作的方式永远是正向与未来导向的，支持来访者，通用正向的目标引导方式，并将模糊的陈述予以具体化。咨询员是解决问题"过程"的专家，来访者则是最了解问题的专家，两者合作，就有机会使问题迎刃而解。

4. 不当的解决方法常是问题所在

问题本身不是问题，而是解决问题的方法不当，导致问题的出现。有时，不当的解决方法还会带来更大的问题。所以焦点解决短期咨询的咨询策略不是问题解决导向（problem solving），而是解决发展导向（solution development）。

例如：某位公车司机因为精神不好，无法专心开车，他想到可以吃安非他命提神，结果安非他命带来的心悸、身体不适，反而造成更大的问题，最后这位司机反而面临失去工作的窘境，还要面对法律的问题。这个失业及法律问题之产生，是因为他以无效的解决方式，循环地产生自我挫败的结果。

因此，面对每个问题，应考虑问题的多面性及特殊性，发展弹性的问题解决方法，而且相信个案是有能力、有责任发展出适宜的解决方法，摆脱困境，不致因为解决方法的胶着而产生更大问题。

5．个案本人是解决他自己问题的专家

在这个学派的基本精神中，并不是从精神病理学的角度看待人类行为，不特别去深究问题行为的根源，而是强调个案是具有功能的个体，个案才是发挥解决问题的功能。这种咨询方法不将个案视为没有行为思考能力的个人，需要咨询员为他们设计问题解决的方法；相反的，焦点解决短期咨询强调用人们本身的资源，亦即利用个案本身的资源达到改变的目标，也相信个案本身具备所有改变现状的资源。同时极为强调尊重个案的能力，提供机会给个案去积极发现改变的线索。个案是他自己问题的专家，而咨询员则是改变过程的专家。咨询员只是"引发"个案运用自己的能力及经验改变，而不是"制造"改变。

6．从正向的意义出发

焦点解决短期咨询强调人们的正向力量，而不是去看他们的缺陷；强调人们的成功经验，而不是他们的失败；强调人的可能性，而不是他们的限制。

例如一位个案谈到自己太胖了，想要减肥，希望恢复十年前的好身材，可是自己却一直吃，一刻也停不下来，甚至会跑到大老远的地方去享受美食，所以减肥一直失败，自己沮丧极了。

咨询员可以在这样的案例中，引导个案去看到自己为享受美食的愉悦而不辞辛劳的正向力量，或是同理（共情）现在不辞辛劳地想要改变；不辞辛劳是可以用来促成改变的毅力。咨询员也可以引导个案回想十年前拥有好身材的正向感受，鼓舞个案改变的决心；把发现正向力量，以及发现当年如何做到保有好身材，问题解决的契机。如果停留在现在失败的情绪，去探讨失败的原因，只怕会让个案感到更沮丧。

7. 咨询员要关注"雪球效应"

焦点解决短期咨询看重小的改变，当小的改变发生时，所处的环境、系统就和原先的状态不一样了；只要持续小改变，就会累积成大改变。这就好比"雪球效应"，原先只是山上的一颗小石头，开始向下滚，越滚越大，越滚越大，到了山下就会变成大雪球，具有足以造成山崩的气势。所以，咨询员要引导个案看到小改变存在、看重小改变的价值，而愿意促进小改变的发生与持续。

8. 找到例外，解决就在其中

当个案进入咨询室时，他可能完全笼罩在他自己的问题当中，他会说自己的状况一直很恶劣，总是陷在忧郁的情绪中，无法自拔。

焦点解决短期咨询的精神在于经由个案的叙述，找到例外的可能，也就是"何时忧郁不会发生"，或是"何时忧郁会少一点"。焦点解决短期咨询相信任何问题都有例外。在这个案例中，咨询员同理（共情）个案的忧郁后，试着问："曾做过些什么使你的心情好一点？"个案想了半天说："插插花的时候。"于是咨询员可以针对个案在插花活动时的情况，找到一个例外情境，深入探讨例外情境何以发生。例如：插花的乐趣是什么，个案什么时候愿意去插花，怎么能够在心情不好时，还可以做得到去插花。从这个方向探索，可能就在其间发现改变的途径。

通过研究个案做了什么而使例外情境发生，并加强、增多例外情境的发生使这些小小的例外情境变成改变的开始，逐步发展成更多的改变。这是焦点解决短期咨询的基本精神之一。

9. 重新建构个案的问题，创造改变

当一位个案谈到他不喜欢目前的处境，生活一团混乱，找不到可以谈心的朋友，学业上的表现令他很挫折，不喜欢他的老师，讨厌他的室友，他的家人也不关心他，焦点解决短期咨询的咨询员会重新建构个案的问题。首先，咨询员会问个案 "你在生活中想要些什么"，而非谈论什么是个案不要的。这样可以帮助个案停止抱怨，正视问题的解决。和个案谈他的需要，可以带出行动的目标，改变才有可能发生；抱怨只会使人停留在挫折的无可奈何中。因此，重新解构问题，就是走向解决的一个方向。

咨询员会在过程中，建构一个问题得以解决的情境，而且讨论出不只一种的解决方法，找出个案有效的行为，鼓励个案多做一点。澄清个案的目标，检视个案的期望是否合理，协助个案对他的问题抱有合适的期待，是焦点解决短期咨询的进展之一。

10．时间及空间的改变有助于问题解决

一对夫妇前来寻求协助，妻子渴望能够开始拥有自己的空间并外出就业，不再完全以先生的意见为意见，先生却无法接受她的改变，两个人开始在生活中有了争吵。太太觉得先生太霸道，完全不考虑她的需要；先生觉得太太很自私，有时晚上还要工作，孩子没人照顾。

经过讨论，咨询员发现他们在卧房吵得最凶，常常一讨论就会以吵架收场，但在客厅讨论则会有不一样的结果，因为孩子在场，讨论比较不会失控。由此点发现空间上的不同会形成改变的可能，所以咨询员鼓励他们能尽量先在客厅讨论两个人的问题。同时，咨询员也针对时间向度询问两人，结果发现妻子如果能在先生下班前回到家中，先生也可以试着接纳妻子外出工作。通过改变时间及空间，这对夫妇为他们的问题寻求到解决的方向。

咨询员经由思考的方式、与个案对话的方式、建构解决方法的方式三者交互作用，可以反映出有关改变、互动及达成目标的概念。

（二）焦点解决短期咨询的基本流程与目标设定举例

1．基本流程

## 学校心理学

　　　　　　　　　　　问题探究
　　　　　　　　　　　　↓
　　　　　　　　　　　设定目标

**消极目标**　→　**积极目标**　→　　　　**抗拒**

如你不想……，　　如果你和你先生关系改善　　（我不知道）……
那么你会……　　了，是因为发生了什么　　如果你知道的话……
你可以作怎样的改变，事？　　　　　　　　　　（我想不出来）……
使你……　　　　　　　　　　　　　　　　　如果你真的能想到一个，
　　　　　　　　　　　　　　　　　　　　　那会是什么？

　　　　　　　　　　　　↓
　　　　　**例外／成功经验的问句**
　　在什么情况下，状况是比较好的？没有这个问题的？
　　　　　　　　　　　　↓
　　　　　**不可能的（奇迹的）问句**
　　假如你一觉醒来，你发现问题解决了，你想，
　　　　最先被解决的会是哪一件事？
　　　　然后你会有什么反应？
　　　　他会发现你有什么不同？
　　当某人发现你跟以前不一样了，他会有什么反应？
　　　　然后你又有什么反应？
　　　　　　　　　　　　↓
　　　**与前述问题之关系人有关的问句**
　　其他的人对你的不一样反应（行为）会有什么看法吗？
　　　　相对的，他们的行为会是什么？
　　如果你注意到他们也一样的对你，那你会有什么反应？
　　　　　　　　　　　　↓
　　　　　　　　　**虚拟实境**
　　你可不可以说说看，在什么样的情境下，上面的改变会出现？
　　　　　　　　　　　　↓
　　　　　　　　　**行动评估**
　　假设 0 代表没有任何改变，10 代表改变（奇迹）发生，那么，你会怎样才可以做
　　　　　　　　　到 10？
　　　　　　　　　　　　↓
　　　　　　　　　　**追踪**

2. 焦点解决短期咨询目标设定举例

在确定目标的过程中，个案便已经开始改变的第一步，而这些改变都是发生在问题解决的目标范围中。只有朝向目标导向的谈话，才是焦点解决短期咨询所鼓励的。

（1）正向／积极目标的设定
- 你觉得该怎么做才能使你的成绩提高？
- 你说别人觉得你孤僻，那你说说看他们希望你是怎么样的一个人？
- 你可不可以告诉我，其实你太太希望你用什么方式与她说话？

（2）转变个案的消极（negative）目标为正向目标

许多个案会有下列之说词（消极目标）：
- 我实在不想再这样下去！
- 我也不想被人说脾气不好！
- 我也不想每天迟到！

上列句子咨询员可以设法将之转变为积极的目标：
- 咨询员：你说你不想再这样下去，那你可以做什么呢？
  当事人：我可以减少跟他见面的机会。
  咨询员：好，那我们来看看从那里做起会比较好！
- 咨询员：你说你不想被别人说脾气不好，那你其实是想说什么？
  当事人：我其实想被人家说我是一个好人。
  咨询员：那，怎么样才是一个脾气好的人，你要不要说说看？
- 咨询员：你说你也不想每天迟到，是吗？

有时候，在咨询谈话中，个案会提到他希望"别人"作些改变，
- 我不希望我父母干涉我交朋友！
- 我不喜欢我说话时，别人老是打断我！

通常，直接回答个案的问题易遭受个案的抗拒，咨询员可作如下反应：
- 咨询员：如果他们不干涉你交朋友，那你会怎样？

当事人：那我跟他们说话就不会那么冲！
咨询员：ok，其实你也不想那么冲，跟你父母说话。
当事人：对，我喜欢那种感觉，一家人……
咨询员：好极了，万一父母再唠叨你时，你其实可以做什么可以使他们比较不会那么唠叨，而你也觉得比较愉快些？

(3) 转变抗拒的、伤害性的目标为积极目标
- 咨询员：你希望怎样才好！
  当事人：我想休学。
  咨询员：什么原因使你想休学？
  当事人：我觉得学校生活很无聊，况且我成绩也很糟！
  咨询员：你是说，如果学校生活不无聊，你的成绩也过得去，那你就不会休学了？
  当事人：应该是吧！
  咨询员：ok，那你觉得怎么样才是不无聊的学校生活，我们先从这一部分谈起。

## 第六节 学校心理辅导活动课的设计与组织

学校心理辅导活动课是学校情境中，心理辅导教师根据学生的身心发展特点和社会需要，依据一定的心理辅导理论与方法在团体中引导学生自我了解、自我探索、自我体验、自我发展、自我成长而专门开设的活动课。由于它是目前学校教育中辅导对象最多的心理辅导的形式，具有教育性、发展性、预防性和治疗性的功能而得到了广大中小学师生的欢迎。

### 一、学校心理辅导活动课的价值追求

学校心理辅导活动课以活动为内容的载体、以内容确定活动的方式，并不强求统一的辅导模式。与传统的学科课程相比，除了在形式

上的这种区别以外，学校心理辅导活动课关注的焦点也不一样。由于其特定的目的，即提高学生的心理素质，学校心理辅导活动课特别重视辅导关系的创建、学生的情感体验和学生的自我探索。

## （一）重视辅导关系的创建

几乎所有的辅导理论都强调，辅导关系是决定辅导成功的第一要素。创建良好的辅导关系是团体心理辅导活动顺利开展的前提条件，也是评定心理辅导活动课成功与否的首要指标。罗杰斯就非常强调"心理气氛"的建立。他认为"辅导的成功并非依赖辅导者技巧的高低，而是依赖于辅导者是否具有某种态度"，可以认为良好的气氛对团体成员人格的改变较之辅导技术更为重要。人本主义心理学的另一位杰出人物罗洛·梅同样强调整体的辅导，强调辅导者与团体成员之间的相互交往。他们都认为一种民主、平等、温暖、合作、真诚、建设性的人际关系本身就是一股巨大的教育力量。

虽然在学校心理辅导活动课实施过程中并没有专门的一个环节用来建立辅导关系的，但是活动过程的每一个细节都渗透着辅导者对团体成员的真诚、共情和无条件积极关注。因此，辅导者成为团体成员的促进者、朋友和同伴，而不会以自己的价值观来评判团体成员。当然良好辅导关系的建立一方面取决于辅导者对成员的真诚、尊重、共情、关注、鼓励能被成员所能感受到，另一方面取决于辅导者在提供支持的同时使用一定的挑战策略。挑战策略包括高级共情、自我开放和信息共享等。它可以使成员更加清楚地认识自己，激发他们解决自己问题的动机，学会自助。

## （二）强调学生的情感体验

能否增强学生的情感体验是评定一堂心理辅导活动课成功与否的重要指标。学校心理辅导活动课并不忽视认知的重要性，如辅导者经常采用艾理斯合理情绪疗法、贝克认知疗法等侧重于认知改变的理论与技术，但更侧重于在强烈的情感体验的基础上的知、情、意、行的统一。从某个具体的辅导技术角度看，任何有效的理论与技术都是重要的，但从整个辅导过程来看，学校心理辅导活动课更突出地强调让团体中的学生在良好的辅导关系的基础上深切地体验到此时此地自己的人格动力特征，从而寻求改变自己的途径。

人们对体验的定义没有达成一致的意见，但都十分强调体验在教育中的重要性。有人认为20世纪的教育课程是以与生活世界的剥离为特征，只有以体验为核心的课程改革，才能使教育课程重返生活世界，才能找回失落的主体意识。组织过程中的体验是对人自己生命的升华和超越；组织过程最本质的目的应是充分关注人的体验能力，关注人的全面发展。可以认为学校心理辅导活动课强调学生的情感体验，强调知、情、意、行的统一走到了当今课程改革教育潮流的前沿。

### （三）引导学生的自我探索

心理辅导的实质就是指辅导员通过创造一种真诚、民主、合作、共情的环境，引导和帮助学生自我探索、自我体验、自我成长和自我完善的活动（李伟健，1998）。在团体心理辅导过程中，教师既不能包干替代，也不能依靠说教或社会规范的灌输来影响学生，重在引导学生积极地自我探索。

杜威认为："思想、观念，不可能以观念的形式从一人传给另一人。……只有当他亲身考虑问题的种种条件，寻求解决问题的方法时，才算真正在思维。"罗杰斯认为："教育他人的任何东西，在人看来相对地似乎是毫无意义的，对行为只产生微小或根本不产生有效的影响……我终于感到，唯一能对行为产生意味深长的影响的学习是自己发现并把它化为己有的知识。这种化为个人所有的并化到自己经验中的自我发现的知识和真理，不能直接传授予他人。"

在辅导者与团体成员具有良好的辅导关系与彼此开放的前提下，辅导者引导成员积极地自我探索是学校心理辅导活动课的主要标志，也是它取得良好效果的重要原因。

## 二、心理辅导活动课的特点

### （一）心理辅导活动课的根本目标是提高学生的心理素质

在学校课程中开设心理辅导活动课，是因为心理素质在人的培养中占有重要位置。人的素质包括生理素质、心理素质、科学文化素质、思想道德素质等不同的方面，这几方面的素质是相互联系、相互依存的。心理素质作为人的素质的基础性要素，对人的全面发展具有支撑和导向的特殊意义。近年来随着素质教育的不断深入，人们越来越意识到心理素质的极端重要性，因此，心理健康教育也逐渐成为学校教育的重要内容。

传统的学科课程侧重于知识的传授和技能的训练，对学生心理素质的培养十分欠缺。心理辅导活动课以全面提高学生的心理素质为根本目标，采用游戏、体验、角色扮演、人际交流等寓教于乐的渗透方式，帮助学生开发潜能，健全人格，逐步提高社会适应水平，这是对传统的学校课程体系的有效变革，是推进素质教育的一项重要举措，其意义将随着素质教育的不断深入而愈加显现。

### （二）心理辅导活动课的中心任务是促进学生的心理发展

在儿童青少年的成长过程中，经常会碰到一些问题，包括如何认识自我，如何认识他人与社会，如何提高学习效率，如何调控自己的情绪等等。这些问题的解决，主要不是依靠教育者的说教和社会规范的灌输，而是在学生动手、动脑亲身参与的过程中，通过实践活动的锻炼，通过领会、体验等不同的心理内化方式实现的。因此，帮助学生解决在成长过程中遇到的各种实际问题，便成为心理辅导活动课的一项重要任务。

心理辅导活动课的另一重要任务是优化学生的心理结构，全面提高学生的心理素质。这一任务的完成同样不能依靠空洞说教，而应采取活动渗透的方式，有计划、有系统地进行。有些学校在组织心理辅导活动课中,仍然没有摆脱传统的学科教学的模式,结果心理健康方面的概念原理讲了很多,空泛乏味,学生听了不感兴趣,这不仅影响了心理辅导活动课的社会声誉,也对深入推进素质教育造成新的妨碍。由此可以看出,围绕提高学生的心理素质这一主线,在活动的新颖性、趣味性、参与性、可操作性上多下功夫,对于保证心理辅导的发展性目标的实现具有极为重要的意义。

### (三)心理辅导活动课的教育本质是学生的自我教育过程

心理辅导活动课是建立在人本主义人性观的基础上的。人本主义的人性观认为:人的本性是积极的、追求个人发展的;人是富有理性的、具有建设性的,可以通过自我教育不断得到自我完善;人有极大的潜力,可以通过适当的教育使这些潜力得到充分发挥。按照人本主义心理学家的观点,只要学校为儿童的发展创造足够的条件,儿童就会在这样的环境下积极主动地发展自己。学校心理辅导活动课就是基于这样的人性观,试图通过创设一定的客观环境——适当的活动情境,使学生的心理品质得到提高,心理潜能得到开发。因此,心理辅导活动课是学生自我教育的过程,而非教的过程,更不是代替学生成长的灌输过程。只有把握自我教育这一心理辅导活动的本质特征,才能真正发挥心理辅导活动课对于学生成长的教育功能。

### (四)心理辅导活动课的组织模式是他助——互助——自助

心理辅导活动课既然是学生的自我教育过程,就必须充分调动学生自身的教育资源。传统的教育观念把学生看作被动的教育对象,忽略甚至完全否定学生在教育中的主体地位。现代教育观念则认为学生是教育的主体,在教育活动中学生具有很大的主观能动性,具有自我教育的极大潜力。因此,教育教学活动实际上是师生之间、同学之间的互动与互助过程。由于心理辅导活动具有人际关系的特殊性质,更需要师生之间、同学之间敞开心扉,坦诚直言,真情沟通,倾心交流。人本主义心理学家罗杰斯首创了"会心团体"这一心理辅导形式,在这种团体辅导活动中,学生作为团体的一员,既是助人者,又是受助者,他助——互助——自助浑然融为一体。

## 三、学校心理辅导活动课的组织过程

在学校心理辅导活动课的过程中,团体成员融合于团体而不失自我,通过相互探索、解决矛盾、相互适应而发展自己的潜能。活动形式和方法因辅导的目的、问题的类型、对象的不同而有所不同。比如,人格辅导、学习辅导、生涯辅导等不同的辅导内容在不同的阶段可选择的活动形式有讨论、讲座、写体会、写日记、自由讨论、行为训练、心理剧表演、故事演绎、情境性活动等。只要适合团体成员的实际需要,任何活动形式都可以采用。从这个角度看,团体心理辅导活动似乎是没有规律甚至杂乱无章的。但是人们也已意识到尽管团体心理辅导活动依据的理论不同、活动的方式不同、实施的方法不同,但成员间相互影响的过程是基本相同的。

### (一)暖身活动

暖身活动是一堂学校心理辅导活动课的起始技术,正如开展体育运动需要进行身体预备活动一样重要。暖身活动是为了让团体成员之间相互沟通,逐渐形成团体信任、合作、互助的气氛。只有在良好的气氛与情绪状态下,学生才能积极投入到辅导活动中来,开放心灵,并在活动中获取成长的经验。这一阶段的活动一般比较简单、容易,但辅导教师对可能发生的情况应有所掌握,以便顺利地带领成员投入活动。暖身活动一般可采用言语与非言语两种形式。言语形式的暖身有自我介绍、相互介绍、名字串联等,非言语形式的暖身有轻松体操、放松练习、按摩、哑口无言等。

### (二)引导学生自我探索的系列活动

1. 彼此开放、接纳和支持

辅导的本质是一种人际互动的过程,而其中个人的"自我开放"则是人际互动的重要因素之一。自我开放是指将纯粹个人的信息甚至秘密揭示出来与团体成员共享，也有人称之为自我揭示。彼此开放是对人信任的结果，也是彼此信任的重要条件。彼此开放可以分享过去的成功体验、正视过去曾否定过的经验，只有彼此开放才能做到彼此接纳并相互支持。辅导教师适时、适地、适度的自我开放，不仅对学生能产生认同仿效作用，促进学生一定程度的自我开放，而且也营造了安全、自由的气氛。

2．在互动中自我体验、探索和成长

在学校心理辅导活动课中，辅导教师在团体活动中扮演的角色是多样的，需要根据团体的性质，因时、因地、因环境以及团体活动而作出灵活的选择，扮演最适宜的角色，以便有助于团体发展。在民主、平等、合作、融洽、建设性的气氛中，教师通过与学生、学生团体以及促进学生与学生之间的互动引导学生自我体验、自我探索，学生通过"他助——互助——自助"的心理机制实现自我成长。辅导教师不能用自己的价值标准来要求团体成员，也不依靠说教的方式来影响成员，他扮演的是一个立场中立的教育家、咨询员、好朋友和同伴。

### （三）经验的整合、分享和迁移

学校心理辅导活动课的结束阶段要巩固团体活动的成果。实际上，团体成员能否深入掌握在团体中取得的经验，以及能否把团体中的学习成果迁移到日常生活中去达到真正的成长目标，一方面取决于团体活动的前期过程，一方面团体的结束期活动也是重要的影响因素。因此有必要让学生通过彼此间的分享与反馈把别人以及在活动中获取的新经验与自身的经验加以整合，从而深化辅导效果。如果说前期活动过程是强调学生的情感体验的话，那么结束阶段的活动更强调知、情、意、行上的统合，找到从思想到行动的路径。

## 四、心理辅导活动课的评价

### （一）对于辅导活动基本原则的评价

心理辅导活动课不同于一般的学科教学，而是以学生的心理发展规律和成长需要，以心理学的原理与技术组织的形式多样、生动活泼为准则的实践性课程。能否体现心理辅导活动课的本质特征，最主要的是衡量在这种活动中有没有坚持心理辅导活动课的基本原则。因此对这些基本原则的评价便构成效果评价的首要任务。

1. 平等性原则

心理辅导活动课应该在轻松、愉快、自由、平等、和谐的气氛中进行。在这种气氛中，学生不必为过多保护自己而设防。要达到这样的目标，学生之间、师生之间都要遵守平等信任的原则。所以评价心理辅导活动课的效果就要看：（1）教师有没有主动创设一种轻松、和谐的团体气氛；（2）教师有没有自觉地与学生建立平等关系，让学生体验师生在人格上的平等性；（3）教师有没有在师生之间建立一种信任感、安全感，使学生自觉自愿地开放自我。

2. 互动性原则

心理辅导活动课是一种积极的人际互动过程，这种互动既有师生间的互动，也有学生间的互动，但最主要的互动是学生之间的互动。互动的前提是整个组织过程都应以活动为主。因此在评价时应注意把握：（1）组织过程中有没有以一系列的活动为主要形式；（2）教师与学生之间有没有朋友式的互动交流，教师有没有恰当运用反馈等心理辅导技术；（3）学生与学生之间有没有交流与互动，有没有同时体现助人者与受助者的双重角色。

3. 参与性原则

学生自始至终都是心理辅导活动课的主体。由于学生的自主性是积极心理活动的原动力，它能使学生在认识、情感和行为的各个方面都表现出能动作用，所以对学生自主参与状况的评价在心理辅导活动课的效果评价中占有重要位置。对学生参与状况的评价应当注意：（1）活动是以教师为主体还是以学生为主体；（2）活动中是否只有个别学生在投入，而多数同学抱有无所谓的态度；（3）学生在活动中是否可以自由地表达思想与情感。

4. 支持性原则

在活动中教师不仅要积极创造民主平等自由的团体气氛，充分开发集体的教育资源，还要为学生的个性发展提供经验。教师要重视自己在活动中的情感投入，但不能只停留在形式上。评价时需要注意：(1)教师一般不对学生的行为作对与错的价值判断，但要作出积极的引导；(2)教师宜多作启发性的描述或提示，而不宜代替学生过早地进行归纳概括；(3)教师在活动中关注的焦点是学生的心理发展，而不是知识的获得。

### （二）对于辅导活动进程的评价

#### 1. 选题

选题可从宏观与微观两个方面评价。从宏观层面看，应当考察活动的主题是不是学生在成长过程中正在面对或即将面临的人生问题，有没有辅导价值，其理论意义与现实条件是否允许。从微观层面看，应当考察某一具体活动其主题是否鲜明生动，有无操作价值，可否对学生的心理发展起到良好的促进作用。

#### 2. 理论分析

理论分析的评价要把握从实践到理论、从理论到实践都可以互相转化的原则，追求活动的价值性与操作的科学性的统一。缺乏心理教育理论指导的活动设计和缺乏实际操作价值的活动设计都是不成功的，只有把理论与实践有机结合起来的活动设计才真正具有持久的生命力。

#### 3. 活动目标

在目标结构上，要用知、情、意、行有机整合的标准进行总体评价，但在具体活动目标的评价方面，则要视活动的主题灵活掌握评价标准。例如，某一活动主题突出了行为习惯的培养，这时对情感体验等方面的内容就不应提出过高的评价要求；同样道理，某一活动主题突出了情感体验的内容，亦不应对行为习惯等方面的内容提出过高的评价要求。

#### 4. 活动准备

在活动准备的评价中，一方面要了解辅导者对学生角色扮演状况的准备情况，另一方面要了解辅导者对活动进程中所需材料、场地、设备等的准备情况。此外，辅导教师是否作好了应急状态的心理准备，也是评价活动准备状况的一个不可缺少的内容。

5. 暖身

暖身的作用主要是看学生通过这样的活动是否消除了防御心理，是否把注意力集中到当前的活动上来，是否激发起对活动的兴趣。从形式上看，暖身活动一般时间较短，不超过5分钟。对暖身作用的评价应当是评价的重点，只要该活动的暖身一环达到了上述要求，就应当给予充分肯定。

6. 系列活动

系列活动是否真正体现了主题的要求，即活动的有效性问题是评价的首要内容。其次，活动之间是否具有一定的内在联系和递进关系，这些问题在系列活动评价中也要加以留意。

7. 经验分享

一个完整的心理辅导活动课，最后一般都有一个经验分享的环节，让学生相互交流在活动中的收获、体会、经验等，以便达到收效最大化的目的。这一点可作为活动是否完整的指标纳入评价过程，但在具体把握上不宜过于机械刻板。

# 第六章 学校中的行为分析与干预

《行为主义者心目中的心理学》(1913)和《行为：比较心理学导论》(1914)的发表，标志着华生正式举起了行为主义的大旗。自此之后，行为主义作为一个新的心理学流派影响了心理学的各个分支学科。在学校教育领域，以行为主义理论为基础建立起一系列行为干预技术，在学校课堂管理、塑造儿童良好行为及矫正不良行为等方面发挥了积极的作用。这一章将介绍学校中的行为分析和干预技术。第一节简要论述行为分析与干预的理论基础——行为主义的有关理论，第二节讨论怎样测量行为和行为改变，第三节介绍常用的行为干预技术，第四、第五两节分别介绍系统脱敏法和认知行为疗法。

## 第一节 行为主义的理论和观点

行为主义由美国心理学家华生于1913年创立，之后又经历了三代的发展。早期建立在经典条件反射基础上的第一代行为主义的主要观点为：(1)科学心理学只能研究那些能被客观观察和测量到的外部行为。(2)构成行为基础的是个体的反应，集多个反应即可知行为的整体。(3)个体行为不是与生俱来的，不是由遗传决定的，而是受环境的影响被动习得的。(4)根据动物或儿童实验研究所得到的行为原理，即可推论解释一般人的同类行为[①]。以斯金纳、托尔曼等为代表的新

---

① 张春兴著.现代心理学——现代人研究自身问题的科学.上海:上海人民出版社,1994:17~18

行为主义是第二代行为主义。这个时期的行为主义者普遍认为刺激和反应之间还存在一个中间变量，并且试图在经验事实的基础上对行为主义的内部动因进行推测。之后，又出现了以班杜拉为代表的第三代的行为主义。这一时期的行为主义者重视认知、思维等心理因素，并把其看作是积极、主动的过程，并强调研究方法的客观性[①]。

纵观行为主义的发展历程，影响较大、能充分代表其各个阶段主要思想的理论主要有经典条件反射理论、操作条件反射理论、社会学习理论和认知行为矫正理论。这些理论也是行为干预技术的理论基础，下面我们分别介绍。

## 一、经典条件反射理论

俄国生理学家巴甫洛夫自1902年起就致力于经典条件反射的研究。起初，他在研究消化现象时，发现狗不仅在进食时分泌唾液，而且在看到食物、闻到食物的气味时也能分泌唾液。他用狗做被试，以唾液的分泌量为指标进行研究。具体的实验过程如下：首先，实验者把食物喂到狗嘴里，狗立即分泌大量唾液，这是食物直接刺激引起的非条件反射，食物是非条件刺激物。接着，让狗只听到铃声，此时狗并没有分泌唾液，这时的铃声是无关刺激物。然后，实验者让无关刺激（铃声）和非条件刺激（食物）同时呈现，这样的结合经过多次重复后，铃声单独出现狗也同样分泌唾液。这就标志着条件反射已经建立起来，原来的无关刺激成为条件刺激物。这个过程可见表5.1。

从巴甫洛夫的实验可以看出，经典条件反射的本质就是在条件刺激和反应之间建立新的联结关系。具体地讲，就是在特定的情境下通过训练，将原来不能引起个体某种反应的无关刺激，与一个能引发该种反应的无条件刺激多次结合出现，最终使其也能引发该种反应。巴甫洛夫的实验结果是行为主义的源头，尤其是行为矫正理论的基础，行为矫正技术的强化原理、消退原理、泛化原理等都是以经典条件反

---

① 叶浩生.西方心理学的历史与体系.北京:人民教育出版社,1998:180

射为基础建立起来的。

表 5.1 经典条件反射的形成

| 条件反射形成前 | 1 | 无条件刺激（食物）——————→非条件反射（唾液分泌） |
|---|---|---|
| | 2 | 无关刺激（铃声）——————→引起注意但无唾液分泌 |
| 条件反射形成中 | 3 | 无关刺激（铃声）----------→ 无条件反射<br>无条件刺激（食物）——————→（唾液分泌） |
| 条件反射形成后 | 4 | 条件刺激（铃声）——————→条件反射（唾液分泌） |

## 二、操作条件反射理论

操作条件反射理论的创立者是美国著名心理学家斯金纳，他通常以白鼠为对象在自行设计的实验箱（称"斯金纳箱"）内进行实验。具体的实验过程如下：首先，斯金纳将饿鼠引入实验箱内，开始时白鼠只会在箱内四处嗅闻，乱碰乱抓。后来白鼠偶然按压到杠杆，就会有一粒食丸掉到箱子里。白鼠每次按压杠杆，都能吃到一粒食丸。于是它按压杠杆的活动越来越频繁，最后终于学会了主动按压杠杆获取食丸。这标志着白鼠的操作条件反射已经形成。

操作条件反射实验说明，如果一个操作活动发生之后，紧跟一个强化刺激，那么这个操作性行为的出现频率就会提高。据此，操作条件反射学习理论特别强调，要想改变一个人的行为，不仅要考虑行为本身，更重要的是要设法改变行为所引发的结果。这一观点对于后人开展行为矫正研究的影响极大，以后进一步发展起来的厌恶疗法、塑造原理、连锁原理等都是操作性条件反射原理在行为矫正中的具体运用。

与经典条件反射一样，操作条件反射也属于联结学习论的范畴，也会出现消退、类化、分化等现象，也同样能形成多级操作条件反射，但它们之间至少存在下面两点明显的区别：

1. 在经典条件反射实验中，动物往往被束缚着，其反应是在被动接受刺激的情况下产生的；而在操作条件反射实验中，动物可以自由活动，刺激和反应之间联结关系的建立是通过主动的操作活动来实现的。

2. 强化的方式不同。经典条件反射的强化作用发生在反应之前；而操作条件反射的强化则产生于反应之后。换句话说，经典条件反射的形成，是以无条件刺激与无关刺激配对方式的出现，并靠无条件刺激在其中起强化作用实现的。而操作性条件反射的形成则是靠操作活动本身所引起的结果决定的[1]。

### 三、社会学习理论

社会学习理论的主要创始人之一是美国著名心理学家班杜拉，他的专著《行为矫正原理》和《社会学习理论》是构建社会学习理论完整体系的基础。和其他学习理论相比，社会学习理论最有特色的是它的交互决定论和观察学习理论。

有人认为是遗传决定了人的行为，也有人认为是环境决定了人的行为。班杜拉不同意单向地理解行为的决定因素，在他看来，人与环境因素是相互决定的。人正是通过自己的行动才创造了环境条件，这些环境条件又以交互的方式对人的行为发生影响，由行为所产生的经验，也只是部分地决定一个人将会成为什么样，以及能做些什么，这些又反过来影响以后的行为。在交互决定的过程中，行为、人的因素和环境因素都是相互联结着起作用的决定因素。这就是"三位一体的交互决定论"思想。

观察学习是社会学习理论中另一个最基本的理论。所谓观察学习，通常指个体通过观察他人或示范者所表现的行为及其后果而进行的学习。观察学习不同于一般的联结学习，联结学习是学习者在刺激作用下，通过直接的反应受到直接强化而完成的学习；而观察学习中的学习者不必对刺激作出反应，也没有直接体验强化，只是通过观察

---

[1] 教育部师范教育司组编.行为矫正基础.北京:人民教育出版社,2000:35

和模仿他人而使自己的行为发生变化。观察学习一般包含下列四个过程：

1．注意过程，指在观察学习时，个体必须注意榜样所表现出来的行为特征，并了解该行为所含的意义。这是观察学习的前提，因为只有在示范者能引起学习者的注意，而学习者又能正确知觉到刺激的重要特征并产生模仿的欲望时，学习才有可能。

2．保持过程，指个体把选择性注意所获得的信息转换成言语符号或表象保留在自己的记忆中的过程。在这个过程中，学习者将观察到的印象保持在自己的记忆中，并通过复述等策略长期保持。

3．动作重现过程，指学习者根据保留的信息将榜样的行为表现和模仿出来的过程。为完成这一转变过程，学习者除了需要通过认知过程将所得信息加以选择和组织外，同时还要具备足以表现该动作的基本能力。

4．动机过程，指个体不仅经由观察模仿从榜样身上学到了行为，而且也愿意在适当的时候将学到的行为表现出来的过程。在这个过程中，能够起到激发动机作用的主要是强化，而在社会学习理论中，强化包含了外在强化和替代性强化。学习者在动作重现过程中得到表扬而使该行为出现的机会增加，这是外在强化。学习者在观察示范者时看到示范者的行为结果得到好的结果，而发生该行为的机会增加，这是替代性强化。

## 四、认知行为矫正理论

早期的行为主义发展到 20 世纪 30 年代，出现了新的行为主义理论。以托尔曼为代表的新行为主义者修正了早期行为主义绝对排除心理因素的极端观点，他们认为在个体所受刺激与行为反应之间还存在着一个中间变量，这个中间变量指的是个体当时的生理和心理状态。也就是说，认知活动对个体行为起着重要的中介作用，个体的认知变量、行为表现与环境因素（主要是对行为起作用的线索和强化）三者是交互作用的。因此，人们能够通过改变个体的认知进而改变他的行为表现。认知行为矫正理论就是在这样的背景下诞生的。

认知行为矫正，顾名思义就是通过改变个体的内在认知从而使他的外显行为发生变化的一种行为矫正技术。Meichenbaum 特别指出认知在行为改变中至少能起到三个作用，即调节作用、信息处理作用和解释事件的作用[①]。岑国桢（1996）认为这些认知成分主要包括个体对自己生活事件的编码与分类、对行为结果的预期、对行为效能的预期等。也有学者认为认知成分主要是个体对自我的若干认知（如胜任能力、生活事件归类、行为预期、自我效能预期等）和个体对自身行为的自控性认知加工（如自我调节、自我控制等）。

认知行为矫正理论内涵丰富，而且在它的基础上创立了许多具体、可操作的认知行为矫正技术。认知行为矫正的具体技术包括理性情绪疗法、自我指导训练法、自我肯定训练法等。

## 第二节 行为与行为改变的测量

在治疗实施前后以及过程当中，对行为及其变化进行测量是非常必要的。在治疗之前进行测量可以帮助确定治疗是否必需，并根据所得信息选择最佳治疗方案；治疗中和治疗后对目标行为进行测量，能够帮助我们确定实施治疗以后行为是否有所改变。

### 一、目标行为的选择和定义

要对行为及其改变进行测量，宜先制定一个行为记录计划。这首先要求明确所要记录的目标行为并对其进行定义。选择合适的目标行为是进行行为矫正的前提。选择合适的目标行为首先要分析儿童问题产生的背景线索。理清线索之后，就能决定儿童的问题并对其进行评

---

① M. Donald. Changing conceptions of cognitive behavior modification: Retrospect and prospect. Journal of Consulting & Clinical Psychology, 1993,61(2): 202

估。通过评估,明确要改变的一组行为及其哪些目标行为最需要改变,然后把这些行为作为矫正的目标。

选定目标行为之后,就应对其明确定义。这个过程实际上也是对要观察和记录的行为下操作性定义的过程。行为定义是指使用主动词对个体所展示的特定行为进行客观明确的描述。表 5.2 是行为定义的例子。

表5.2 行为定义举例

| 目标行为 | 行为定义 |
| --- | --- |
| 咬指甲 | 把手指放在嘴里,并用牙齿咬指甲或指甲周围皮肤。 |
| 坚持 | 向要求自己做不属自己工作范围内事情的人说"不",要求同事不要在办公室抽烟,要求同事进入办公室前先敲门。 |
| 发脾气 | 对男朋友闹情绪,向他大喊,走进房间摔门。 |
| 过量进食 | 任何时候我吃的东西比我想要吃的量还大,或者任何时候我觉得自己吃得都胀起来了。 |

表 5.2 中有四个行为定义的例子,要判断它们是否合格以及孰优孰劣可以参照以下标准:(1)不推测行为的意图;(2)不用类别来定义行为;(3)对于同类行为,对不同个体来说,会有不同的定义;(4)不同的人根据行为定义,可以观察到同一个行为。这些也是行为定义的基本要求。根据这四个标准,"发脾气"和"过量进食"的行为定义是不合格的。

## 二、行为记录的准备

记录准备主要包括三方面的工作,即确定观察和记录的时间、地点和观察者。

(一)观察和记录的时间。对行为者进行观察时,需要在一个具体的时间段中对目标行为进行记录,这个时间段称为观察阶段。观察阶段的选择主要是看目标行为在哪个时段最可能发生,然后就可以确定在这个阶段进行观察。当然,观察阶段的选择还要考虑到现实生活中的可行性。

(二)观察和记录的地点。这里要考虑的是对行为的观察和记录是在自然环境还是人为环境中进行。通常选择在自然环境中进行,因为这样观察到的目标行为最为真实。人为环境中的观察虽真实性不够,但具有比自然环境容易控制等优点。

(三)观察和记录的人物,即观察者。在行为矫正中,一般是由行为者以外的个体对目标行为进行观察和记录。观察者可以是一位专业人员,如心理学家,也可以是行为人(或委托人)所处的环境中与行为人具有固定关联的个体,如教师、父母、同事或主管。一个合格的观察者,必须能够直接观察到目标行为的发生或者通过录像观察行为;必须能辨别出目标行为,必须有时间进行观察并愿意充当观察者的角色。

观察者也可能由行为者自身担任。这主要是由于在某些情况下其他观察者不可能对目标行为进行记录,如有时目标行为只能在没有其他人在场时发生。

## 三、选择记录方法和记录工具

目标行为可以由不同的方法来记录,这些方法主要包括连续记录、成果记录、间隔记录和时间样本记录。

### (一)连续记录

连续记录要求观察者在整个观察阶段中对行为者进行连续的记录。在对目标行为进行记录时,首先要考虑哪个方面是该行为最重要的方面,哪种尺度在随后进行的治疗中最敏感,由此确定我们记录目标行为的具体方面。连续记录中有四个尺度可以记录:频率、持续时间、强度和潜伏期。

频率是指一个行为在一个观察阶段中出现的次数。以记录一个叫点点的小朋友的发脾气行为为例,我们就可以记录他在一个小时(我们把一个小时作为一个观察阶段）内发脾气的次数。可以用的记录工具有"行为频率记录表"，见表 5.3。

**表 5.3 行为频率记录表**

频率资料表

姓名：_____
观察者：_____
被记录行为的定义：_____
_____

| 日期 | 频率 | | | | | | | | | | | | 日总量 |
|---|---|---|---|---|---|---|---|---|---|---|---|---|---|
| | 1 | 2 | 3 | 4 | 5 | 6 | 7 | 8 | 9 | 10 | 11 | 12 | |
| | | | | | | | | | | | | | |
| | | | | | | | | | | | | | |
| | | | | | | | | | | | | | |
| | | | | | | | | | | | | | |
| | | | | | | | | | | | | | |
| | | | | | | | | | | | | | |
| | | | | | | | | | | | | | |
| | | | | | | | | | | | | | |
| | | | | | | | | | | | | | |
| | | | | | | | | | | | | | |
| | | | | | | | | | | | | | |
| | | | | | | | | | | | | | |

注：每次行为发生时就在对应的方格中划 X，如果每天行为出现的次数超过了 12 次，就在下一行继续记录。

持续时间指一个行为从开始到结束所用的时间。比如在观察学生的学习时间、锻炼时间时，就比较适合记录这个尺度。它的记录工具有持续时间资料表，见表 5.4。

**表 5.4　持续时间资料表**

持续时间资料表

姓名：_____

观察者：_____

被记录行为的定义：_____
_____
_____

| 日期 | 频率 | | | | | | 每日持续时间 |
|---|---|---|---|---|---|---|---|
| | 开始 | 结束 | 开始 | 结束 | 开始 | 结束 | |
| | | | | | | | |
| | | | | | | | |
| | | | | | | | |
| | | | | | | | |
| | | | | | | | |
| | | | | | | | |
| | | | | | | | |
| | | | | | | | |
| | | | | | | | |
| | | | | | | | |
| | | | | | | | |
| | | | | | | | |

注：按序对每次行为的开始和结束进行记录。如果每天行为发生的次数超过 3 次，就继续在下一行记录。

强度是指行为所达到的程度。比如在观察过量进食的案例时，个案进食的数量就是他行为的强度。

潜伏期是指从某种刺激事件到行为发生之间的时间长度。可以通过记录行为者在一个特定事件发生后在多长时间内开始某种行为，来测量行为的潜伏期。

一般情况下，我们可以同时从多个角度进行记录，这样做的目的是，一方面使我们有更多的参考依据，另一方面也使观察到的数据更加准确。

### （二）成果记录

成果记录是指记录行为发生带来的切实或持久的结果。如教师、家长常常通过学生的成绩、作业质量推断他们的学习成果。这种方法的优点是，行为发生时观察者不一定必须在场。但它也有明显的缺点，就是无法确定谁参与了产生所记录的成果行为。

### （三）间隔记录

间隔记录法记录的是在一个观察阶段里各连续的时间段中，记录行为的出现或不出现。具体来讲，使用间隔记录法时观察者先把观察阶段划分成一些小的时间段，然后记录下这个间隔中目标行为是否出现。

再以点点发脾气为例，如果我们以5分钟为一个时间间隔，当他发脾气时在记录表相应的地方作一个记录。当一个时间段已经有了记录后，我们就不用观察记录他的行为了，直到另一个时段的开始。间隔记录法可用的记录工具有"间隔记录数据表"，见表5.5。

表 5.5　间隔记录数据表

间隔记录数据表

姓名：＿＿＿＿＿＿＿＿＿＿＿＿＿＿＿＿＿＿＿＿＿＿＿＿＿＿＿＿＿
观察者：＿＿＿＿＿＿＿＿＿＿＿＿＿＿＿＿＿＿＿＿＿＿＿＿＿＿＿＿
观察的日期与时间：＿＿＿＿＿＿＿＿＿＿＿＿＿＿＿＿＿＿＿＿＿＿
被记录的行为：＿＿＿＿＿＿＿＿＿＿＿＿＿＿＿＿＿＿＿＿＿＿＿＿
＿＿＿＿＿＿＿＿＿＿＿＿＿＿＿＿＿＿＿＿＿＿＿＿＿＿＿＿＿＿＿＿

| | 时间间隔 | | | | | |
|---|---|---|---|---|---|---|
| | 1 | 2 | 3 | 4 | 5 | 6 |
| 1 | | | | | | |
| 2 | | | | | | |
| 3 | | | | | | |
| 4 | | | | | | |
| 5 | | | | | | |
| 6 | | | | | | |
| 7 | | | | | | |
| 8 | | | | | | |
| 9 | | | | | | |
| 10 | | | | | | |
| 11 | | | | | | |
| 12 | | | | | | |
| 13 | | | | | | |
| 14 | | | | | | |
| 15 | | | | | | |

观察分钟数

注：每个方格对应一个时间间隔，当某个时间间隔中有目标行为发生时，就在对应的方格中打钩。如果间隔中没有目标行为发生，就空着相应的方格。

### （四）时间样本记录

时间样本记录法记录的是在一个观察阶段里不连续的时间间隔中行为的出现或不出现。与间隔记录相同，时间样本记录观察阶段划分成一些小的时间段，但是观察者只需在每个时间段中的一部分时间里对行为进行观察和记录。

此外，记录工具也不仅仅是纸笔记录，任何可以记录行为的东西，如计数器、录音机、秒表等都可以作为记录工具。但是不论使用什么工具，行为记录程序的一个重要特点，是观察者要立刻将观察到的行为记录下来。行为发生后记录越快，记录错误的可能性就越小。

## 四、用图表表示行为变化

表 5.6 是采用连续记录法记下来的点点发脾气的行为的数据单。

**表 5.6　点点发脾气的行为频率记录表**

行为频率记录表

被观察者资料：姓名 <u>点点</u>　性别 <u>男</u>　年龄 <u>6</u>　其他 _____
观察者 <u>\*\*\*</u>
目标行为的定义　<u>点点大哭并躺在地板上踢地板或踢墙壁，或者使劲把玩具或其他物品摔向地板。</u>

| 日期 | 频率 | | | | | | | | | | | | | | 日总量 |
|---|---|---|---|---|---|---|---|---|---|---|---|---|---|---|---|
|  | 1 | 2 | 3 | 4 | 5 | 6 | 7 | 8 | 9 | 10 | 11 | 12 | 13 | 14 |  |
| 1 | X | X | X | X | X | X |   |   |   |    |    |    |    |    | 6 |
| 2 | X | X | X | X | X |   |   |   |   |    |    |    |    |    | 5 |
| 3 | X | X | X | X | X | X | X | X |   |    |    |    |    |    | 8 |
| 4 | X | X | X | X | X | X |   |   |   |    |    |    |    |    | 6 |
| 5 | X | X | X | X | X | X | X |   |   |    |    |    |    |    | 7 |
| 6 | X | X | X |   |   |   |   |   |   |    |    |    |    |    | 3 |
| 7 | X |   |   |   |   |   |   |   |   |    |    |    |    |    | 1 |
| 8 | X | X |   |   |   |   |   |   |   |    |    |    |    |    | 2 |
| 9 | X | X |   |   |   |   |   |   |   |    |    |    |    |    | 2 |
| 10 | X |   |   |   |   |   |   |   |   |    |    |    |    |    | 1 |
| 11 | X |   |   |   |   |   |   |   |   |    |    |    |    |    | 1 |
| 12 | X |   |   |   |   |   |   |   |   |    |    |    |    |    | 1 |

从上表我们能看出点点发脾气的频率在减少，但是不够直观。在行为矫正学中，图表是用来记录行为改变的基本工具，它可以方便地看出实施行为矫正程序的时候行为是否真的改变了。所以我们对目标行为进行观察和记录后，需要把数据表上或其他记录方法记录的信息转移到图表上。上述数据表（表 5.6）可以转换成图 5.1。

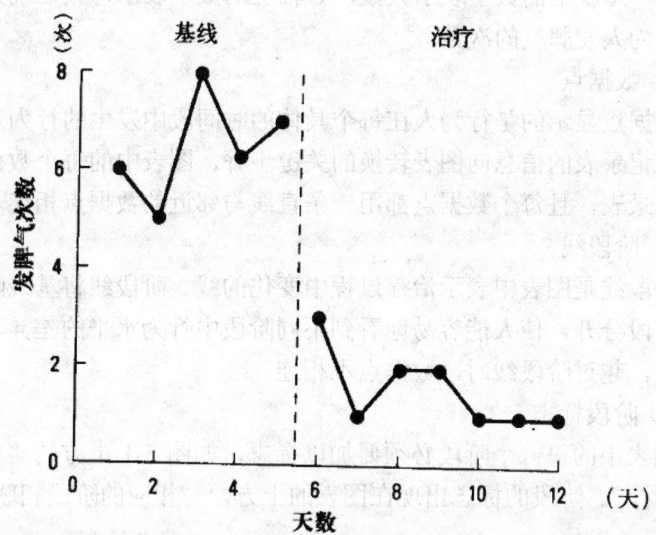

图 5-1 基线阶段和治疗阶段发脾气行为的频率。在基线期，目标行为被记录下来，但是治疗尚未实行。发脾气的行为从基线期的平均每天 6 次减少到治疗期的平均每天不到 2 次。

从这个图中很容易看出在采取治疗措施期间，点点"发脾气"的行为明显减少，由此我们可以确定治疗是有效的。当然，确认其效果还需要进行后续观察。所以，要想记录行为改变的信息，就要学会如何绘制图表。一张完整的图表具有六个组成部分。

1. X 轴和 Y 轴

在行为图表上，时间由 X 轴来显示，行为水平由 Y 轴来体现，如图 5.1。通常情况下，X 轴是 Y 轴的 1.5～2 倍。

2. X轴和Y轴的标记

X轴表示记录过程中的时间单位,图5.1中X轴的标记是"天"。Y轴表示行为的频率,即发脾气的频率。

3. X轴和Y轴上的数字

在X轴上,数字表示时间的测量单位,Y轴表示行为的测量单位。如上图,X轴上的数字表示天数,Y轴上的数字表示每天在观察时间段里行为人发脾气的次数。

4. 数据点

数据点显示的是行为人在每个具体的时间段中发生的行为水平。这是把记录表的信息向图表转换的关键步骤,图表中的每个数据点都来自记录表,且每个数据点都用一条直线与邻近的数据点相连。

5. 阶段线

阶段线是图表中表示治疗过程中变化的线。阶段线将基线阶段和治疗阶段分开,使人能容易地看到不同阶段中行为水平的差异。要注意的是,越过阶段线时,数据点不相连。

6. 阶段标志

图表中的每一个阶段必须要加以标志,如图5-1上方的"基线"和"治疗"。阶段的标志出现在图表的上方,与相应的阶段相联系。

## 五、观察和记录时的注意事项

要作好一次观察和记录,除上面已提到的,还需要考虑两个重要方面,即防止"反应"和保证"观察者信度"。

1. 防止"反应"

有时行为记录过程会引起被观测行为的改变,这种改变甚至在治疗施行以前就会发生,这种情况称作反应。减少"反应"的办法主要有两种,一是待行为人习惯后再进行观察;二是在被观察者不知情的情况下进行观察。

2. 保证"观察者信度"

两个观察者在同一个观察阶段中各自独立地观察和记录相同主

体的目标行为,这两个观察者的记录结果中的相同部分在总记录中所占的比例即观察者信度。一般来说,信度系数要求至少为 0.8,达到 0.9 则更佳。这是衡量观察准确性的一个重要指标。

# 第三节 学校中常用的行为矫正技术

行为矫正的技术很多,但是这些技术都是建立在简单的强化、消退、惩罚、刺激控制等基本原理上的。本节先介绍这些基本的行为矫正原理,以便我们更好地理解和运用各种行为矫正技术。

## 一、行为矫正的基本原理

### (一) 强化

一个具体行为的发生,有一个直接结果紧随其后并提高了该行为在将来再次发生的可能性,这个过程就是强化,这个使行为增强了的结果就是强化物。举个例子,一个孩子晚上上床后有哭闹的行为,他的父母就到他的房间里安慰他,结果这个孩子睡觉前哭闹得更频繁了。在这个例子中,安慰就是哭闹行为的强化物。

强化可以分为正强化和负强化。正强化是指通过提供当事人所欢迎的事物(正性强化物)来增强某种行为或反应的过程。负强化是指通过移除个体希望避开的刺激物来增强某一行为或反应的过程。一个行为的发生,随着这个行为出现刺激的消除或者刺激强度的减低,导致了这个行为的增强。正强化和负强化的本质区别在于,在正强化中,反应能使刺激增加或增强;在负强化中,反应能避免负性刺激。

### (二) 惩罚

一个小学生喜欢在上课的时候做小动作,但他每次做小动作时老师都会批评他,这其实就是惩罚。从这个例子中,我们可以看到惩罚分为三个部分：(1) 一个具体的行为发生了；(2) 这个行为之后立即跟随着一个结果；(3) 于是将来这个行为再次发生的可能性降低。

惩罚也分为正惩罚和负惩罚。正惩罚是指一个行为的发生，行为之后跟随着一个刺激物（积极的）的出现，导致这个行为将来再次发生的可能性降低；负惩罚是指一个行为的发生，行为之后跟随着一个刺激物（消极的）的消除，导致这个行为将来再次发生的可能性降低。惩罚和强化是极易混淆的一对概念，它们之间的区别见表5.7。

表 5.7　强化与惩罚的比较

| 名称 | 特征 | 结果 |
| --- | --- | --- |
| 正强化 | 得到某个好刺激 | 行为的增加 |
| 负强化 | 避免某个坏刺激 | |
| 正惩罚 | 得到一个好刺激 | 行为的减少 |
| 负惩罚 | 避免一个坏刺激 | |

正惩罚是指通过提供当事人希望获得的结果来减少一种行为的强度或频度的过程；负惩罚是指通过提供当事人希望避免的结果来减少某一行为的强度或频度的过程。

（三）消退

行为主义认为，人类的不良行为都是强化作用的结果，因而如果取消这些导致不良行为的强化物，不良行为就会减少或消失。消退就是当个体产生了以前被强化的行为时，不出现强化物，这样经过几次之后该行为逐渐减少或消失的现象。如一个孩子晚上上床后有哭闹的行为，开始往往会得到家长的安慰。但是如果后来孩子哭闹时，家长对其哭闹行为不予理睬，这样过了一段时间，小孩在睡觉前哭闹的行为就会减少或消失。这便是消退所产生的结果。

消退原理可以用于减少或消除儿童的许多不良行为。

（四）刺激控制

个体的行为总是发生在一定的情境中。刺激控制技术就是对情境中的有关刺激物加以控制，从而使相关的不良行为发生或不发生。刺激控制技术主要有三种：(1) 排除，即把与不良行为相关联的刺激从情境中消除；(2) 限制，是把与不良行为有关的刺激只安排在某一小的区域，或某个时间范围内；(3) 代替，指为了更好地消除不良行为，人们在该不良行为出现时给予惩罚，而在与之相应的良好行为出现时给予强化，这样良好的行为就会逐步代替不良行为。

## 二、学校中常用的行为矫正技术

建立在以上四种原理基础上的行为矫正技术，可以归纳为三类：一是建立新行为的方法，主要是针对要求表现但个体尚未或尚不能在特定情境中表现的那些行为；二是增加期望行为的方法，主要是针对个体已经具有、但表现不够或不符合情境要求的那些行为；三是减少不期望行为的方法，主要是针对那些不良的或不符合要求、不希望出现的行为。

### (一) 建立新行为的方法

#### 1. 塑造

行为塑造法是根据斯金纳的操作条件反射研究结果而设计的建立新行为的一项行为治疗技术，它可以定义为使个体行为不断接近并最终建立良好行为的差别强化过程。下面就是一个行为塑造的例子：小敏写作业的速度比较慢，做作业时注意力不集中，而且注意力很容易被其他轻微刺激所吸引，在父母的督促下作业速度仍然很慢，常常做到十一二点，妈妈为此非常苦恼。这时，我们行为干预的目的是提高孩子做作业的速度和质量。然而，这不是一蹴而就的，需要把目标细化，我们在孩子做作业的地方放上一个钟，让孩子时刻注意到自己的作业速度。第一周内每次提前十分钟，给予孩子喜欢的强化物；第二周内要求提高，必须在十点之前完成所有家庭作业，然后才给予强化，对孩子给予赞扬，积极地鼓励孩子，让孩子感受到自己的进步和成功；以后要求继续提高，直到孩子的作业速度达到普通学生作业的速度。

当然,塑造并非适用于所有的场合,如果行为矫正的目的是培养某一个原来没有做过的动作,那么用塑造是很合适的。要确保塑造的正确运用,必须了解它的实施步骤:(1)定义目标行为;(2)判断塑造行为对于治疗对象是否合适;(3)确认初始行为;(4)选择塑造步骤;(5)选定塑造计划中使用的强化物;(6)对各个连续的趋近行为实施差别强化;(7)按照合适的速度完成塑造的各步骤[①]。

2. 刺激控制的促进和转移

我们经常在英语课上看到这样的情形,教师在教学生一个新单词时一边出示卡片一边朗读。举例来说,如果在教"car"这个单词时,教师举出卡片,学生没有反应,然后教师就说"car",这时学生在教师的指导下说"car",教师立即给以表扬,并逐渐取消领读。这样多次之后学生就能自己念出这个单词了。这里用到的就是刺激控制的促进和转移技术。所谓促进就是在行为进行之前或进行之中给予的刺激,它们有助于行为发生。而正确反应一旦出现,促进就必须消失以便刺激控制转移到自然状态。

促进可以分为反应促进和刺激促进两种。与希望的反应相联系的促进就是反应促进,它包括言语促进、姿势促进、示范促进、躯体促进。刺激促进可以通过刺激的一些变化或者通过增加一个刺激或祛除一个刺激使得正确反应更可能发生,前者称为刺激内促进,后者称为刺激外促进。

要掌握运用促进和刺激控制转移的方法,就要了解它的实施过程:(1)选择最恰当的促进方法;(2)抓住学习者的注意力;(3)呈现目标刺激;(4)促进正确的反应;(5)强化正确的行为;(6)刺激控制的转移;(7)继续强化非促进行为[②]。

3. 行为技能训练

---

[①] R.G..Miltenberger[美]著,石林等译.行为矫正原理与方法.北京:中国轻工业出版社,2004:149~151

[②] R.G..Miltenberger[美]著,石林等译.行为矫正原理与方法.北京:中国轻工业出版社,2004:169~170

第六章　学校中的行为分析与干预　225

行为技能训练是教授各种行为技能的一种有效途径,在当前学校教育尤其是体育教学中应用甚广。它一般分为示范、指导、演习和反馈四个步骤。

(1) 示范

示范可以是真实的,也可以是象征性的。进行真实的示范时,通常是由一个人在适当的情境中表现出正确的行为以供观察模仿;而进行象征性示范时,正确行为可以通过录像带、录音带、卡通片或电影等形式表现出来。

Raymond认为影响示范效果的因素主要有以下几种:① 当示范正确行为时,应示范一个成功的结果。② 示范者应和学习者地位相似或相当。③ 示范行为的复杂程度要和学习者的心理发展水平相当。若是示范行为太复杂,学习者可能无法学会这种行为;如果太简单,学习者也可能不去注意它。④ 要想使学习者学会示范行为,必须使学习者将注意力集中到示范者身上。⑤ 示范行为要在适当的情境下发生。应在真实的情境中示范或者在对真实情境的角色扮演中示范。⑥ 为了使学习者能够正确模仿,应尽可能地重复示范行为。⑦ 为了促进行为的泛化,应当用各种方法,示范在各种情况下如何运用该行为。⑧ 看过示范后,应尽快给学习者一个演习(模仿)的机会。对示范行为的正确模仿要立即予以强化①。

(2) 指导

指导是指向学习者具体准确地描述应该做出的行为。例如,在教孩子防诱拐技巧时,教师可给出这样的指导:"无论什么时候,任何一个陌生成年人要求你跟他离开或者要你跟他去什么地方时你都应当说:'不,我要问问老师。'并且跑回学校来,立即告诉我。我会为你感到非常骄傲。"

要提高指导效果,应注意以下几点:① 指导所用语言要符合学习者的理解水平。② 指导者应当是学习者所信任的人,如父母、教师

---

① R .G ..Miltenberger [美]著,石林等译.行为矫正原理与方法.北京:中国轻工业出版社,2004:195~196

或心理辅导员。③ 接受指导后,应尽快地给他们实践这种行为的机会。④ 指导应和示范结合使用。⑤ 只有当学习者注意力集中时才给予指导。⑥ 学习者应当重复指导语,以保证已准确地听到了指导语。研究表明,学习者重复指导语能增进自我促进行为[①]。

（3）演习

演习是指学习者在接受指导和观察行为示范后对这种行为进行实践,这是行为技能训练的一个重要组成部分。

演习要注意以下几点：① 应在适当的时候在真实或模拟的情境中对行为进行演习,促进行为的泛化。② 设计演习时,应当使演习容易获得成功。为了获得成功,学习者应当首先演习简单的行为。简单行为成功后,再实践较难或较复杂的行为。这样行为演习就是强化性的,学习者就会坚持参与演习。③ 正确的演习应当立即给予强化。④ 对不完全正确或错误的演习,应当给予更正性反馈。⑤ 直到行为表现正确或至少能偶尔有正确的表现时,才能停止演习[②]。

（4）反馈

在行为技能训练中,反馈特指对正确的行为表现进行表扬,对不正确的表现进行进一步指导。

反馈要提高效果应注意以下几点：① 应当在行为完成后立即给予反馈。② 反馈时,应当有对行为某些方面的表扬或其他强化。如果完全没有正确的地方,至少应表扬学习者的努力参与。③ 表扬应当是描述性的,应对学习者所说的或做得好的地方进行描述。④ 进行更正性反馈前,要首先对某些方面进行表扬。⑤ 进行更正性反馈时,不要用否定的方式。⑥ 一次只对行为的一个方面进行更正性反馈。即使不正确的地方不止一个,也要首先针对其中之一[③]。

当一种情境下的以上四个阶段的训练完成后,再继续另一种情境

---

① R．G．．Miltenberger [美]著,石林等译.行为矫正原理与方法.北京:中国轻工业出版社,2004:196

② R．G．．Miltenberger [美]著,石林等译.行为矫正原理与方法.北京:中国轻工业出版社,2004:197

③ 同上

下的训练,并继续示范、指导、演习和反馈,直到学习者掌握了各种情境下的各种技能。一旦学习者掌握了各种模拟情境下的所有技能,就要设法将这些技能泛化到所需要的自然情境中去。

### (二)增加期望行为和减少不期望行为的方法

1. 差别强化

差别强化用于提高积极行为的发生率,降低消极行为的发生率,它包括对积极行为的强化和对妨碍积极行为的消极行为的消退两个方面。举个例子,护理院有个老太太总是对护士小姐抱怨周围的事物。实施差别强化后,当老太太开始抱怨时护士就不予理睬,而老太太说些高兴的事时,护士就表示兴趣。这样她抱怨的行为就逐渐减少了,而高兴的时候也多起来了。

差别强化作为一种基本的行为矫正技术,要想有效地运用需要掌握以下几个步骤:(1)对期望的行为给予定义;(2)对不期望的行为给予定义;(3)确定强化物;(4)及时地、不断地强化积极行为;(5)消除对消极行为的强化作用;(6)利用间歇强化来维持目标行为;(7)泛化计划[①]。

2. 使用惩罚

前面已经介绍,惩罚是一个基本的行为矫正原理,惩罚发生时行为跟随的后果导致行为将来出现的可能减少。这里介绍两种常用的惩罚程序:罚时出局和反应代价。

罚时出局(time out)是指在短时间内当事者由于出现问题行为而失去接近正性强化物的机会,即被罚离开正性强化物。它分为排斥性和非排斥性罚时出局两种。排斥性罚时出局,就是使当事者从问题行为发生的房间(强化环境)离开并被带到另一个房间,使其离开所有的正强化的来源。非排斥性罚时出局,虽然让当事者在房间,但他却失去了接近正强化物的机会。无论用何种罚时出局,用罚时出局的同

---

① R .G ..Miltenberger [美]著,石林等译.行为矫正原理与方法.北京:中国轻工业出版社,2004:249~251

时都必须进行强化。

反应代价是指问题行为出现后,拿走一定数目的强化物。如一个小学生不按时完成作业,就剥夺他看动画片的时间。

反应代价、罚时出局和消退都用于减少问题行为,但是它们包含不同的过程:消退程序,问题行为不再有原先维持其存在的强化事件跟随;罚时出局,当事者因为出现问题行为失去接近强化的所有来源;反应代价,在问题行为之后,一定数量的强化物被拿走了(但不一定是问题行为的强化物)。

3. 其他方法

除了上述几种之外,增加期望行为和减少不期望行为的方法还包括厌恶法、系统脱敏法、行为协议法、代币制等。它们应用的范围很广泛,有的将在后面的几节作进一步介绍,其他的在这里简单地介绍一下。如果在学校心理服务中需要使用,可参考行为矫正的有关专著。

厌恶法,是让不良行为者进行过量的相关活动,或对不良行为者提供过量的负性强化物,从而使问题行为得到削弱或戒除。其做法是把准备消除的行为与痛苦的刺激联系起来,直到行为得到抑制为止。

行为协议法,这种方法是经行为者本人同意后,以书面协议的形式,明确规定某种行为将会获得怎样的后果。契约的制定是实施偶联契约的关键。

代币制,它弥补了其他方法不能及时强化的不足,保证每次行为反应之后都能获得强化物。它的实施步骤有:(1)确定目标行为;(2)建立基线,测定基线数据;(3)确定代币或筹码;(4)选定支持强化物;(5)拟订代币交换系统;(6)严格具体操作过程;(7)将矫正效果泛化到真实的自然环境中去[①]。

---

① 林崇德,辛涛,邹泓著.学校心理学.北京:人民教育出版社,2000: 145

## 第四节 认知行为疗法

早期的行为主义主要研究刺激—反应（S—R）之间的关系，这种倾向导致了人们过分注重环境对个体行为的影响。自新行为主义者提出刺激和反应之间还存在中介变量以来，S—O—R 的模式越来越得到人们的赞同。之后，人们又在这种观点的基础上进一步强调认知的重要性，并把它看成是积极、主动的过程。认知行为矫正理论就是这个阶段典型的行为矫正理论。在这些理论观点的影响和启迪下，20 世纪 70 年代中期以来，在美国出现了一些针对传统行为治疗的缺欠而发展起来的心理疗法。认知行为疗法是其中最有代表性的方法。

认知行为疗法，亦称认知行为矫正，是一种利用某些内部言语的规则，通过改变个体的内在认知而使外显行为发生变化的方法。研究表明，认知行为疗法对个体自控能力的培养、情绪的改变都有比较明显的作用。因此，一般把认知行为疗法理解为用适当的方法纠正个体的不合理信念，帮助他们重建正确的思维模式，最后达到改造患者情绪和行为的目的的一种行为干预方法。这种方法能弥补早期的行为治疗方法过分强调环境因素，忽视个体心理活动的偏向，更加注重改变个体的内部认知。

如前所述，认知行为矫正的具体实施方法很多，包括自我指导训练法、认知重建法、自我监控训练法、自我肯定训练法等等。下面我们将分别进行介绍，其中着重介绍自我指导训练法和认知重建法。

### 一、自我指导训练法

现实生活中，有些自控能力较强的人在遇到挑衅时不会勃然大怒，而是在心里对自己说："要忍住，暴力解决不了问题。"这里，他是在用自我指导的方法来控制自己的行为。自我指导训练法是认知行为矫正法中研究最多、使用最普遍的方法。

自我指导训练法(self-instructional-training, SIT)由 Meichenbaum 和 Goodman 在 20 世纪 70 年代开始倡导，他们认为个人的行为和情绪受自我指导性语言的控制，通过学习新的指令，采用想象技术来解决问题可以达到治疗情绪和行为障碍的目的。自我指导训练法主要是教会当事人对自己说话，藉以指导个体在面临紧张和压力的情境中能沉着应付，以帮助病人有效克服情绪的困扰和不安，更好地适应环境的一种认知行为矫正方法。

林崇德教授（2000）把自我指导法的实施分为八个步骤，分别是：1. 任务选择；2. 认知模拟；3. 明显的外部指导；4. 外显的自我指导；5. 模仿悄声的外部自我指导；6. 练习悄声的外部自我指导；7. 模仿内隐的自我指导；8. 练习内隐的自我指导[1]。R. G. Miltenberger 则把自我指导训练的过程分为三个部分：1. 找出问题环境并确定更适应该环境的期望行为；2. 识别那些对问题环境有帮助的自我指令；3. 运用行为技能训练教授自我指令[2]。其实两者的观点在本质上是相同的，都包含了这样的过程：首先，识别问题行为并确定期望行为。比如对一个上课感到紧张的学生来说，问题行为就是上课时不能集中注意力，感到焦虑，所要达到的目标就是平静、认真地听教师上课；其次，找到那些对自己有帮助的自我指令，并在实践中进行练习。这种练习开始是外显的、出声的，而后逐渐转变为内隐的、自言自语的。在这个过程中，当事人可能需要得到治疗者的帮助，需要治疗者帮助分辨哪些是有利于形成期望行为的自我指令；必要的时候，还需要治疗者对当事人示范自我指导的过程。

人们对自我指导法的效果进行了大量的实验研究。Etscheidt（1991）曾以情绪/行为障碍儿童（emotional/ behavioral disorders，简称 EBD）为被试进行实验，考察自我指导法对降低儿童攻击行为的作用。他把被试分为三组：第一组不接受任何指导；第二组接受自我指导法

---

[1] 林崇德,辛涛,邹泓著.学校心理学.北京:人民教育出版社,2000: 146~148
[2] R .G ..Miltenberger [美]著,石林等译.行为矫正原理与方法.北京:中国轻工业出版社,2004:428~429

的训练；第三组接受自我指导法训练的同时伴有积极的结果进行强化。这个实验中实验者教给儿童当碰到问题时应该按以下步骤进行：（1）在作出反应之前先停下来想一想；（2）重新审视，并进一步认清问题所在；（3）想象用不同方法解决这个问题分别会产生怎样的结果；（4）对这些结果进行评价；（5）选择一种解决问题的办法。实验结果表明，第一组儿童的攻击行为明显多于第二、第三组，但第二、第三组之间没有显著差异。这个结果一方面表明自我指导法对改变儿童的行为确实起作用，另一方面也反映了它对儿童自我控制能力的培养也有效。另外，S. M. Christopher，E.G. Gordon（1990）和 M. Duran.（1999）等把自我指导法运用到不同场合，都收到了显著的效果。

总的来说，诸多实验和临床研究表明，自我指导法对治疗多动症、焦虑、恐惧，帮助个体控制自己的行为、进行自我监督，培养儿童的学习技能等方面都具有积极的作用。但它是否能与其他的方法结合使用以得到更好的结果，它的应用领域是否还可以进一步拓展，这些问题还有待进一步研究。

## 二、认知重建法

美国著名心理学家艾理斯（Albert Ellis）认为人的情绪和行为障碍不是由于某一诱发事件直接引起，而是由于个体对这些事件的评价和解释造成的。比如同样是面对高考失败，在总结经验时，甲认为这是平时学习不努力的结果，并且自己还有努力的机会，接下来会更加刻苦勤奋，争取下次有更好的成绩；而乙则认为高考失败是自己的运气不好，自己的前程将一片灰暗，在同学、朋友面前会很没面子，于是再也振作不起来了。认知重建（cognitive restructuring），顾名思义就是重新建构认知，主要有三个实施步骤：（1）帮助当事人识别消极思维，以及它们会在什么时候出现；（2）帮助当事人识别情感反应，不愉快的情绪，或紧随消极思维之后的问题行为；（3）帮助当事人制止这些消极的思维，并建立理性的或积极的思维。

消极思维的类型主要有三种，分别为：（1）要求的绝对化，即对人对事都有绝对化的期望和要求。这是非理性信念中最常见的一种类型，从自己的主观愿望出发，认为某一事件必定会发生或不会发生，然而客观事物的发生不可能以个人的主观意志为转移，因此持有这种看法或信念的人极易陷入情绪的困扰。（2）过分概括，即对一件小事作出夸张、以偏概全的反应。例如有些人在评价他人时，只要别人稍有差错就认为他一无是处。这样很容易导致对他人产生敌意和愤怒情绪。（3）糟糕透顶，即一旦事情发生，就认为它会导致非常可怕或灾难性的后果。这种非理性信念常使个体陷入羞愧、焦虑、抑郁、悲观、绝望、不安、极端痛苦的情绪体验中而不能自拔。

认知重建包含了许多不同的方法，如理性情绪疗法、认知治疗法和系统理性重建法等。它们的着眼点都在于帮助当事人检查内在的自我语言，驳斥那些非理性的信念。近几年国际上对认知重建法的研究也不少，如 Sharon（2004）就曾用认知重建配合自我监控、肌肉放松等方法治疗一个 35 岁的女性对某些情境的恐惧，取得了良好的效果。Wald（2004）和 Bryant（2003）等人也作过类似的研究，都得到了比较积极的结果。总体来看，认知重建法的确有助于改善各种焦虑行为，并对治疗由于各种原因引起的焦虑症及其他神经症性障碍如恐惧症、抑郁、缺乏自信以及其他身心疾病等有一定帮助。但是这些研究还不是严格的实验研究，而且认知重建一般是配合其他方法进行的，因而至今还难以科学地确定其疗效。

## 三、自我监控和自我肯定训练

自我监控是指儿童对所指定的目标行为的自我观察和自我记录。它一般包括以下六个步骤（Martin&Pear，1988）：（1）明确问题；（2）表示愿意改变的意愿；（3）记录问题数据；（4）设计并贯彻治疗计划；（5）保证支持这个计划；（6）制定能取得长期疗效的计划。从自我监控训练法的实施过程中不难发现，这种方法对当事人的要求比较高：他应该能认识到自己存在问题并试图改变，同时又需要有一定的自我控制能力。因此，在使用这种方法时要首先考虑学生的发展水平，对年龄较小、认知水平较低的儿童最好采用其他方法进行矫正。

自我肯定训练适用于改善当事人的个性和行为,增强其自信心,提高其社会适应能力。一般自我肯定训练可划分为四个阶段:(1)自我检查和评估阶段;(2)观察示范者表现技巧的阶段;(3)自我演练阶段;(4)在真实情境中运用习得的自我肯定技巧的阶段。S.A.Bower 和 G.H.Bower 于 1976 年提出的 DESC 草案是一种特别的自我肯定训练法。D（describe）是指叙述别人给你造成某一困扰的行为问题,E（express）是表达自己对这个困扰的体会和感受,S（specify）指声明自己认为的应该改进的不合理做法,C（consequence）果断决定自己认为的双方都可以接受的处理方式。

## 第五节　系统脱敏法

随着升学压力的加大,越来越多的学生表现出过度焦虑、厌学甚至是学校恐惧等症状,这给学生的身心健康造成了很大的危害。本节将介绍一种减轻恐惧和焦虑的办法——系统脱敏法。

系统脱敏法（Systematic Desensitization）由沃尔普（Wolpe）在 20 世纪 50 年代创立,是最早应用的行为治疗技术之一。它是利用交互抑制的原理来达到治疗目的的。从生理学的角度看,肌体在全身肌肉放松的情况下,各种生理生化指标（如呼吸、心率、血压、肌电、皮电等）都会表现出同焦虑状态下完全相反的变化。因此可以说,人和动物的肌肉放松状态与焦虑情绪状态,是一种对抗过程,一种状态的出现必然会对另一种状态起抑制作用。如果在治疗恐惧症或焦虑症患者时,从能引起个体较低程度的焦虑或恐惧反应的刺激物开始进行治疗,一旦这个刺激不再会引起求治者焦虑和恐惧反应时,治疗者便可呈现一个比前一刺激略强一点的刺激。这样经过多次反复的呈现,他就不再会对这些刺激感到焦虑和恐惧,治疗目标也就达到了。系统脱敏实际上就是治疗师有步骤地让当事人在放松状态下,想象或参与以前曾引起他恐惧和回避的情境,逐步增加其耐受程度,从而使当事人的焦虑和回避行为逐步减退和削弱的过程。以经典条件反射、操作条件反射为基础建立的强化、自然消退等原则在系统脱敏的过程中扮演了重要的角色。在系统脱敏过程中，医师的鼓励、赞许对当事人的操作训练起着强化作用，使当事人在恐惧情境下仍保持放松，不再引起焦虑，这样，恐惧行为就会自然消退。

有关系统脱敏法的研究很多。而且从创立至今，诸多研究者和应用者根据现实的需要对这一方法不断进行改进和发展，提出了一些变式，在下面将分别进行阐述。

## 一、传统的系统脱敏法

由沃尔普创立的系统脱敏法被称为传统的系统脱敏法。它包括三个步骤：第一步是学习放松技术；第二步是评定主观焦虑单位，制定焦虑梯度；第三步是脱敏过程。

### （一）学习放松技术

放松训练是进行系统脱敏的基础，用以减轻当事人在治疗前和治疗中所体验到的恐惧和焦虑。在进行系统脱敏前，一般需要当事人进行放松训练，以达到全身肌肉能够迅速进入松弛状态。在脱敏过程中，患者也可以通过训练达到放松的目的。常用的放松训练法有渐进性肌肉松弛法、腹式呼吸法、注意集中训练法和行为放松训练法四种。表5.8列举了行为放松训练法中的几组动作。

表5.8　行为放松训练

| |
|---|
| 行为放松训练由10种姿势和动作组成，保持这种姿势的人是完全放松的，他的身体也完全靠躺椅或类似的东西所支撑。每组动作都由一种放开的姿势或身体上特定部位的动作所构成，每个部位的放松姿势分别描述如下： <br> 1. 头部 <br> 头部不动，由躺椅支撑，鼻子在身体的中线部位。身体的中线通常可以通过衣服的特征来确定，如衬衣的扣子。可以看到鼻尖和下巴。 |

2．眼睛

双眼睑轻轻闭合，表情平静，双眼在眼睑下保持不动。

3．嘴

嘴唇分开，嘴的中心部位分开程度 7~25mm，上下排门牙也分开。

4．喉咙

不运动

5．双肩部

双肩对称，并处于同一水平。双肩倚在靠椅上，除了呼吸外，保持不动。

6．身体

躯干、臀部及双腿对称地围绕中线，倚在靠椅上不动。

7．双手

双手放在椅子的扶手上或双膝部，手掌朝下，手指似抓样自然弯曲，其中可通过一支铅笔。

8．双脚

双脚相互分开，其夹角在 60~90 度。

9．平静

不出声或呼吸很重。

10．呼吸

呼吸频率小于观察基线，没有呼吸暂停。一次呼吸完成一个吸气与呼气的循环。

（二）建立恐惧等级。

这一步包含两项内容：1．找出所有使当事人感到恐惧或焦虑的事件，并让当事人报告出对每一事件他感到恐惧或焦虑的主观程度，这个主观程度可用主观感觉尺度来度量。尺度为 0~100，一般分 10 个等级（最多不超过 20 个等级）。2．将求治者报告出的恐惧或焦虑事件按等级程度由小到大的顺序排列。表 5.9 列举了一个独处恐惧的女性患者的恐惧等级。

表 5.9 独处恐惧等级

| 等级 | 事件 |
| --- | --- |
| 10 | 白天或晚上与一群人在实验室里 |
| 20 | 与另一个女士在一个房间里 |
| 30 | 想象白天独自一人在自己的房间里 |
| 40 | 早晨,当外面的人很少时走到教室去 |
| 50 | 白天独自一人在自己的卧室 |
| 60 | 晚上单独驾车,感觉一个人正在跟着自己 |
| 70 | 晚上与一位女朋友在街上散步 |
| 80 | 单独与一个小孩在一起,看护这个孩子 |
| 90 | 在真正独处前,想象着晚上将独处几个小时 |
| 100 | 晚上独自坐在自己的起居室里,关着门 |

这个部分的工作也可以作为作业让当事人自己去做,但在实施治疗前治疗师一定要作认真检查,注意等级分数的排列情况。

(三)分级脱敏训练。

这一过程要在当事人完全放松的状态下进行,可分为两个步骤:

1. 想象脱敏训练。先进行口头描述,让当事人想象恐惧(焦虑)等级最低的事件,并要求在他能清楚地想象到时,便伸出一个手指头来表示,此时让他作出松弛反应。如果他能够忍受由想象所引起的紧张不变,然后逐级上升,并在每升一级之后要求求治者作出放松反应以对抗由想象所引起的焦虑,直到最高的等级。想象训练要在安静的环境中进行,想象要求生动逼真,不允许有回避停止行为产生,一般忍耐一小时左右视为有效。如果在某一级训练中出现较强的情绪反应,不能通过放松反应有效地消除,则应降级重新训练。

2. 实地适应训练。在想象训练时,当我们的当事人通过了所有的等级而不再有焦虑恐慌的反应后就应该进行实地适应训练了。这是治疗的关键步骤,它的过程也是从最低级到最高级逐级训练,直至完全适应。

自系统脱敏法诞生以来，许多学者对此进行了研究。多数研究显示其对减轻焦虑、恐惧有显著作用。如，Newman 和 Adams（2004）用系统脱敏法治疗一个对狗恐惧的 17 岁少年，经过 28 个阶段（9800 分钟）治疗，这名患者便能正常接触陌生的狗。Lazarus 和 Abramovitz（2004）的研究显示了系统脱敏法对减轻操作性焦虑（performance anxiety）的效用。但它还存在许多局限，尤其是求治者所害怕的某些情境或事物不可能被展示出来，以及可能受条件限制不能到实地接受脱敏训练。于是，人们又在传统的系统脱敏法的基础上作了一些改进，产生了一些变式。

## 二、系统脱敏法的变式

系统脱敏法的变式很多，主要有幽默脱敏法、真实生活脱敏法、自动化脱敏法等。

（一）幽默脱敏法，就是把幽默运用到脱敏，主要是用这种方式对患者进行放松。近年来，在心理治疗中运用幽默的倾向越来越明显。其实早在 20 世纪 70 年代就有研究表明，幽默在脱敏疗法中有诸多传统疗法没有的优点。Smith（1973）发现，在某些传统脱敏法无法发挥作用的领域，幽默脱敏却有显著疗效。而近期 Ventis（2001）等人的研究再次证实了这个观点。他们以 40 个对蜘蛛有恐惧症的学生为被试，把他们随机分为三个组：（1）用传统的系统脱敏法治疗；（2）用幽默脱敏法治疗；（3）不进行干预。治疗分为六个疗程，后测结果表明第一、二组学生的恐惧程度明显低于第三组。Ventis 等人认为有两个原因可以解释幽默脱敏法的优越性，首先是大笑本身就可以减轻焦虑和恐惧，其次就是在幽默的环境中介绍治疗能增强患者的自我效能感和克服恐惧情境的愿望。不过，幽默脱敏法的运用受治疗师性格因素的制约。

（二）真实生活脱敏法。这种方法的主要特点是用造成恐惧反应的实际刺激物代替对它的想象，治疗者陪伴着来访者通过一系列令他感到恐惧的情景，直到抵达原先最害怕的情景而不再紧张为止。这种方法比较适用于广场恐怖症和社交恐怖症病人。比如，在治疗一个有社交障碍的人时，我们可以陪同当事人跟他人交往，同时进行必要的指导。

（三）自动化脱敏法。这种方法是将病人的焦虑情境(如喧闹嘈杂的声音、拥挤的人群或爬行中的蛇等)制作成录音、录像对病人进行治疗。这种方法的突出优点是：（1）当事人可以在家里独立使用，而不必花费治疗者太多的时间；（2）当事人可以依自己的情况自己决定脱敏的速度和进度，这有助于减少脱敏治疗中的一些不良反应；（3）录音和录像中可加入治疗者的指导和有关的治愈范例，从而也可起到指导与示范作用。这种方法既可以单独使用，也可以作为其他脱敏法的一个补充。它的不足在于，单纯的影像治疗可能在现实生活中没有相同的效果，治疗宜进一步巩固。

## 三、有效运用系统脱敏法的原则

不管哪种系统脱敏法，在具体实施治疗的过程中，除了掌握每种方法的技术技巧外，还需要注意以下几点：

1. 在系统脱敏开始之前，做好所有的准备工作。如对患者进行放松训练，建立所有的恐惧或焦虑等级。

2. 在实施过程中，治疗者必须非常小心地按照所设计的等级呈现有关刺激物，或者引导患者想象有关刺激，不要轻易地跳过某个阶段或者按照自己的意愿进行。

3. 当患者在想象该项目刺激情境而尚未报告有焦虑出现时，必须注意不要给予任何语言或物质的强化。因为此时的强化会阻碍患者说出自己所体验到的焦虑状态。而在患者成功地通过全部等级或层次程序后，如果可能，治疗师应对当事人良好行为的表现给予适当的强化。

4. 治疗结束后最好有一个追踪阶段，以保证治疗能维持一段较长的有效时间。如果患者有复发的迹象出现，则还需要施行辅助性的训练和治疗。

# 第七章 学生心理、行为问题与干预

学校心理学工作者经常会面对学生出现的各种各样的心理与行为问题。本章主要从学生的学习障碍、情绪和人格障碍、行为问题、社会技能缺失四个方面展开论述。首先论述学习障碍的定义、诊断标准及其干预与矫正；接着，论述学生易出现的几种情绪和人格障碍的表现及其调适和干预，其中特别阐述了学生的自杀问题；然后，就学生行为问题的界定、成因和矫治进行阐述；最后，本章就学生社会技能的构成因素、分类以及训练的方法和原则展开详细阐述。

## 第一节 学习障碍及其矫正

学生的学习障碍已经成为教育实践中一个普遍的问题。但什么是学习障碍，该如何鉴别，以及该如何矫正，却不是容易回答的问题。

### 一、学习障碍的定义

在国内，对"Learning Disabilities"的翻译不尽相同，有"学习障碍"、"学习困难"、"学业不良"等，本文采用"学习障碍"作为我们的翻译词汇，但是不排除使用"学习困难"、"学业不良"等概念。

学习障碍的定义最早由英国著名特殊教育家柯克提出，在他之后，学习障碍的定义经过了数次修改，至今尚未统一。考察各种学习障碍的定义,可以发现学习障碍定义中存在一些共同的要素[①]。

## (一) 学业上的困难

学习障碍学生必然存在着某种类型的学业困难。有的学习障碍学生存在阅读困难,有的则是言语习得与使用存在困难,还有的是数学计算存在困难。美国联邦政府的定义中罗列了倾听、思考、说话、阅读、书写、拼写和计算等七种学业困难。

## (二) 心理过程的缺陷

学习是一种知情意行的统合体,认知是其中最基本的心理过程,包括感知、注意、记忆、思维等。这些基本认知能力的协调发展是认知活动正常进行的前提。学习障碍的学生存在着某方面认知能力的缺陷,导致其各认知能力的发展不协调,认知能力偏离正常发展轨迹,产生有别于正常个体心理发展的内差。

## (三) 潜能与学业成就的不一致

学习潜能与学业成就之间较大的差距是学习障碍学生的一个重要特征。美国联邦政府在对学习障碍的操作定义中指出,学习障碍学生在下列的一个或几个领域中,其学业成绩与学习潜能之间存在着严重的不相称:

1. 口语表达;
2. 听的理解;
3. 书面表达;
4. 基本阅读技能;
5. 阅读理解;
6. 数学计算;
7. 数学推理。

---

① 李伟健.学习困难学生阅读元认知实验研究.杭州:杭州出版社,2004,7~10

### （四）中枢神经系统的功能失调

心理是脑的机能，学习作为一种心理活动也不例外，也离不开大脑中枢神经系统的调节。从这个意义上讲，中枢神经系统的功能失调当然会导致学习障碍的发生。而且，一些医学研究也表明，学习障碍与中枢神经系统确实存在着某种联系。

### （五）其他障碍的排除

学习障碍往往与某些情形共存。为了区分这些情形，学习障碍的定义中往往包含了排除标准。如许多定义将智力落后、情绪障碍、知觉障碍以及社会、经济环境等因素引起的学习问题排除在学习障碍之外。但是，我们也应该看到，学习障碍学生往往也伴随着上述情形，不过我们应认识到学习障碍不是这些情形引起的直接结果。

## 二、学习障碍的诊断标准

由于学习障碍的界定比较模糊，导致对学习障碍学生的诊断和鉴别也是一件棘手的事情，学术界一般采用下列几种方法来诊断学习障碍学生：

### （一）IQ 与学习成绩诊断法

这种方法一般把同时具备下列几个鉴别指标的学生视为学习障碍学生：

1. 智力基本正常。使用韦氏儿童智力量表或瑞文智力测验来施测。一部分研究者认为 IQ>70，但也有部分研究者认为 IQ≥80（中国修订韦氏儿童智力量表），或 IQ≥90（瑞文智力测验）。

2. 连续一年或以上语文或数学考试平均成绩低于全班平均成绩 1.3 个标准差，或班级居第 10 百分位及以下，或平均成绩在 60 分以下。

3. 班主任和主要任课教师综合评定认为在语文或数学方面有明显的学习困难。

4．通过临床观察或量表评定排除明显的躯体疾病、动机问题、知觉障碍、注意缺陷多动障碍、情绪障碍等心理问题。

### （二）量表筛查法

这种方法主要通过对学生进行标准化量表的测验来进行诊断，具体有：

1．学习障碍筛查量表（The Pupil Rating Scale revised screening for learning disabilities, PRS）。该量表由言语和非言语两个类型共24个题目组成，以五级记分法评定。以言语得分在20分以下、非言语得分在40分以下为筛查标准。

2．儿童感觉统合能力发展评定量表。该量表由58个题目组成，分五个维度，以五级记分法评定。得分低于40分为有轻度感觉统合失调，低于30分为有严重的感觉统合失调。

3．智力测验。一般使用韦氏儿童智力量表，把IQ大于90，言语智商显著低于操作智商列为学习障碍的可能患者。

### （三）生物行为的诊断模式

此诊断模式由Fletcher等人[①]提出，分为四个成分，见图7-1。

1．学习障碍的表现。主要通过学习成绩与技能的测验来了解，这些测验旨在考察学生学习的表现。

2．儿童特质的测评。评估影响儿童学习障碍的特质，这些特质可能是认知的，也可能是心理社会的。特质之间相互有关联。

3．环境因素的评估。包括社会、家庭、学校等因素，与心理社会特质直接有关。

4．生物因素的评估。如脑损伤、遗传、家族病史。生物因素直接影响着儿童的认知特质。

---

① Fletcher, J. M., Foorman, B. R., Boudousquie, A., Barnes, M. A., Schatschneider, C., & Francis, D. J.．Assessment of reading and learning disabilities: A research-based intervention-oriented approach. Journal of School Psychology, 2002, 40(1): 27-63

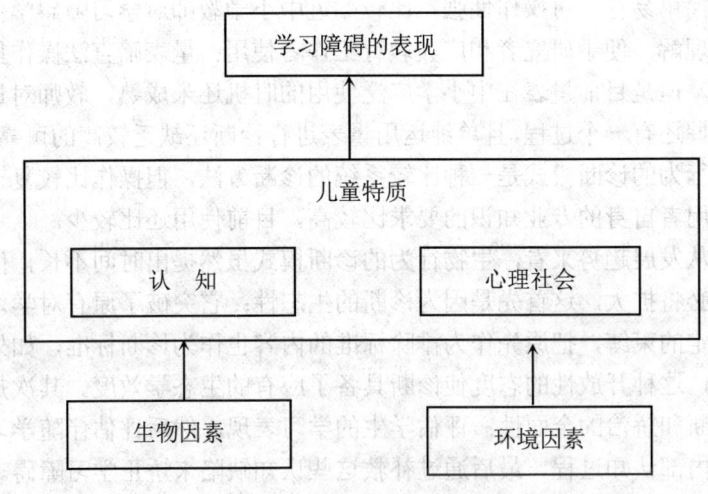

图 7-1 生物行为的评估模式

这四个成分代表着三种水平。水平一,界定学生学习障碍的表现,以及隐含在表现中的关键的认知和心理社会特质。水平二,考察影响学习障碍的认知和心理社会特质,以及认知和心理社会特质之间的相互影响。比如,离开了环境和自身的心理因素(如态度和动机)的作用,学生不可能发展认知技能。水平三,考察影响学生认知和心理社会特质的环境和生物因素。

我们以词汇识别困难的儿童为例加以说明。首先考察认知特质,发现词汇识别困难的儿童出现语音加工方面的困难,则干预时重点在于认知技能的训练,考察认知缺陷的生物因素。如果词汇识别困难的儿童与认知特质缺少共变时,则评估儿童的心理社会因素,考察儿童的学习动机、情绪变化、情绪障碍和学习方法。在干预时重点考虑环境对儿童的影响,如师生关系,同伴关系,与父母关系等。

(四)对以上三种诊断方法的简要述评

从已有的研究来看,使用 IQ 与学习成绩诊断法的最多,量表筛查法次之,生物行为的诊断模式最少。从原因来看:IQ 与学习成绩诊断法简单易行，可操作性强，比较贴近中小学教师对学习障碍学生的通常理解，便于研究者和广大教育工作者使用；量表筛查法操作虽然简单，但是目前量表在中小学广泛使用的时机还未成熟，教师对量表的掌握还有一个过程，且单纯运用量表进行诊断还缺乏较高的可靠性；生物行为的诊断模式是一种比较系统的诊断方法，但操作比较复杂，对使用者自身的专业知识的要求比较高，目前使用还比较少。

从发展趋势来看，生物行为的诊断模式虽然提出时间不长，但其影响必将扩大。这首先是因为诊断的生态性：它突破了原有对学习障碍界定的束缚，把原先作为排除标准的内容也作为诊断标准，如外部环境，这种开放性的态度使诊断具备了应有的生态学效度。其次是因为诊断和矫治的全面性：评估学生的学习表现，然后评估伴随学习障碍的内部认知过程，最后通过补救这些认知缺陷来矫正学习障碍。如果没有相应的认知缺陷，则评估转向心理社会方面，如学校教育、家庭教育等，通过提供优质的环境资源矫正学习障碍。

## 三、学习障碍的类型

自上世纪 80 年代以来，研究者从各自的观点出发，对学习障碍进行了不同的分类，现介绍几种有代表性的观点。

### （一）学习障碍的二类型

Kirk 和 James 提出学习障碍有两种类型：发展性学习障碍和学术性学习障碍[1]。发展性学习障碍是指一个学生应该具有的、达到学业目标的基本学习能力产生障碍。这些能力是指注意、记忆、知觉、思维和口语等。学术性学习障碍是指那些通过学校学习获得的能力出现障碍。这些能力主要包括阅读能力、算术能力、书写能力、拼音能力和写作能力。

---

[1] Kirk, S., & James, C. C. Academic and developmental learning disabilities. Denver: Loving Publishing Co., 1984

## （二）学习障碍的三类型

我国学者陈云英等人将其分为三个类型。第一型是对语言的接受和表达方面的学习障碍；第二型是阅读与书写方面的学习障碍；第三型是数学方面的学习障碍[①]。

## （三）学习障碍的四类型

Mckinney 确定了学习障碍的四种类型。第一型，指言语技能一般，序列和空间能力缺乏，概念能力较强，独立性较差和注意力不集中；第二型，算术和图形排列能力较好，学习成绩较差，在教师的评价行为量表中排名较低，攻击性较强，注意力不集中；第三型，概括能力高于平均水平，学习成绩中等，注意力不集中，性格较外向；第四型，学习成绩中等，言语能力中等，序列和空间能力缺乏[②]。

# 四、学习障碍学生的干预与矫正

## （一）生理层面的干预与矫正

脑神经机能失调与学习障碍有密切的联系。脑神经机能失调往往通过心理机能的失调表现出来，并引起学习障碍。基于生理层面的干预措施也就把重点放在提高或充分发挥脑神经机能上。

1. 感觉统合训练

常见的训练形式有：采用滑板、滑梯、平衡木、吊缆、球、绳等器材进行形体训练；采用串珠、穿针引线等游戏进行精细动作训练，采用文字、图形、数字等进行视、听、记忆等特殊能力的训练。

2. 缺陷矫正法

---

① 陈云英，王书荃. 儿童汉语语言学习障碍的概念与评估框架. 心理发展与教育，1995，(1)：30~34

② Mckinney, J. D. The search for subtypes of specific learning disability. Journal of Learning Disabilities, 1984,17(1): 43-50

针对某一功能的缺陷进行针对性的训练。如：视功能训练包括目标追踪，划消相同字母、数字或图形，点状图定位训练、结构图辨认训练等；听能力训练包括数字广度练习，相同数字出现频率的听觉辨别，数字、文字的顺序交叉辨别等。

3．大脑两半球功能全面协调训练

以智能学具为材料，在教会儿童学习的过程中，促成知识内化。以组块方式教儿童快速观察、记忆、思维、解决问题等。在游戏应变能力中提高儿童知觉和动作的协调能力和注意力。借助学具联系儿童自己的生活实际训练其语言表达能力和交往能力等。

4．药物治疗

生理层面的另外一种干预与矫正就是使用生化和药物治疗[①]。研究者通常试图通过控制机体对某些元素的摄入改变机体的功能。人们曾经使用的方法包括限制饮食，服用维生素，补充锌、铜等微量元素等。从药物治疗的角度，目前人们使用的药物可以分为两类，一类为神经兴奋剂类，如利他林等，另一类为抗抑郁类药物，如丙咪嗪等。

### （二）教育层面的干预与矫正

20世纪60年代，学习障碍干预的重点开始转向与具体学科相联系的知识、技能和能力上。

1．行为矫正

20世纪50年代，行为主义在心理学中占据统治地位，行为矫正受到广泛重视，并形成一些新的教学模式，如Peter的处方教学法[②]、Stephens的引导教学法等。

处方教学法是一种运用诊断资料来矫正学习障碍的教学法。处方教学法有一定的程序：（1）转介可疑个案；（2）提出诊断报告；（3）实施补救方案；（4）检验教学效果，实施教学循环。

---

① 林崇德，辛涛，邹泓．学校心理学．北京：人民教育出版社，2000，216
② 王辉．试论行为矫正在学习障碍儿童教育训练中的角色演变．中国特殊教育，2001，32 (4)：22～25

对学习障碍学生实施补救方案前，要先制定教学计划。这一计划包括四个步骤：(1)查明教学对象的起点行为。教师要搜集资料，建立行为基线，确定控制学习行为的刺激，正确选择正强化物。(2)为教学过程拟定终点目标。拟定终点目标时要考虑：学习者要做什么？学习者要在哪些条件下做这些活动？学习者要做到什么标准才算合格？(3)为教学过程编订过渡目标，即学习者从起点行为开始，逐步向终点目标前进时所依序完成的各个阶段的教学目标。(4)追踪检查教学效果。若效果显著，计划进行顺利，此方案可继续执行，否则要分析原因，修改计划，重新实施。

2．行为—认知干预

20世纪60年代中期，随着认知心理学的发展，学习障碍的干预也不断融合了行为主义和认知心理学的研究成果。当前，学习障碍的行为—认知干预已形成了两大取向：直接指导取向和策略取向。相应地形成三大干预模型：直接指导模型、策略模型和混合模型。

直接指导模型大致包括以下教学成分：把任务分为小的步子；给予探测刺激；重复反馈；提供图示和图表；允许学生独自练习；依据学生的步调进行指导；把指导分解成简单的阶段；小团体指导；教师对技能进行直接的示范；以较快的步调提供一套材料；提供个别指导；教师提问；教师提供新材料。

策略模型包括的成分有：实施前测阶段；精加工解释策略；教师指导、建模（口头表达模型、提问、示范）；练习某种策略或步骤；逐步反馈和多步指导；对话；来自教师的问题；教师提供必要的帮助，实现迁移。

直接指导模型并非都包含上述的12种成分，只要包含其中的4种，就被称为直接指导模型；策略模型也并非都包含上述的8种成分，只要包含其中的3种，就被称为策略模型。也有一些模型包含4种或4种以上的直接指导成分，同时还包含3种或3种以上的策略成分，被称为混合模型。

3．元认知干预

元认知缺陷观认为学习障碍学生没有全身心投入到任务之中，缺乏对整个学习过程的计划和监控。基于此观点的元认知干预教学策略主要有视觉表象策略、交互教学策略、自我监控策略等。

视觉表象策略指根据所学内容构造视觉表象的策略。它可用于记忆电话号码、人的形象、购物单、数学公式、配对词、字的拼写以及课文的阅读理解。

行为的自我监控策略是一种通过训练儿童使用内部言语周期性地监控自己的课堂行为表现，从而达到改善课堂任务定向行为的元认知策略。其典型的做法为：准备一个录音的磁带，设定几分钟播放一次钟声。一旦钟声出现，学生就问自己"我集中注意了吗"，让学生自己回答"是"或"不是"，然后立即写到记录表上。

交互教学是通过师生有结构的对话促进学生学习的教学方法。让学生扮演"教师的角色"是交互教学的重要理念。在交互教学中，首先应组建学习小组，小组以4~7人为宜。然后，对小组学生进行预测、提问、总结和澄清等四个元认知策略的教学。

### 4. 特定领域的干预

也有一些研究者热衷于针对阅读、数学等特定领域的干预，以期寻找特异性的干预手段。如对小学生解决数学应用题的学习障碍干预研究表明，部总关系图式在数学学习障碍学生对应用题的理解以及形成正确的算式方面起到了十分重要的作用。通过对数学学习障碍学生的部总关系训练，有效地促进了数学学习障碍学生应用题解题能力的发展[①]。

### 5. 归因训练

还有一些研究者采用归因训练对学习障碍进行矫正，如策略教学与归因训练相结合[②]。策略教学与归因训练相结合方法包括七个步骤：描述新策略的目的；描述努力归因对完成任务的重要作用；提供成功使用策略和没有成功使用策略的范例；提供归因和策略运用的榜样；

---

① 李新宇. 小学数困生加减应用题解题过程及补救教学的实验研究. 浙江师范大学硕士学位论文，2004
② 宋尚桂. 学习障碍学生归因训练研究综述. 中国特殊教育，2002，35（3）：75~78

让学生练习使用归因和策略的结合顺序并提供反馈；让学生独立进行策略练习，需要时给予指导和提醒；进行总结性评估。

## 第二节 学生的情绪与人格障碍及矫正

情绪和人格障碍类型多样，本节将选取部分与学生密切相关的情绪和人格障碍进行阐述。

### 一、情绪障碍和人格障碍的定义及临床表现

情绪障碍是指人们在情绪感受中严重脱离现实，以一种妨碍解决问题的操作和自我挫败的方式应付外界事件。其临床表现有：

1. 情绪不稳定，多动，自我控制力差和注意力差。
2. 情绪易兴奋，易冲动。外向型的性格表现为攻击性强，如学校暴力行为，打架、斗殴等行为；内向型表现为逆反性强，不适应，不合群，或表现为缄默症。
3. 易造成心理的无助感，在日常生活中表现为口吃、夜尿，过度手淫等不良习惯[1]。

人格障碍是指人格在发展和结构上明显偏离正常。人格障碍的发生被看作是人格发展不成熟和产生了畸变，导致个体持久地以适应不良的方式对待周围事物并作出较极端的情感反应，从而导致显著的心理社会功能的异常[2]。一个人的行为、活动对于其所处的时代、环境来说被大多数人所反对，或在其内心体验中存在由人格特点所引起的持久痛苦，这个人就有可能存在人格障碍。临床上发现的人格障碍者，大多有如下特点：

1. 一般于早年有不同于大多数儿童的迹象，至青春期前后，畸

---

[1] 徐光兴. 学校心理学—心理辅导与咨询. 上海：华东师范大学出版社，2000，202
[2] 卢宁，刘协和. 人格障碍的评估和诊断. 国外医学精神病学分册，2002，29（2）：70～74

形开始明显化；

2. 其人格明显偏离正常限度，而且各人格特点间互不协调；
3. 社会适应不良和内心痛苦；
4. 矫正比较困难。①

## 二、学生情绪障碍的常见类型及矫正

### （一）抑郁及其矫正

抑郁是一种过度忧愁和伤感的情绪体验，一般表现为情绪低落，心境悲观，郁郁寡欢，闷闷不乐，思维迟缓，反应迟钝等。在情绪上，抑郁表现为沮丧的状态，对从前曾感到愉快的事物或活动不再感兴趣，不能对幽默作出反应；在认知上，表现出否定的自我评价；在动机上，表现出对各种事物缺乏兴趣，依赖性增强；在躯体上，表现出明显的不适感，食欲下降，失眠等。

抑郁情绪是学生中一种比较普遍的不良情绪表现。在多数情况下，学生的抑郁情绪都可找到较为明显的影响因素。如性格内向孤僻、多疑多虑、不爱交际、生活中遭遇到意外挫折、长期努力得不到报偿等都可能使他们陷入抑郁状态。如何把学生从抑郁中解脱出来呢：

1. 改变消极的认知图式。抑郁症患者往往持有消极的认知图式，这种认知图式表现在对自己、对世界、对未来的消极观念。他们的思维易出现两极化、灾难化和以偏概全等偏差。在消极图式、消极的自动思维、消极的情绪之间会产生恶性循环。要改变这种恶性循环最根本的是从改变消极的思维入手，进而改变消极的认知图式，进而最终改变行为。Beck 等人提出一个标准化的程序来改变抑郁者的认知：（1）区分。帮助抑郁者学会区分信念和事实、主观愿望和客观规律、局部和整体、片面和全面，当其认识到自己的信念不反映现实就会改变之。（2）偏中心化。帮助抑郁者学会把自己的体验和其他事物区别开来，

---

① 郑雪. 人格心理学. 广州：暨南大学出版社，2001，387

不要泛化自己的情绪体验。(3)破除灾害观。使抑郁者认识到,任何事情都不是最坏的,从而重新认识这些事件并不具有灾害性[①]。

2. 形成积极的归因。抑郁的归因训练的基本原理就是从消极归因方式这个认知的层面入手,通过一系列认知行为的方法建立积极的归因方式,促进情绪和行为的改变,打破抑郁的恶性循环,并通过改进对良性事件的积极归因,走向良性循环。抑郁的归因训练可以是个体治疗也可以应用团体辅导的形式。归因改变的途径包括促进患者对自己归因方式的认识,归因方式的重建和领悟。方法既包括认知行为技术,也包括情绪的技术,有角色扮演、自我指导、应激训练、正性事件强化、家庭作业、放松训练、想象、情绪稳定训练、书写和身体练习、音乐治疗等。

3. 促进积极的社会活动。抑郁者的情绪与行为比较消极,可以通过行为干预,使患者产生控制感和积极的态度。应帮助抑郁者增强日常的活动,包括更多地接触人和更积极工作,消除消极的行为。采用社会技能训练,如示范适当的行为、角色扮演、行为预测和找办法,来增强愉快的社会交往,减少不愉快的社会交往。

4. 激发潜能的发挥,形成积极的自我肯定。人本主义治疗师认为抑郁者、特别是那些想自杀的人是对自己不负责任的人。因此,主张通过积极的、无条件的关注、倾听,使抑郁者了解自己的潜能,对自己更加有信心,采取更加负责任的行为。

5. 参与实践活动。许多学生想到了也不去做,或者固执地认为做了也是失败,认为自己不能投入到实际生活中,或做不了某些事情。实际上,他们没有去做或者不肯去做,他们缺乏的正是想到了就做的精神。由于不做事情或少做事情,减少了自己实践与适应实际生活的机会,而且使精神能量更集中指向内部,注意自己的某些问题,导致了自身认识、情感、意志的全面消沉。因此,正如森田疗法所提倡的,做事情,就是将注意由主观世界转向外部,从而减少指向自己心身内

---

[①] Beck, A. T., Rush, A. J., Shaw, B. F., & Emery, G. Cognitive therapy of depression. New York: Guilford Press, 1979

部的精神能力。参加体育锻炼能治疗抑郁就是一个很好的例证[①]。

6. 药物治疗。对那些比较严重的抑郁者，药物治疗是必不可少的。常用的抗抑郁药物有 SSRIs、SNRI、NaSSA、SARIs 等[②]。药物治疗如能结合心理治疗，效果则会更佳。应特别强调的是，药物治疗应在专业医生的指导下进行。

### （二）焦虑及其矫正

焦虑是个体主观上预料将会有某种不良后果产生或模糊的威胁出现时的一种不安情绪。焦虑是一种不愉快的情绪反应，通常由忧虑、紧张、失望、不安、害怕、焦急、羞愧等感受交织在一起。在生活中，每一个人都会有焦虑的体验。例如，学生考试前，教师第一次登台讲课都可能伴有焦虑的体验，但这不是病态，一般能自行控制。有的人因一些小事而出现惶恐不安，忧心如焚，四肢发凉，彻夜难眠，饮食乏味等现象，这就可能属于病态了，心理学上称之为焦虑症。学生中比较普遍的焦虑是考试焦虑。

焦虑具有模糊不具体的特征，焦虑者往往只知道威胁的存在，但并不知道威胁的真正来源和内容，因而焦虑者产生焦虑时不知如何把焦虑消除。学校心理学工作者可以通过以下几种方法来帮助学生消除过度焦虑。

1. 宣泄法

当处于一种难以言明的精神痛苦之中时，可找朋友、老师谈心说笑，参加一些文体活动，看电影，逛街等适合自己的活动方式，来缓解自己的过度焦虑。休息也是一种很好的方法，如充足的睡眠、一顿美食等。

2. 客观的自我评价

用理智战胜情绪上的困扰。正确评价自我，既看到自己的优势，也要看到自己的不足；期望值不要定得太高，目标与现实之间的差距

---

[①] 唐征宇. 有关锻炼与减低抑郁关系研究的综述. 体育科研, 2000, 21（3）：46～50
[②] 季建林. 抗抑郁药物的临床应用. 中华神经科杂志, 2004, 37（3）：275～277

不要太大，要学会适时地调整自己的目标。

3．改变认知

焦虑的产生往往由认知的歪曲所致，导致情绪上的紊乱和行为上的异常。表现在对自己的要求过高且常常绝对化：以偏概全或糟糕透顶，认为失败会导致可怕的后果。因此，要帮助学生认识到自我认识和评价歪曲是造成过度焦虑的关键。通过改变其不合理的思维方式，树立正确的自我评价。

4．身体放松

有研究表明，摆动双臂昂首阔步比低头懒散行走能使人的心情更加愉快。究其原因，可能在于摆动双臂时，可产生一种机械运动，使因焦虑而紧张的肩膀、颈部和背部肌肉得以放松。开怀大笑可令紧绷的躯体迅速放松，在开心地笑过之后，由于手臂、脚部的肌肉不再紧张，血压、心跳有所缓和，使全身觉得相当轻松。38~40度的温水洗澡能增加血液循环，使人镇定下来。

5．深呼吸

深呼吸是一种非常有效的缓解过度焦虑的方法。一般步骤为：（1）吸气，尽可能地让自己的肺部充满空气，姿势随意。（2）双手轻轻置于肋骨的下部，缓缓抬头，同时暗示自己"我很轻松"。（3）吸气要做到缓慢而自然，要用腹部的力量吸气，胸膛不要剧烈起伏。（4）屏住呼吸，放松全身肌肉，再将气息均匀平缓地呼出。

6．认清威胁来源的真正内容，对当前的情境进行具体分析

既然焦虑是对不特定的、模糊的危险情境的反应，那么防范和消除焦虑就要找到焦虑的真正内容和来源。许多心理治疗的理论都很重视这种方法。精神分析学家用自由联想与解释，想把隐藏于潜意识的威胁清清楚楚地暴露到意识层面来，好让个案看到焦虑的真面目以解除焦虑。合理情绪疗法中使用的与不合理信念的辩论，其目的是为了帮助个案认真地去直视模糊的焦虑。混乱和捉摸不定是引发焦虑的原因。对目前所处的情境越清楚明确，个体体验到的焦虑就越少。因此，焦虑者可经常给自己开个清单，把每个可能引起焦虑的潜在因素全部记录下来，然后对它逐个进行审查、分析、辩论。这样不但可以预防

焦虑的产生，而且也可以阻止焦虑的扩散。

### （三）自卑及其矫正

自卑是指个体由于某种生理或心理上的缺陷或其他原因所产生的对自我认识的态度体验。表现为对自己的能力或品质评价过低，轻视或看不起自己，担心失去他人尊重的心理状态。一般来讲，学生自卑有以下几个方面的表现：自我评价过低；超概括化或泛化性；敏感性和掩饰性；用回避与别人交往的方法来避免别人看出自己的缺陷和不足。那么，该如何克服自卑呢？

1. 消除引起自卑感的外部刺激因素

成人的贬抑性评价是使孩子产生自卑感的一个重要的外部刺激因素。因此，父母和教师要注意不要轻率地评价孩子，尤其不要随意贬低他们的能力或品质，以免损害他们的自尊心和自信心，要多给以褒扬性的评价，即表扬和鼓励。

2. 正确的自我评价

造成自卑心理的一个主要原因是对自己认识不足，低估自己。有自卑感的人往往感到自己不如他人，但实际上自己并不一定比别人差。因此，要对自己的长处和短处进行实事求是的分析与评价，学会全面地、辩证地看待自己，要善于发现自己的长处，不要把自己看得一无是处，这样就减少了产生自卑的诱因。

3. 提高自信心，进行积极的自我暗示

经常回忆因自己努力而成功的事情，或合理想象将要取得的成功，以获得成功的心理体验。要经常保持着这么一种信念："我也能"、"我行"。为了增强自信心，可以有意识地、实事求是地分析一下自己，把自己的优点和长处列成一张表，以便时时提醒自己。

4. 制定适宜的目标

自卑往往是由于多次的失望而产生的，而人的失望情绪又与人对某件事的期望程度相关。事先的期望值越高，事后因结果不理想、目标未达到而产生的失望程度也越深。在学习中，目标不可定得太大、太高，适宜的目标容易获得成功的体验，这对自己是一种激励，有利于增强自信心。如果目标本身较大较高，可将它分解为一个个子目标，这样就易于成功，而每次成功都是一种激励，有利于提高自信心。

5．进行正确的"挫折归因"

面对挫折，要冷静地分析原因，找出实际上起作用的因素，然后想办法去克服困难。不能因一次失败，就认为自己能力不行。失败的原因是多方面的，不一定就是能力不足造成的。

6．积极补偿

通常可采用两种方法来积极补偿。一是"以勤补拙"。知道自己哪些方面有缺陷，就以最大的决心和毅力去克服这些缺陷。二是"扬长避短"。当处于劣势时，将自己的注意力转向最能体现自己长处的方面，以消除劣势给自己造成的自卑阴影。

7．积极与他人交往

当人独处时，心理活动就会转向内部、朝向自我。自卑者长期独处，心理活动的范围、内容会变窄变小，会使心理活动走向片面，从而陷入深深的自卑之中不能自拔。而在与人积极交往过程中，自己的注意力会被他人所吸引，心理活动就不会局限于个人的小圈子里。此外，通过与人交往，能正确认识自己，调整自我评价，减少自卑感。

8．选准参照系

尽量不要与别人进行比较，应更多的看到自我的成长。当与别人比较时，应选择与自己在各个方面比较相似的人和事。否则因悬殊过大，或拿自己的弱项与别人的强项比较，总免不了产生自卑。

## 三、学生人格障碍的常见类型及治疗

人格障碍一般始于童年，至青春期开始明显化。因此，如何在个体成长的早期进行预防和干预就显得尤为重要。人格障碍类型很多，如强迫型、偏执型、分裂型、反社会型、攻击型、癔症型、回避型、依赖型、自恋型等。这里介绍几种在学校中常见的人格障碍类型。

## （一）依赖型人格障碍及其矫正

依赖型人格障碍者对亲近和归属有过分的渴求，这种渴求是强迫的、盲目的、非理性的。美国《精神障碍的诊断与统计手册》中对依赖型人格特征的描述如下：

1．在没有从他人处得到大量的建议和保证之前，对日常事物不能作出决策。

2．让别人为自己作大多数的重要决定，如在何处生活，该选择什么职业等。

3．被遗弃感。明知他人错了，也随声附和，因为害怕被别人抛弃。

4．无独立性。很难单独展开计划或做事。

5．过度容忍，为讨好他人甘愿做低下的或自己不愿做的事。

6．独处时有不适和无助感，或竭尽全力以逃避孤独。

7．当亲密的关系终止时感到无助或崩溃。

8．经常被遭人遗弃的念头折磨。

9．很容易因未得到赞许或遭到批评而受到伤害。[1]

只要满足上述特征中的五项，即可诊断为依赖型人格。

目前，对依赖型人格障碍的矫正主要采用心理治疗。治疗的重点是阻断或中止依赖型人格障碍者的自我塑造，发展自立自强的行为模式。具体方法有：

1．改变认知。辅导依赖型人格障碍者认识到依赖行为有"利"也有弊：依赖虽然轻松，却失去了能力发展的机会，体验不到成就的欢乐。引导其客观、全面地评价自己的长处和短处。

2．改变生存环境。将依赖型人格障碍者置于只能依靠自己的环境中，学会事事由自己管理，自己决策。

3．矫正依赖行为。对依赖型人格障碍者的自主、自立和自强的行为予以奖励，对依赖行为予以惩罚。

---

[1] 郑雪．人格心理学．广州：暨南大学出版社，2001，396～397

## （二）自恋型人格障碍及其矫正

自我中心是自恋型人格障碍的核心症状。认知的自我中心表现为只注意自己的观点，不能面对客观事实和不接受别人的观点；人际关系的自我中心表现为不能平等地待人接物，过分看重自己，蔑视别人。一般认为其特征主要有：

1. 对批评的反应是愤怒、羞愧或感到耻辱（尽管不一定当即表现出来）。
2. 喜欢指使他人，要他人为自己服务。
3. 过分自高自大，对自己的才能夸大其辞，希望受人特别关注。
4. 坚信他关注的问题是世上独有的，不能被某些特殊的人物了解。
5. 对无限的成功、权力、荣誉、美丽或理想爱情有非分的幻想。
6. 认为自己应享有他人没有的特权。
7. 缺乏同情心。
8. 渴望持久的关注与赞美。
9. 有很强的嫉妒心。[①]

只要表现其中的五项，即可诊断为自恋型人格。自恋型人格在很多方面与癔症型人格有相似之处，如情感戏剧化，有时还喜欢性挑逗等。

自恋型的人往往人际关系较差，容易产生孤独和抑郁的情绪，加之他们有不切实际的高目标，往往很容易在各个方面遭到失败。对自恋型人格障碍的矫正一般有以下几种方法：

1. 引导学生认识自己行为的自我中心性

通过心理辅导活动课或个别辅导等途径，引导学生考察自己的行为，使其认识到自身行为具有自我中心性，并进一步引导其发现这一行为特点在童年早期便有其原型，辅导学生认识到自己的行为是童年的自我中心行为的翻版，是一种幼稚的表现。如果学生对此产生领悟，

---

① 郑雪. 人格心理学. 广州：暨南大学出版社，2001，397～398

便会放弃这种幼稚的行为。

2．辅导学生进行客观的自我评价

自恋型人格障碍者常常有不正确的自我评价。可引导其与周围的人作客观的比较，从而认识其自我评价的不准确性，并认识到过分自高自大实质上是一种病理性防御，是一种自我欺骗，其结果必然是妨碍自己取得真正的进步与发展。

3．通过角色扮演法，学会平等地待人接物

自恋型人格障碍者常常表现出不平等的人际关系，如喜欢支配人，对人缺乏同情心。对此，可利用角色扮演法等方法，让自恋型人格障碍者体验交往双方的心理感受，从而学会平等地待人接物。

4．进行逻辑思维训练，克服随意散漫的不良思维习惯。如鼓励参与辩论赛，经常解逻辑训练题，都能有效地培养逻辑思维能力。

## 四、自杀

自杀是人蓄意或自愿采取各种手段以结束自己生命的行为。它是一个复杂的社会现象，涉及哲学、社会学、伦理学、精神医学和心理学等诸多领域。近十年来流行病学调查显示，有自杀意念的青少年和自杀未遂现象明显增多，自杀尤其是在校生的自杀愈来愈成为严重的学校和社会问题。预防学生自杀也成为学校心理学工作者必须高度重视的一个校园问题。

1970年美国国立精神卫生研究所提出将自杀分为三类：（1）自杀已遂或成功自杀，指各种故意自我伤害行为，结果引起个体死亡；（2）自杀企图或自杀未遂，指各种故意自我伤害行为，行为结果未引起个体死亡；（3）自杀意念，指个体通过直接或间接的形式表达自己终止生命的意愿，具有隐蔽性、广泛性、偶发性的特点。

（一）自杀的原因分析

自杀行为是生理、心理和社会因素相互作用的一种复杂行为。导致自杀的原因很多，归纳起来大概有如下几个因素：

1. 社会经济背景

随着现代化建设的迅猛发展，贫富差距明显，社会竞争日益激烈，这种社会现实状况使广大在校学生的心理负荷不断增加，心理障碍者日益增多，增大了自杀的隐患。

现代信息革命促进了人类文明的发展，同时也给年轻人带来了新的问题：网络信息量大，鱼龙混杂，年轻人在着迷中受到污染。比如教唆自杀，网上见到的《完全自杀手册》，详细介绍自杀常用的方法及其痛苦值、致死值、麻烦值等内容，对青少年的健康成长造成极坏的影响。

报刊、影视等媒体为猎奇，淋漓尽致地描写自杀行为，大肆渲染悲观厌世情绪，潜移默化地影响着还缺乏鉴别力和抵抗力的青少年，成为自杀的潜在的社会因素。

随着教育改革的深入发展，学业上的压力，青春期的困扰，人际关系的紧张，家庭压力和升学就业问题所产生的心理失衡，也是引发青少年自杀的重要原因。

2. 家庭环境

张志群等人对中学生的调查发现，有自杀意念的中学生较少地体验到来自父母的情感温暖和理解，较多地体验到父母的惩罚、严厉、拒绝、否认、过度干涉、过度保护等不良教养方式[1]。在他们的另一个研究中发现，父母离异、再婚家庭、童年期经历虐待、家庭成员有自杀或暴力事件等是自杀观念的危险因素[2]。

李红梅等人对青少年自杀的家庭危险因素归纳为五类，即家庭缺乏交流、"替罪羊"现象、亲子依恋关系障碍、父母婚姻失调、父母心理变态[3]。

3. 认知和人格特征

---

[1] 张志群，郭兰婷. 父母教养方式与中学生自杀意念的相关研究. 中国学校卫生, 2004, 25 (3): 287-289

[2] 张志群，郭兰婷. 中学生自杀观念的研究. 中华精神科杂志, 2003, 36 (2): 108

[3] 李红梅，吴明霞. 青少年自杀行为的家庭危险因素探讨. 国外医学社会医学分册, 2000, 17 (4): 145~148

认知偏颇是学生自杀的主要心理原因。在现实生活中，自杀者通常不能正确认识自己，对自己持否定的态度，使自己处于极度自卑状态。不能正确的认识社会、认识与之有关的人和环境，持续的消极认知使人衰竭，推动其对自己境遇的内部感知向越来越消极的状态发展，直到再也不能使自己相信在自己的境遇中还存在任何积极的成分，对自己的前途充满了失望。

虽然就何种人格特征的人易生自杀之念的问题尚未取得一致结论，但越来越多的证据显示，具有低自尊、缺乏有效的应对方式、较高水平的神经过敏、冲动、猎奇等人格特征的人更容易自杀。梁军林等人对中学生的调查发现，强迫症状、内向、情绪不稳定、不成熟防御方式和消极应对方式与自杀意念密切相关[①]。张克让等人对大学新生的调查揭示，好强固执、忧虑抑郁、烦恼自忧、易于激动和焦虑的人更容易自杀，而缄默、孤独、冷漠、思维迟钝、抽象思维能力弱的人也有可能会导致自杀[②]。

#### 4. 心理健康因素

有关研究表明，因各种精神疾病引起的自杀占自杀原因的第二位[③]。尤晓莉等人的调查发现，幻觉、妄想等精神病性症状是心理健康诸因素中导致自杀的最主要原因，其次是焦虑抑郁情绪；心理应激及药物副作用所致者也占一定比例[④]。

郭田生等人从临床的角度进行了总结，认为临床抑郁、精神分裂症、失望、重度快感丧失、物质滥用、共患惊恐发作或其他焦虑症状是增加自杀的危险因素[⑤]。

---

① 梁军林，孙录，赵静波等. 中学生自杀意念发生率及其影响因素分析. 临床精神医学杂志，2000，10（3）：144～146

② 张克让，罗锦秀，韩向明，马慧霞. 大学新生自杀观念及其影响因素分析. 中国心理卫生杂志，1999，13（3）：144～145

③ 高之旭. 自杀的流行学调查. 上海精神医学，1993，（1）：30～32

④ 尤晓莉，纪芳，张立亮. 精神疾病患者自杀行为的相关因素分析. 四川精神卫生，2004，17（2）：120～121

⑤ 郭田生，阎翰. 自杀行为的研究进展及医学干预. 国外医学精神病学分册，1999，26（4）：213～217

5．负性生活事件

自杀者往往经历更多的负性生活事件,而且社会支持较差。亲人的亡故或亲密关系的破裂,与父母、配偶、朋友的冲突,学习、工作中的困难,违法乱纪,在学校中经常被欺负等都会引起学生自杀的发生,而离家出走则提示了强烈的自杀意念。还有遇到强烈的外界刺激,如见到别人被杀、经历飓风袭击(女性)都会诱发自杀。有自杀家族近亲史者和过去曾有自杀企图或行为的人,也属自杀的高危人群。

## (二)自杀的预兆

在现实生活中,人们不能及时有效地阻止自杀者的自杀行为,其中一个重要的原因是人们没有及时发现自杀的预兆。预防自杀,首先要能准确判断自杀的先兆。一般有以下几个方面可作为判断的依据:

1．一个想自杀的人首先在心理上会有所反应。如心情紧张、焦虑不安;或平时爱说爱笑的人,突然抑郁寡欢,愁眉苦脸;或平时抑郁寡欢的人,突然和周围的人同乐起来。情绪具有表达信息的功能,通过一个人的情绪变化,可以窥视其内心深处的痛苦、欢乐及其变化。

2．一个想自杀的人,还会有躯体方面的症状,如出汗、头痛、手脚发麻、呼吸短促,甚至全身紧张发抖等。心身是相互影响的,心理上的变化会反映到生理上,躯体变化反过来也影响心理状态。

3．一个想自杀的人,总有一些实际的行动表达。如受到严重打击想自杀的人,可能"出走",准备最喜欢的衣物,净身,注意打扮,进舞场,突然变得活泼可爱,主动与打过架的人和好,给亲人朋友送礼品留念,有的还处理遗产等。

4．一个想自杀的人,普遍使用的一个求助信号就是言语表达。如问"人生为了什么?""人活着真没有意思","做人真难呀","活着没意思,不如死了","我们的缘份已尽",或向亲人和朋友写信或口头说些祝福的话。

5．自杀最明显的先兆是准备自杀的工具。如购买鼠药、安眠药、硫酸等，再如准备绳索、刀剪等利器，还有选择触电等[①]。

研究表明，60%～80%的自杀个案都直接或间接地提到想死一事，而且大多数自杀企图的目的不仅是要毁掉自己，同时还想用自杀行为来示警，引起周围人的关心和理解，希冀周围的亲友能帮助他解决所面临的问题。

自杀也是可以测量的，国外有很多量表，如"自杀可能性评定量表"。我国学者肖水源等编制的"自杀态度问卷"（QSA），共4个维度，有29个条目，信度、效度较好[②]。

## （三）学生自杀的预防

学生自杀的预防是一项艰苦而复杂的工作。在一些发达国家，已经开展自杀危机干预的理论研究和发展国家自杀预防的行动规划，如芬兰（1986年）和荷兰（1989年）较早建立了国家自杀预防规划体系[③]。我国这方面的工作起步较晚。作为学校心理学工作者，应该从关心和帮助学生成长，培养学生成才的目标出发，建立学校的学生自杀危机干预计划，以推动这一工作在我国的进一步发展。

1. 重视心理健康教育，建立学生心理健康档案，加强班主任工作

建立学校心理辅导机构，配备专职心理咨询员或咨询师。开设咨询热线电话昼夜为学生服务，当学生处于危机状态又不能马上来咨询时，打电话能得到及时救助。抑郁与自杀有着密切的联系，应特别注意对抑郁学生的关心，诊断抑郁的严重程度，对严重抑郁症学生做好转介工作。

在学校建立学生心理档案，及时了解学生的心理发展动态，可以预防学生自杀问题的发生。班主任是最了解学生心理问题的老师，加

---

[①] 关树文，诺敏. 试论青少年的自杀及其预防. 内蒙古师范大学学报（哲学社会科学版），2004，33（2）：19～23

[②] 肖水源，杨洪，董群惠，杨德森. 自杀态度问卷的编制及信度与效度研究（自杀系列研究之一）. 中国心理卫生杂志，1999，13（4）：250～251

[③] 翟书涛. 21世纪自杀和自杀预防研究展望. 健康心理学杂志，2000，8（1）：5～6

强班主任工作,特别是要对他们进行培训,掌握自杀预防的相关知识,对有心理危机倾向的学生,作为重点,有针对性地进行帮助。

2．丰富业余生活,培养生活兴趣

尽可能让自杀企图者参加文体活动,在活动中培养他们的兴趣,丰富业余生活。这对预防自杀具有十分重要的作用。此外,还可通过写日记或向亲人倾诉隐私,把自杀念头写下来或说出来。这一切都是为了缓解自杀的欲望,让他们体会生活的乐趣和生命的可贵。

3．普及自杀预防知识

预防自杀最有效的措施之一是宣传教育,其基本目的是使广大学生知道自杀动力学,导致自杀的危险因素,自杀的先兆或线索,以及自杀干预的基本知识和技能。可以在学校举办自杀专题讲座,散发宣传资料,以及通过学校的各种媒体,如网络、电视、广播进行宣传。

4．设立危机干预机构并开展积极有效的工作

设立危机干预机构,建立学校心理学工作者与学生、学生家长和学校有关部门的联系,随时准备为处于危机状态的学生提供及时的帮助。危机干预具体步骤有:第一步,确定问题。通过观察和倾听,迅速确定问题的严重程度,并迅速将情况转告家长或有关人员进行干预。第二步,保护当事人安全。组织班级同学对有自杀倾向者进行看护,确保自杀企图者的生命安全,并要注意危机干预者的人身安全。自杀企图者的生命安全是危机干预的核心任务。第三步,给予自杀企图者以心理支持。争取与其保持沟通与交流,注意多倾听、多肯定,使其尽可能多的将烦恼和困惑宣泄出来。第四步,心理辅导。在给予自杀企图者一些支持和帮助的基础上,提示自杀企图者调整思路,给予一些必要的心理辅导,改变认知,减轻其应激与焦虑水平。同时,为自杀企图者提供一个对所关心问题的解决办法和应付机制,减缓心理冲突,矫正情绪的失衡状态,提高自杀企图者的应付能力和思维灵活性,并使其相信自己的能力,战胜危机。第五步,通过进一步沟通,得到自杀企图者不再自杀的承诺,必要时把自杀企图者托付给家长,结束危机干预。

5．避免其接触与自杀有关的事物

自杀是一种冲动行为。严格管理和限制自杀工具，不要让有自杀倾向的人接触自杀工具，禁止有自杀倾向的人上高处等，能使高危人群放弃自杀。另外，不要让他们看关于自杀的新闻、影视和书籍等。

5. 加强对有严重自杀倾向学生的监护

有严重自杀倾向的学生如能得到老师、家长、亲戚、朋友或咨询机构的严密监护，则完全有可能取得预防的效果。对有严重自杀倾向学生，必要时应劝其住院隔离，药物治疗。部分自杀未遂者日后会因再次自杀而身亡，应引起高度的重视。

## 第三节 学生的行为问题及矫治

上海市精神卫生中心、上海市第二医科大学于 1988～1991 年对全国 22 个城市 24013 名 4～16 岁儿童所作的调查发现,儿童心理及行为障碍平均发生率为 12.97%[1]。学生的行为问题不但会影响其学习成绩，还会影响其社会适应能力和人格的发展。学生的行为问题已日益引起人们的关注。

### 一、行为问题的界定

关于行为问题（Behavior Problem）的概念至今仍无统一界定。世界卫生组织将行为问题定义为一种持久的、反复发生的、反社会的、侵犯性的、或反抗性的行为[2]。美国精神病学会将行为问题定义为在严重程度和持续时间上都超过年龄范围、社会道德准则所允许的异常行为，这些异常行为包括偷窃、欺负、纵火等 16 项[3]。中国学者普遍

---

[1] 唐慧琴,忻仁娥.儿童行为问题影响因素分析:22 城市协作调查 24013 名儿童少年报告.中国心理卫生杂志，1993，7（1）：13～15

[2] World Health Organization. International classification of diseases (10th Edition). WHO, Geneva, 1988

[3] American Psychiatric Association. Diagnostic criteria from DSM-IV. American Psychiatric Association. Washington DC, 1994

认为儿童行为问题包括行为和情绪问题。行为问题如违纪行为有攻击、不听管教、偷窃、逃学、离家出走、纵火等，情绪问题又称神经症问题，包括焦虑、恐惧和人际关系困难等。

## 二、学生行为问题产生的原因

学生行为问题产生的原因十分复杂，既有学生自身生理和心理特质的作用，也有家庭、学校等因素的影响。学生行为问题的产生是多种因素相互作用的结果。

### （一）学生自身因素

1. 气质

儿童气质与儿童行为问题的发展密切相关。张劲松等人的研究发现，难养型儿童易出现多种行为问题，启动缓慢型儿童的行为问题也明显较易养型儿童多[1]。行为问题儿童在气质维度表现出活动较多，日常生活和学习活动无规律，对新环境或新刺激不易适应，情绪反应的强烈程度高，主要的情绪表现消极不愉快，专心于活动的时间不持久[2]。

2. 认知与社会技能缺陷

问题行为儿童倾向于采用不良行为方式解决问题，比如在他人意图不明的情景中与非侵犯性儿童相比，侵犯性儿童更多地对他人行为作敌意性归因。研究者认为被同伴拒斥的社会经历是侵犯性儿童对意图不明情景更多地作出敌意归因的一个重要原因[3]。由于社会技能缺失而导致的同伴关系不良是侵犯性儿童遭到同伴拒斥的主要原因之一。

社会心理因素的存在能否导致行为问题的发生，取决于青少年对危险因素的认知和应对方式。心理控制源是其中的一个重要因素。内

---

[1] 张劲松等．儿童气质与行为问题的研究．中国心理卫生杂志，1996，(10)：248～252
[2] 游石琼，宋丽娟，都萍．儿童气质与行为问题的关系研究．中国健康教育，2003，19(3)：209～211
[3] 程学建，张文新．儿童侵犯行为发展研究综述．心理发展与教育，1992，(1)：43～47

控性儿童相信自己能对事情结果负责,即个人的行为、个性和能力是事情发展的决定因素;外控性儿童认为事件的发生是由外部环境因素所决定。刘贤臣等人用儿童控制源量表(CNSIE)评定青少年心理控制源,揭示了心理外控性越强,青少年行为问题发生的危险性越高[1]。

3. 学业不良

学龄期儿童行为问题的特点之一就是学业不良。国内相关研究发现,学习困难儿童较多存在各种行为和情绪问题,且具有不同性别特点:男性以多动、冲动、攻击、违纪等外向型行为问题多见,女性则以焦虑、抑郁、躯体化、退缩等内向型行为问题较多[2]。

### (二)家庭因素

家庭是儿童和青少年接触社会的第一场所,是他们认识社会准则和建立行为规范的第一课堂,父母是第一任"教师"。家庭环境与儿童和青少年行为问题的发生有着紧密的联系。

1. 父母养育技能缺失

有效的养育技能对于培养孩子正确的行为方式有着十分重要的作用。养育技能缺乏的父母往往缺乏自信和自我效能感。在教育方式上,他们往往采用惩罚、批评或放任不管等方法,其教育目标常反复无常、前后矛盾。他们不能很好地管理和监督儿童的行为,或者由于忽视或惩罚儿童的亲社会行为而导致对不良行为的强化等现象。

张梅[3]和杜玉凤等人[4]采用 Achenbach 儿童行为量表和 Moss 家庭环境量表所作的研究发现,知识性、娱乐性和组织性低是儿童行为问题产生的几个主要的家庭因素。知识性反映了家庭追求知识、关心社

---

[1] 刘贤臣,马登岱,刘连启等. 心理社会因素与青少年行为问题的病例对照研究. 中国心理卫生杂志,1998,12(5):273~275
[2] 杨志伟,刘少文,李雪荣. 学习困难儿童智力水平、社会适应能力与行为问题对照研究. 中国心理卫生杂志,1991,6(4):155~159
[3] 张梅. 学龄儿童的行为问题与家庭因素的关系. 心理发展与教育,1996,(1):39~44
[4] 杜玉凤,李宇彤,何雪娟. 学龄儿童行为问题与家庭环境. 中国临床康复,2003,7(15):2212

会、参与文化活动的程度。知识性高的家庭其家长懂得也更有能力营造良好的家庭心理气氛,以助于孩子健康成长。知识性低的家庭其家长往往文化素质不高,较容易发生儿童行为问题。娱乐性指家庭参与社交和娱乐活动的程度。娱乐性高的家庭有丰富的业余生活,如观看文艺和体育表演,旅行观光,积极从事体育、音乐、美术活动,善于与朋友交往。这种富于情趣和开放性的家庭生活,有助于加强亲子关系,使孩子见识丰富、乐观、合群。如果家庭生活单调、沉闷,容易使孩子眼界狭小、举止幼稚、情绪压抑。组织性指安排家庭活动和责任时有明确的组织和结构的程度。组织性低的家庭,家务活动没有明确的责任和权利的分配,家庭成员之间缺乏协调和合作,家庭生活既无序又缺乏成效。这种家庭显然忽视了对其子女行为方面的要求和训练,孩子到了学校或其他环境,也会认识不清自己的角色和别人对自己的期望,容易无视行为规范或出现适应困难,从而导致行为问题。

2. 不同家庭抚养方式

郭文斌等人对不同抚养方式的研究发现,父亲抚养的子女出现行为问题的比率最高,母亲抚养的子女出现行为问题的比率最低[①]。之后,郭文斌等人通过调查和访谈发现,父亲抚养下子女出现行为问题的比率最高有如下几个原因:①传统观念的影响。"男主外,女主内"是中国传统观念,人们一贯认为男人应该在外谋生,女人应该在家照顾孩子。所以社会上有许多人认为,在家中抚养孩子的男性"没有本领"。这种认识导致父亲中一些人出现了心理健康问题。心理学中亲子互动理论认为:家庭本身就是一个开放的动态平衡系统,父母与儿童在家庭中相互影响,亲子之间的相互作用,产生了父母对儿童的"父母效应"和儿童对父母的"儿童效应"。也就是说,在家庭中子女的情绪和行为不但影响父母的情绪和行为,而且父母的情绪和行为还可以反过来影响子女的情绪和行为。所以,父亲的心理健康问题进而影响到他们子女的心理健康问题。②教育方法不当。在郭文斌等人的调查

---

① 郭文斌,陈秋珠.家庭中的亲子抚养方式对子女行为问题的影响.甘肃社会科学,2002,(1):67~70

中，57%以上的孩子反映，父亲在教育他们时缺乏耐心，经常打骂他们。父亲对孩子的打骂致使一部分孩子比较自卑和对他人存有敌意，从而表现出行为问题。虽然父母亲教育下的孩子也会面临这种现象，但父母亲同时抚养下的孩子，76%以上的孩子在他们受到父母亲中的一方打骂时，会有另一方站在孩子一面来帮助孩子，使孩子从内心感到一种受支持感。③内心深层次的情感交流匮乏。郭文斌等人的调查发现：70%以上抚养孩子的父亲总是长时间奔波在外，他们的大部分在家中只关心孩子的学习成绩和生活问题，和孩子缺乏必要的内心交流；65%以上的母亲在抚养孩子时，可以有较多时间在家中，不但可以做到关心孩子的生活和学习，而且也可以做到和孩子进行深层次的情感交流。孩子不良的情绪、情感能否得到及时发现、疏导，会直接影响到他们的行为。

3. 父母不良的人格特征及行为方式

翟静等人的研究结果表明，父母健康状况差、患精神疾病、性格内向、父亲酗酒是学龄期儿童行为问题发生的重要危险因素[1]。

父母抑郁程度越高，孩子行为问题产生的可能性就越大。研究者认为，母亲抑郁引发孩子行为问题的原因是抑郁型母亲常常不能对孩子的行为进行正确的感知，她们更倾向于将孩子的行为误认为是不良的或有问题的。母亲抑郁还会影响其对孩子的教育方式[2]。有研究表明，抑郁型母亲对孩子的控制较多，对孩子不听话现象所作出的反应频率也较高，她们倾向于更多地采用批评方式对待孩子[3]。

4. 双亲关系不良

父母的婚姻状况与儿童和青少年行为问题之间有密切的联系。与

---

[1] 翟静，郭传琴，刘贤臣，刘同洲等. 学龄期儿童家庭因素与行为问题的对照研究. 中国心理卫生杂志，1998，12（4）：220～222

[2] Hall, L. A., Gurley, D. N., Sachs, B., Kryscio, R.J. Psychosocial predictors of maternal depressive symptoms, parenting attitudes, and child behavior in single parent families. Journal of Nursing Research, 1991, 40: 214～220

[3] 刘贤臣，郭传琴，翟静，刘同洲等. 儿童行为问题及其防治对策综述. 山东医科大学学报，1998，（1）：45～47

正常儿童相比,有行为问题儿童的家庭环境有以下显著特征:矛盾性高,亲密度低[①]。矛盾性高,指家庭成员(尤其是夫妻)之间经常公开表露愤怒、攻击和矛盾。与此相联系的是亲密度低,指家庭成员之间较少互相承诺、帮助和支持。有行为问题儿童的父母经常当着孩子的面吵架,父母之间比较冷淡、对立,缺乏谅解和信任,有的父母长期分居,有的离异。这必然使孩子得不到必要的家庭温暖和支持,对周围缺乏安全感和信任,消极情绪增多,容易引发各种行为问题。尤其在父母离异后儿童易出现自卑、孤僻、怯懦、粗暴等心理缺陷和偷窃、打架、撒谎等不良行为。

### (三)学校因素

#### 1. 同伴关系或师生关系不良

李霞等人的研究发现,伙伴关系是儿童行为问题的影响因素之一,伙伴之间的榜样作用、相互激励作用等影响着儿童的行为[②]。具有攻击性行为的儿童常遭到同伴的拒斥,这种拒斥有时会在儿童的整个上学生涯中持续。由于遭到同伴的拒斥,攻击性行为儿童逐渐对同伴失去信任,导致其行为的攻击性进一步增强。行为问题也易导致师生关系不良[③]。问题行为儿童常常被认为是"捣蛋鬼",因此很少能得到教师的积极关注、鼓励或支持,相反他们往往受到更多的批评或训斥。

#### 2. 学校与家庭之间缺乏有效沟通

学校教育和家庭教育之间的有效配合是预防儿童行为问题发生的关键因素。杨宏飞使用 Rutter 儿童行为量表的两个分问卷——教师问卷和父母问卷所作的调查发现,教师问卷和父母问卷结果存在不一

---

① 张梅. 学龄儿童的行为问题与家庭因素的关系. 心理发展与教育, 1996, (1): 39~44
② 李霞, 彭涛, 张鹤. 小学生行为问题及影响因素分析. 健康心理学杂志, 2000, (8) 6: 623~625
③ Campbell, S. B., & Ewing, L. J. Follow-up of hard-to-manage preschoolers: adjustment at age 9 and predictors of continuing symptoms. Journal of Child Psychology Psychiatry, 1990, 31: 871~889

致性，主要表现为两者的相关程度不高，行为问题检出率不一致等[1]。这一方面说明学生在学校里的行为表现和在家里的行为表现有一定区别，同时也说明教师和父母对学生行为问题的了解和评价存在某种差异。

大多数行为问题儿童的父母与其子女的教师之间的沟通是令人不愉快的。教师往往对问题行为儿童作更多的消极评价，并对家长的教育更多地表示不满，这些消极反馈常常强化家长教育孩子时所形成的习得性无助感，削弱了其教育行为的有效性，进而破坏了家庭教育与学校教育的有效配合。问题行为儿童的父母一般不愿意与自己孩子的教师结识，他们对孩子的教育目标常常与学校对其子女的教育目标不一致，也不太重视对孩子的教育。

3. 学习环境

张欣等人调查了学生行为问题的发生与其学习环境的关系，发现学生行为问题的检出率与每人在教室中所占的面积、学校种类及课桌椅形式有关[2]。重点学校行为问题学生显著多于非重点学校的行为问题学生。其中学校种类中的重点学校，由于师资条件、校舍条件较好，且考虑到学校的经济利益，造成学校每班学生人数增多，为了缓解紧张的空间，有的学校采用双桌双椅的桌椅形式。而且，重点学校较非重点学校的学生学习压力大，老师的要求高。拥挤的环境和学习的压力对人来说都是较严重的应激源，早已有研究认为在这些应激源的长期作用下会使人出现情绪烦躁、焦虑、注意力涣散、感觉迟钝、操作能力下降等心理异常反应[3]。

---

[1] 杨宏飞. 浙江省小学生的行为问题及其相关因素研究. 中国行为医学科学，2002，11（5）：560～562

[2] 张欣，席薇，苗汝娟. 儿童行为问题与学校环境关系的初探. 中国公共卫生，2003，19（5）：629～630

[3] 张伯源. 医学心理学. 北京：光明日报出版社，1989，54～60

## 三、学生行为问题的干预与矫治

学生行为问题的产生是学生自身、家庭、学校、社会等各种因素相互作用的结果,因此,学生行为问题的防治也应当进行综合干预。根据学生行为问题的严重程度不同,可以在学校中建立不同等级的预防体系。

### (一)初级预防

初级预防的主要目标是防止学生行为问题的产生。它面向全体学生,需要教师、家长、社区等方面的全面合作。初级预防应包括一个明确的计划、学生行为的期望(如学校的行为准则)、非学校情境中的行为期望(如家、游戏场所)。初级预防计划要使学生懂得:(1)各种情境中的合理行为规范;(2)如何做才能合乎这些行为规范;(3)遵守行为规范对个体的作用。

实施面向全校学生的有效行为支持计划(Effective Behavior Support),能有效防止学生行为问题的产生。首先,在学校中组建一个教师小组;然后,由这个教师小组对学校当前的情况进行评估,制定计划,包括目标、行为规范和实施策略。一旦确定计划,对全校教师进行行为规范教学的培训,然后向学生宣传和教育,包括行为规范的内容、如何遵守、以及遵守的好处等。在执行过程中,还需要经常收集学生行为的数据以及教师对此计划的满意度情况,以便及时修改计划。

### (二)次级预防

次级预防主要针对可能发生的行为问题,减少学生中已有的轻微行为问题。主要采用小团体干预(如社会技能的学习,情绪控制,冲突解决)和行为矫正技术(如代币制,行为契约)。

西部公立学校计划中心系统(Westerly Public Schools Planning Centers)是一个典范。该系统能有效的防止学生行为问题的恶化,提供学生解决日常问题所需的技能。系统的一个主要组成部分就是在中小学设立计划中心,配备教具(如计算机),摇椅以及其他供发泄的器材。中心由获得行为管理技术资格的专业教师对学生进行管理。当学生需要情感支持,学业支持,或只想找个安静的地方,都可以来到这个中心。对部分有轻微行为问题的学生,中心提供有针对性的个别化教育。

### (三) 三级预防

三级预防主要针对严重的行为问题,防止其恶化,努力使其向良性发展。三级预防的显著特点是个别化、广泛性和持久性,需要学校、家长、心理健康中心、司法部门的共同参与。学校心理学工作者需要在上述部门的配合下,诊断学生行为问题产生的原因,制定行为问题矫正的长期计划。

美国肯塔基州青少年多部门动员促进治疗系统(The Kentucky Interagency Mobilization for Progress in Adolescent and Child Treatment)是一个基于社区的合作型系统。这个系统有以下几个特点:(1)促进学生的社会能力;(2)加强有关部门对行为问题学生的家庭支持;(3)将行为问题学生置于稳定和较少约束的治疗环境中;(4)使行为问题学生在此计划中体验到收获。每一位参与此计划的学生由一位教师专门负责,教师邀请相关部门了解学生的情况并协同制定和修改计划。

## 第四节 学生的社会技能缺陷及其训练

社会技能是人的社会能力的重要组成部分。有研究表明,良好的同伴关系是个体心理健康和教育成功的必要前提[①]。早期儿童同伴关系不良不仅会导致成年期的社会适应不良,而且常常与儿童的学习障碍同时存在。还有研究表明:学习障碍儿童社会技能低下,在活动中

---

① 杨重明. 3~9岁儿童社会技能的发展. 心理发展与教育, 1994, (4): 22~26

表现出任务胜任能力差、活动技能缺乏、课余爱好少等特点；在社会交往方面，其亲子关系、同伴关系、师生关系多不协调[1]。在提倡素质教育的今天，社会技能的学习和运用对儿童和青少年的成长至关重要。学校心理学工作者正试图从理论和实践两个层面为学生社会技能的发展提供帮助。

## 一、社会技能的界定

在心理学研究中，对"社会技能"这一概念的理解一直随着研究者出发点的不同而各不相同。范翠英总结了各种不同的定义，指出了在社会技能的理解中存在的一些共同的基本成分。这些基本成分包括：

1. 社会技能主要是通过学习获得的（如观察、模仿、练习、反馈）；
2. 社会技能包括各种特定的、单独的言语和非言语行为；
3. 社会技能使人进行有效而适当的主动交往和反应；
4. 社会技能最大限度地增加社会性强化（即来自社会环境的积极反馈）；
5. 社会技能在本质上是互动性的，且要获得有效而适当的反馈；
6. 社会技能的表现受到参与者特征和所处环境（如情境特殊性）的影响，如交往对方的年龄、性别和名声都会影响一个人的社会表现；
7. 社会技能的缺陷有外在的表现，可以被确认并加以干预而改变[2]。

## 二、社会技能的构成因素

社会技能由多种因素构成，在综合前人研究的基础上，秦启文等

---

[1] 张承芬，曹月勇，常淑敏. 学习困难儿童与非学习困难儿童问题行为、社会技能的对比研究. 心理学探新，2000，20（1）：33~37

[2] 范翠英. 关于儿童社会技能的模型研究及其启示. 西南师范大学学报（人文社会科学版），2004，30（4）：54~59

认为社会技能由下列六个因素所构成[①]。

1. 自信

自信是社会技能发展、应用的基础和保证。一个缺乏自信的人，往往不敢和不善于去影响他人，即使因执行任务不得已而为之，对他人的影响也可能是轻微的，难以实现的，甚至是消极的。

2. 报答

报答是指个体对他人的好意、善举等通过言语、表情、体态行为等所给予的积极回答。社会交往是一个情感和行为的互动过程。在正常情况下，不能只有控制过程，没有反馈过程。因此，社会心理学家把报答看作是建立友谊和产生个体吸引力的途径。

3. 非言语交流技能

非言语交流是指除言语以外的其他人际信息交流，包括体态、表情、声调、手势等。同样一句话，不同的人说出来，由于表达者各自的非言语表达方式或技巧不同，会给人以不同甚至完全相反的感觉。体现在社会技能方面的非言语技能主要由以下几个部分所组成：恰当的体态；生动的面部表情，面带微笑；高水平的凝视；主动、自然、亲切地接近他人；声调的抑扬顿挫；开放式的手势。

4. 言语交流技能

言语交流又称言语交谈，是个体社会表现和社会技能的基础成分。言语交流的技能突出地表现在自我介绍、问候寒暄、引起话题、使用敬语、情感呼应、适度幽默等方面。

5. 同理心、合作

同理心是理解他人心境、分享他人观点和设身处地为他人着想的能力。同理心不仅表现在对别人情感的认知和同情，更能表现出设身处地为他人着想。在一些需要社会技能的场合，重视和了解别人的看法和情感显得尤其重要。

合作情况是个体社会活动成败的关键。现代社会需更多合作，合

---

[①] 秦启文，黄希庭. 社会技能构成因素及其意义. 心理学探新，2001，21（1）：54～57

作意味着个体在顾及自己的目标的同时，要顾及他人的目标。唯有通过合作，协调彼此的行为才能使双方均能实现各自的目标。

6. 社会认知能力

与社会技能相关的社会认知能力主要是指个体对社会关系的状态、价值等方面的识别、掌握和操控能力[①]。主要包括两个方面：一是对社会关系及他人社会技能表现的研究、学习的能力；二是对社会关系及社会交往过程的影响、操纵的能力。前者表现为对交往对象的言行举止、社会礼仪等能"心领神会"；后者表现为社交活动中的应付自如，随心所欲，"游刃有余"。

## 三、社会技能的分类

研究者通常将社会技能分为几个主要的行为群，每个行为群由一系列具体的行为反应方式构成。早期的的 CARES 分类，将社会技能分为 5 种行为群，即合作、果断、责任、移情和自我控制[②]。Caldarella 和 Merrell 对以往的研究进行总结，提出社会技能的五种类型。

1. 同伴关系技能（Peer Relations Skills）。包括赞美他人、给予他人帮助和支持、邀请他人、参与或主持讨论、帮助困难中的同伴、能受到同伴的赞扬、领导集体活动、容易交朋友、有幽默感、能与同伴分享趣事等。

2. 自我管理技能（Self Management Skills）。包括控制情绪、遵守规则、处理冲突、友善地接受批评、正确地对待别人的嘲笑、能在各种情境中与人合作等。

3. 学业技能（Academic Skills）。包括独立完成任务、听从教师的指导、高质量地完成作业、合理利用业余时间、请求学业上的帮助、

---

[①] 秦启文. 试论社会技能的价值与结构. 西南师范大学学报（人文社会科学版），2002，28（3）：44～47

[②] Elliott, S. N. & Gresham, F. M.. Social skills interventions for children. Behavior Modification, 1993, 17 : 287～313

学习时不分心等。

4．服从技能（Compliance Skills）。包括听从安排、遵守规则、与人分享自己的东西、接受建设性的意见等。

5．果断技能（Assertion Skills）。包括主动与人交谈、答谢赞美、自我奖赏、质疑不公平的规则、自我介绍、与异性交往、做错事时敢于表达自己的感受等[1]。

## 四、社会技能缺失的分类

Gresham 和 Elliott 以班杜拉的反应获得缺失和反应操作缺失的两种分类法为基础，将社会技能缺失分为操作性缺失和获得性缺失，并进一步按照社会技能和干扰性问题行为两个维度将社会技能问题分为社会技能获得性缺失、社会技能操作性缺失、存在干扰性问题行为的社会技能获得性缺失和存在干扰性问题行为的社会技能操作性缺失四类。如表 7-1 所示[2]。

表 7-1 社会技能缺失分类

|  | 获得性社会技能缺失 | 操作性社会技能缺失 |
| --- | --- | --- |
| 存在干扰性问题行为 | 存在干扰性问题行为的社会技能获得性缺失 | 存在干扰性问题行为的社会技能操作性缺失 |
| 不存在干扰性问题行为 | 社会技能获得性缺失 | 社会技能操作性缺失 |

1．社会技能获得性缺失。这类儿童不具备与他人正常交往所必需的社会技能，或者没有掌握对具体技能操作的主要步骤。

2．社会技能操作性缺失。这类儿童已经掌握相应的社会技能，但不能在适当的时间和场合以可接受的水平操作这一技能。

3．存在干扰性问题行为的社会技能获得性缺失。这类儿童存在

---

[1] Caldarella, P. & Merrell, K. W.. Common dimensions of social skills of children and adolescents: A taxonomy of positive behaviors. School Psychology Review, 1997, 26 (2): 264~278

[2] 佟月华. 国外儿童社会技能研究的新进展. 济南大学学报，2003，13（6）：77~79

干扰社会技能获得的反应。这些反应可能是情绪性的,如焦虑、悲哀、冲动,也可能是外显的行为,如言语或者身体攻击、多动等。

4. 存在干扰性问题行为的社会技能操作性缺失。这类儿童已经掌握了某种社会技能,但是无法操作这一技能,其社会技能的操作既受到情绪和外显行为反应的阻碍,又受到引发社会技能行为的因素和相应的强化的影响。

除了这四种类别,他们还将社会技能较强的儿童归为一类,称为社会技能优势儿童。这些具有社会技能优势的儿童在社会技能训练过程中往往容易被人忽视(人们更多去关注那些社会技能缺失的学生),或者因缺少注意而导致优势逐渐减弱。因此,通过对所期望的社会行为的强化来保持这种社会技能优势是十分必要的。社会技能优势儿童也可以在同伴结对和同伴带领策略中作为角色榜样或者参与者,成为社会技能缺失儿童治疗策略的一部分。

## 五、学生社会技能的训练

在具体的社会技能训练中,学校心理学工作者应根据学生的具体问题灵活选择训练方法,并与学生当前的教育环境和教育活动相结合。

1. 促进社会技能获得的方法

社会技能获得训练的方法主要有:辅导、模仿和行为练习。

辅导指运用言语直接向学生传授社会技能的方法。它强调直接针对学生的问题进行教学。例如,一位学生不会控制情绪,就教给他控制情绪的技能。辅导一般分为三个基本步骤:(1)向学生呈现某一特定行为的概念和规则;(2)辅导者指导学生对所要掌握的社会技能进行练习;(3)在行为练习的过程中提供反馈信息和改进意见。

模仿是通过观察他人来学习某种行为的方法。通常有真实示范法和象征性示范法两种模仿技术。真实示范法是指学生在自然情境中观察学习真实榜样的社会行为,象征性示范法是指导学生通过传播媒介观察榜样者的社会行为。最有效的示范过程是让榜样者现场表演,而且榜样者的年龄、性别等与学习者相似。

行为练习是指在角色扮演的情境中练习新习得的行为。行为练习包括内隐练习与外显练习两种。一般认为，将内隐练习与外显练习有机结合可以显著提高练习的效果。例如，在假设的练习者被他人批评的情境中，首先让练习者假想如何作出反应（内隐练习），然后要求他叙述将做出的具体行为，并扮演假想情境中的特定角色，作出正确的行为反应（外显练习）。

2. 提高社会技能操作水平的方法

有时，学生虽已具有某种社会技能，但是由于种种原因未能在具体情境中表现出来。针对这种情况，可以采取的训练方法有前控制策略和后控制策略。

前控制策略主要集中于识别和改变先前的环境，或者为儿童的适当行为操作提供机会和场合。常见的方法有基于同伴的强化偶联和替代性的强化。基于同伴的强化偶联认为，同伴是社会技能操作缺失儿童行为发生改变的有效动因，对这类儿童进行干预时应该以社会技能优势儿童为中介，带动和引发社会技能。替代性强化认为，儿童观察别人行为的后果也具有一种强化或惩罚的作用。当儿童观察别人的行为受到强化时也倾向于表现出这一行为。

后控制策略是指采取特定措施对社会技能的获得和保持进行强化，以达到提高社会技能操作水平的目的。具体有对偶然的亲社会行为及时强化、利用代币物和绩点对学生行为进行管理、行为契约法、团体偶联法，以及以家庭为基础的偶联法等。

3. 排除干扰性问题行为的方法

这类方法包括分化性强化、口头责备、强化的终止。

分化性强化是通过呈现刺激物对某种特定的行为给予强化，其目的是使行为受到刺激物的控制。具体做法有三种：对其他行为的强化、对选择行为的强化和对低反应率行为的强化。对其他行为的强化是对任何适当的行为予以强化，而对要消除的目标行为不予以强化的技术。对选择性行为的强化是指对与目标行为不相容的行为进行强化，即选定一个要消除的目标行为，但不对它进行强化，而是对与目标行为不相容的行为予以强化。对低反应率行为的强化涉及对目标行为出现的低频率的强化。如果某种行为在一定时间内出现的总频率减少,或者行为出现间隔的时间延长,则对学生予以强化。

口头责备是学校惩罚行为中较常见的做法。一般来讲,教师用警告、批评和责备等手段约束和管教学生时,低声或私下责备学生,往往比课堂上公开责备更有效果。

强化的终止是指在特定时间内取消所有的正强化,即不给予任何表扬或奖励。在这一时间段内,学生不得接近平时经常得到的正强化物。常见的方法有反应代价和积极的练习。反应代价是指通过正强化物的损失来达到改变行为的作用。在通常情况下,反应代价与代币券(如小红花)联合使用。积极的练习指当学生做出不适当的行为时,教师不仅对他进行批评教育或惩罚,而且还让他作正确的行为练习。如一位学生经常骂人,教师不仅对他批评教育,而且还要让他学习礼貌用语。

4. 促进社会技能迁移和保持的方法

促进社会技能迁移和保持的方法主要有逐渐消除强化、改变强化偶联发生的条件等。

学生的社会技能得到巩固后,可以逐渐减少强化。由教师实施强化过渡到开始让学生自己检查自己的行为表现,并根据对这一行为的评价给自己提供强化物。

在训练中,应尽可能地改变技能形成的环境,在多种环境条件下强化技能,这有助于技能的迁移。如强化可在不同的课堂上实施,可由不同的教师来实施,还可以加入其他一些条件,如改变学生的人数等。

# 第八章　学校中的生涯辅导

生涯辅导是学校心理辅导的重要内容，有效的生涯辅导能够减低学生在学习、生活以及人格等各个方面的困扰程度，从而促进心理的健康发展。本章重点介绍生涯辅导的概念、理论和意义，并对各级学校的生涯辅导工作进行论述。

## 第一节　生涯辅导概述

### 一、生涯辅导的相关概念

1. 生涯

"生涯"（career）一词由来已久。"生"的原义为"活着"，"涯"为"边际"，合起来理解就是"一生"的意思。我们的人生或生涯，就是由一辈子在不同时期扮演的各种角色所构成。生涯，就其特性来看，是一个与我们如影随形而我们往往视而不见的名词。它与我们的发展经验密不可分，但是我们却无法清楚地描述它的轮廓。因此，要从学术上给"生涯"下一个科学的定义，不是一件容易的事。因为每个学者研究的视角或角度不同，对生涯有不同的理解，所以所下的定义也不尽相同。下面列举一些西方学者对生涯所下的定义，以帮助我们对生涯概念的把握。

沙特尔（Shartle，1952）：生涯是指一个人在工作生活中所历经的职业或职位的总称。

麦克弗兰德（Mcfarland，1969）：生涯指一个人依据心中的长期目标所形成的一系列工作选择，以及相关的教育或训练活动，是有计划的职业发展历程。

霍德和班那兹（Hood&Banathy，1972）：生涯包括个人对工作世界职业的选择和发展，对非职业性或休闲活动的选择与追求，以及在社交活动中参与的满足感。

霍尔（Hall，1976）：生涯是指人终其一生，伴随工作或职业的有关经验与活动。

韦伯斯特（Webster，1986）：生涯指个人一生职业、社会与人际关系的总称，即个人终身发展的历程。

从上述学者给生涯下的定义中，我们大致能体会到，生涯是一种伴随个体终身的，与个人人生目标追求相关的一个工作或职业发展的过程。目前，为大多数学者所接受的生涯定义来自于 Super（1976）提出的观点：生涯是生活里各种事态的连续演进方向，它统合了人一生中依序发展的各种职业和生活的角色，由个人对工作的献身中流露出个体独特的自我发展形式。它也是人生自青春期直至退休之后，一连串有报酬或无报酬的职位的综合。除了职业之外，生涯还包括任何和工作有关的角色，如学生、受雇者及退休者，甚至也包含了副业、家庭、公民等角色。生涯是以人为中心的，只有在个人寻求它的时候，它才存在。

由此看来，"生涯"概念的界限并未大到可以与"生命"或者"生活"划上等号，也未小到等同于"工作"或"职业"，它本身有丰富的内涵和范围，我们需要加以综合理解。最简单的理解，生涯就是知道自己要怎么发展，而且也能够知道怎么去经营，然后用心享受这样的生活。

2. 生涯规划

生涯最具体的定义是"一生中依序发展的各种位置的综合体"。这个定义虽然比较笼统，但是它却抓住了生涯最基本的元素——时间性。个体的生涯发展历程是从过去、现在到未来这连续"位置"上的不断前进。每一个现在的"位置"都受到过去"位置"的影响,也是为未来的"位置"做准备,这些"位置"是依照一定的顺序发展的。

从一个理想的模式来看,所谓的生涯规划就是指个人在生涯发展历程中,对自己各种特质或职业与教育环境资料进行生涯探索,掌握环境资源,以逐渐建立个人的生涯目标;面对各种生涯选择事件时,针对各种生涯资料和机会进行生涯评估,以形成生涯选择或生涯决定;进而以择其所爱、爱其所择的心情,进行生涯选择,承负生涯角色,以至生涯适应和自我实现[①]。

生涯规划是一个人生涯过程的妥善安排。在这安排下,个人能在短期内充分发挥自我潜能并运用环境资源达到各阶段的生计成熟,最终达成既定的生涯目标。[②]因此,良好的生涯规划非常重要。就个人方面而言,个人生涯规划适宜,潜能就能得以最大程度的发挥,无论对职业生活、身体健康、心理特质等都有莫大的帮助;就家庭方面而言,个人生涯规划成功,在成家之后,能更好地因个人发展上的顺利,提升家庭的社会经济地位,如此可带来婚姻幸福的正面效果,同时也可给子女一个良好的示范,子女在这种家庭中,较能获得精神物质的满足,有利于成长;就社会方面而言,若个人的生涯规划适宜,则就个人来说能找到合适的工作,就求才单位来说找到一个合适的人,相信对个人及机构而言,都有莫大的帮助,如此可使社会更和谐、更进步。

3. 生涯辅导

生涯辅导(career guidance)是指依据一套系统的辅导计划,通过辅导人员的协助,引导个人探究、评判并整合运用下列有关的知识、经验而开展的活动。这些知识经验包括:

- 对自我的了解;
- 对职业世界及其他有关的影响因素(如工作者的态度、训练等)的了解;

---

① 林清文. 生涯发展与规划手册. 广东:世界图书出版公司,2003:16
② 张振成. 生涯规划与生涯发展. 咨商与辅导,1986(144):24~26.

- 对休闲活动对个人生活的影响和重要性的了解；
- 对生涯规划和生涯决定中必须考虑的各种因素的了解；
- 对在工作与休闲中达到成功或自我实现所必须具备的各种条件的了解。[①]

现代化社会面临着快速的社会与经济变迁，生涯辅导的服务所扮演的角色更加重要。生涯辅导对于不同层面的人，能提供不同的协助（Watts，Dartoris，&Plant，1986）：

- 对教育人员与训练人员，帮助学习者联结课程与需求之间的关系，增进服务的效率与品质；
- 对企业单位人员，协助经营者发现受雇者的才华与动机，以符合雇方的需求；
- 对政府，扩大人力资源的最大效用，投入社会及政治的建设工程。

在生涯辅导的过程中，辅导人员需要结合其专业知识提供一套有系统的计划，用来促进个人的生涯发展。在这套计划中，结合了不同心理学的方法和技术，以帮助个人了解自己，建立实际的自我观念，了解教育环境、休闲环境与工作环境且熟悉以工作为导向的社会价值观，将其熔铸于个人的价值体系之中，藉生涯选择、生涯规划以及生涯目标的追寻加以实现。帮助个人经由生涯决定的能力，选择适当的生活方式，能有一个成功美满、有利于社会的生涯，增进个人的幸福感。

## 二、生涯辅导与职业辅导的关系

生涯辅导、职业辅导这两个概念经常为许多人所混淆。从生涯辅导的发展历史上来看，职业辅导是生涯辅导的前身，生涯辅导是由职业辅导发展而来的。生涯辅导是一种人对人的服务，这种服务方式的出现，基本条件是整个社会或文化成熟到具备了"对人的尊重"这个

---

[①] 冯观富. 教育心理辅导精解（上册）.（台湾）心理出版社，1993：205

前提。现代工业革命的兴起和许多先驱学者对人类能力的研究，为生涯辅导的出现奠定了社会基础和理论基础。而将理论付诸实施者的，是被称作"职业辅导之父"的 Frank Parsons。Parsons 于 1908 年成立了波士顿职业局，这不仅是其专业生涯的转折点，也开启了生涯辅导的先河。他对生涯辅导的最重要的贡献之一，在于建立了一个帮助个体选择生涯的概念架构。这个概念也就是职业辅导的基本框架：

1. 能了解自己，包括了解自己的性格、能力、兴趣、雄心、资源及限制，以及这些特质的成因；

2. 能知道各种工作成功所必须具备的条件和要求、优点与缺点、待遇、就业机会与发展前途；

3. 能推论以上两组事实之间的相关情形。[①]

Parsons 的概念架构从底层引燃了职业辅导运动的熊熊烈火，甚至在今天的很多生涯辅导的方案中，我们还依稀可以看到这三个步骤的影子。到 20 世纪四五十年代，职业辅导逐渐由指导向辅导转变。推动这一转变的力量主要来自心理学领域，一批从事心理治疗研究的人本主义心理学家，尤其是罗杰斯起了重要作用。1942 年，罗杰斯出版了《咨询和心理治疗》，1951 年，他又出版了《来访者中心治疗》。在这两本著作中，他系统地阐述了其人本主义思想。罗杰斯主张无条件尊重来访者，这使传统的指导活动观（如指导者与被咨询者关系上的权威主义态度和家长式作风、过分依赖测验、过多的直接指导等）受到了严峻的挑战。另外人们经历了职业观念本身的转变和职业辅导观念的变革，职业辅导活动进入到了一个新阶段[②]。第一，用发展的职业观取代了原来静止的职业观，由注重职业早期发展向注重终生职业发展过渡。在 20 世纪初期，社会变革速度较慢，人们从事相对稳定的职业，职业选择可能是一次完成的。但随着社会变更的加剧，组织动荡增多，个人主动或被动地进行职业选择的机会增加，这就使职业选

---

① Parsons, F. Choosing a vocation. Boston: Houghton Mifflin, 1909

② 龙立荣，李晔. 职业辅导思想的历史嬗变——从职业指导到生涯辅导. 华中师范大学学报(人文社会科学版)，2001，6：136~140

择呈现出多次性的特点。第二，对职业选择过程的研究更加深入。过去的职业指导只关注职业选择的一个时间段，而对人们的职业观念、职业能力、职业价值观形成、发展和稳定的心理过程缺乏深入研究。而持发展观的学者，通常都十分重视对职业发展的动力、过程和特点的深入研究，为科学地进行职业辅导奠定了基础。第三，摆正了辅导者和被辅导者的地位，使职业辅导体现出成长性。社会变革会直接影响到个人的职业生涯，快速变革的社会需要人们适应社会的要求。因此，只管人就业，而忽视人学会如何就业的职业指导观的局限性便充分暴露出来。以被辅导者为中心的职业辅导正好克服了传统职业指导观的不足，由"授人以鱼"向"授人以渔"的观念转变。在这些转变的基础上，职业生涯辅导开始越来越多地被人们所熟悉。因此，职业生涯辅导是职业辅导的新阶段。从20世纪70年代开始，尽管职业生涯（career）用词未变，但其内涵却在进一步发展——不仅只是包含职业生涯，而是进一步扩大到家庭生活方面。

　　Super（1986）认为人生的整体发展，主要由三个层面构成：一是时间，即一个人的年龄或生命历程，通常分为成长、探索、建立、维持和衰退五个阶段；二是范围，即一个人一生所扮演的各种不同的角色，如儿童、学生、公民、休闲者、工作者和持家者等；三是深度（depth），即一个人在扮演每一个角色时所投入的程度。这时职业生涯辅导更多地向生涯发展与辅导过渡，且成为心理咨询与辅导的重要组成部分。

　　从职业辅导向生涯辅导发展的过程中，我们可以看到，生涯辅导与职业辅导既有共同点又有区别。生涯辅导的范围比职业辅导宽广，更符合促进个人生长发展的发展性心理辅导的本意。职业辅导只是生涯辅导的一个环节，包含在生涯辅导之中。具体地说，职业辅导是短期的，局限于个人面临职业选择或是遇到求职困难或就业后发生适应问题时进行，以协助个人选择职业、准备就业、工作安置与就业后的适应为主，以解决问题为根本取向；而生涯辅导则是长期的，协助个人在一生的发展过程中建立并发展一个整合而适当的自我概念（包括职业自我），同时将此概念转化为实际生涯选择与生活方式，达到个人的生涯发展目标，同时满足社会的需要。生涯辅导以发展为主，注重辅导的探索功能，在个人发展的不同阶段、不同时期有不同的辅导重点。

### 三、生涯辅导的目标和具体内容

生涯辅导的目标是促进个体的生涯成熟，即协助个人实际达到他应该达到的生涯发展阶段。也就是说，我们应该帮助各个社会阶层不同年龄的个体在生涯发展的过程中努力达到下列目标：

- 具有能适应社会发展的基本学习技能和良好的工作习惯；
- 能够确立自身事业发展的基本方向，探寻和获得工作的技能，以顺利就业；
- 能根据个人意愿、教育机会及职业机会等资料，对职业和事业发展作出合理的决定；
- 能成功地将工作价值观融入个人整体的价值结构中，以便能选择适合自己的生活方式。

生涯辅导的对象是成长中的个体——一个在变动的社会中，从生涯认知、生涯探索、生涯准备到生涯选择，直至投身到工作世界，完成一生事业的人。环绕着个人的生涯发展，根据生涯辅导的目标，生涯辅导需要就以下几个方面的内容提供具体的服务：

1. 促进生涯决策能力的发展

生涯发展包括一连串的生涯规划与决策的过程，生涯辅导必须协助学生和成年人在面对各种选择情境时作出自己的抉择，培养其生涯决策能力。

存在主义哲学家沙特（J.P.Sartre，1905—1980）曾说："我们的决定，决定了我们。"这虽然听起来有宿命论的味道，但是却指出了生命的主动权掌握在作决定者的手中。人在一生中会面对不同的生涯抉择情境，如何帮助个体作出抉择便成了生涯辅导工作的重要主题之一。设想一位在现行的教育体制中成长的学生，他在初中毕业时就面临着第一个生涯抉择，他要选择考高中或是高职类学校亦或是就业。高中毕业时，又会面临升大学、选专业或是就业等抉择。顺利进入大学后，还会面临是否转科系,如何选择毕业后的工作单位等等一连串的需要仔细斟酌的抉择情境。所以,生涯辅导的首要工作,就在于协助个人发展生涯抉择能力,帮助个体在面对不同的生涯抉择情境时,能收集、过滤并运用各种相关资料和资源,作出恰当的决定。

2. 协助个体获得明确的自我概念

自我概念是个人对自己多方面知觉的综合,包括个人对自己性格、能力、兴趣、欲望的了解,对个人与他人、个人与环境的关系的了解,个人对处理事务的经验,以及对生活目标的认识与评价等[1]。自我概念是将人的一生中各个"位置"串联起来的主要轴线。有人说:"知道你是谁,比知道你要去哪里更重要。"生涯辅导的目标在于指引受辅导者"去哪里",在辅导中,我们就需要特别强调"知道你是谁"的内涵。

生涯辅导十分重视自我概念的发展。这有两层含义:第一,把自我看成是生命发展的各个历程。我们从个体的发展阶段看,自出生直至死亡,自我的客观内涵永不止息地发生着变化。第二,把自我看成是概念。虽然客观的自我内涵不断地因时空转换而有丰富的变化,个人对其知觉纯粹是主观的。生涯辅导的一些理论认为,个人的生涯规划或者生涯决策行为是自我概念的一种实现。自我概念是个体选择一个"位置"的核心动力。因此,协助个体获得明确的自我概念,是生涯辅导在协助人选择职业时的一项重要工作。

3. 帮助个体自由合理的作出选择

升学和择业是每个人生涯发展所要面对的任务。生涯辅导所面对的个案,最普遍的问题就是生涯选择的问题。生涯辅导不仅要协助学生选择教育系统中某些特定的课程,同时也要帮助学生了解生活中其他各种可能的选择。辅导人员要配合个人特质与他所追求的生涯目标,同时斟酌社会环境和职业发展的实际需要,尽量提供不同的方案让受辅导者进行合理选择。这种权衡的背后是对受辅者自由选择权的尊重。

在我国传统的社会中,强调"成家"和"立业"。个人成长到一

---

[1] 张春兴. 张氏心理学辞典. 上海:上海辞书出版社,1992:586

定的年龄阶段，就必须面对这两方面的压力，这对于个体的生涯发展来说，是不太自由的。现今我国的社会虽然受到西方国家的一些影响，但是就"立业"这条主线来说，父母对下代的影响还是非常大的。经常有受辅者在自己理想的职业与父母亲理想的职业之间陷入两难，不知该如何抉择。生涯辅导强调自由合理地进行选择，就是指在考虑社会实际需要的基础上，让个体自己作出符合自己真实意愿的抉择。我们可以从以下两个角度提供介入的辅导策略：

（1）协助受辅导者增进对自我的了解和对环境的了解，一方面增加自我强度（ego-strength），另一方面可以增加对环境的操控性与适应性。

（2）提供受辅导者不同的选择方案（选择题），而非狭窄单一的选择方案（是非题）。可以利用决策平衡单等工具，协助个体针对不同方案的得失利弊进行权衡，详细评估各个方案可能的结果，之后再作出选择。

4. 重视个别差异，开发自身潜能

每个人的才能是不同的，生涯辅导承认每个个体都有个别差异存在。一般来说，个别差异有两类，一是个体间差异，二是个体内差异。个体间差异是指不同个体之间存在差异；个体内差异则是指个体内部的不同特质之间也存在差异。生涯辅导需要借助一定的测量评估工具，了解与鉴别个体差异，目的是让受辅导者对自身特质的各个方面进行清楚的了解，发现自己的长项和弱项，以作出适合自身发展的选择。如此便能使个体各尽所长，各从其志，还能帮助受辅导者发现并发掘个人的潜能，给予个体充分的机会，以独特的方式去发展及表现他的才能，以达到个体的生涯发展目标。

## 四、生涯辅导的基础理论

生涯辅导是学校心理辅导和学校教育的重要组成部分，生涯辅导理论为生涯辅导提供具体可操作的指导原则和方法，是辅导人员进行生涯教育和生涯辅导的重要依据，在生涯辅导中具有无可替代的重要作用。现代关于个人的、职业的发展理论既宽广又包罗万象。关于生涯辅导的理论大致可分为特质因素论、心理动力论、发展论和社会认知理论[1]。影响较大的生涯心理辅导理论有：帕森斯和威廉姆逊的特质因素论、罗伊的人格理论、鲍丁的心理动力论、霍兰的类型论、金斯伯格和舒伯的生涯发展理论、克朗伯兹生涯决定社会学习论、克内菲尔坎姆和斯列皮兹的生涯认知发展论。在这些理论中，霍兰（John Holland）和舒伯（Donald Super）的理论在职业发展中最常被应用[2]。因此，以下我们将对这两个理论展开重点阐述。

### （一）霍兰的类型论

Holland 的类型论源自人格心理学的概念，认为职业选择是个人人格的延伸。Holland 认为：个人的生涯选择虽然受到环境机会的影响，但并非随意事件，而是其人格的展现。

在现实的生活环境中，我们的确可以发现从事相同职业的人有较相似的人格类型和反应方式。如果我们试着用归类的方式思考，可以发现在日常生活的用语和描述中，很多人使用"我没有艺术细胞"、"我不是作研究的料"、"他天生是个交际科长"等话语。言词之间，已生动的展示出不同类型人们的人格特质、兴趣、偏好乃至价值观，而从事不同职业类型所需要的人格特质也跃然而现。

Holland 认为大多数人大致可以区分为 6 种人格类型：实用型（Realistic Type，简称 R）、研究型（Investigative Type，简称 I）、艺术型（Artistic Type，简称 A）、社会型（Social Type，简称 S）、企业型（Enterprising Type，简称 E）和传统型（Conventional Type，简称 C）。各人格类型有其相应的人格特质、兴趣和价值观，而与人格特质相应的职业世界，也可以归纳为 6 种职业类型（如表 8.1）。

---

[1] 蔡亚蓉. 二十一世纪生涯谘商取向. 咨商与辅导. 2002, 6: 2～6
[2] Weinrach, S.G. The psychological and vocational interest patterns of Donald Super and John Holland. Journal of Counseling & Develpoment, 1966, 75, 5～16

表 8.1 各类型人格倾向与典型职业对照表（Holland，1973、1979）

| 类型 | 人 格 倾 向 | 典型职业 |
|---|---|---|
| 实用型（R） | 此类型的人具有顺从、坦率、谦虚、自然、实际、有礼、害羞、稳健、节俭等特征。宁愿行动不喜多言，喜欢在讲求实际、需要动手环境中从事明确固定的工作，依照既定的规则，一步步地制造完成有实际用途的物品。生活亦以实用为重，眼前的事重于未来的想象，比较喜欢独自做事。其行为表现为：<br>● 爱实用性质的职业情境，以从事其喜好的活动，避免社会性质的职业或情境。<br>● 以具体实用的能力解决工作及其他方面的问题。<br>● 意识到自己拥有机械和动作的能力，而较缺乏人际关系方面的能力。<br>● 重视具体的事物或个人明确的特性，如金钱、权力和地位等。 | 一般劳工、工匠、农夫、机械员 |
| 研究型（I） | 此类型的人具有分析、谨慎、批评、好奇、独立、聪明、内向、条理、谦逊、精确、理性、保守等特点。善于观察、思考、分析和推理，喜欢用头脑依自己的步调来解决问题，并追根究底。他不喜欢有太多的规矩和工作压力，也不喜欢别人给他指引，但喜欢和相同兴趣或专业的人讨论，否则不如自己看书思考。能提出新的想法和策略，但对实际解决问题的细节较无兴趣。其行为表现为：<br>● 喜爱研究性质的职业或情境，避免企业型职业或情境的活动。<br>● 以研究方面的能力解决工作或其他方面的问题。<br>● 意识到自己好学、有自信、拥有数学和科学方面的能力，但缺乏领导方面的才能。<br>● 重视科学。 | 工程师、数学家、化学家 |

续表

| 类型 | 人格倾向 | 典型职业 |
|---|---|---|
| 艺术型（A） | 此类型的人具有想象、冲动、独立、直觉、无秩序、情绪化、理想化、不顺从、有创意、富有表情、不重实际等特征。希望可以藉文字、声音、色彩等形式来表达创造力和美的感受。喜欢在无拘束的环境中独立作业。生活的目的就是创造不平凡。其行为表现为：<br>● 喜爱艺术性质的职业或情境，避免传统性质的职业或情境。<br>● 以艺术方面的能力解决工作或其他方面的问题。<br>● 富有表达力、直觉、独立、具创意、不顺从等特征，拥有艺术与音乐方面的能力（包括表演、写作、语言等）<br>● 重视审美的特质。 | 音乐教师、诗人、小说家、舞台导演 |
| 社会型（S） | 此类型的人具有合作、友善、慷慨、助人、仁慈、负责、圆滑、善社交、善解人意、说服他人、理想主义、富洞察力等特征。关心自己和别人的感受，喜欢倾听和了解别人，也愿意付出时间和精力去解决别人的冲突，帮助他人成长。喜欢大家一起做事，一起为团体尽力。其行为表现为：<br>● 喜欢社会型的职业或情境，避免实用型的职业或情境。<br>● 以社交方面的能力解决工作及其他方面的问题。<br>● 意识到自己喜欢帮助别人、了解别人，有教导别人的能力，缺乏机械与科学能力。<br>● 重视社会与伦理的活动与问题。 | 传教士、辅导人员、教师 |

续表

| 类型 | 人格倾向 | 典型职业 |
|---|---|---|
| 企业型（E） | 此类型的人具有冒险、野心、独断、冲动、乐观、自信、追求享乐、精力充沛、善于社交、获取注意、知名度高等特征。做事有计划并立刻行动。不愿花太多时间仔细研究，希望拥有权力去改善不合理的事。具有较强的说服力和组织能力，希望自己的表现被他人肯定，并成为团体的焦点，不以现阶段的成就为满足。其行为表现为：<br>● 喜欢企业性质的职业或情境，避免研究性质的职业或情境。<br>● 以企业方面的能力解决工作及其他方面的问题。<br>● 自觉有冲劲、自信、善社交、有领导能力与语言能力、科学能力。<br>● 重视政治上与经济上的成就。 | 推销员、企业经理、政治家 |
| 传统型（C） | 此类型的人有顺从、谨慎、保守、自抑、负责、规律、坚毅、实际、稳重、有效率、缺乏想象力等特征。喜欢在清楚规范的环境下工作。做事讲求规矩和精确，按部就班、精打细算，给人的感觉是有效率、精确、仔细、可靠而有信用。不喜欢改变或创新，稳扎稳打是其生活哲学。会选择和自己志趣相投的人成为好朋友。其行为表现为：<br>● 喜欢传统性质的职业或情境，避免艺术性质的职业与情境。<br>● 以传统方面的能力解决工作及其他方面的问题。<br>● 意识到自己喜欢顺从、规律，有文书、数字能力。<br>● 重视商业与经济上的成就。 | 银行助理、行政助理、会计员、出纳 |

这六种类型按照一个固定的顺序可排成一个六角型（RIASEC）（如图 8.1）

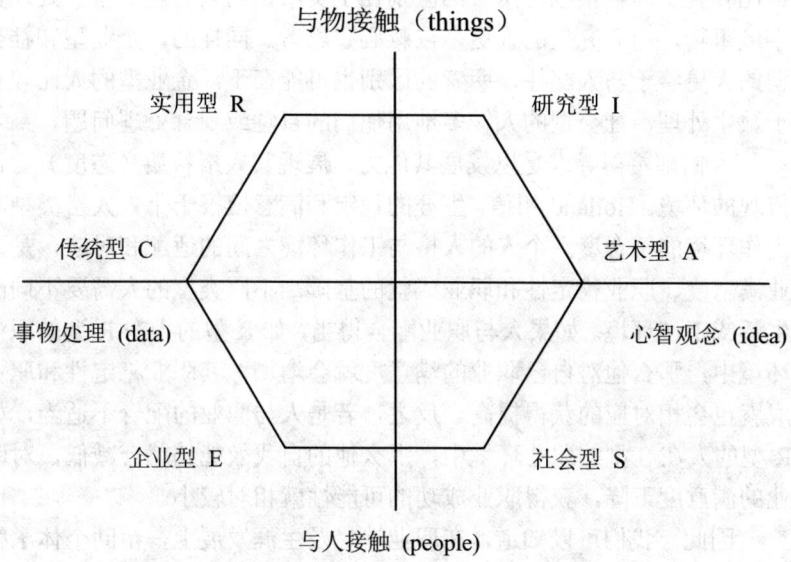

图 8.1　Holland 人格类型六角模型

这六个类型中，某些类型之间在某些特质上有一些共通的地方，我们把这种共通的地方称为类型间的一致性。一致性指的就是类型之间在心理上一致的程度。比如实用型（R）和研究型（I）之间的一致性表现为不善交际、喜欢做事而不善于与人接触、较男性化等。这两种类型之间的一致性程度较高。也有一致性较低的，比如传统型（C）和艺术型（A）之间的一致性程度就很低，因为这两者所具有的特点几乎是完全不一样的。各类型的一致性程度可以用它们在六角模型上的距离表示：

一致性高的，它们在六角模型上的位置是临近的，如 RI、RC 等；一致性中等的，它们在六角模型上的位置是间隔的，如 RA、RE 等；一致性低的，它们在六角模型上的位置是相对的，如 RS、IE 等。

如果我们将"人—事物、数字—观念坐标"叠在"人格类型图"上，我们可以发现每个象限坐落着两种人格类型，这可以反映出这些人格类型思维以及处事方式的一致性。譬如现实型的人和研究型的人都比较善于与物接触，两者的区别在于实用型的人可能更善于处理数字或事物，而研究型的人更多依赖心智思考。同样的，企业型和社会型的人更善于与人交往，两者的区别也可能在于，企业型的人比较善于数字处理，社会型的人较多地用他们的直觉或观念处理问题。

人们都希望寻求足以发展其能力、展现其人格特质（态度）与价值观的环境。Holland相信，生涯的稳定和满意植根于个人人格类型与工作环境的符合度。个人的人格与工作环境之间的适配和对应，是职业满意度、职业稳定性和职业成就的基础。不同类型的人需要不同的生活或工作环境。如果人与职业配合得当，如R型的人在R型的职业环境中，那么他对自己职业的满意度就会增加，其职业稳定性和职业成就也会相对应的获得提高。反之，若是人与职业的配合不适当，如R型的人在S型的职业环境中，那么他的自我效能感就会减低，对职业的满意度下降，获得职业成功的可能性就相对较小。

因此，我们可以知道，在职业选择及生涯发展上，帮助个体了解自己的兴趣、能力或自我意识，探索自身的各种特质以及增加其对职业环境资料的了解非常重要。在生涯辅导工作中，我们可以利用Holland的理论构架，帮助个体探索自己的特质类型。可行的辅导措施如下：

1. 让个体试探或体验六种不同类型的模拟活动。可以利用象征物，如"扳手"、"试管"、"圆珠笔"、"口琴"、"麦克风"、"洋娃娃"等，进行一个具有象征意义的"抓周"仪式，然后展开讨论分析。根据各种试探的情况，帮助个体确定自己偏好哪种类型，再进一步就各类型作深入的探索。

2. 展示六种类型的兴趣特征，采用故事叙说（narrative）方法，让个体在其中找出自己感觉最强烈的部分，然后展开叙说自己的故事，在此过程中增加个体对自身的了解，找到属于自己的类型定位，对适合自己特点的职业作出选择，促进生涯发展。

3. 利用Holland（1973、1979）的"职业自我探索量表"等工具，帮助个体对自己及工作世界作深入的试探与评估。辅导人员可以参照测评所得的结果，和个体共同探讨其整个生涯发展的背景、各种职业环境的形态和特点、家长的态度，帮助个体进一步梳理其生涯目标、社会关系和内在动机等。

### （二）舒伯的生涯发展理论

Super（1953）根据自己"生涯发展型态研究"的结果，参照布勒（Bueller）的分类，将生涯发展阶段划分为成长、探索、建立、维持与衰退等五个阶段。

**成长阶段** 由出生至 14 岁，该阶段的儿童开始发展自我概念，并开始以各种不同的方式来表达自己的需要。且经过对现实世界不断地尝试，修饰他自己的角色。这个阶段发展的任务是：发展自我形象，发展对工作世界的正确态度，并了解工作的意义。

**探索阶段** 由 15 岁至 24 岁，该阶段的青少年，通过学校的活动、休闲社团活动、打零工等机会，对自我能力及角色、职业作了一番探索，因此选择职业时有较大弹性。这个阶段的发展任务是：使职业偏好逐渐具体化、特定化并实现职业偏好。

**建立阶段** 由 25 岁至 44 岁，由于经过上一阶段的尝试，不合适者会谋求变迁或作其他探索，因此该阶段能确定在整个事业生涯中属于自己的"位子"，并在 31 岁至 40 岁开始考虑如何保住这个"位子"，并固定下来。这个阶段的发展任务是统整、稳固并求上进。

**维持阶段** 由 45 岁至 65 岁，个体仍希望继续维持属于他的工作"位子"，同时会面对新的人员的挑战。这一阶段发展的任务是维持既有成就与地位。

**衰退阶段** 65 岁以上，由于生理及心理机能日渐衰退，个体不得不面对现实从积极参与到隐退。这一阶段往往注重发展新的角色，寻求不同方式以替代和满足需求。

在上述 Super 的生涯发展阶段中，每一阶段都有一些特定的发展任务需要完成。每一阶段达到一定的发展水平或成就，而且前一阶段发展任务的达成与否关系到后一阶段的发展。Super 的进一步研究发现，在人的一生生涯发展中，各阶段都要面对成长、探索、建立、维持和衰退的问题，他把这叫作"成长——探索——建立——维持——

衰退"的循环。

1980年，Super提出了一个更为广阔的概念——生活广度、生活空间的生涯发展观。他把角色理论加入到原有的发展阶段理论当中，并将生涯发展阶段与角色彼此间交互影响的状况，描绘出一个多重角色生涯发展的综合图形——生涯彩虹图（life-career rainbow），如图8.2。

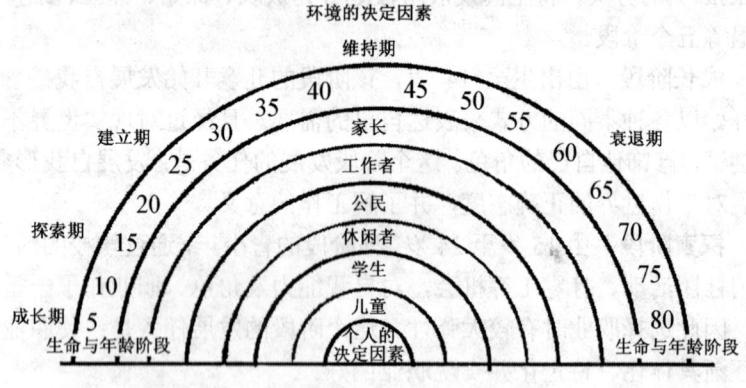

**图8.2 生涯彩虹图**

在发展历程中，个体随年龄的增长而扮演着若干不同的角色，图中最外圈为主要的发展阶段，内圈阴暗部分的范围、长短不一，表示在该年龄阶段各种角色的分量；在同一年龄阶段可能同时扮演数种角色，因此彼此会有所重叠，但其所占比例分量则有所不同。

角色的消长除与年龄及社会期望有关外，与个人所涉入的时间及情绪程度均有关联，因此每一阶段均有所谓显著角色(role salience)的情况，如15~20岁的显著角色为学生，30岁主要为家长。至45岁时，学生角色突然再出现，工作角色中断，公民与休闲角色逐渐增加，此种情况正与Super(1980)等人所谓"中年危机"(midlife crisis)有关，面对此种情况，可能必须再学习、再调适，始能处理职业与家庭生活中所产生的问题。

总之，若某一角色受若干因素的影响而不显著时，其他角色可能特别突出，以重新调整并实现个人的能力、兴趣与价值观。各个角色又彼此相互有关，在一种角色上扮演得成功，会促使另一角色也成功，在一种角色上失败，会导致另一角色产生困难。所以由生涯彩虹图可推及个人在一生当中工作、家务、学习、休闲、社会服务等角色的意义及对个人自我实现的相对功能。

在辅导过程中，辅导人员可利用"生涯自传"、"抉择日记"、"画生涯彩虹图"等方法，使个体回顾自己发展历程中一些特殊的经验，生活中重要人物的影响、个人的态度与感受，以及各个阶段所扮演的角色和目标间的差异。并对每一次的决定加以分析，以增进个体对自己发展历程的认识，引导他积极参与到解决问题及自己设计未来发展计划的行动中。其中"画生涯彩虹图"是一项很重要的活动。辅导人员可以准备一份空白的彩虹图，然后指导学生画出与其生涯发展有关的各种角色的起始与发展轨迹。以帮助个体具体而清晰地了解不同的角色是如何构建其个人特有的生涯类型的，不同的角色如何在不同的发展阶段出现，角色的组合如何合理安排才能达到最佳的自我实现。

## 第二节　各级学校中的生涯辅导

从生涯辅导目标的观点看，现阶段生涯辅导所注重的，不是选择工作等眼前的立即性问题，而是如何将现在的选择与中、长期目标连结，拓展职业辅导的领域，使其更为完整、连贯，强调的是全人终身的发展。一般可以将生涯分为五个阶段：儿童期（成长阶段）、青少年阶段（探索阶段）、青年期（自我认定与抉择阶段）、成年期（统整阶段）和老年期（再学习阶段）[①]。每个阶段有其各自不同的心理特征和生涯发展任务。从学校教育的角度来说，人的受教育历程也是由小学、初中、高中和大学等不同阶段组成。在各级各类学校中，了解各年级学生不同的心理需求和生涯发展要求，制定合适的生涯辅导目标，开展对学生的生涯辅导和教育工作，是增进学生的生涯意识，促进学

---

① 张振成. 生涯规划与生涯发展. 咨商与辅导. 86（总144）：24～26.

生生涯发展的主要途径,也是学校心理辅导的重要内容。

## 一、小学生的生涯辅导与教育

过去的生涯辅导往往在升学或找工作等生涯决定迫在眉睫时才进行,然而由于自我概念、环境因素、背景因素等对生涯发展的影响,自20世纪70年代起,职业辅导进入了一个新的阶段,即将现在的抉择与中、长期目标相连结[1]。由此,人们越来越重视小学生的生涯探索。小学阶段是生涯印象的萌芽期,它对学生将来的职业选择有着稳定且深远的影响[2]。Gottfredson(1981)认为,个人的教育及职业抱负在小学四年级到初中二年级期间已经逐渐形成。Chusmir(1983)也认为,选择非传统职业的女性,其个性与动机性的特质在青少年时候已经形成。所以,生涯辅导应从小学前期连贯至成人阶段。在小学时期加强生涯辅导与教育,对扩展学生的生涯选择策略有十分重要的影响。

### (一)小学生心理发展的特点

#### 1. 自我概念逐渐形成

个人的生涯发展过程,在学龄前就开始了,小学生阶段会发生很多根本的变化。Herr和Cramer(1996)引证许多研究显示,在学校的前六年,许多儿童已经发展出稳定的自我察觉,并且对职业作出暂时性的承诺。小学儿童对于自我的认识会有不同的观点。他们在与班级成员、老师及重要成人及他们所生活及运作的社会结构接触中,会逐渐形成自我概念。相对于幼儿期,这时儿童所接触的世界扩大了,他们的态度和行为产生了很大的变化。他们开始面临社会对自己的一些新期望与新要求,体会到应该怎样和同伴竞争,因而产生了新的自我期望和抱负。

---

[1] 黄天中. 生涯与生活. 台北:桂冠图书公司,1995.
[2] Trice, A. D., & King, R. Stability of kindergarten children's career aspirations. *Psychological Reports, 1991, 68,* 1378.

2. 自我中心的倾向逐渐消失

小学低年级的学生往往有自我中心的倾向，且表现出强烈的好奇心和求知欲。游戏是小学儿童普遍喜爱的活动。有些生涯辅导理论专家认为儿童进行游戏时，将各种各样的职业角色融入其中，使得儿童对工作世界有了最初的价值判断。小学三四年级的儿童，在理解能力、阅读能力、自省能力和运动神经发育等方面，都有了长足的进步。空想、自我中心的心理倾向，也逐渐发展为较客观、现实的态度。

3. 思维发展处于具体运算阶段

小学生思维尚处于形象思维阶段，很少进行抽象思考。依据皮亚杰的认识发展阶段理论，小学儿童处于具体运算期，儿童仅会经由具体的经验来解决问题。因而，小学生生涯辅导的重点之一，是提供与指导具体的经验，以增进抽象概念的形成。

(二) 小学生生涯辅导的目标和工作内容

从小学生的心理发展特征看，小学阶段的生涯辅导与教育工作，更需要生涯辅导人员的指导。尽早提供许多实际经验性的活动，不仅能培养儿童对自己能力的更多认识，还能帮助儿童明了他们也可以作生涯抉择和思考未来人生蓝图的方向。吴芝仪 (1996) 认为小学阶段的生涯辅导有四个要点：

1. 自我认知：包括自我概念的发展，对自我优点与限制的了解，发展自我知识，提出适宜的角色模型；

2. 生涯认知：包括学习认识所有工作都是重要的，学习了解工作环境和涉及该职业的人们，了解教育与工作间的关系；

3. 探索：例如去社区环境获得有关生涯的信息和角色模型；

4. 作决定：学习如何为本身的决定和行为负责。

台湾学者许永熹 (1993) 认为，小学生涯辅导目标与发展任务应包括：经由自我探索与认知，建立正向积极的职业自我概念；由对工作世界的探索与认知，达成生涯形态的认同、生涯知识、技能与特质的培养与准备。邱志贤 (1997) 则将小学生生涯探索的目标综合归纳为：对自我的了解，发展一个理性的、正向的自我概念；获得与未来生活角色有关的知识、态度和能力；发展对生涯选择的察觉能力。而邱献辉（1999）则归纳为以下四点：建立工具能力与察觉自我概念；环境的察觉；从合作学习中发展良好的人际关系；学习作决定的能力。

沈之菲（2000）认为小学生的生涯教育与辅导目标应该包括：懂得自己的能力、价值、兴趣是将来教育及职业选择的基础；了解通过计划与准备才可以达成自己未来的目标；知道现在的学习技巧可以运用到未来的学习与工作上；对服务他人的各行各业能加以描述，并且了解工作是神圣的，从而能尊敬从事各种工作的劳动者，知道他们为社会所作的贡献；能进一步拓展对于社区、周围世界的认识。综合看来，可概括为认识到现在自己的能力对将来的重要性和增加对各种职业的认识。

综合上述学者的观点，我们将小学生生涯辅导的目标大致概括为下列四点：
- 经过自我探索，建立正向积极的自我概念，并懂得这是将来教育和职业选择的基础；
- 发展合理的生涯认知，了解各行业的工作和各种生活角色；
- 拓展对社区、周围世界的认识，从合作学习中发展良好的人际关系；
- 学习作决定的能力，学习如何为自身的决定和行为负责。

根据辅导目标，许多学者提出相对应的小学生生涯辅导工作的内容。邱献辉（1999）整理了国外学者的看法，认为小学生生涯辅导应包括：对自我全面性的探索，对外在生活世界、社会文化事务有初步的认识，提供学生作决定的机会。

我们认为，小学生生涯辅导内容应包括三个部分：
- 自我探索方面：主要了解自己的兴趣、价值观、能力、生涯角色，分析自己的人格特质，建立正向积极的职业自我概念。
- 工作世界的探索方面：察觉自己所偏好的工作类型和工作价值，并能列举出与其一致的能力、态度、技能、角色、价值观等，多方面的觉察职业信息和工作世界，了解并熟悉各种工作角色的基本条件,及其从事各种职业所需的相关教育的基本条件。
- 生涯知觉的准备方面:了解生涯发展是终身的发展过程,认识相关的生活方式、职业与升学的教育方式,学会作决策与规划运用时间,学习与人相互合作和人际交往能力,了解目前自己所扮演的角色,以形成良好的生活习惯,为个人未来的生涯发展奠定基础。

下面例举美国某小学各年级学生生涯知识学习的情况:
- 小学一年级儿童从他们邻近的环境,如家里、学校和邻居那里学到有关工作的知识。
- 小学二年级儿童通过成人谈论有关附近社区的商业和一些熟悉的故事,学习工作的知识。
- 小学三年级儿童从交通、通信和其他主要的工业社区中学习工作的知识。
- 小学四年级儿童开始学习各州内部主要工业世界方面的知识。
- 小学五年级开始广泛学习全国主要工业生活方面的知识。
- 小学六年级儿童生涯知识学习内容扩大到西半球与美国本地生活的比较上。

### (三)小学生生涯辅导活动的实施

关于小学生生涯辅导实施方式,Herr 与 Grammer(1988)提出了与课程融合的方式、团体活动的方式和配合社区资源的方式等三种适用于小学生生涯觉察课程的活动方式。Wahl 等(2000)也认为可以通过班级课程或团体工作的引导来提升儿童的职业抱负。辅导教师可以根据学生的特点,借助各科教学或通过班级辅导活动,有条件的可以利用小团体辅导的方式展开生涯教育与辅导(如表8.2)。

表 8.2 小学生生涯团体辅导活动举隅（李姿容，1993）

| 生涯辅导目标 | 单元名称 | 单元活动目标 | 活动内容摘要 |
| --- | --- | --- | --- |
| 一、自我觉察 | 一、相见欢 | 1. 团体成员认识。<br>2. 说明团体目标。<br>3. 制定团体规范。 | 1. 棒打薄情郎。<br>2. 领导者说明团体目标、时间及奖励方式。<br>3. 讨论规范，订契约。<br>4. 分享、回馈。<br>5. 家庭作业解说。 |
| | 二、人物特写 | 1. 建立彼此信任感。<br>2. 借助互动的机会，促使成员从他人的陈述中，进一步了解自己的个性、优缺点、兴趣和能力。 | 1. 瞎子走路。<br>2. 从杂志或书刊上剪贴适合自己及他人的图案，再进行分享。 |
| | 三、自我盾牌 | 1. 以自我参照为构架，真实地认识自己。<br>2. 澄清自己对自己的满意、接纳程度和困扰。<br>3. 初步了解成员职业自我概念。 | 1. 信任跌倒游戏。<br>2. 请成员完成盾牌内的项目并为自己打个分数，最后分享给分的理由。 |
| 二、生涯觉察 | 四、各行各业 | 1. 促进成员认识职业，了解该职业的特质。<br>2. 探讨职业性别区分的情形。 | 1. 将职业特质条贴在职业栏里。<br>2. 讨论从事各职业所须具备的特质或能力。<br>3. 讨论各职业性别之间的连结。<br>4. 分享和回馈。 |
| | 五、职业兴趣 | 1. 促进成员将兴趣与工作相连结。<br>2. 了解成员职业兴趣的刻板印象。 | 大富翁游戏，游戏中分享成员各自职业偏好及其对职业个别属性的看法。 |
| 三、选择与决定能力的培养 | 六、话我职业珍重再见 | 1. 了解成员父母对其职业的影响。<br>2. 协助学生练习作决定，不因性别或他人意见阻碍自己潜力的发展。<br>3. 成员了解自己的改变。<br>4. 成员彼此分享心得与祝福。 | 1. 以轻柔音乐，引导成员回想讨论职业选择时的情景。<br>2. 优点大轰炸。<br>3. 心灵交流。 |

以下介绍几个适合于各种辅导方式的生涯辅导活动，以供参考。
- 介绍各种伟人传记类书籍，让学生仔细阅读，然后讨论读书心得和体会。
- 给学生一系列各岗位工作人员（如警察、司机、老师、售货员等）的图片，然后让学生就每一张图片说说他们是做什么工作的，并讨论这些工作解决什么问题。
- 以"角色扮演"的方式，指导学生穿上各种行业的制服，扮演不同的工作角色。然后，共同讨论并说出他们扮演工作角色时的心理感受，以及他们对扮演的这项工作还想知道些什么，以便指导学生体验所扮演的角色，并讨论这些角色是如何学会的，以及这些角色对个人的重要性。
- 举办学生"兴趣博览会"，请每一位同学把自己的兴趣讲给班上的同学听。
- 让学生访问父母亲戚，了解他们所从事的工作以及他们的休闲活动。

## 二、中学生的生涯辅导与教育

### （一）初中生的生涯辅导

初中学生正处于生涯发展的抉择阶段，初中毕业生少部分直接进入就业市场，另外一部分升入高中、高职类学校或者高专。无论其升学或是就业，所选择的学校的差别，或者就读专业的差别，都将直接或间接影响其一生。因而初中阶段的生涯辅导工作也比其他任何一个阶段的辅导工作更具重要性。Roth Noeth（1973）研究了197所八、九及十一年级28000位学生的生涯发展状况，结果发现有超过3/4的八年级学生及十一年级学生期望获得有关生涯计划方面的协助，而大部分学生从未获得过这方面的协助[①]。

---

① Herr, E.L.,Cramer, S. H. Career Guidance and Counseling through the life span-Systematic Approach (3rd ed.). Boston: Scott, Foresman and Company, 1988

台湾学者蔡锦忠(1983)对初中生进行生涯发展的调查研究发现：

(1) 初中三年级学生到毕业前夕，知道自我职业兴趣者只有三分之二，在校三年中，有二分之一的学生未曾受过职业兴趣或职业方向测验。

(2) 初中三年级学生到毕业前夕，志愿升学者，只有十分之三知道其志愿学校的科类。志愿就业者有三分之一能选择就业类别，其中只有十分之七依据自我职业兴趣选定职业。

(3) 初中应届毕业生，志愿升学而知道自我职业兴趣者有22.67%未能做好选校工作，有6.66%未能做好选科工作。

(4) 初中二年级学生到毕业前，志愿升学者有十分之四不知升学学校的设置类别，志愿就业者有二分之一以上对社会行业缺乏认识。

(5) 有五分之一的学生对协助他们作好升学与就业选择的各项试探措施欠缺"需要感"。

我国的学校心理辅导工作起步相对较晚，生涯辅导工作更是刚刚起步不久，目前初中生的升学或就业所作的选择多在师长的影响下进行，学生本身缺乏对职业兴趣、能力等自我探索，许多教师也缺乏生涯辅导方面的相关专业知识和训练。因此，生涯辅导老师在掌握一定专业知识的基础上，了解初中生的心理发展特点和生涯辅导工作的特殊性，引导并协助初中生了解自我、认识工作世界、学习生涯决策与订立生涯计划就显得十分重要。

1. 初中生的心理发展特点

初中阶段的学生（12～15岁）正处于情绪不稳定的时期，也是教育的最困难时期。由于青春期的到来，初中生在生理上出现急剧的变化，从而给他们的心理活动也带来巨大的影响。他们的心理兴奋与抑制不平衡，容易激动，加上知识与经验不足，判断事物往往感情色彩太浓，分不清主次，情绪偏激，常常会因为一些无足轻重的小事不顺心而感情冲动，反应强烈。他们的心理活动往往处于矛盾状态之中，具体表现在下列几个方面：

(1) 思维的独立性、批判性、创造性与看问题片面、主观、偏激的矛盾初中生的思维虽然已经以抽象逻辑思维为主要形式,但总体来说,还处于从经验型向理论型的过渡时期。虽然他们喜欢独立思考,喜欢争论,不墨守成规,但由于缺乏社会经验,知识储备不足,思考问题往往比较单纯,带有很大的片面性和表面性,缺乏分析判断和辨别是非的能力。

(2) 自我意识的觉醒、成人感的确立与生活自理方面的矛盾

初中生随着自我意识的觉醒,他们认为自己已经长大成人,希望在人格上受到尊重,希望周围的人能把他们当成人看待,不愿受束缚和拘束,要求独立自主。但是,由于其发展水平的限制,他们的生活自理能力还相对较差,仍离不开成年人的帮助和指导,因此也会产生矛盾的心理和行为。

(3) 生理上的迅速发展与心理发展滞后的矛盾

初中生的生理上发生重大的变化,但是许多学生对这种突如其来的变化缺乏一定的思想准备和必要的生理卫生知识,因而产生惶恐不安的感觉。他们想获得这方面的知识但又苦于无正确的途径,也不愿意对老师或家长说出自己的困惑。特别对于那些神经类型较弱的学生来说,很容易产生难以名状的烦恼和苦闷。

2. 初中生生涯辅导的目标和工作内容

生涯辅导工作特别强调个人生涯决策能力、自我概念、价值观的态度以及自由选择、适应外界变化的能力。美国威斯康星指导中心(Wisconsin Department of Public Instruction)所订的初中阶段的生涯辅导工作目标为:(1) 了解生涯决策技巧;(2) 学习适应社会(学校、家庭、社区)生活改变的能力;(3) 拥有升学或职业的丰富信息,并对未来作好准备;(4) 了解个人兴趣与广大工作世界间的关系;(5) 了解并能使用沟通技巧;(6) 学习处理与成人或者同伴发生冲突的情况;(7) 学习"性别刻板印象"、"偏见"、"机会与成功"等概念[①]。

Herr(1976)也提出初中生涯辅导工作的目标:(1) 对自己有正

---

① Herr, E.L., Cramer, S. H.(1988): Career Guidance and Counseling through the life span-Systematic Approach (3rd ed.).Boston: Scott, Foresman and Company

确切实的了解；（2）具备运用各种资讯（职业讯息）的技巧；（3）了解不同升学渠道及其教育目标，并了解不同的升学途径对其日后生涯发展可能产生的影响；（4）了解各种职业，能区别各种职业所能实现的教育程度、工作内容、能满足个人兴趣、能力及价值观的可能性，以及该项工作所带来的生活形态是否为个人所喜欢；（5）考虑在一个组织内的生活及所扮演不同的角色；（6）了解有效地分配休闲与工作的时间；（7）考虑对自己的未来负责任；（8）认识工作世界及个人所渴望完成的教育程度；（9）根据正确的信息、个人生涯目标及正确的自我评估来作初中的计划；（10）根据生涯决定作明确的计划。

沈之菲（2000）认为初中生的生涯辅导应该围绕下列目标：（1）让学生了解自己的兴趣、能力，多接触各种不同的职业领域，以发掘较适合个人的职业；（2）帮助学生了解不同工作的本质及其对社会的贡献和重要性，了解不同工作对工作者能力、性别等方面的要求；（3）使学生了解不同内容形式的教育会影响以后对职业的选择，并让学生通过不同工作的角色体验不同的工作知识及技能上的差异；（4）使学生了解从事不同职业的人生活方式会有差异，让学生注意他们所喜欢的生活方式与想从事工作的生活方式是否一致；（5）让学生初步学习生涯规划和生涯决策的技巧。

综而言之，我们认为初中阶段学生的生涯辅导工作内涵应当包括：

- 生涯探索。包括对自己的兴趣、能力、价值观的了解以及对所处社会环境的了解。
- 认识职业世界。包括了解各种升学、就业的信息以作为学生就业选择与准备的基石，并陶冶学生的就业情操。
- 生涯决策。包括生涯发展观念的教育及学习按部就班，达成生涯目标的计划技巧。
- 就业安置。包括就业训练、安置及追踪辅导等内容。

3. 初中生生涯辅导工作的实施

初中生的生涯辅导与教育，是小学阶段的延续，所以在小学开展的种种生涯辅导活动，如果有适合中学生的，只要内涵上加以一定的扩充，还是可以继续开展。我们可以利用个别辅导、心理测验、班级辅导活动以及小团体辅导的方式展开具体的辅导工作。根据初中阶段生涯辅导工作的目标及工作内涵，我们在具体实施过程中，可以按以下一些途径实行：

（1）使学生了解自己的特长、需求与工作之间的关系，使个人的探索更为具体。教师在实施前需要确定学生已经作过初步的自我探索，可以让学生根据对自我的了解，列出自己的特长及优缺点，并在事先分析各种工作特长的基础上，选出三个自己以后适合从事的工作。

（2）协助同学探索家庭、社会及经济等因素对自己未来生涯可能产生的影响，增加学生对环境的知觉。教师需广泛地搜集资料增进对目前社会、经济发展的了解；对学生家庭背景也需有所了解。在实施过程中，要尽量避免由教师一人讲述的方式，让学生搜集资料，通过访问、讨论以及角色扮演等，在过程中让学生去领悟。

（3）帮助学生了解进入工作世界的方法，让学生了解各种职业训练或职业教育的途径及求职技巧。通过对各种职业训练的内容及重要性的了解，学习求职信的书写方式以及面试的技巧等。

（4）协助学生进行工作中人际关系的探索。让学生了解他人实际工作中的人际关系，体会与同学之间友谊关系的区别，探寻因应之道。

（5）帮助学生获得做生涯决策的能力。教师可以通过让学生自己分析自己的生涯道路上的阻力与助力，提供学生在作决策时可以遵循的步骤和方法，帮助他们作出抉择。

下面是帮助初中学生获得职业了解的方案举隅：

**初中一年级**

目的：主要使学生了解社会上人们工作的模式。方法：（1）让学生带着"你的职业是什么"、"你做哪些工作"等问题，询问参加工作的邻居或亲戚，每位学生至少收集三位工作者对上述问题的答复。（2）辅导老师整理归纳上述有关资料，然后一一呈现给学生，让他们明白社会上有哪些职业，及每种职业大致具体做些什么。（3）将学生分组，每组就其感兴趣的职业收集有关资料，例如该职业的工作性质、所需的学历、特殊技能、工作时间和工作对象。（4）辅导老师针对各自所提的职业，在他们收集资料的基础上加以补充，并回答学生不了解或想知道的工作内容，让学生对各种不同职业的工作性质有更实际的体验。

**初中二年级**

目的：主要让学生了解不同类型的职业。方法：（1）向学生介绍职业分类的状况，并让学生了解某一职业包括哪些相关的岗位。（2）就所介绍的职业类型，邀请实际工作者与学生一起座谈，让学生了解他们是如何获得此类职业的，此类职业大致所需的相同条件和不同条件是什么。（3）让初中生了解什么是兴趣，并接触多种实际工作，以了解这些工作是否适合个人的兴趣。另外让学生了解各工作所需的技能是什么，通过实际工作者的经验传授，知道该如何去学这些技能。

**初中三年级**

目的：尽可能多地了解各种就业市场，并知道如何就业。方法：（1）将学生分组，并轮流参观工厂、公司等，然后将参观心得报告出来，以得到老师的评价。（2）辅导老师介绍各种职业训练中心所举办的各种职业训练内容，并带领学生实地参观讨论。（3）辅导老师介绍各区就业辅导中心的地址、电话及其所提供的服务。（4）邀请实际工作者谈如何寻找工作机会，就业前和就业后各需要什么心理准备。（5）介绍职业学校或专科学校的各种专业，让学生了解从各学校毕业后就业的可能范围。

**（二）高中生的生涯辅导与教育**

我国高中阶段的学生才刚刚跨过由初中考入高中的第一道门槛，不到一年，学生就看到不远处的第二道门槛——选择文科还是理科。这就像刚刚起风的时候，问风要去哪里，实在无从回答，许多学生因此而困惑无助。紧接着，第三道门槛又横在高中生面前，就是高考。按照高级中学的教育目标，是以发展青少年身心健康，并为进一步研究学术及学习专门知识技能作准备。因此顺利通过高考升入大专或大学是高中生鲜明的目标，另有一部分学生面临着直接进入社会选择就业的问题。

一位美国高中学生毕业必须面对的现实挑战有下列几种：(1)选择一所大专职业或技术学校，以研习一技之长。(2)进入一所大学或大专院校就读，选择适当的专业，以为未来的职业奠定基础。(3)将在校的计时工读经验，渐渐转换到劳力市场中的全职工作。(4)第一次进入劳力市场[①]。面对日益多元化的升学渠道和学校专业的选择，大多数的高中学生深感威胁及恐慌。有些学生认为高中生涯的结束就意味着面对另一个不确定的人生，还有些学生甚至因为害怕这种必须独立作生涯决定的负担，而采取鸵鸟式的逃避心态（Hays，1981）。可见，加强高中生的生涯辅导显得十分重要。我们要了解高中生的心理发展特点，要使他们进一步了解各职业与生活的关系，及其大学教育的理念、各大学各专业的特色，知道自己的性格与兴趣所在，从而更好地面对未来的挑战，作最适合个人的选择。

1. 高中生心理发展的特点

高中生与初中学生相比，身体发育进一步成熟，心理上也进一步得到发展。这个阶段的学生又面临新的矛盾和冲突，是进一步探索与解决矛盾的过程。这些矛盾和冲突表现为：

(1) 理想与现实的冲突

学生在家庭和学校中所接受的教育大都是理想化的，这就使得他们进入高中前已经初步形成一种比较理想的观念和人格。进入高中以后，学生们的自我意识进一步觉醒，独立性更为增强，社会化程度在人际互动中得到提高，当他们把眼光投向变化中的社会时，理想化的观念将受到很大的挑战，从而心理上与行为上表现出一种理想与现实间的冲突。

(2) 自我与社会的矛盾

高中生的自身能力与社会对他们的要求之间存在一定的差距，即他们的自我评价和社会评价之间存在一定的矛盾。高中生普遍存在自我评价过高、预期过高的倾向。这种状况与现实社会对他们的实际要

---

[①] Herr, E.L.,Cramer, S. H. Career Guidance and Counseling through the life span-Systematic Approach (3rd ed.).Boston: Scott, Foresman and Company, 1988

求很不适应。这类矛盾常常给学生带来心理上的挫折感，从而影响他们的社会化过程，对他们的成长产生不良影响。

因此我们在进行辅导工作时，必须从学生个体的实际出发，帮助学生确立切合自己实际的、能发挥自己才能的个人职业理想，并在此基础上引导学生形成正确的职业观念和生活观念，从而帮助学生把理想与现实的生活联系起来。而且，还应注意帮助学生正确认识和对待在目标实现过程中可能出现的困难和挫折。这样学生才会感到理想的实现是可能的，从而克服失望情绪，避免或减轻现实与理想的冲突带来的心理困惑。

2. 高中生生涯辅导的目标和内容

生涯辅导的目标，应在教育目标的规范下，协助学生完成生涯发展的阶段性任务。

美国宾州州立大学教授 Herr（1976）认为高中阶段生涯辅导目标是：

（1）展现个人生涯偏好（career preference）与个人成就、价值观、兴趣及教育抱负之间的关系。

（2）分析了解生涯偏好所必备的个人能力中的特殊技术，以及发展加强这种技术的方法。

（3）为自己的生涯计划及其结果负责。

（4）藉修习适当的课程，使技能达到入行工作的入行水准（entry level）或者为将来进入适当的大专院校作准备。

（5）学习如何有效地安排休闲生活。

（6）描绘出在完成高中学业后，所希望继续接受的教育形态。

（7）精确地评估个人的特质以及成就，而且能充分的反映在求职、选校的面谈中。

（8）建立一个达成生涯目标的详细计划，并执行之。

斟酌美国高中的生涯辅导目标，再考虑我国的教育体制以及生涯辅导工作的现状，我国高中阶段的生涯辅导应包括下述目标：

- 了解他们自己的能力倾向、价值观、兴趣、期望、对职业的喜好以及与个人成就、职业以及教育抱负之间的关系；
- 针对自己对未来的选择，分析自己现有的能力，并能够建立

一个增加自己能力的生涯计划,为自己的生涯计划及其结果负责;
- 经过选修适当的课程,进行在职训练或作研究计划等,使自己充实,能符合未来工作或学校所需要的资格;
- 培养有效利用休闲时间的能力,学习有效地安排休闲生活;
- 对于个人的特质及学习能力能作出正确的概述,并能在求职或升学的面谈中恰如其分地表现出来。

根据高中阶段学生生涯辅导的目标,对于高中学生开展生涯辅导工作,具体内容至少应该包括以下几点:

(1) 建立或加强生涯规划的观念。

传统的高中教育目标受到了世俗功利目的的扭曲,许多高中学生均以考上理想大学当作唯一目标,甚至是个人生活前途的目标。这种缺乏生涯规划的做法,从小处讲,可能有大多数的人在勉强考上大学后,重考、转系或者勉强读下去,造成自己精力、时间与金钱上不可弥补的缺失;从大处讲,这类学生使我们在高等教育方面造成双重投资的浪费。如果把参加高考、上大学及服务社会这三件独立事件看成是个人生命之旅的近程、中程和远程的三个目标,则高中学生的视野将会更为辽阔。

(2) 发展生涯探索的经验。

生活经验的欠缺,使得个体无从了解自己的能力、兴趣、价值观的真正所在,也无法觉察外在客观环境上的变化。西方对关系个人一生的生涯决定,所持的基本精神是"选择的自由"(freedom of choice),这就需要知己知彼,个体必须透过生活去探索自己的能力、兴趣和价值观。

(3) 增进对自我的了解。

了解自我是生涯规划的起点。了解自我的基本内容为:"我这个人喜欢做什么",即兴趣;"我这个人能做什么",即能力;以及"我这个人愿意做什么",即价值观。高中生必须通过课程、心理测验、休闲嗜好等途径,去探索"我是谁"的自我图像。

(4) 增进对环境的了解。

这里所指的环境，就近程来说，是指高等院校、科系等的求学环境；就远程来讲，是指未来国家社会建设发展的环境，高中学生必须增加对升学或就业世界的认识和了解。

（5）增进生涯决定的能力。

高中学生在一年级所遭遇的选择问题，可以看作是其一生中第一个有意义的生涯决定。接下来就必须面对一连串与各种生涯转折有关的决定：选大学、选专业、选职业或者出国学习等等。一个人必须在这些纷纭复杂的选择中作决定，培养选择生涯、规划前程的自主能力。

（6）协助学生选科或选系。

以高中学生的生涯成熟程度，是否能胜任提早进行文理分科的教育现实，不无疑问。然而高一的时候面临的选科，高三时的高考选择志愿，是每一位高中生必须面对的具体教育现实。如何从过去升学取向的偏狭做法，转移到生涯规划的宏观做法，是教育及辅导人员的重要课题。

3．高中生生涯辅导的实施

美国印第安纳州教育厅及学校咨询员协会（Indiana School Counselors Association & Indiana State Department of Education，1990）共同拟定了各级学校学生生涯辅导的方案，其中关于高中生涯辅导的目标有较为具体的规定：

（1）增进生涯抉择技巧，结合视听媒体广泛宣传适当的生涯抉择的重要性。

（2）提供学生作决定所需的资料，可以选择适当的心理测验供学生增进其自我认识，协助学生了解并深入探索工作世界。

（3）提供家长积极参与抉择的机会，让家长了解有关生涯发展方案的信息，就生涯信息、测验结果、抉择技巧等内容进行研讨和交流。

（4）提供学生综合式的探索经验，可运用的活动包括个别或团体辅导、地区高等教育展览、生涯中心方案、校园参观、生涯研讨会、电脑辅助系统、大学代表访问计划等[①]。

---

① 林幸台. 高级中学生涯辅导具体措施. 台湾教育部. 1992

高中生生涯辅导实施可以借助一些团体活动，如"人生树"、"憧憬"或者"描绘生命的蓝图等"，促使学生对生涯发展规划进行思考。也可以使用"价值大拍卖"、"对己知多少"等帮助学生对自己的特质、能力和价值观作进一步的探索。另外，辅导工作人员可以通过个别咨询、班级辅导活动或者小团体辅导等方式，和学生展开对职业世界和未来院校等方面的讨论。如可以和学生讨论怎样取得就业资格、怎样继续进修求学、怎样找到合适的专业或职业、怎样安排休闲生活等，也可以借助适当的心理测验的方式，帮助学生增加对自己的了解，找到合适的途径，发挥自己的才能，学习激发自己的潜能。

## 三、大学生的生涯辅导与教育

### 1. 大学生的心理特点和生涯需求

大学生处于个体成长的特殊发展阶段。生涯辅导与教育应充分考虑大学生的心理需求以及他们所处的环境和心理发展阶段。大学生阶段是从幼稚走向成熟的过渡期，学生情绪不稳定，容易产生心理矛盾，心理冲突时有发生。特别是当代大学生，长期以来受到"应试教育"的严重影响，片面追求知识的灌输和掌握，普遍缺乏个性和自主性，缺乏塑造人生的积极性和创造性，生活能力低、经验少，心理脆弱和承受挫折能力差[①]。时代发展的脚步越来越快，文化的冲突，竞争的加剧，社会变革对人才心理素质的要求比以往任何时候都要高。这种生活方式、价值取向的多元化，环境的复杂使大学生的适应非常困难，现实要求大学生应当具备良好的心理素质，拥有追求自身发展、勇于开创、坚强自信和积极进取的精神。

因此，从大学生心理发展的层面来看，迫切地需要生涯教育和辅导。Cramer 等（1974）指出美国约有半数的大学生觉得需要接受生涯规划及生涯抉择方面的协助。大学生正面临着宽广的发展任务，其中部分学生可能发展较成熟，能较好地达到自我认同，并利用相关的资

---

① 林幸台. 高级中学生涯辅导具体措施. 台湾教育部. 1992

源探索自身的兴趣与价值观，明确表达职业偏好。不过大部分学生由于高中时期只把升入大学当作唯一的目标，缺乏一定的生涯探索与发展，因此仍旧保留高中或者更早以前应该完成的发展任务。Weissburg等人（1982）在报告中提到乔治亚大学接受调查的学生中，有50%～80%的人表示希望接受学业或个人方面的协助，而比较特别的是有过半数的学生表示希望有人协助其探索自我职业兴趣、价值观及能力，以及取得生涯信息，了解职业对其生活的影响，同时希望有机会和生涯辅导员谈谈他们的生涯规划。70%～80%的学生指出，他们希望通过个别辅导来了解如何为职业作准备，培养与工作相关的技能，以便在生涯领域中取得一些工作经验。

Healy & Reilly（1989）则对加州十个社区学院的1540名女学生及1386名男学生作生涯需求调查，并依据不同年龄与性别的作答和看法加以分析，发现各类学生群中对于下列领域都有或多或少的需求：（1）知道更多自我兴趣与能力；（2）了解、决定生涯目标；（3）更确定生涯规划；（4）探索与兴趣和能力有关的职业；（5）选择与生涯目标有关的课程；（6）培养找工作的技能[①]。学生间的生涯成熟度是有区别的，因此生涯辅导工作应回应不同学生表达的关于生涯规划和生涯发展的需求。

2. 大学生生涯辅导的目标和具体内容

大学生的生涯教育辅导，是小学、初中、高中的延续。高等教育生涯辅导的目标，应解决各类型学生的生涯探索及需求。具体目标和内容大致包括以下几点：

（1）协助选择专业领域：在大学的生活中，部分一年级学生希望有一次专业领域的转变。许多人不知道自己要做什么，所以更加迷茫。专业领域的改变是对生涯规划的重要改变，这是生涯辅导工作人员必须协助学生进行探索的重要课题。

（2）协助自我评估与自我分析：个人不能作出合理的生涯抉择，

---

[①] Healy, C. C.,& Reily, K.C. Career needs of community college students:Implications for services and theory. Journal of college Student Development, 1989, 30(06): 541-545

是因为他对自己是谁以及自我的优缺点、价值观、人格特质等没有十分清楚的概念。没有这方面的探索与评估，就很难整理出个人可利用的多种选择间的相关性。换言之，学生必须经过辅导与探索，发现个人与职业兴趣的契合。

（3）协助认识工作世界：在大学阶段，大部分学生可能对于职业工作的结构有了广泛且基本的认识，只不过许多学生仍需帮助才能探索这种结构的特定层面与个人特质之间的关联性，如某科系的学生可以选择哪些相关的工作等等。

大学生的生涯需求是不同的。大学生因为其抱负、自我认识及能力等方面的个体差异较大，所以没有一种生涯规划及职业辅导的模式或过程可充分满足多元化的需求。因此我们在对大学生进行生涯辅导的具体过程中，强调生涯服务的规划要适应各种不同类型需求的学生来开展：

（1）某些学生仅仅需要重新肯定他们的抉择是否正确，有些时候需要为他们提供一些特定的资料。其他则需要更多的协助才能使他们应付犹豫不决、错误的自我效能，以及在主修科目与生涯选择的决定间缺乏关联。

（2）有些大学生并不清楚自我特质，其动机与自尊可能非常脆弱。他们公开地测试一般人对他们及对他们可行之路的感受，他们假如视自己为输家，他们便作如输家的选择；他们假如视自己为赢家，他们便作如赢家的选择。Whitehead（1978）认为，决定是人们创造他们自身真实性的途径。换句话说，每个人的生涯都不一样，它们是作决定所创造出来的。因此，促进有效决定的程序是生涯规划及职业介绍方案必要的一环。

（3）有些人上大学是因为他们不知道还能去哪里，他们选择主修科目只因他们必须做，而不是他们了解或决心学习这方面的知识。这些人需要一套生涯规划发展过程，可以从大学新生着手，通过认知、探索及承诺等阶段逐渐进行。

（4）有些人不知道大学或特定的专业对他们的期望。基本上，他们在家庭或过去的教育中缺乏某种社会化，以使他们能在充分认识且充满自信的情况下去体验大学生活。让这些学生明白这些期望是重要的,这在生涯规划中占有很大的分量。

(5)有些大学生对于如何取得职业或生涯机会,或者如何进行面谈等技巧知道的非常少。这也是在生涯辅导中非常重要的层面。

3. 大学生生涯辅导的实施

高校生涯辅导基本上是教育性和发展性的,在实施上应面向全体学生,尊重个体差异;应以持续的动态性的辅导来增进学生了解自我与个人潜能开发①。

(1)开设生涯辅导课程,学习了解生涯发展的理论方法,在此基础上引导学生树立正确的职业观念。这是生涯规划与发展的前提,可以利用高校的德育课和心理健康课予以实施。这一步骤比较容易在大一的时候开展。

(2)实施职业生涯心理测验,建立个人职业生涯资料袋。利用能力测验、职业兴趣测验、价值观、态度测验、人格测验等心理测验,帮助大学生较全面地了解自己的能力倾向、职业兴趣、社会态度、个性等心理特质,并将这些资料整理归档,建立个人职业生涯资料袋,以备将来制定个人生涯发展与特征的重要依据。职业心理测验在大一和大四分两次进行,第一次是为了了解基本状况,第二次是为了确定职业选择,将个人参与职业辅导、参加职业活动以及能够反映个体职业心理发展和特征的资料都记录下来,以便为将来的职业选择提供依据。

(3)开展职业生涯心理辅导的相关活动。大学生生涯辅导的具体方式可有很多样,如开设心理辅导讲座和研讨会、利用暑期社会实践开展职业调查。通过这些活动的实施,能够启发学生对自身生涯意识和对工作及社会环境的认识,从而了解自我、规划自我,合理制定自己的生涯发展规划,不断发展自我潜能。也可以用团体心理辅导和个别辅导相结合的方式,不断推进个体生涯规划和生涯决策过程。在具

---

① 周玲,李雄鹰. 论高校大学生生涯辅导体系的构建. 兰州大学学报(社会科学版),2004,4:141~144

体应用中，这些方法可单独使用，也可以根据咨询者的年龄、性别、专业、个性特征等实际情况综合使用，其目的只有一个，就是帮助学生实现生涯发展目标。

## 四、职业学校学生的生涯辅导与教育

职业技术学校学生的学校心理辅导工作在各级学校心理辅导工作体系中是发展相对较晚的。1999年至2002年，教育部先后印发了中小学和大专院校心理辅导工作的指导文件；而教育部印发《中等职业学校学生心理健康教育指导纲要》的时间是2004年8月。看来，职业技术学校学生的心理健康教育在较长一段时间内未能得到应有的重视。职业学校的学生是比较特殊的群体。现行学制下，学生在初中毕业、高中毕业时都可能进入职业技术学校就读，掌握专门的技能为就业作准备。因为学生面对的择业就业压力更加直接明确，所以职业技术学校学生的生涯辅导工作，跟普通高中、大专院校相比，应该更加具有职业指导的特征。指导学生进行职业生涯设计，学生职业生涯的追求、自我职业生涯发展潜力的认知、生涯设计意识和能力的加强、自我专业的选择等非常重要。

1. 职业学校学生的特殊性

职业学校学生是社会成员中的特殊群体，其特殊性主要表现在以下几个方面：

（1）年龄阶段的特殊性。职业技术学校的学生年龄跨度比较大，一般中等职业学校在校生大多处于14～18岁之间。此时他们正处于从幼稚走向成熟的时候，渴望独立却有很强的依赖性，充满理想却很容易受到现实的打击。这时的教育与引导，对他们的人生观、价值观与世界观的形成和他们的职业生涯发展有至关重要的作用。

（2）自身条件的特殊性。在学而优则仕的传统文化氛围下，学习基础与习惯较好的学生大多选择直接升入普通高中，为到大学深造夯实基础，进入职业学校的学生大多因为学习基础较差，无法进入普高而只能选择职业学校。因此，职业学校学生的认知水平、知识基础、行为习惯、期望抱负等均有差距，特别是对自己的发展方向和目标缺乏明确的认识与规划。

（3）发展方向的特殊性。当然，尽管职业中学的学生既可以就业也可以升学，但就业仍然是绝大多数学生的选择。职业学校学生就业主要集中于各行业的生产、管理与服务的第一线，当前我国普通高校大量扩招，导致企业用人层次上移，因此职业中学学生的就业竞争压力更大，这就需要我们帮助学生设计职业生涯，做到未雨绸缪。

2. 职业学校学生生涯设计的现状

目前，学生职业生涯设计的意识与概念仅在北京、上海、浙江、江苏等少数省市的职业学校引入，职业学校学生对职业生涯设计的概要知道的较少。有调查发现，目前职业学校学生的生涯设计反映出一些问题：

（1）专业选择具有较大的盲目性

选择专业的实质是确定自我的职业方向与领域。专业选择如果适合自我的特质和能力、适合社会经济发展的人才需求，就有助于学生职业生涯快速、健康的发展；反之，则会约束学生职业生涯，导致教育教学资源的浪费。调查发现，职业学校学生的专业选择具有较大的盲目性。（如表 8.3）

（2）对自我职业生涯目标追求的偏颇

总体上讲职业学校学生的职业生涯目标，符合时代特征和自我实际，但也存在以下偏颇：①理想色彩较浓。在自我职业期望中，希望从事的职业既比较稳定，又适合自己的性格和能力，还要有较高的收入，希望三者可以兼得。②偏重追求职业生涯的外在因素。认为职业生涯的成功主要体现在收入、职位、职称等方面，特别是在校生对获得持续发展的关注不够。③对职业生涯成功的外归因偏重，30%左右的学生认为取得职业生涯成功最关键的因素在于机遇、家庭背景等，这容易导致学生忽视主观努力的重要价值，在学习生活中出现消极、被动和侥幸的现象。

表 8.3 在校生专业选择和专业满意度（姚贵平，2004）

| 你就读的专业是 | 比例 | 你喜欢现在就读的专业吗 | 比例 |
| --- | --- | --- | --- |
| 自己选择的 | 57.3% | 非常喜欢 | 14.6% |
| 父母选择的 | 21.0% | 比较喜欢 | 41.3% |
| 朋友推荐的 | 9.5% | 一般 | 38.1% |
| 教师推荐的 | 8.1% | 不喜欢 | 6.0 |
| 其他 | 4.1% | | |
| 你选择专业时对你选择的专业 | 比例 | 你是通过哪些途径了解专业的（多选） | 比例 |
| 非常了解 | 7.8% | 学校的宣传资料 | 48.7% |
| 比较了解 | 29.2% | 亲戚朋友的介绍 | 39.2% |
| 了解一些 | 47.3% | 学校教师介绍 | 24.0% |
| 不了解 | 15.7% | 报刊杂志等新闻媒体 | 16.5% |
| | | 其他 | 7.9% |
| 你选择专业前是否 | 比例 | 让你重新选择专业,你会选择现读专业吗 | 比例 |
| 做过职业兴趣与能力测验、咨询 | 16.5% | 仍选择现读专业 | 54.8% |
| 没做过职业兴趣能力测验、咨询 | 83.5% | 不选择现读专业 | 45.2% |

（3）对自我职业生涯发展潜力认知模糊

自我职业生涯发展潜力认知主要表现在两方面：一是对自身现在的职业兴趣、职业能力等方面的认知；二是对自己未来的职业生涯可能达到的状态的认知。目前，职业学校学生对自我的认知、技能和态度认识比较模糊，对自己未来职业生涯发展缺乏充足的信心。只有55.4%的被调查学生清楚或比较清楚自己最喜欢的职业对从业人员的要求，55.5%的被调查学生清楚或比较清楚自己在知识、技能与态度方面同目标职业对从业人员要求之间的差距。在被调查学生中，1/3的学生对自己的职业生涯发展信心不足，这说明学生没有充分认识到自我的职业发展潜力，这将会是制约学生生涯设计和职业发展的重要因素。

（4）设计自我职业生涯的意识与技能模糊

职业学校学生处于从依赖向独立、从学校向社会过渡的时期。他们对职业生活颇感兴奋与好奇,却较少理性思考与设计。调查发现:被调查学生中只有 45.1%的学生经常思考自己未来的职业,有近 10%的学生从来没有思考过自己未来的职业;只有近 50%的学生有详细或比较详细的职业生涯发展规划;仅有 15.7%的学生根据自己的职业生涯发展目标制定了详细的学习计划;仅有 32.8%的学生有非常清楚或比较清楚的指导职业生涯设计[①]。由此可见,职业生涯设计在职业学校的学生中认识不够,自身职业生涯设计能力又较弱,急需生涯辅导工作者的帮助。

3. 职业学校学生生涯辅导的目标

在了解职业学校学生所具有的一些特殊性的基础上,根据我国职业学校现阶段学生生涯发展的现状,参照职业学校学生的学习目标,借鉴国外已有的经验,我们认为职业中学学生生涯辅导工作的目标和内容体现在以下几个方面(姚贵平,2004):

(1)知识目标。掌握分析各行业的职业与专业培养目标以及分析自我的一些基础知识和技巧;掌握设计自我职业生涯的基本知识和技巧;掌握收集职业信息、撰写求职材料、作出职业选择的基本知识与技巧;掌握制定并调整自我学习计划、培训计划的基础知识和技巧。

(2)能力目标。学会进行行业调查和行业实践,获取行业与职业体验;学会设计自我职业生涯发展目标、发展途径与发展方案等;学会承受或正确处理学习生活中的挫折以及未来职业生活中可能遇到的挫折。

(3)态度目标。引导学生形成自我职业价值观念、职业理想和职业情感,引导学生学会与人合作等。

简单地讲,在职业学校实施生涯辅导活动的时候,我们需要协助学生了解自己的兴趣、性格、能力和工作价值观,协助学生认识外在的工作世界,协助学生清楚职校生的生涯进程,协助学生进行生涯规划,形成作生涯决定的能力,协助学生适应未来的生活。

4. 职业学校学生生涯辅导的实施

---

[①] 姚贵平. 中等职业学校学生职业生涯设计教育的初步构想[D]. 西南师范大学,2004.

职业学校学生由于其特殊性，对他们进行生涯辅导更偏重于职业指导方面。在实施的过程中，我们同样可以借助相关测验、影片欣赏、资料展示、专题演讲、个别咨询与团体咨询、座谈会、班级讨论会或班级辅导活动、组织学生成长团体等方式，围绕职业学生生涯辅导的目标开展具体的辅导工作。

# 第九章　学校组织中的学校心理学家

学校心理学家拥有教育心理测量和评估的专业知识背景,在学校组织中主要的任务是:以个人或小组的方式与学生、家长、教师以及学校领导交流;对课程的设置、教学计划的实施以及班级的管理提供咨询和进行评估。本章主要介绍学校心理学家在学校组织中的活动。

心理学在一段时期内被定义为"对行为所作的科学研究"。其研究范围十分复杂,有些偏向生物学,有些则偏向社会学。当我们尝试将心理学与作为组织的学校相结合,试图在组织决策、组织文化、教师管理中运用心理学的时候,学校心理学的内涵又一次被充实和扩展了。

亨特和兰波特(Hunter & Lambert)在调查研究的基础上整理出学校心理学工作者的19种角色功能:

1. 在学校里为所有的孩子服务;
2. 主要是与学生、家长和教师群体打交道,帮助他们处理各种问题;
3. 作为顾问,对学校的整体训练计划负责,其中包括课程设置和教学方法;
4. 在学校教育实践中应用儿童发展心理学、学习心理学、社会心理学和生理心理学的研究成果;
5. 对员工的行为进行有效的引导;
6. 在教育程序和行为管理上帮助教室中的教师,特别是在有关维持孩子在教室中的表现方面,可以给教师提供有益的帮助;

7．不强调测量和分类诊断的作用，强调诊断—干预的作用（diagnostic-intervention）；

8．强调数据定向的问题解决和应用研究；

9．监督和指导低水平的学校心理服务机构和有关人员；

10．负责对具有文化缺陷和其他障碍儿童的服务；

11．成为教育和心理方面的专家；

12．教师、行政人员和学校其他人员的咨询者；

13．在干预滥用药物、辍学及学科问题时起主要作用；

14．在科学发展和助人关系的决策过程中提供熟练的技巧；

15．促进社区与学校的交往，协调社区和学校心理学服务机构的关系；

16．在儿童行为发展、指导和行为干预等方面提供有效的教育措施；

17．帮助行政人员建立和完善教学计划的目标和行为目的；

18．处理那些在评价和纠正儿童问题、人际关系和组织关系时所面临的道德和评价困境；

19．有效地利用社会交往技巧和沟通技术。[1]

在实际的学校工作中，由于学校心理学家独特的测量统计以及评估的知识背景，他们或多或少地参与了学校组织决策的制定、计划的实施以及评估工作。而且不可否认的是，他们地位的重要性将在以后的组织发展中日渐突出。本章我们将探讨教学人员、行政人员以及后勤人员和作为组织的学校之间的关系，学校心理学家如何在这些人员和组织的互动中发挥作用，探讨学校心理学工作者在学校组织管理中的工作和作用。

---

[1] 孙健敏.美国学校心理学的发展、现状和未来.心理学动态，1994，2（2）：59

## 第一节 人本主义的学校管理

### 一、学校管理中的人的因素

管理活动自古以来就一直存在,主要涉及的是如何满足组织内部人员之间的需要和协调他们之间的关系。人们有时候广泛地将管理看成是一种发挥职能以有效获得、分配和利用人力和物质资源来实现某种目标的活动。这种组织管理思想深受早期弗雷德罗克·温斯洛·泰洛(1856—1915)科学管理的影响。无论在美国还是欧洲其他国家,无论是在工业界还是教育界,他的理论都成为一股重要的思潮。其后,作为科学管理的副产品——工业心理学出现了,这是科学管理倡导的科学方法在工业心理学领域应用的产物。

雨果·芒斯特伯特(Hugo Munterberg 1863—1916)被人称为"工业心理学之父",他在 1912 年出版的《心理学与工业效率》一书中,提到了工业心理学的三个研究领域:(1)"最合适的人"。研究工作对人们的要求,识辨具备最适合从事他们所需要的工作的心理品质的人。(2)"最合适的工作",寻求确定在什么样的心理条件下才能够从每一个人那里获得最大的,最令人满意的产量。(3)"最理想的效果"。研究对人的需要施加符合实际利益的影响的必要性。这里我们可以看到,这个阶段的组织管理思想是以工作为出发点来要求人的适应,假定工作是无法改变的,而人是可以产生改变以适应工作的。这种思想在师范教育中也得到了呼应,对教师专业发展中基本技能以及有效教学行为的要求和培养就是相应的体现。

在企业组织管理思想发展演变的过程中形成了许多管理的模式。作为专门培养人的组织——学校,与其他组织一个显著的区别在于学校是一个"人——人——人"的系统,不像企业那样生产出统一的产品。无论是管理主体、客体或是管理的目的都是人。学校组织通过管理主体——人，对既是管理客体也是主体的人进行管理，最后达到培养人、教育人、发展人和解放人的目的。从这个角度和意义而言，人的因素而非其他的因素是管理中，尤其是学校管理中，首要和根本的因素。

人的因素在现代人事管理中被称为人力资源。学校组织的发展需要充分发挥人力资源的作用。在学校组织中，人力资源主要是指承担教育工作的广大教师。教师集体的力量始终是推动学校发展的根本动力。高素质的管理人员和教师队伍，加上他们的合作，是现代化学校的标志之一。邓小平同志说："要特别注意调动教育工作者的积极性，要强调尊重教师。我们要把从事教育工作的与从事科研工作的放到同等重要的地位，使他们受到同样的尊重。要确保教师的教学活动的时间，要关心他们的政治生活、工作条件和业务学习。对于在教学工作中作出突出贡献的教师应该给予表扬和奖励。人民教师是培养革命后代的园丁，他们的创造性劳动应该受到党和人民的尊重。"[①]从中看出，他充分强调管理者必须重视和调动教师工作的积极性，使学校成为有凝聚力的集体，蕴涵着深刻的人本主义的学校管理思想。

## 二、学校管理的人本主义观

人本主义的学校管理从狭义上讲，就是学校领导在管理过程中把教师的作用放在一个主导的地位上，使教师各方面的素质得到良好发展，在各项管理活动中都以调动、发挥人的主观能动性和创造性为根本，使管理中的全体教职工在明确学校目标和自身职能的前提下，充分发挥自己的聪明才智，主动积极地完成各自的任务，从而为学校管理活动的顺利发展，为管理效率的真正提高奠定基础，使教职工为学校发展主动作出贡献。

持有人本主义观点的学校心理学家认为，人性本善，不受无意识欲望和需求的支配。这种观点和精神分析所认为的人是"为实现原始

---

① 孙亚东.邓小平教育管理思想探析.教育探索，1997，6

欲望而挣扎的野兽"有着本质的区别。教师有自由意志,有自我实现的需要。只要有适当的环境,他们就会力争为学校发展和教学水平的提高而积极努力。

在很大程度上,一个学校组织要保持高质量高水平的运营发展,必须保证人力资源系统的质量,使其得到开发、激励和使用。通过将人力资源与组织目标的优化结合,学校组织成员应该拥有高质量的工作和生活环境,以维系自主发展的动机。也就是说,为了能够激发广大教师的自我实现的要求,学校组织应该为他们提供一些基本条件,让教师常常感到自己必须做一些适合于自己的事情,避免产生新的不满足和不安定的情绪。就像作曲家必须要作曲,美术家要绘画,诗人要写诗——作为教师,能够把教书育人作为自己自我实现的需要。

在以人为本的学校组织中,持有人本主义理念的领导注重授权给教师,为他们创造条件,鼓励教师员工在学校工作中不断进步、创新、维持专业的持续发展和提高。这样的管理理念给了校长和教师更多的展现自身才能的空间,教学效率也会因此而得到提高。教师被赋予参与学校管理的权利,对学校的预算、人事、课程设置、教学改革和评价提出建议。学校通过将权力在较大范围内的分散,学校教师无论就管理或者教学等方面都可以获得更多的知识和技能,从而形成一个具有共同目标的合作团体。

在以人为本的学校组织中,学校不是追求战略目标的完美,而是注重依据全体教职工取得的新成就和新成绩及时调整学校的目标规划。在这样的学校组织中,教职工的所有进步都会为学校的发展带来新的机遇新的气象,都被认为具有重要的意义,成为学校下一步发展的坚实基础。这样形成的文化模式——以人的发展带动组织的发展,给人以特别的关怀,对所有的员工保持高期望——将会成为促进领导不断转变角色,学校不断发展的内在动力。

如上所述,几乎所有学校组织管理中的内容都主要探讨一个组织和人员之间的相互关系。学校心理学家要做的工作就是帮助学校将工作环境和工作的人员作最佳的搭配。这个过程有两种思路:一种是假设工作是固定的,某些职责是无法改变的,并不是每一个人都可以胜任所有的工作。要做的就是对人员进行筛选,尝试去找寻最能够适合工作要求的人员。另一种思路是,假设人员是不变的,目标是对所处的环境进行改造,通过不断的组织调整,来配合组织人员的能力。无论哪一个思路都是为了实现环境和人员的协和(虽然工作人员与工作环境的界限有时候并不是那么清晰),我们的目的是采用最经济的途径达到双方的平衡。

人本主义的学校管理思想强调个人在组织中具有独特的人格。如何在个体和组织之间建立良好的平衡,如何在工作和人员之间建立良好的平衡,如何实现环境和人员的整合是学校心理学家参与学校组织管理的任务之一。心理学研究发现,不善交际的同学在讲授方式为主的教学课程中表现较好,善于交际的学生在没有权威的团体讨论中会有较好的表现。在崇尚"自由"教育精神的大学中,具有权威性格的学生中途辍学的几率较高。性格具有弹性的学生就读于具有压制意味的学校时,他们会对出勤等方面的要求感到压力,也会出现较高的辍学率。就教师而言,有些教师在性格中具有关心工作成就与个人成长的倾向,有些教师具有关心工作的保障性与薪资的报酬的倾向。前一种人更适合从事具有挑战性的工作,后一种人更适合从事一些常规性的工作。这样他们都可以获得对自身而言的工作满意感。所以有时候与其去讨论学生的聪明和愚笨,去讨论学校的好坏,不如去研究学习者、教学人员、教学活动、课程设置与学校之间的关系,研究它们的整合问题。

## 第二节 教师工作动机

### 一、学校组织中的工作动机

持有人本主义管理思想的学校心理学家强调教职工工作动机的激发。Steer 和 Porter(1975)曾指出动机有三种主要成分:第一种成分是激发（energizing），是指个体内部激发行为的力量。第二种成分是导向（direction），指人们会针对有利于组织的方向投入持续努力。第三种成分是持久（maintenance），指人们会按既定目标持续从事某些工作。工作动机主要涉及员工在与工作有关的活动中表现出的持久努力以及员工较长时间的行为表现。

探讨动机时，传统上会分别从特质与环境的角度来论述，下表对这两种理论作了总结。

表 9.1 动机理论类型

| 类型 | 特征 | 理论 |
| --- | --- | --- |
| 特质论 | 关注区分辨别激励个体具有的特定因素 | 需要层次 |
|  |  | 生存关系成长论 |
|  |  | 内在动机论 |
| 环境论 | 关注外在激励因素与个体互动过程 | 公平理论 |
|  |  | 期望理论 |
|  |  | 目标设定理论 |

特质论取向的动机理论假设人们对工作的动机是一种内在的具有特定性、稳定性的特质，人们具有该特质的程度有所差异。环境论取向基于外在因素会激励人的想法，认为如果给予适当的刺激，任何人都能转变为活力充沛的工作者。现在人们已经不再徒劳地用一种理论解释所有的现象，并确定哪种理论是绝对正确的。人们试图能在更高的一种系统的发展的角度来评价各种动机的理论。下面介绍几种在学校组织中备受学校心理学家关注的动机理论。

（一）需要层次理论

亚伯拉罕·马斯洛（Abraham H.Maslow，1908－1970）的需要层次理论是影响较大的需要结构理论。他认为，人的需要是由以下五个等级构成的：生理、安全、归属和爱、尊重及自我实现。这些需要具有以下几个特征：（1）行为由未被满足的需求所支配和决定；（2）个体有系统地满足自身的需求，以最基本的需求为起点，逐渐往上层移动;(3)基本需求优先于较高层次需求的满足。

马斯洛需要层次理论告诉我们:在学校组织中,当教职工的薪资太低或是安全感受到威胁时,他们就会较多地关注这些基本需求的满足。当这种需求得到改善后,教职工就会比较关注学校组织领导的行为以及与领导之间的关系。最后,当环境改观后,教学工作的本质就会成为教职工关注的重心,开始准备满足自我实现的需求。

表 9.2 马斯洛需要层次理论

| | 基本要素 | 需要层次 | 学校组织要素 |
|---|---|---|---|
| 高级需要 | 发展、成就、进步 | 自我实现 | 挑战性工作、组织中的进步、工作成就 |
| | 自尊、他人的尊敬、赏识 | 尊重 | 头衔、地位、晋升 |
| | 爱、接受、友谊 | 社会 | 管理质量、协同中的工作群体、友情 |
| | 安全、保险、稳定 | 安全 | 安全工作条件、额外福利、工作保障 |
| 基本需要 | 水、食物、住所 | 生理 | 供暖、空调、基本工资、工作条件 |

资料来源:(美)Fred C Lunenburg, Allan C Ornstein 著.孙志军,金平,曹淑江,王家启,徐卫红等译.教育管理学:理论与实践. 北京:中国轻工业出版社,2003.80

依据马斯洛需要层次理论,当教职工的工作在学校组织中得到管理层的认可,自尊需要得到充分满足时,教职工的积极性会被有效激励。当然,对处于学校组织不同需求层次的教职工,应该有不同的激励方式。其中,自我实现能够弥补教职工对学校组织的需求和学校组织对教职工的满足之间的矛盾,是一种极具持久性的动机来源。

马斯洛的需要层次理论具有高度的抽象性,其哲学性远超过其实证性。他对自我实现的见解根深蒂固地影响着我们关于工作、关于人生、关于存在意义的思考,让我们对于普遍的人性的本质有了新的想法。纵然在解释教职工的工作行为上有所不足，但其对于学校心理学的整体贡献不可忽略。

### （二）生存、关系及成长论

克莱顿·奥尔德弗（Clayton Alderfer）的生存、关系及成长理论认为需要有三大类：（1）生存需要（existence），属于物质性的需求，主要由环境因素来满足，例如食物、水、薪资、额外福利及工作环境的舒适度等；（2）关系需要（relation），这类需要涉及与"重要他人"的关系，如同学、领导、下属、家庭及朋友等；（3）成长需要（growth），这类需要主要关系到个人想要追寻自身的发展。当个人能力有所发展，这一需求才能获得满足。

生存、关系及成长理论允许需要在连续的向度上移动。朝向成长与满足的关系移动被称为向前推进；需要退回到追求较为具体的满足时的移动被称为挫折后退（frustration regression）。也就是说，如果一个人在满足较高需要时受到挫折，他就会回到较低需要的满足。例如一名学校主管晋升的发展需要没有满足后，他对关系的需要就会增长，这种需要的转变目的在于向主管领导证明其具有晋升的资格。许多学校心理学家都把生存、关系及成长理论看作最现代、最有意义和基于需要概念的有研究价值的理论。

### （三）公平论

亚当斯（Adams，1965）依据社会比较原则提出了一个工作动机的理论。这是一个以知觉为基础的理论，认为个体会在与他人进行比较时知觉到自身的表现。用来比较的人可以是个别的某个人，也可以是某个群体的平均水平。教职工开始工作后，就会将自身的特征（包括个体教育程度、智力、经验、技能、年资、努力、健康等）带入到工作中，成为无形的投入。这些投入会使教职工在工作中获得各种利益，包括薪资、福利、工作环境、地位等成果。公平论认为，个体将用自己的投入和成果的比例与所知觉的他人的投入与成果的比例进行比较。

亚当斯认为公平有两种类型：一种是亏待（underpayment），是指当双方投入相同，而个体却知觉到自己得自于工作的成果少于他人的成果。另一种是优待（overpayment），指双方投入相同，而个体却知觉自己得自于工作的成果相对多于他人的成果。

依据这种理论，不公平感会导致个体产生紧张状态。无论教职工的知觉判断可靠或者不可靠，他们都可能为了应对紧张而改变自己的努力水平，可能试图通过协商改变所得，以修正自己失衡的感觉，减少紧张度；教职工也可能采取行为影响参照对象，以不同的角度去看待参照对象的投入与成果，或者干脆改变参照对象；甚至可能要求调动工作或彻底脱离组织。

公平论表明人们对所从事的工作所付出的努力和工作场所中其他人的努力有关系，教师身边其他人的表现会影响到教师自身的表现。此种带有社会性成分的动机理论开阔了人们的视野，更符合学校组织的特性。

## （四）期望论

期望论是一个认知性的理论，包括工作成果（job outcome）、价值（value）、工具性（instrumentality）、期望（expectancy）以及力量（force）等五个要素。该理论假设人们投入工作时带有某种过去的经历及对于工作成果的期望，这些期望会影响个体对组织的反应，即预期的报偿或结果能够刺激行为。如果某个人有了特殊的目标，为了达到这个有意义、有价值的目标，他必须做出某种行为。一种行为倾向的强度取决于个体对这种行为可能带来的结果的期望强度，以及这种结果对行为者的吸引。该理论又被称为"概率——价值理论"或"可能性-重要性理论"。这里的价值和概论都是主观的和预期的。某项结果或报酬对个体（采取某种行动或行为方式）的激励可以表达为下式：

$$激励力 = 价值指数 \times 预期概率$$

从20世纪70年代中期开始，有关期望理论在教育组织中的应用研究大量增加，这些研究得出如下结论：（1）有着较高期望动机的校长比那些期望动机水平较低的校长更积极地去影响学区政策的制定；

(2)集权化和分层程度较高的学校中,教师期望动机较低;(3)校长对员工的关心与教师的高期望动机之间存在显著相关;(4)在一个中等和高等教育教师的样本中,在动机、工作满意度和成绩之间存在显著相关。期望动机与学生的成就、学生和教师的态度、教育者之间的沟通都呈正相关[①]。

期望论凭借高度的理性与意识来解释人类动机。有些人的行为具有非常理性的基础,期望论能够解释其行为;如果某些人比较容易被潜意识的因素所激励,那么期望论对其行为的解释力将有所下降。对于那些行为受个人信念所支配的人,期望论预测力较强;而对那些行为顺从社会制度的人,其预测力则较弱。学校心理学家要在充分了解教职工人格特质的前提下应用此理论。

## 二、教师工作动机的激励

学校心理学家参与教师管理的一个主要任务是参与教师评价体系的制定,并对该体系的实施效果进行分析。掌握教师工作动机激励理论是进行教师评价体系制定的前提。教师是一个特殊的职业团体,注重社会形象,进行激励时要采取多样的措施。下面论述的是一些经常使用的动机激励方法。

### (一)目标激励

学校组织目标的确立是教师制定个人行为目标的依据。运用目标激励宜注意以下几个问题:

1. 有难度的目标比简单目标更能激发高水平工作绩效。让教师认识到实现目标对自身、对组织的意义可以使教师投入更多。

2. 具体明确的目标比抽象笼统的模糊目标更能激发教师高水平绩效。

---

① (美)Fred C Lunenburg,Allan C Ornstein 著.孙志军,金平,曹淑江,王家启,徐卫红等译.教育管理学:理论与实践.北京:中国轻工业出版社,2003,91

3. 学校组织的目标要兼顾个人与组织的发展，个人与学校目标协调一致，使教师获得对目标的认同，对成功产生期望。

4. 重视对目标的反馈与强化，这样可以使教师将绩效与目标相对比。

5. 目标对绩效的影响主要体现在引导教职工注意力和行动、调动大家的努力、提高其坚持性等方面，所以要不断关注目标激励机制的运行状况。

### （二）参与激励

让教师参与管理、参与决策可以提高教师工作的投入程度。

1. 允许教师参与预算准备、学校改进计划等有关的决策过程。

2. 鼓励教学改革试验，以便对已经掌握的知识进行反思，能够创造出新的知识。

3. 鼓励教师主动提出问题解决的方法，并及时对教师的想法和建议作出反应。

4. 支持被授权的教师开展工作，正确对待教师间的差异和冲突。

### （三）满意激励

满意激励认为教师具有内在的工作动力，这种动力在教育工作中起着很大的作用。

1. 认可教师的工作。经常当众给予教师特别的表扬，并在与学生、家长、行政人员、社区人员及其他人谈话中公开。

2. 领导要关注教师关注的问题，肯定他们的想法，经常进行非正式的讨论，不要忽略一些细微的情况与细节。

3. 执行新的政策或制度时要注意教师的反映与感受，了解广大教师的普遍想法，以满足教师的需求。

### （四）发展激励

采取有效的措施，促使教师由新手尽快成长为专家，在此过程中给予必要的帮助与支持。

1. 发展教师的专长与各种特长，使教师工作富于变化和弹性，并有在新领域尝试的机会。

2. 为教师提供发展的机会，让他们学习新的学校组织结构和教学模式。支持教师发展和实施新的教育方法。

3. 限制过于激烈的竞争，稳步进行教师的工作评价。评价过程与教师工作的持续改进应该相互关联。

4. 评价教师的内容包括对学生的学习抽样、教学计划、教学活动、教师对学生学习的评价反馈、学习需要、学生进步分析。

### （五）沟通激励

加强与教师的沟通，提出、公布并设定清晰持久的教育目标，探询影响教师有关变化的看法和观点。沟通宜做到精确、诚恳，具有建设性。

另外，在使用上述各种精神激励手段的同时，还应注重经济激励的重要作用，使用工资、奖金和福利等满足教师的物质要求，以稳定教师队伍，激发教学动力。

## 第三节 学校组织的领导与文化

### 一、学校组织中的领导

目前，许多学校组织都实行了校长负责制，校长具有学校法人代表和最高行政负责人的地位，具有机构设置权、人事管理权、经费使用权、教育教学管理权及校舍管理权等。这种制度有力地保障了校长对学校教育教学和行政工作的全面负责，校长成为学校组织发展最重要的领导。

美国全国教育管理政策委员会把教育领导描述为："为个人和团队的过程提供目标和方向；塑造学校文化和确定价值观；促进学校制

定战略规划并确定远景；确定目标并与员工一起规划变革工作；在考虑学区的优先事项及师生员工的需要的前提下确定学校自己的优先事项。"由于领导的层面非常广泛，学校心理学家研究的焦点主要集中在职权（Positional Power）、领导者（The Leader）、被领导者（The Led）、领导关系（The Relationship）、领导情境（The Situation）及领导效能（Leader Effectiveness）等六大方面[①]。

## （一）职权

权力是一种能够影响他人的能力或潜力。职权是指从正规组织系统的特定官职或头衔中衍生出来的权力。某些研究者将领导视为职权的运作，在组织阶层中职位越高，其职位带来的权力就越大。从某种角度而言，领导就是一个组织职位本身所被赋予的权力。在所见的领导研究中，职权研究相对较少。有时，职权被人们描述为领导者用以实现个人目标的一项工具。同时也有研究者认为：职权不是领导者用来凌驾于他人以达到自身目的的工具；相反，它出现在相互的关系中，并应该有助于领导者和追随者实现他们共同的目标[②]。事实上，要将领导本身和位居领导职位的人的特性相区分，是一件困难的事情。

## （二）领导者

领导者本身的特性是领导研究中研究较多的主题。许多领导理论都想要了解个人特质与行为上的差异。斯塔格蒂尔（Ralph Stogdill, 1948）区分了领导的五种特质技能：

1. 能力：包括警觉性、言语表达能力、创造力和判断力等。
2. 成就：包括学识、知识和运动技能。
3. 责任：包括依赖度、主动性、持久性、进取心、自信和好胜心。

---

① 〔美〕Paul M.Muchinsky 著.李慕华，林宗鸿译.工商心理学导论（第四版）.台湾：五南图书出版公司，2001.436

② 〔美〕彼得·诺斯豪斯著.吴荣先等译.领导学：理论与实践.南京：江苏教育出版社，2002.5

4. 参与：包括活动、社交、合作、适应性和幽默感。

5. 地位：包括社会经济地位和声望。[①]

以此为基础，可以进一步将由上级和下级认识到的领导特质描述为五个维度：应急能力、适宜性、责任感、情绪稳定性和智能。

### （三）被领导者

追随者或被领导者的特性是另一个逐渐引起关注的领域。同一个领导者面对不同的被领导者往往会有不同的表现，采用不同的领导方式。就学校而言，课程内容是相对稳定的，不会轻易地随学期的推移而变化，但教师的教学行为与课堂管理却会视学生的不同而有所变化。某一学期一班的学生对教学内容掌握较好，教师则会就相关内容深入地与学生讨论，让更多的学生有更多的机会与教师形成交流互动；二班的学生对教学内容掌握较慢，在学习上表现出困难，教师则放慢教学进度，使用更多的实例，将主要内容作更具体细致化的说明讲解，如有必要则进行课后辅导。由此可见，如将学生视为被领导者，则他们的智力、动机、人格特质、人际和谐度、家庭文化背景、班级规模等因素都会对教师——相对的领导者——的行为产生影响。

学校心理学家关于"被领导者"影响"领导者"的研究已不是一个新鲜的视角。当然，将被领导者视为团体时，涉及的变量复杂，研究有较大的难度。随着研究范式与工具的发展，心理学家会在此方面有所突破，到时可能会促进整个管理心理学、组织心理学以及学校心理学的新进展。

### （四）领导关系

有许多研究将关注的焦点放在领导者与被领导者之间的关系上，强调双方的相互影响，研究维系推进这种关系的动力。领导者对被领导者的影响一般有四种方式：强制（Coercion）、操纵（Manipulate）、

---

[①] Fred C Lunenburg, Allan C Ornstein 著.孙志军, 金平, 曹淑江, 王家启, 徐卫红等译.教育管理学：理论与实践.北京：中国轻工业出版社，2003.103

权威（Authority）以及说服（Persuasion）。强制型往往依靠外力修正领导关系，领导者在决策中不允许下属参与，为下属安排好工作，将权力责任统揽于一身；操纵型往往让被领导者看到被扭曲的被文饰后的现实状况，通过这种方法诱发被领导者表现出领导者所期望的反应与行为；权威型中，领导者更关注行政权力的权威，试图凭借各层机构等力量影响被领导者的决定；说服型领导关心在决策中鼓励下属讨论，提醒下属注意一些影响工作的情况，鼓励下属发表自己的意见和建议，然后使其接受自身的价值观和道德判断。与此类似，依阿华大学的研究者们归纳出三种不同的领导行为模式：权威型领导、民主型领导及放任型领导。研究结果表明：（1）在这三种领导风格中，权威型领导对组织的生产性工作的促进作用稍高于民主型领导，而放任型领导在此方面相对最弱；（2）被领导者最喜欢的领导风格是民主型领导。这与当下流行的参与式管理、支持性和开放性组织的潮流相一致；（3）与权威型领导相比，下属更喜欢放任型领导，相对压制而言，下属更喜欢混乱；（4）在权威型领导下，下属可能产生好胜或冷漠的行为。在放任型领导下，下属会产生最大限度的好胜行为。

### （五）领导情境及领导效能

在既定情境中，领导效率取决于领导者的风格与任务、权力等级和组织性质之间的适合程度。在不同的情境中，这些组合之间的相互作用会产生不同的结果，其主要条件是下属的成熟水平。目前，情境因素的研究较关注如何界定各种情境的不同之处，探讨其对于领导者的行为所具有的效果。在适宜的环境中，领导者强调人际关系，并且会支持被领导者。在不适宜的情境中，领导者更注重任务取向，比较关注目标的达成，而非人际关系。因此，要回答"什么是最优秀的领导"，要视其所处情境来确定。合适的机遇、特别的任务、能力、员工的成熟、参与程度以及情境变化因素（包括团队规模、奖励、领导者的地位、任命的方法和技术背景等）决定了领导者的领导风格。

## 二、学校心理学家参与学校文化建设

### （一）学校组织文化的界定

文化是人类社会发展过程中积淀下来的精神成果及其具体化的外在表现。从微观的角度而言，社会系统中任何一个子系统都具有自身的文化特质，作为社会子系统的一个组成——学校也具有自身的文化特质。文化包括内隐文化和外显文化。内隐文化包括观念、心理等精神要素；外显文化由特质文化、行为文化以及制度文化等组成。具体到组织内，则成为组织的信仰、情感、行为以及象征等特征的表现，是组织中共有的价值观、意识形态、情感、期望、态度等方面的集合。如果以文化学的视角来看，学校本身就是生活文化系统中的一种文化现象，是一种亚文化的存在。

有些学者通过研究认为：学校组织不是生产经营性组织，其主要作用不是创造生产价值、赢取利润，而是继承和发扬人类的文化遗产；学校归根结底是一种服务性组织，服务的对象就是受教育者和社会；学校的组织和管理主要是通过规范化的手段进行，将一定社会规范、信念、道德习俗及传统灌输给学生，要求学生遵循和发扬；同时，因为学校组织中的主要工作人员——教师——属于独立性较强的专业人员，他们平时只在自己的班级工作，很少有班级之间的合作，教师一旦进入教室从事教学或独立教育学生，学校领导者的声音就变得遥远而渺茫，学校的科层组织体制所起的作用就会被削弱。学校的文化机制就是强有力的黏合剂，把松散型的学校各系统连接在一起。学校文化机制中的物质文化环境、制度文化环境、各种传统、价值观以及附属群体均制约着学校的规范、价值取向和发展目标，从而影响着学校成员的心态行为[1]。

美国学者华勒（Waller, W.）认为，学校文化形成的来源之一是

---

[1] 范国睿主编.多元与融合：多维视野中的学校发展.北京：教育科学出版社，2002:210

年轻一代的文化,之二是成人有意安排的文化。前者是由学生群体中的各种习惯传统、价值观念以及受影响而产生的情感心理和表现行为等构成的。而后者则代表了教师的成人文化,由教师群体的各种习惯习俗、规范准则、价值观念等组成。

基于以上学者的研究,学校心理学家可以将学校组织文化的内容具体确定为以下几点:

1. 教职工在学校的交往行为,比如升旗仪式、开学典礼和通用的语言;
2. 为学校组织成员共同遵守的准则,如"教书育人"等;
3. 学校组织中主要的价值观和信念,如"学生的身心健康和他们的成绩同等重要";
4. 上级组织对学校管理运营的期望,比如"升学率要提高";
5. 学校组织隐含的规范,尤其在新教师进入这个组织团体中时会明显地表露出来;
6. 学校组织的文化气氛,比如宗教信仰、民族习俗等。

这些成分以一种相互作用的方式共同形成了一个学校的组织文化。

## 二、学校组织文化的建设

学校组织与周围的环境是相互依存的,学校组织内部的人员与学校组织也是如此。如果将个体的行为或一个小团体的行为从他们所处的互动的系统中抽离出来,我们将无法了解这些行为的意义。一个复杂的组织就是一个社会系统的缩影,组织内部各个组成部分的运作是彼此影响的。每个教师带着自己的个性能力进入学校组织,这些特质会影响个体在参与组织活动时对获得的期望。各个教师所处的小团体使他们参与到一个可以获得归属感的集体中,进一步和组织进行相互适应。学校组织会赋予每个参与其中的教师一个相应的地位和角色,这些地位和角色的不同有时候决定了教师们在组织中的行为。同时在组织外,大环境也从外部制约着组织的发展。

学校心理学家应该看到，教师个体间的互动形成了小团体，团体的成员由于拥有不同的地位，扮演着不同的角色而彼此区别。外在的大环境则影响着教师个体和学校组织的行为。这个系统有着复杂的相互关系，而组织文化扮演的角色就是促进这个系统各个组成部分之间的协调合作。一个学校组织的文化建设直接关系到学校组织的稳定性、成长性和适应性。正是组织文化让学校组织感觉到各个组成部分有机和谐地统合在一起，整个学校反映出活力和生机。组织文化帮助学校组织随着环境的改变而作出相应的调整，在急剧变化的社会中生存发展。

学校心理学家要努力帮助学校形成积极的学校组织文化；对于文化整体的历史脉络要有独特的把握，明确学校组织文化的深层意义；能够对自己想要营造的文化氛围进行阐明和辨识；能够在日常的学校生活中将组织文化的建设和具体的教学行政工作相结合；强化积极的文化因素，修正消极的文化因素。学校心理学家努力将学校组织文化的核心价值体现在实际行动中，对于符合该价值观念的人和事进行明确的表扬和鼓励，认可榜样所做的工作，引导全体教职工为了学校的理想目标而奋斗。

比如学习型组织的建立，其战略目标是提高学习的速度、能力和才能，通过建立远景并能够形成、尝试和改进组织的思维模式，并因此而改变他们的行为。学校心理学家要鼓励教职工不断整理个人的愿望、集中精力、培养耐心、实现自我超越；改变教职工看待事物的特定的思维模式，使用新的心智模式从新的视角认识世界；建立教职工共同的愿望，形成一致的行动目标；发展教职工整体配合与实现共同目标的能力；要求教职工使用系统的观点对待学校组织的发展，不仅关注自己的努力，而且关注自身的努力对合作者以及整个组织的影响。

再如高绩效团队的建立，其过程经历了冲突和动荡的初始阶段、了解和适应的发展阶段、创造和开放的形成阶段以及丰收的成熟阶段。在这个过程中，学校心理学家要使教职工彼此信任，分享共同的价值观念和荣誉，分担共同的责任；通过对共同目标的认同和学校组织成员不同需求的满足，增强团队的凝聚力；通过不断的学习和发展，分享彼此的实践经验，塑造优秀的学校组织成员。

## 第四节 维护教师心理健康的学校心理学家

国内外的研究表明教师的心理健康水平偏低。美国的研究显示：有78%的教师感受到职业压力，有37%的教师有严重的精神紧张和焦虑状况。对大量体罚事件的剖析显示：绝大多数体罚的发生并不是由于教师的师德差而造成的，而是由于教师心理压力过大，焦虑过度，致使不能控制自己的情绪而造成的，简而言之，是由于教师的心理问题所致。据北京教科院日前公布的"师源性心理伤害的成因及对策"的调查报告显示，教师打骂学生、讲课死板、对工作不负责任、偏心等不被学生喜欢的行为会给学生心理造成伤害，构成师源性心理伤害。学校心理学家对于承担教师心理健康的任务责无旁贷。

### 一、教师心理健康

#### （一）教师心理素质

教师心理健康与教师的心理素质有密切的关系。教师心理素质是指教师在教育教学活动中，决定其教育教学效果、对学生身心发展有显著影响的，在心理过程和个性心理特征方面所表现出来的本质特征。教师心理素质是一个结构和过程相统一的系统，该系统的内部包含行为、知识、能力、观念、人格等成分。教师的心理素质作为一个系统，若其结构完整，在与环境、他人互动的过程中各个成分能协调有效地运行，那么，教师的心理就是健康的；如果教师的心理素质系统结构不完整或不够完善，系统在与环境互动的过程中某个环节或某些环节上存在问题，致使该系统的功能出现某种程度的失调，教师在教育活动或日常生活中不能良好地适应或潜能得不到正常发挥，那么教师的心理就不够健康，甚至存在一定的心理行为问题。①

### （二）教师心理健康的标准

心理健康的标准不是一成不变的，它会随着时代的进步和社会的变迁而具有不同的含义。美国学者阿特金森（R·L·Atkinson）、杰何达（M·Jahoda），我国学者黄坚厚、张春兴、钟友彬等都提出了心理健康标准。综合他们的观点，我们认为有六条标准是最为重要的：（1）对现实的有效知觉；（2）自知、自尊与自我接纳；（3）生活热情与工作高效率；（4）与人建立亲密的关系；（5）人格结构的稳定与协调；（6）自我调控能力。针对教师群体的心理健康标准，学校心理学家应该作出更具体的判断，使之既包含一般的心理健康标准的共性，同时也体现出教师职业的特殊性。我们认为准确的角色认同、和谐的人际关系和良好的情绪管理是教师心理健康的重要标准。

1. 准确的角色认同

教师社会适应性的一个问题就是角色混乱。所谓角色混乱指别人对教师在工作上的期待和教师自己知觉中的状况存在着差距的情况。这会影响到教师对自己人格知觉的一致性。导致教师角色混乱的原因可能是教师不了解自身被期待的角色，或者是不知道如何满足这些期待，或者是教师自己对工作的认知和别人之间存在着差异。心理学上将此类问题归结为自我概念的范畴。这种情况的产生与工作压力、工作紧张以及工作满意度等因素存在着关系。

教师社会适应性上还有一个角色冲突的问题。这种问题更多的是在进行抉择的过程中产生的，尤其是在同时面对多种压力时。现代的许多的女性往往感到在家庭和事业之间难以权衡，这就是一种角色冲突的表现。

处在角色混乱和角色冲突中的教师倾向于接受与自己本身期望的信息相吻合的内容。对自我有正向感情的人倾向于过滤掉负面的回

---

① 俞国良，曾盼盼.论教师心理健康及其促进.北京师范大学学报（人文社会科学版），2001，第1期（总163期）：21.

馈,负向看待自己的人倾向于剔除正面的回馈。具有角色混乱和角色冲突的人会以不同的方式理解信息。同样是一句话,对于拥有良好的自我概念的人或许会视为赞扬,而对于自我概念不良的人则可能视为批评。具有不真实的角色意识的人拒绝为自己的失败负责,会将成就归结为自己的努力和能力,将失败归结为运气等外部因素。

具有角色冲突和角色混乱的人可能具有以下的特征:①深信自己不如别人,对批评比较敏感,将批评解释为人身攻击;②对赞美反应不适,对这样的言辞不报任何期望,甚至拒绝;③具有某种类似于自我防卫的极端的批评的态度,从没有觉得自己是聪明的或吸引他人的;④有受害人意识,总觉得别人要害自己,从而逃脱承担失败的责任;⑤嫌恶竞争,常常自己预期失败的命运,对成功抱悲观态度;⑥倾向隐居,常常表现出害羞、胆怯的一面。在和别人共处的环境中会觉得焦虑。

作为教育工作者,如果对自己从事的工作具有准确的角色期待,对教育的现实环境有正确的感知,就可以平衡自我与现实,理想与现实的关系。角色认同准确的教师在教育活动中主要表现为:①能根据自身的教学能力和教学水平确定教育工作目标和理想;②具有安全感和较高的教学效能感;③自我监控教学活动,自我调适教学环境,调整教育观念,完善知识结构,控制教学行为;④统合来自学生、同事的评价与自我评价。

2. 和谐的人际关系

和谐的人际关系是心理健康的重要标志。教师的工作对象是人。和谐的师生关系对于教育的成功具有重要的作用。具有和谐人际关系的教师往往表现为真诚、非权势、积极相待和理解等特征[1]。真诚是指行事不以自己的个人权威或职业地位作掩饰。当然,真诚不是为所欲为的表露感情;相反的,要表露的是为经验和教育所证明了的有益于学生的感情。真诚体现了一种相宜而明智的中庸之道,既不为专横所引诱,也不趋附于人。非权势的教师不持居高临下、盛气凌人的态

---

[1] 邵瑞珍主编. 教育心理学. 上海:上海教育出版社,2000.375~380.

度，允许学生犯错误，认识错误，允许学生跌倒了再爬起来。积极相待指教师要根据学生的表现向其表露出自己的情感、价值观和信念。教师对于学生的行为表现出认可，能够亲切地和学生相处。理解指教师具有灵活的参照系，不受固定期望的限制；能够对身体、智力、运动、社交以及情绪各方面相异的学生表示关切；包容理解学生，允许不同意见的存在，客观地处理教学问题。

3. 良好的情绪管理。情绪是以个体的愿望和需要为中介的一种心理活动。当客观事物或情境符合主体的需要和愿望时，个体就会产生积极肯定的情绪。例如所教班级的学生成绩达到了自己的期望，就会产生喜悦的情绪。当客观事物或情境没有符合主体的需要和愿望时，可能会引起消极否定的情绪。如因为教法革新而引起其他教师的攻击，教育工作出现失误而感到懊悔等。心理健康的教师在教育活动和日常生活中均应能真实地感受情绪，恰如其分地控制情绪，富有建设性地表达自己的情绪。由于教师劳动和服务的对象是人，因此情绪健康对于教师而言尤为重要。能够良好管理情绪的教师具有以下特质：（1）总体上可以保持积极乐观的心态；（2）将自己的个人生活与课堂教学工作区分开，不将个人情绪转移到学生；（3）冷静地处理课堂情境中的突发事件，不过于敏感；（4）客观公平的处理教育问题，克制偏爱情绪，对待学生一视同仁。

### （三）教师心理问题

导致教师心理不健康的因素是复杂多样的，教师心理行为问题形成的途径也各异，学校心理学家要能够从多样的表现中诊断评估教师的心理状况。

1. 情绪障碍。具有情绪障碍的教师经常表现出长期的精神不振或疲乏，对教学事件失去兴趣，对学生漠然。这些心理问题严重时会伴随某些身体上的症状，如失眠、食欲不振、咽喉肿痛、腰部酸痛、心悸、呼吸困难、头疼、眩晕等。有的教师表现为失去自信和控制感，成就动机和自我效能感降低，产生内疚感，开始自责；有些教师表现为将自己的不良情绪及教学上的失败原因归于学生、家长或领导，变得易激怒、好发脾气，对外界持敌视、抱怨的态度；有些教师时而感到愧疚，时而感到愤怒。学校心理学家要对教师这些情况进行及时的干预疏导，帮助他们采取建设性的方式宣泄不良情绪，和教师共同进行情绪归因，防止产生更深层次的心理行为问题。

2．社会性障碍。教师心理问题会表现到教师的人际关系中，影响到教师与家人、朋友、学生、领导的关系。具有社会性行为障碍的教师会发生自我认知偏差，倾向于对他人的意图作出消极的判断和反应。教师作为助人职业比从事其他职业的人更容易在工作中产生焦虑、愤怒、抑郁等不良情绪，而且其角色的多重性（教师既是学生的教师，又是一家之长、子女的家庭教师、家庭的主要劳动力和社会的模范公民）也使教师很难有时间和精力作出种种心理调节。如：有些教师与他人交流时沉溺于倾诉自己的不满，没有耐心听取他人的劝告或建议，具有偏执性的心理性向，拒绝从另一个角度去看问题；有些教师表现出非理性行为，无法用积极建设性的方式表达自己或对他人的反应，冲家人发脾气、打骂孩子、出口伤人。学校心理学家要积极地与这些教师沟通交流，必要时采取个别咨询的形式，帮助教师更加清醒地认识自我，转变心态。

3．行为障碍。具有行为障碍的教师逐渐对学生失去爱心和耐心，对教育事业产生厌恶，开始疏远学生，备课不认真，教学活动缺乏创造性，并倾向于运用权威（主要使用奖励和惩罚的方式）来影响学生，而不是说服教育的方式帮助学生；有些教师会对教学过程中遇到的正常阻力过分敏感，将其扩大化、严重化，对课堂突发事件采取简单粗暴的处理方法，甚至采用体罚等手段；有些教师在尝试各种方法失败后，对教学过程中出现的问题置之不理，听之任之，拒绝领导和其他人的帮助和建议，将他们的关心看作是一种侵犯；有些教师对学生和家长的期望降低，认为家长不懂得教育孩子和配合教师。学校心理学家要意识到这种行为障碍存在的可能性，如果处理不及时，方法不妥当，会影响到整个学校的教学氛围与文化建设。

## (四)影响教师心理健康的因素

教师的心理问题是在外界压力和自身心理素质的相互作用下形成的。个体在感到心理压力的时候,会产生一些与平时不同的身心反应。教师如果无法有效地应对来自社会、职业的压力,就容易出现身体、心理以及行为的问题,从而导致心理健康问题。这里仅从社会、职业、个人三个水平来分析影响教师心理健康的因素[①]:

1. 社会因素。对于教师,中国传统的观念中具有一些刻板印象。比如"家有三斗粮,不当孩子王","三教九流,教为末等"的说法。随着时代的进步,教师的地位有所提高。然而,我们也应看到这样一些事实:(1)现代信息技术的普及和大众传媒的飞速发展,使知识、信息的普及化程度大大提高,教师早已不是学生唯一的信息源了,这使得教师的权威意识日渐失落,教师的社会地位和社会作用受到了严峻的挑战。尤其是当前我国素质教育的全面推行更是对教师素质提出了全新的要求,冲击着教师的心理。(2)教师劳动的复杂度、繁重度、紧张度比一般劳动者大,但教师的待遇一直没有得到应有的提高。住房、医疗保健福利和其他方面的福利都较差,尤其是一些农村、山区学校更是如此。(3)教师的社会地位依然较低。社会对教师的看法与教师的神圣职责是不成比例的,尽管《教师法》颁布、实施已有多年,教师被侮辱、被殴打事件仍不断发生,时有耳闻。凡此种种,都有可能成为教师心理压力的来源[②]。

2. 职业因素。(1)教师劳动的特殊性造成的角色模糊、角色冲突、角色过度负荷是很多教师感到压力和紧张的根源。社会对教师的期望是教好每个学生,但是学生作为具有主动性和差异性的发展中的个体,其学业成绩较易衡量,但兴趣、行为、态度和价值观等方面的变化不仅缓慢、难以评价,而且往往与教师的付出不成比例,大部分

---

[①] 俞国良,曾盼盼.论教师心理健康及其促进.北京师范大学学报(人文社会科学版).2001,第1期(总第163期):23.

[②] 刘启珍,明庆华.教师问题心理与行为研究.成都:四川教育出版社,1999.233.

教师难以证明自己到底取得了什么成就。这很可能导致教师的角色模糊。角色冲突也常常被教师体验到。Sutton（1984）指出教师角色冲突的两个最主要的来源：一是期望教师提供给学生高质量的教育，但教师又缺乏选择自己认为最好的教学方法和教材的自主权；二是有维持纪律的责任，但教师又没有足够的权威做到这些。根据一些学者的调查和研究，教师的角色冲突还有以下几种类型：①社会对教师职责的高要求、教师对自己从事教育事业的光荣感与现实社会中教师的经济地位、职业声望等方面矛盾造成的角色冲突。②教师所承担许多繁杂的非教学任务（如维持纪律、管理学生值日、卫生、上操等）与教师所要完成的教学任务之间的冲突。③学生、家长和学校对教师角色的不同期望与教师自己的价值观之间的冲突。④教师的边缘地位造成的冲突。如学校中的副科教师常常被认为是无足轻重的，这与教师的职业自豪感相冲突。⑤教师的社会角色规定与其真实人格及真实情绪体验之间的冲突。此外，教师的角色过度负荷也应引起人们的重视。目前，班级容量越来越大，每个学生都有自己的需要、兴趣、动机和成就水平，每个家长都希望教师重视他们的"独生子女"，教师要最大限度地满足学生、家长及学校的需要又不能表现出烦躁、沮丧等情绪，这不能不造成角色过度负荷。（2）与其他劳动者相比，教师属于一个比较孤立、比较封闭的群体，与社会的联系较少，参与种种决策的机会也很少。大部分教师生活在一个儿童的世界里，教师90%的工作时间是专门与儿童在一起的，他们进行反思和与亲朋好友交流的时间很少。因此，教师的合群需要和获得支持的需要经常得不到满足。国外有些研究曾发现教师职业倦怠与教师缺乏社会支持的知觉有很高的相关（Burke，Greenglass，1989）。（3）其他因素。目前教师普遍认为自己的自主权太小，教材、教学进度甚至教学方法都不由教师决定，学校的组织管理在一定程度上只重工作任务的完成而不顾教师的个人需要，管理手段简单机械。此外，师范教育与教学实践的脱节也是普遍存在的问题。

3. 个人因素。在相同的压力下，有些教师可能会出现心理问题，有些则能维持健康的心理状态。造成这些差别的个人因素主要有：（1）

因素。研究发现，不能客观认识自我和现实，目标不切实际，理想和现实差距太大的教师或有过于强烈的自我实现和自尊需要的教师更容易出现心理问题。此外，具有外在控制源的教师，倾向于认为事情的结果不是决定于自己的努力，而是由外界控制的。这样的教师比具有内在控制源的教师更难应付外界的压力情境或事件，因而心理健康水平也较差。(2) 生活的变化。在人的一生中，经常会有生活的变化，无论这些改变是积极的（如结婚、升迁）或是消极的（如亲人死亡、离婚），都需要个体作出种种心理调整以适应新的生活模式。在这种调整时期，心理问题容易发生。尤其是进入一个人生阶段到另一个人生阶段的过渡时期，如艾里克森等提出的"中年危机时期"，个体需要对自己、家庭及职业生活作出再评价，这些很可能会显著地影响个体的自尊、婚姻关系以及对工作的忠诚和投入。

目前学校心理学研究中常用的评估教师心理健康状况的量表有："症状自评量表"（SCL-90），"康奈尔健康问卷"（CN 1），"汉密尔顿抑郁焦虑评定量表"（HAM D，HAMA），"十六人格因素问卷"（16PF）等。具有测量评估知识背景的学校心理学家可以采用上述量表全面检测和评估教师的心理健康水平。另外，通过教师的自我报告，对教师平时的工作表现的观察以及学生、领导、家人和朋友对教师的评定也可以间接获取教师心理健康状况的资料。最后，学校心理学家宜将统计学标准、经验标准和社会适应标准结合起来，运用科学的方法对观察和测量所得的资料进行客观的分析，作出合理的解释。此外，学校心理学家也可以自己编制包括教学监控、自我意识、人际交往、生活和社会适应等方面的心理健康量表，对教师的心理健康进行全面的评价。

## 二、教师职业倦怠

### （一）职业倦怠的定义

1974年，美国临床心理学家 Freudenberge 首次提出职业倦怠

(burnout)这一术语,专指助人行业中的个体在面对过度工作需求时,所产生的身体和情绪的极度疲劳状态。他和 Maslach 成为这方面研究的开创者。他们指出,职业倦怠现象不是少数异常者的反应,而是助人行业中一种相当普遍的现象。此后,有关职业倦怠的研究逐渐成为国际社会关注的热点。职业倦怠通常被视作一种极端的压力症状,绝大部分研究者普遍地将职业倦怠视为一种综合征候群,1981 年 Maslach 等人确定了这一综合征候群所包含的三个维度:(1)情感衰竭(emotional exhaustion)。指没有活力,没有工作热情,感到自己的感情处于极度疲劳状态,它被视为职业倦怠的核心维度,是最明显的症状表现。(2)去人格化(depersonalization or dehumanization)。以一种消极、否定、麻木不仁的态度对待自己的同事或来访者,刻意在自身和工作对象间保持距离,出现社会失调行为尤其是对工作对象的疏离,对工作对象和环境采用冷漠、忽视的态度。(3)无力感或低个人成就感(inefficiency & reduced personal accomplishment)。指个体倾向于消极地评价自己,消极评价自己工作的意义与价值,并且由于工作能力体验和成就体验的下降,产生心理损害特别是指向自我的强烈的消极情绪。

(二)职业倦怠的成因与症状

职业倦怠的症状和原因与其产生的特定环境是相互关联的,不同个体的职业倦怠症状和原因是不相同的,如果不能正确处理和对待这些原因和症状,它们就会相互牵制,彼此助长,形成一种恶性循环。

1. 心理原因与症状。职业倦怠使个体感到压抑、愤怒和沮丧,出现认知、驱力障碍以及注意力涣散和心神不宁。这些症状所导致的低个人成就感又反过来加剧其他症状。许多关于工作压力的研究指出,个体的人格因素在预防职业倦怠的发展方面起着至关重要的作用,那些耐压能力强、自信的人往往不易出现倦怠感。研究者表明常见的心理原因主要有以下两种:

(1)情感冲突。持这种观点的研究者都强调职业倦怠是由于个体因无法获得预期的重要目标而产生的情感冲突所致,是工作强度过高并且无视自己的个人需要所引起的疲惫不堪的状态，是"过分努力去达到一些个人或社会的不切实际的期望"的结果。这种意义感的丧失可发生在各种职业行为中。

（2）情感损耗。许多的研究者强调在需要长期付出情感的任务中，由于情感的损耗而导致了职业倦怠。Maslach（1976）在其首篇关于职业倦怠的文章中谈到，在长期的情感压力下，助人职业者会产生职业倦怠感，他们对服务对象丧失所有的情感和关注，并逐渐疏远服务对象，甚至会以一种非人性的方式来对待他们。

2. 生理原因与症状。非确定性的生理紧张症状、由心理压力引起的疾病以及由社会压力引起的反应等实际上是机体处于压力状态下发出的不祥信号，如果不能得到缓解，个体的生理和心理就有可能衰竭。

3. 行为原因与症状。一般地讲，当个体感觉到紧张或压力时，往往会出现一些伴随行为。处于职业倦怠中的个体往往倾向于将自己从工作环境中隔离开来，不愿加入到组织中，他们的生产效率降低，缺勤率升高。

4. 社会原因与症状。职业倦怠的社会症状表现主要体现在工作环境中。倦怠的个体倾向于将自己与同事隔离出来，包括心理上的疏远与隔离。社会支持是预防职业倦怠的必要因素。持有社会历史观点的学者萨若森认为"倦怠不仅是个人的特征，也是社会面貌在个体心理特征上的一种反映"。也就是说，当社会条件不能提供一个有助于与人联系的情境时，要保持服务工作的投入是很困难的。这样一来，个体因缺少社会支持而导致疏离，疏离又使个体陷入更深的社会孤立中，如此相互促进，最终发展成为职业倦怠。

5. 组织原因与症状。职业倦怠的产生还有组织方面的多种原因，其中包括工作负荷过高，缺乏自主性和权威性，报酬低以及个人价值和组织价值间矛盾的增大等。一些学者认为导致倦怠的原因主要是工作者的付出和所得不一致。这种不一致可以分为两类：一类是个体处于过多刺激的情境（如教师授课学生过多）；另一类是个体面对有限的刺激情境缺少挑战（如教师多年教同一班或同一门学科）。事实上，职业倦怠在年轻的、受过良好教育的、富有雄心抱负的人身上更容易出现,因此很多人认为期望和现实间的不和谐是职业倦怠产生的一个主要原因。

另外,角色冲突和角色模糊、领导者风格,以及其他导致工作压力的因素如缺乏反馈和决策权等都与职业倦怠的产生有关。在某一组织中,如果职业倦怠个体过多,就会降低组织的工作士气,使组织付出极大代价。大量研究表明,职业倦怠不仅会给个体带来消极影响,如使个体感到压抑与疲劳、挫折与失败,丧失工作动机,而且也会对组织产生负面影响(比如低出勤率,过于频繁的人员更迭以及生产率降低)。如 Schaufeli 等人(1993,1996)认为职业倦怠是一系列消极的心理体验,产生于人际关系和组织水平上的社会交换中互惠关系的丧失。他们用亚当斯的社会公平理论来理解职业倦怠,当个体觉得自己在社会交往中处于不平等地位,即他们对工作的付出和他们从服务对象与组织处所获得的回报不相匹配时,职业倦怠感就会产生。Leiter (1992)则认为职业倦怠是个体的自我效能感出现危机所致。

### (三)教师职业倦怠

在注重教师心理健康的今天,教师心理健康是教师心理素质的一个重要反映,职业倦怠是教师心理不健康的主要表现之一。教师职业倦怠的结果,无论对于个人还是对于他们的工作都有消极的影响。体验倦怠的教师很可能个人生活质量下降,经常旷工,工作不求进取,耗费大量时间寻求新工作。在健康方面,倦怠的教师也有许多表现,如身体不适、失眠等。教师职业倦怠的存在极大地影响了我国教育教学质量,教师身心健康受到严重损害,作为教师工作的直接对象,学生首当其冲地成为教师职业倦怠的受害者。因此,无论从关心教师和学生的角度出发,还是从重视中国教育事业发展的角度出发,学校心理学家都应该积极地关注这一现象。

教师职业倦怠是教师不能顺利应对工作压力的一种极端反应,是教师伴随于长期高水平的压力体验下而产生的情感、态度和行为的消极状态。其典型症状是工作满意度低、工作热情和兴趣的丧失及情感的冷漠。职业倦怠研究的开创者之一,美国的玛勒诗在教师职业倦研究领域作出了重要贡献。1986年她和合作者提出了教师职业倦怠的三个维度：情绪衰竭、去人格化和低个人成就感。法泊认为，三个维度并非同时出现，而是一段时期内低强度的递进反应过程：最先开始于个人的低成就感，然后是去人格化和情绪衰竭。但另有研究者（Schwab & Iwaniki，1982）认为，当教师感觉到倦怠时，他们最先表现的是情绪的极度疲劳，紧接着是去人格化特征，即消极地对待他人，最后才是低成就感。情绪衰竭是教师职业倦怠最为突出的特征。多项研究发现，男教师出现职业倦怠的几率高于女教师，40岁以下的教师比年长教师更易产生职业倦怠感，高年级教师、担任大班级教学任务的教师、学生数量过多的教师更容易感受到过高的工作压力，从而导致职业倦怠。从性别对职业倦怠三个维度的影响看，中小学男教师的去人格化得分明显高于女教师。

法泊提出了不同教师表现出的三种职业倦怠类型：

1. 筋疲力尽型

这类教师对压力的反应不是更加努力，而是不再努力。在高压力下表现为放弃努力，以减少对工作的投入来求得心理平衡。他们认为不管自己工作得多么努力，结果都同样令人失望，因而不再相信自己的行为能有助于目标的实现，有类似于"习得性无助"的心理。这类教师的职业倦怠一旦出现，要想改变非常困难，因为这些症状会在工作中得到进一步自我强化。

2. 狂热型

这类教师面对困境和预期的失败，尝试作任何可能的努力。他们有着极强的成功信念，能狂热地投入工作，但理想与现实间的巨大反差，使他们的这种热情通常难以坚持长久。部分狂热型教师具有自恋的特质，他们在产生职业倦怠前，通常都对学生表现很好，但与同事间的关系很差。他们自认为是无私奉献者，指责那些"不愿"全身心奉献的同事。

3. 低挑战型

这样的教师既不是对工作量过多感到不满，也不是对工作中的困难不满，而是对每天和每年所面对的单调、缺乏激情的工作感到厌倦。

对这类教师而言,课堂教学本身缺乏刺激,尤其是心理上难以从教学中获得满足,他们觉得以自己的能力来做当前的工作是大材小用,由此感到自尊受到较大伤害,因而厌倦工作,对工作敷衍塞责,并考虑转行。

许多教师会处在上述几种类型之间。

### (四)教师职业倦怠的成因与症状

如果以学校组织和教师的交互的视角来看学校,有两股力量影响着教育工作:一种是教师职工自身,包括年龄、性别、种族、能力、知识、技术、兴趣、人格等;一种是学校组织,包括学校先有的一些因素(比如所在地、规模、拥有的技术等)、特殊的工作要求、对教师角色的期望、形成的规范以及校园文化等。教师在这两个层面的互动中表现出不同的反应。学校心理学家的工作包括对这些反应进行研究,梳理教师职业倦怠的成因,辨识不良的和有益的个人反应,促使学校组织和教师得到更有效的谐合,从而达到共同的发展。

1. 工作压力

倦怠和压力有很多的联系。工作压力是教师对工作中压力事件产生的一种即时反应,是在承受某种要求(包括来自生理、心理以及社会等方面的)时的心理生理状态。压力可能来自物理环境(比如温度、噪音等)、个人层面(比如工作负担、角色冲突、人际关系、凝聚力等问题)以及组织(比如宗教信仰、文化冲突等)等方面。个人感受到的压力也同时包括一些社会经济方面的因素,比如谋生、家庭关系、子女抚养等等。

教师职业倦怠是教师在职业社会化过程中,由于处在长期工作压力状况下而导致的持续增加的情绪衰竭、非人性化和低成就感的并发症。Rudow(1990,1995)在行为—反应理论的基础上勾画出了教师的工作压力和职业倦怠的关系模式图,将所有影响教育工作的因素都称为工作负荷。工作负荷会给教师带来压力感和焦虑体验,但未必会引起教师倦怠,只有当教师在长期承受压力的情况下,加上工作引起的过度疲劳,才会导致职业倦怠的出现,由此影响身心健康和人格发展,反过来又进一步影响教学行为。这种循环使教师的职业倦怠加剧。

2．人格特质

职业倦怠源可以是个体、组织和社会的因素,当这些因素结合起来在教师身上产生了一种不一致的知觉时,职业倦怠就可能产生。其中个人因素特别是人格特征和背景因素等起着重要的影响作用。有足够证据表明人格因素可以解释为什么在同一工作环境中,管理相同、教育和经验背景相同的个体对相同的压力源通常有不同的反应(Cichon&Koff,1980；Farber,1991)。一般而言,一个人对压力的反应是他所面临的压力和人格特征相互作用的结果。许多研究表明,某些人所具有的人格特征容易受到倦怠伤害。比如不现实的理想和期望、较低的自我价值与判断、自信心低、对自己缺乏准确认识和客观评价等。教师通常具有利他精神,能真诚地关注他人,富于理想主义。他们自尊很强,往往将目标设置得过高或不现实,可能导致目标的丧失而陷入倦怠。

以往的实证研究多集中在探讨A型人格、自尊、控制点与职业倦怠的关系上。

（1）A型行为和教师职业倦怠。A型人格的个体性情急躁、情绪不稳、争强好胜、做事效率较高、生活常处于紧张状态、办事匆忙、缺乏耐性、社会适应性差、常有时间紧迫感,属于不安定型人格[①]。A型人格者总是试图掌握对周围环境的支配权,当其觉得自己的努力没有获得成功或由于外界干扰而不得不作出妥协让步时,会很生气并感受到压力而出现倦怠。另一方面,有研究发现具有明显A型行为的教师比其他教师较易罹患神经症和由压力引起的身体疾病。

（2）自尊和教师职业倦怠。林崇德（1995）认为自尊是自我意识中的具有评价意义的成分,是与自尊需要相联系的对自我的态度体验；自尊在自我认知的基础上产生,有情绪成分,涵盖自我体验；自尊既有自我评价成分也有自我接纳成分,自我评价来源于自我认知、自我接纳,是情绪体验后的反映。自我评价是自我接纳的前提,自我接纳

---

[①] 彭聃龄主编.普通心理学.北京：北京师范大学出版社,2003.434.

是自我评价的结果,但又对其有反作用,影响自我评价的积极性;二者不同步但又密切联系。低自尊者在人际关系上发展不良,常在人际交往中体验无能感,面对各种压力源时,他们很少能借助其他资源来克服这些不良感觉,而且低自尊者对外在评价极为依赖,在情感上对变化的环境尤为敏感,容易产生倦怠。低自尊者更易感受到压力并产生职业倦怠,而高自尊者则较少受到工作压力及其影响因素的左右。还有研究认为自尊与倦怠的三个维度之间都存在着相关。自尊与倦怠间可能存在着交互性的影响,自尊作为一种人格特质直接影响倦怠或作为一种中介因素在工作特征和倦怠间起作用,职业倦怠的体验会导致自尊的降低。

(3)控制点和教师职业倦怠。控制点指一个人在与环境的相互作用中认识到的控制自己生活的心理力量,即个人对自己的行为方式和行为责任的认识和定向。研究者将控制点分为外部控制和内部控制两种类型。外部控制类型的个体惯常地认为自己的行为结果是受外部力量控制的。这种外部力量可以是运气、机会、命运、权威人士的摆布,以及周围其他的复杂而无法预料的力量等等。具有外部控制特征的教师可能会缺乏自我信念。具有内部控制特征的人,有强烈的自我信念,认为自己所从事活动的结果是由自身所具有的内部因素决定的;控制自己前途、成功和失败的原因是自己的能力、技能和作出的努力程度,而不是自身外部的力量。与内部控制高的人相比,外部控制高的人不仅缺乏自信心,而且焦虑多疑、独断,更多攻击性,社会性交往的需要少。外控型教师认为个人命运是由外在事件控制,那些以紧张和焦虑为特征的教师易产生职业倦怠。相反,性格坚强的教师认为自己有能力处理和缓解压力而不易倦怠。

### (五)教师职业倦怠的辅导干预

学校心理学家具有辅导咨询的知识背景,理应承担教师职业倦怠辅导干预的工作。对这些干预训练的有效性检验表明,通过应对技巧的使用,如放松技巧、认知重建和社交技巧,职业倦怠的核心——情感衰竭能得以有效控制。

### 1. 针对个体的辅导干预

对课堂教学期望值过高、低自信、外控、A 型性格等因素都会影响教师职业倦怠的产生和发展。学校心理学家可以使用放松训练、时间管理、社交训练、压力管理以及态度改变等辅导方式进行干预。

研究者提出了一系列针对个体的应对职业倦怠的方法：(1) 对从事的工作任务进行优先顺序的排列；(2) 通过将注意转移到其他事物获得情绪的舒解；(3) 和家人探讨压力和倦怠的问题，寻求正向的工作反馈；(4) 使用休假等方法分散注意力，在恢复后朝向新的目标继续前进；(5) 尝试容忍所处的环境，接受来自各个方面的压力。

作为学校心理学家，要善于运用各种个别心理辅导干预的技术。这里介绍基于发展性观点的焦点解决短期辅导模式。这种模式主要是帮助教师想象他们的生活将会发生什么样的改变，以及如何促成这些改变的发生。这种模式有以下假设：将问题的焦点集中在正向的、已有的、成功的解决问题的方法上，并努力迁移到未来类似的情境；将存在于教师身上的"例外"的情形作为问题解决的突破点；没有什么事情是一成不变的；小的变化会造成系统上的大的变化；彼此的合作关系是问题解决的关键；每个教师自己就具有解决问题的能力；对事情的理解是个体经验和环境共同建构的；教师看待问题的观点和想法很重要；教师自己将是这个问题的核心人物，要自己设定自己的目标和解决途径。

### 2. 针对团体的辅导干预

虽然针对个体的辅导干预对教师职业倦怠有一定的影响，但其影响力远不能和社会文化等环境因素（工作特征、工作环境、职业特征、组织特征）相比。从组织心理学意义上说，职业倦怠更属于一个社会现象，而非个体现象。因此，即使个体可以学会一些应对策略，却可能难以把其运用于工作场所中，因为工作中的许多因素是不由个体控制的，而这些因素正是引起职业倦怠的根本原因。

团体辅导是在团体情境中进行的一种心理健康教育方式，它通过团体内的人际交互作用，促使个体在交往中借助于观察、学习、体验，进而认识自我、探讨自我、接纳自我，改善与他人的关系，学习新的态度与行为方式。在个别面谈的教师辅导干预方式无法满足学校需要的情况下，学校心理学家可以考虑采用团体辅导，扩大辅导面，树立教师的信任感和归属感。

针对教师职业倦怠进行的团体辅导属于一种团体训练。利用团体辅导的形式进行职业倦怠干预可以节省资源，能够接受更多的信息来源和多元的观点，有利于在教师间的互动中增进对自己和他人的了解，产生共同的感受和体验，有机会接受更多的反馈。

学校心理学家在开展教师团体辅导时的主要任务是达成目标和维持团体。达成目标的任务主要有：（1）采取行动；（2）促使教师将注意力集中在目标上；（3）阐明问题所在；（4）评定已做的工作。维持教师团体的任务主要有：（1）保持良好的人际关系；（2）调停纠纷；（3）鼓励教师团体成员；（4）给少数人发言的机会；（5）促进自主性；（6）提高教师成员间的相互依赖性[1]。

3. 针对组织的辅导干预

一些研究者通过对教师工作本身的特点、教育职业的特点以及学校组织的特点进行研究，提出了聚焦于组织的教师职业倦怠的辅导干预措施。就教育教学工作本身而言，"教师职业倦怠是对教学工作负荷过重的反映"[2]这一观点已经得到绝大多数研究者的一致认同。体验到教学工作过量以及完成工作的时间不足与教师职业倦怠有很高的相关，尤其是情感衰竭维度。角色冲突、角色模糊与职业倦怠具有中等到较强的正相关。最初有关职业倦怠的研究都集中于社会服务行业，因为这些行业的从业人员更多也更容易出现职业倦怠。尔后的调查发现，许多国家的相同行业人员存在相似的职业倦怠水平。这说明教师职业倦怠更多的与教育这个职业的特点有关。就学校组织特点而言，以前的研究侧重于直接的工作情境，如在教室和学生打交道。现在则更多的强调组织和管理层面，如组织结构和流程。

Maslach 和 Leiter（1997）提出了职业倦怠的工作匹配理论，他们

---

[1] 刘宣文.学校发展性辅导.北京：人民教育出版社,2004.202
[2] 郭思，钟建安.职业倦怠的干预研究述评.心理科学.2004，27（4）：930－933

认为员工与工作的几个方面越不匹配，就越容易出现职业倦怠。工作匹配的六个方面分别是：工作负荷、控制、报酬、社交、公平和价值。工作不匹配理论提倡对职业倦怠的干预训练项目应该放在对工作不匹配的转变上，改变这六个工作不匹配中的一个或多个。只有教职员工个体和学校组织干预双管齐下，才可能收到满意的效果。

学校组织干预虽然需要组织成员间的合作以及大量的时间、经费和努力，但一些研究都取得了积极、有效的成果。Van Dierendonck 等（1998）在公平感方面作了研究。和对照组相比较，实验组报告在随后的六个月和一年中情感衰竭有显著降低。该变化还伴有感知到的公平感的上升。N.W.V.Yperen（1998）有关对公平感的培训研究也证实了在组织中受到不公平待遇会增加耗竭的发生。而信息支持会对公平感的感知起到提升或降低的作用。因此他建议组织对员工提供必要的信息，但更重要的是通过对员工的技能培训、模仿学习、认知预演、生理和情绪的唤起等提高自我效能的培训来降低耗竭的产生。

职业倦怠多发生在那些要求很高（时间紧迫、认知复杂、工作紧张），但控制力却很弱，并且缺乏社会支持的行业。一些研究者在控制感上作了一些研究。Rijk 等（1998）发现，工作上的控制感和积极的应对方式都会对情感衰竭起到缓冲影响，并且应对方式是控制感和职业倦怠的一个中介变量。对积极应对者提供工作中的高控制感可以削弱由于工作压力导致的情感衰竭。因此 de Jonge 在对职业倦怠的干预方面建议说，提供与个体相匹配的工作上的控制是一个好的干预方法。具有很高的积极应对的员工应该被给予更多的控制感，因为他们会感到更多的环境上的限制和自己解决问题的方式的不匹配。而积极应对得分低的员工应该被给予特定的训练，帮助他们在压力和职业倦怠间更多地使用积极应对这个缓冲器。这也表明，个体因素也是使用组织干预时要考虑的一个重要方面。

Elloy, Terpening 和 Kohls（2001）用"自我管理团队"来对职业倦怠进行干预。自我管理团队能激发员工的参与性和工作投入，是力图在员工需要和组织需要间达到匹配的一种方法。把工作匹配理论的六个方面综合起来考虑，把不匹配的反面——员工的高满意感和高工作投入来进行。研究发现，自我管理团队的确可以避免很多职业倦怠发生的因素，如角色模糊、角色冲突、缺少参与、缺少上司的信任和支持、缺少同事的支持、缺少工作能力。

虽然对教师职业倦怠的有效干预还没有明确的答案，学校心理学家可以根据已有的研究和经验提出一些建议。指向个体的干预强调：(1) 认知的改变。要求教师清楚自己的能力和机会，不会因为不恰当的期望和失败产生职业倦怠。(2) 对问题采用更积极的应对手段，而不是逃避。(3) 归因训练。使个体成为更加内控的人，把原因归结为个体可以控制的因素，如能力和努力。(4) 更积极地表达自己的意见，尽最大可能改变环境。(5) 合理的饮食和锻炼。指向组织的干预强调：(1) 明确学校组织的任务分配；(2) 阐明教师角色和责任；(3) 提供建设性的反馈；(4) 更多地接纳教师对组织流程和发展的意见；(5) 教学工作成绩评定时，教师的优点、贡献、失误、缺点都要放在重要位置；(6) 提供与教学工作相关的训练和信息。

## 三、维护和促进教师心理健康

要提高教师的心理健康水平，就要在宏观的社会体制层面上对教师的工作提供支持和保障，在社区、学校和个人层面上综合各种措施减轻教师的心理压力，提高其应对能力。学校心理学家主要是为学校的计划作出评估，协调教师个体与组织之间，教师之间、教师与学生之间、教师自己的关系[①]。

### （一）社会体制层面

学校心理学家在该层面的工作主要是通过促成各种政策的制定，来提高教师的社会地位、促进教师群体职业化的进程，形成尊师重教的社会风气。如影响政府加大执法力度，维护教师的合法权益，增加

---

[①] 俞国良，曾盼盼.论教师心理健康及其促进.北京师范大学学报（人文社会科学版），2001年第1期（总第163期）.25

教育投入，改善教师的工资收入、住房、医疗等物质待遇；深化教育改革，减轻教师的升学压力和心理负荷，减少教师为追求升学率而作出的许多违背教育教学规律的行为；同时促进教师群体职业化，在教师的筛选、培训和资格认定方面形成一整套的标准。还可以建议政府部门有组织、有计划地通过各种传媒，宣传教师在社会主义现代化建设中的巨大作用，推动尊师重教的社会风气形成。全社会都要关心、支持、配合教师的工作，提高教师的工作积极性，减少并消除教师的消极心理。

（二）社区层面

学校心理学家在该层面主要从社会支持系统入手提高教师的心理健康水平。社会支持系统是个体应对压力的重要外部资源，系统中的个体能进行各种信息的交流，这些交流使个体相信自己是被关心的、被爱的、被尊重的、有价值的，归属于一个互惠的、能互相交流的社会网络。社会支持系统对心理健康间接或直接的促进作用早已被各类研究证明。教师是一个相对封闭、缺少社会支持的群体，因此，在学校内部乃至整个社区、学区内形成教师社会支持系统，能有效地维护和促进教师的心理健康。有研究发现，来自同事的信息支持（如提供某些必要的知识）、实践支持（如帮助完成工作任务）以及情感支持能增强教师对工作情境的控制感，从而降低压力水平和人格解体水平，提高个人成就感和工作表现。几个学校或整个学区可以组织一个服务于该学区教师的机构，其主要目的是为教师提供一个可以与同行讨论种种教学问题，获得新的教学技巧和心理支持的场所。虽然这些教师中心的确切内涵随场所的不同而各异，但它们都有激发创造、催人上进的功能。在那里，教师与教师之间可进行丰富的信息交流和思想交流。这里特别需要指出的是，国外许多研究发现，学校领导的帮助与支持是教师社会支持系统中很重要的成分。学校管理者尤其是校长的支持与关心能有效地减轻教师的心理压力，减少心理问题的发生（Calabrese，1987；Gillet，1987；Reed，1979；Schlansker，1987）。

## (三) 学校层面

教师心理问题的成因很复杂，但问题的直接原因往往是学校情境和教学活动。因此，社会层面的改革和支持只是为促进教师心理健康提供了必要的前提，要切实而有效地帮助教师提高心理健康水平，还必须从学校和个人层面入手。学校层面的措施强调工作环境的结构性改变。如降低学生和教师数的比率，缩短工作时间，提高行政管理人员对教师的压力源及其他问题的敏感性，提高群体支持，给予教师更多的工作灵活度和自主权，提供更多职前和职中训练等。值得注意的是，要从根本上减少教师的心理压力源，必须调整学校系统运行过程中最本质的成分，亦即把教师的需要和学生的需要放到同等重要的位置上，形成两者的双主体地位。达到这一目标的具体的措施主要有：(1)增加教师和学生交流的机会，使教师得到更多直接来自教学过程的内在奖励；(2)给予教师更多自主权；(3)学校的组织管理要做到使教师有获得社会支持的心理感受。

## (四) 个体层面

学校心理学家促进教师心理健康的主要措施是提高教师的压力应对技术：(1)放松训练是降低教师心理压力的最常用的方法。这种方法既是一种心理治疗技术，也包括通过各种身体的锻炼、户外活动、培养业余爱好等来舒缓紧张的身心状态。(2)时间管理技巧可使生活、工作更有效率，避免过度负荷。具体包括对时间进行组织和预算、将目标按优先次序进行区分、限定目标、建立一个现实可行的时间表、每天留出一定的时间给自己等。(3)认知重建策略包括将自己对压力源的认识和态度作出心理调整。如学会避免某些自挫性的认知（如"我必须公平地爱每个学生并且使每个学生都成功"），经常进行自我表扬（如"至少部分学生学到了很多东西"），学会制定现实可行的、具有灵活性的课堂目标并为取得的部分成功表扬自己。(4)通过对教学经验的反思，教师可以提高教学能力，调整自己的情绪和教学行为，从而促进自身的心理健康。这里的反思不仅仅指简单的反省，还指一种思考教育问题的方式，要求教师作出理性选择，并对这些选择承担责任。反思的倾向是心理健康水平较高的专家型教师的核心。具体地说，反思训练包括：每天记录自己在教学工作中获得的经验、心得，并与指导教师共同分析；与专家型教师相互观摩彼此的课，随后与对方交换看法；对课堂上遇到的问题进行调查研究等。

# 参考文献

1. Cecil R. Reynolds, Terry B. Gutkin, 3$^{rd}$ ed. The hand book of school psychology. New York: John Wiley & Sons,1999: 315～354
2. Christopher S. M. & Gordon, E. G. Cognitive Behavior Modification: Use of Self-Instruction Strategies by First Graders on Academic Tasks, Journal of Educational Research.1990, Vol. 83 Issue 3
3. Duran, M & Simon, M A. Cognitive-Behavioral Therapy of Obsessive-Compulsive Disorder in Oral Lichen Planus: a Case Study. Scandinavian Journal of Behavior Therapy. 1999, Vol. 28 Issue 4, p143
4. Etscheidt, S. Reducing aggressive behavior and increasing self-control: A cognitive-behavioral training program for behaviorally disordered adolescents. Behavioral Disorders, 1991(16): 107~115
5. Howard. Gardner (1993).Multiple Intelligences: The theory in Practice, New York, BosicBooks, A Division of Harper Collins Publishers. Inc
6. Jack Snowman, Robert Biehler (2000). Psychology Applied to Teaching.356
7. John Winslade Gerald Monk. Narrative Counseling in School. Corwin Press. 1999
8. M. Donald. Changing conceptions of cognitive behavior modification: Retrospect and prospect. Journal of Consulting & Clinical Psychology. 1993, 61(2):202
9. Mahoney, M. J. Cognitive *and* behavior modification.

Cambridge, MA: Ballinger.1974

10. Meichenbaum, D. H. Cognitive-behavior modification: An integrative approach. New York: Plenum Press.1977

11. Paul Eggen, Don Kauchak (1999). Educational Psychology: windows on classroom.272

12. Sharon.L F. The Cognitive-Behavioral Treatment of Social Phobia. Clinical Case Studies. 2004, Vol. 3 Issue 2: 124

13. Wald. J. Taylor. S & Scamvougeras, A. Cognitive behavioral and neuropsychiatry treatment of post-traumatic conversion disorder: a case study. Cognitive Behavior Therapy.2004, Vol. 33 Issue 1: 12, 9p

14. Raymond，G. M（石林等译）.行为矫正原理与方法.北京：中国轻工业出版社，2004

15. Thomas Armstrong（张咏梅，王振强等译）.课堂教学中的多元智能.北京：中国轻工业出版社，2003

16. 蔡军，肖水源，周萍.死亡概念的发展和儿童与少年的自杀意念.国外医学精神病学分册，2003，30（1）：31～34

17. 岑国桢，李正云编著，《学校心理干预的技术与运用》，广西教育出版社，1999

18. 岑国桢.行为矫正.上海：华东理工大学出版社，1996

19. 陈富国.青少年自杀因素分析及预防和控制.西南民族学院学报（哲学社会科学版），2002，23：148～149

20. 陈琦，刘儒德主编.当代教育心理学.北京：北京师范大学出版社，1997

21. 陈向明.质的研究方法与社会科学研究.北京：教育科学出版社，2000

22. 陈仲庚主编.心理治疗与咨询.沈阳：辽宁人民出版社，1989

23. 程灶火，龚耀先.学习障碍儿童记忆的比较研究Ⅰ.学习障碍儿童的短时记忆和工作记忆.中国临床心理学杂志，1998，6（3）：129-135

24. 崔树伟，何凤生，费立鹏.自杀危险因素及预防研究的现状

与趋势. 中国公共卫生, 2003, 19 (1): 105-107

25. 丁秀峰主编. 心理测量学. 开封: 河南大学出版社, 2001

26. 杜威著. 王承绪译. 民主主义与教育. 北京: 人民教育出版社, 1990

27. 樊富珉. 团体咨询的理论与实践. 北京: 清华大学出版社, 1996.

28. 范翠英. 关于儿童社会技能的模型研究及其启示. 西南师范大学学报（人文社会科学版）, 2004, 30 (4): 54～59

29. 傅根跃, 陈伟伟. 画人智力测验评分项目的再确定. 应用心理学, 1998, 4 (2): 9～14

30. 高明书著. 教师心理学. 北京: 人民教育出版社, 1999

31. 关树文, 诺敏. 试论青少年的自杀及其预防. 内蒙古师范大学学报（哲学社会科学版）, 2004, 33 (2): 19～23

32. 郭延庆. 儿童多动与学习障碍. 中国医刊, 2000, 35 (10): 18-19

33. 何克, 刘丽君. 自恋型人格障碍的表现、形成和防治. 贵州师范大学学报（自然科学版）, 2000, 18 (2): 47～51

34. 何克, 刘丽君. 依赖型人格障碍的表现、形成和治疗. 贵州师范大学学报（自然科学版）, 2001, 19 (1): 78～82

35. 胡爱本编著. 新编组织行为学教程. 上海: 复旦大学出版社, 1996

36. 胡苏平. 行为问题儿童的心理教育与治疗. 江西社会科学, 1997, (12): 46～48

37. 黄希庭, 郑涌. 大学生心理健康与咨询. 北京: 高等教育出版社, 2000

38. 江光荣著. 心理咨询与治疗. 安徽人民出版社, 1995

39. 蒋晓东. 论教师心理偏差及其对学生心理健康的影响. 四川教育学院学报. 1995 (01): 19~22

40. 金树人, 王淑敏, 方紫薇, 林蔚芳. 国民中学生涯辅导计划规划之研究. 教育心理学报（台湾）. 1992 (25): 125～200

41．金树人．高中学生生涯适应与生涯辅导．21世纪的高级中等教育．1992：403～431

42．金树人．生涯咨商与辅导．台湾：台湾东华书局股份有限公司，2002

43．金瑜主编．心理测量．上海：华东师范大学出版社，2001

44．瞿葆奎．教育学文集（组织）M]北京：人民教育出版社，1989

45．克雷奇等著，周先庚等译．心理学纲要．文化教育出版社，1981

46．雷雳．学习不良学生的社会技能训练．首都师范大学学报（社会科学版），1999，（4）：107～110

47．李红梅．青少年自杀行为的家庭危险因素及其预防．西南师范大学学报（人文社会科学版），2000，26（4）：93～96

48．李明山，马俊东．教师人格对学生心理健康状况的影响．河北师范大学学报（教育科学版）．1998（03）：61~62

49．李群英．当今智力测验面临的问题与争论．山东师范大学学报（人文社会科学版），2003：129～130

50．李伟健．学习困难学生阅读元认知实验研究．杭州：杭州出版社，2004

51．李姿容．我的未来不是梦——谈儿童生涯辅导专案．教育资料与研究（台湾）．1993（58）：85～90．

52．林崇德，辛涛，邹泓．学校心理学．北京：人民教育出版社，2000

53．林崇德，魏运华．试论学校心理学的未来趋势．教育研究，2001（7）：31

54．林崇德主编．发展心理学．北京：人民教育出版社，1995．

55．林菁．青春期自卑感的产生、危害及克服．福州师专学报（社会科学版），2000，20（5）：65～66

56．林清文．生涯发展与规划手册．2003年第1版．广东：世界图书出版公司：99～105．

57．刘芳．抑郁大学生的心理特点及治疗．健康心理学，1997，

5（3）：141～143

58. 刘贤臣，郭传琴，翟静，刘同洲等．儿童行为问题及其防治对策——3927名儿童行为问题调查分析．山东医科大学学报（社会科学版），1998（1）：45～47

59. 刘翔平．从差异取向的评估到认知－干预取向的评估——学习障碍评估模式的新趋势．中国特殊教育，2003，41（5）：69-74

60. 刘翔平．学校心理学——学生心理教育评估与干预．北京：世界图书出版公司，1996

61. 刘翔平．中小学生心理障碍的评估与矫正．南京．江苏教育出版社，1999

62. 刘宣文．心理辅导活动课的设计与评价．教育研究，2002，（5）：58～64．

63. 吕静主编．儿童行为矫正手册．杭州．浙江教育出版社，1992

64. 伦恩伯格（F. C., LunenburgFred C.），奥斯坦（A. C., OrnsteinAllan C.）著．孙志军译．教育管理学：理论与实践．北京：中国轻工业出版社，2003．

65. 骆伯巍，高亚兵．当代中小学生心理健康状况的研究．教育理论与实践．1999（2）：41~46

66. 毛新勇．理解建构主义教学——"小学数学减法教学"的案例分析．全球教育展望，2001，（2）：33～37

67. 孟庆恩．大学生自杀问题与危机干预的研究．健康心理学杂志，2001，9（6）：430～433

68. 孟昭兰主编．普通心理学．北京：北京大学出版社，1994

69. 彭慧玲，侍筱凤．生涯辅导教育——实务教战手册．台湾：五南图书出版股份有限公司，28～47．

70. 钱铭怡．心理咨询与心理治疗．北京：北京大学出版社，1994

71. 秦启文，黄希庭．社会技能构成因素及其意义．心理学探新，2001，21（1）：54～57

72. 秦启文．试论社会技能的价值与结构．西南师范大学学报（人文社会科学版），2002，28（3）：44～47

73. 曲成毅，孙喜斌，张佩瑛．希—内学习能力测验（H-NTLA）中国聋人常模．中国临床心理学杂志，1996，4（4）：202

74. 全国十二所重点师范大学联合编写．心理学基础．北京：教育科学出版社，2002

75. 全国协作研究组．AAMD 适应行为量表在我国的应用．中国心理卫生杂志，2000，14（3）：157

76. 森永良子．儿童学习障碍现状及其治疗教育．中国心理卫生杂志，1998，12（2）：91～93

77. 沈之菲．生涯心理辅导．上海：上海教育出版社，2000

78. 宋兵波．从多元智能理论看素质教育．基础教育研究．2001（12）

79. 宋尚桂．学习障碍学生归因训练研究综述．中国特殊教育，2002，35（3）：75～78

80. 孙健敏．美国学校心理学的发展、现状和未来．心理学动态，1994

81. 孙俊三．从经验的积累到生命的体验——论组织过程审美模式的构建．教育研究，2001，(2)：34～38．

82. 邰鹭明．论青少年抑郁症的预防与矫正．漳州师范学院学报（哲学社会科学版），2001，40（3）：107～110

83. 汤宜朗、许又新编著．心理咨询概论．贵阳：贵州教育出版社，1999

84. 佟月华，宋尚桂．学习障碍学生学习策略干预研究述评．中国特殊教育，2004，44（2）：26～30

85. 佟月华．国外儿童社会技能研究的新进展．济南大学学报，2003，13（6）：77～79

86. 佟月华．学习障碍学生社会技能迁移及其干预．中国特殊教育，2001，31（3）：35～39

87. 佟月华．学习障碍学生社会技能训练的内容与方法．中国特殊教育，2003，38（2）：90～93

88. 汪向东，王希林，马弘．心理卫生评定量表（增订版）．北

京：中国心理卫生杂志社，1999

89. 王纯，张宁．抑郁的归因理论与归因训练．中国心理卫生杂志，2004，18（6）：423～425

90. 王辉．试论行为矫正在学习障碍儿童教育训练中的角色演变．中国特殊教育，2001，32（4）：22～25

91. 王穗苹，莫雷，张卫．当代智力测验的进展及特点．华南师范大学学报（社会科学版），1999：69～72

92. 王瑜，王玉玮，王贵菊，张伟．家庭环境与学习障碍儿童行为、自我意识、个性的相关性．中国心理卫生杂志，2003，17（7）：441～444

93. 王玉凤等．学龄儿童行为问题综合研究——流行病学调查报告．中国心理卫生杂志，1989，3（3）：104

94. 王重鸣．心理学研究方法．北京：人民教育出版社，1990

95. 韦小满．适应性行为的概念及其测量．中国特殊教育，1995，（1）：15～18

96. 魏源．学习障碍筛查量表的区域性应用性研究．中国特殊教育，2004，45（3）：79～82

97. 吴丞红．非弱智学习困难儿童 VIQ 内部结构的研究．心理科学．1998，21（2）183~184

98. 吴汉荣．儿童学习障碍的预防及矫治．中国学校卫生，2003，24（5）：425～427

99. 吴丽娟．让我们更快乐：理性情绪教育课程．台湾心理出版社

100. 吴樱菁．合理情绪教育对国小高年级学生之应用效果．国立台湾教育学院，1987

101. 吴运友，徐佩政，陶长英．中学生情绪障碍及其调适．吉林教育科学·普教研究，1997（2）：25～27

102. 肖凌燕．儿童行为问题产生的原因及家庭干预．中国特殊教育，2004（01）：62～63

103. 肖凌燕．儿童行为问题产生的原因及家庭干预．中国特殊教

育，2004，（1）：62～66

104. 徐光兴．学校心理学——心理辅导与咨询．上海：华东师范大学出版社，2000

105. 徐先金，刘翔平．乐观疗法以及对学习障碍的启发意义．教育科学研究，2004，（7）：50～52

106. 闫芳，孙秀丽．儿童行为问题及相关因素流行病学研究．健康心理学杂志，2000，8（1）：31～32

107. 闫芳、孙秀丽．行为问题及相关因素流行病学研究．健康心理学杂志，2000，8（1）：31

108. 燕良轼．中国古代评定智力的若干标准．湖南师范大学社会科学学报，1996：46～50

109. 阳泽，刘电芝．学校心理学发展的历史、特点及其启示．宁波大学学报（教育科学版），2002，24（3）：14

110. 杨广学．心理治疗体系研究．长春：吉林人民出版社，2003

111. 杨心德．学习困难学生语义分类编码策略的研究．心理学报．1996，28（4）：376～379

112. 杨艳玲．教学科学研究中量的研究与质的研究方法的讨论．国家教育行政学院学报．2003．5：52～54

113. 姚贵平．中等职业学校学生职业生涯设计教育的初步构想．西南师范大学硕士学位论文，2004（5）

114. 叶浩生．西方心理学的历史与体系．北京：人民教育出版社，1998

115. 叶浩生．西方心理学中的现代主义、后现代主义及其超越．心理学报．2004，36（2）：212～218

116. 叶浩生．心理学理论精粹．福州：福建教育出版社，2000

117. 叶浩生试析后现代心理学影响下的心理治疗与咨询．心理科学，2003，26（4）：578～582

118. 张春兴．现代心理学：现代人研究自身问题的科学．上海：上海人民出版社，1994

119. 张华．体验课程论———一种整体主义的课程观[J]．教育理论与实践,1999,(11):26~31.

120. 张日昇. 咨询心理学. 北京:人民教育出版社:1999:115

121. 张松,张德山. 焦虑的本质与矫正. 许昌师专学报(社会科学版),1998,17(1):122~123

122. 张亚林. 行为疗法. 贵阳:贵州教育出版社,1999

123. 张雨青,林薇,张霞. 学习障碍儿童的基本能力特征. 心理发展与教育,1995,(3):59~64

124. 张祖牟. 学习障碍研究文献综述. 教育科学研究,1997(2):12~17

125. 章潇怡,水仁德. 学习困难儿童的问题解决特点研究. 应用心理学. 2000,6(2):29~32

126. 赵娟,韩玉昌. 学习障碍的教育干预措施研究动态. 中国健康心理学杂志,2004,12(4):313~315

127. 郑日昌,蔡永红,周益群. 心理测量学. 北京:人民教育出版社,1999

128. 郑晓边编著. 心理变态与健康. 合肥:安徽人民出版社,1998

129. 郑雪. 人格心理学. 广州:暨南大学出版社,2001

130. 朱作仁,杨宏飞编著. 大学生心理咨询和心理治疗. 福州:福建教育出版社,1997

# 后 记

近几年来，随着我国社会的发展和教育改革的深化，心理学在教育中的作用受到了越来越多的重视。这给广大心理学工作者带来了紧迫感，同时也提供了良好的契机。学校心理学作为心理学的应用分支，是心理学与学校教育实践相结合的产物，是心理学应用和服务于学校的具体表现。在发达国家，学校心理学十分热门，是最有生机和活力的一个新兴领域，与咨询心理学、临床心理学及工业组织心理学一起被并称为"心理学的四大职业"。

我自 1982 年杭州大学心理系毕业后就致力于心理科学的应用研究。20 世纪 90 年代初，对心理学在学校中的应用产生了浓厚的兴趣，于是逐渐将研究重心转向学校心理学。从最初的"示例学习模式"促进学习困难学生的研究（该成果已获浙江省政府首届基础教育教学成果一等奖）开始，本人陆续开展了学习困难学生（著作《学习困难学生阅读元认知实验研究》）、教师专业化发展、学校心理辅导等三个领域的理论研究和实践推广。在与广大中小学教师的接触中，我体会到为人师的苦心与辛劳，也深深体会到了解和掌握学校心理学对于学校教育工作的重要作用。

一个行业要能够培养可以胜任的专业人才，只有具备专业的地位与权威，才会被社会认可。因此，从事学校心理教育工作的专门人才以及适当的教学方法与教材，对于学校心理教育工作在专业上的发展具有关键性的影响。

由于国内外学校心理学理论和实践的不断丰富与持续进步，促使我们将这些发展整理在本书中，希望可以给广大教师、临床工作者提供可借鉴的理论及实用的策略和技术。本书以三类读者为主要对象。一是大专院校心理学专业的大学生。本书的原理与实用技术可以作为学校心理学课程的用书。二是参加在职进修或者有志于自身专业发展的中小学教师。本书可以作为相关主题的研习材料。三是在各级学校从事心理教育工作的相关专业人员。本书可以作为学校心理教育工作设计与实施的参考指南。

与其他介绍学校心理学的书籍相比，本书具有以下特点：

1．系统性强。本书从分析学校心理学的起源出发，先从宏观上阐述了学校心理学的发展观与系统观，再从微观上将学校心理学的各方面内容仔细加以论述，自上而下构成一个全面且完整的体系。使读者在阅读及理解本书内容时，较易把握全书知识的脉络，理清知识间的逻辑联系。

2．应用性强。学校心理学的着眼点是全体学生与全体教师，本书除了介绍学校心理学各方面的相关理论之外，书中还结合了许多学校教育中的实例进行说明。全书以简明扼要的方式撰写，内容充实，在阐述重要的概念和技巧方面，尽量配合相关案例进行说明，实用性较强。

3．体系新。以往的学校心理学，主要偏重于鉴定并测量学生的智力和学习能力，诊断学生在动机、人格、社会或学业上的问题，为学校教师提供这方面的咨询服务。本书从一个全新的视角出发，将学校心理学家的角色与学校心理辅导工作者的角色融合在一起，其服务对象扩展至全体学生与教师。本书将学校心理学知识与教育心理学知识进行一定整合，以独特的视角对涉及学校教育方方面面的工作从心理学的角度展开研讨。

本书各章执笔者如下：第一章，李伟健、周大根、王洁瑜；第二章、第八章，周贤；第三章，李锋盈；第四章，周大根；第五章，王洁瑜；第六章，孙炳海、杨波、陶征、李伟健；第七章，黄小忠；第九章，赵晶；李伟健负责全书的统稿和定稿工作。在本书的撰写过程中，本丛书主编、天津师范大学博士生导师梁宝勇教授对全书进行了仔细的推敲，提出了很有价值的意见和建议。南开大学出版社策划编辑莫建来博士和责任编辑反复审读全书，提出了许多宝贵的意见。在此一并表示真诚的感谢！本书写作过程中参阅和引用了国内外的大量有关研究资料，在此表示衷心的谢意！

学校心理学既是一门学科，又是一个职业。这种双重性对撰写概论性质的学校心理学是一个很大的挑战。我们虽已几易其稿，但由于作者水平与经验有限，书中的错误和疏漏在所难免，敬请广大读者与同行多提宝贵意见，不吝批评指正。

李 伟 健

2005年4月于浙江师范大学心理研究所